경찰공무원

수사

www.**goseowon**.co.kr

PREACE

공무원은 날이 갈수록 많은 젊은이들 사이에서 안정적인 직업으로 각광받고 있다. 특히 경찰공무원은 최근 크고 작은 범죄들이 기승을 부림으로 국민들의 불안감과 경찰에 대한 기대가 커지고, 국가에서도 안보와 보안의 중요성을 강조하며 꾸준히 많은 인원의 경찰공무원을 채용하고, 채용인원을 늘려감에 따라 많은 수험생들의 관심을 받고 있다.

본서는 경찰공무원을 준비하는 수험생들을 위해 발행된 경찰공무원시험의 경찰행정학과 경채 과목인 수사 실전 모의고사로 총 20회의 모의고사와 함께 기출문제분석을 상세한 해설과 함께 수록하였다.

국민의 인진과 질서유지를 위해 경찰공무원을 준비하는 많은 수험생들이 본시와 함께 합격의 달콤한 꿈을 이룰 수 있게 되길 기원한다.

응시자격

구분		응시자격요건
	연령	• 일반공채 : 18세 이상~40세 이하 • 경찰행정학과 경채 : 20세 이상~40세 이하 • 전의경 경채 : 21세 이상~30세 이하 ※ 제대군인은 군복무기간 1년 미만은 1세, 1년 이상 2년 미만은 2세, 2년 이상은 3세씩 상한 응시연령 연장
	학력	• 일반공채 : 학력제한 없음 • 전의경 경채 : 학력제한 없음 • 경찰행정학과 경채 : 2년제 이상 대학의 경찰행정 관련 학과 졸업자 또는 4년제 대학의 경찰행정관련 학과 재학중이거나 재학했던 사람으로서 경찰행정학 전공 이수로 인정될 수 있는 과목을 45학점이상 이수한 자
	병역	남자는 병역을 필하였거나 면제된 자 단, 전의경 경채 응시자는 경찰청 소속 '의무경찰순경'으로 임용되어 소정의 복무를 마치고 전역한자 또는 전역예정인자 ※ 만기전역자 외에 가사사정으로 인한 전역, 직권면직자 중 공상으로 전역한 자에게도 응시자격 인정
신체 조건	체격	국·공립병원 또는 종합병원에서 실시한 경찰공무원채용신체검사 및 약물(TBPE)검사 결과 건강상태가 양호하고 사지가 완전하며 가슴·배·입·구강·내장의 질환이 없어야 함
	시력	좌·우 각각 0.8 이상(교정시력 포함)
	색신	색신이상이 아니어야 함. 단, 국·공립병원 또는 종합병원에서 실시한 검사결과 약도색신으로 판정된 경우 응시자격 인정 ※ 색약 보정렌즈 사용금지(적발시 부정행위 간주로 5년간 응시자격 제한)
	청력	청력이 정상(40dB이하)이어야 함
	혈압	고혈압·저혈압이 아니어야 함 (확장기 : 90－60mmHg, 수축기 : 145－90mmHg)
운전면허		운전면허 1종 보통이상을 소지하여야 함

※ 경찰공무원법 제7조 제2항 각호의 임용결격사유에 해당하거나 공무원임용령 등 관계법령에 의해 응시자격이 정지당한 자는 응시할 수 없습니다.

시험방법

시험구분	시험내용
필기시험	• 일반공채(101경비단) : 필수2과목(한국사, 영어), 선택3과목(형법, 형사소송법, 경찰학개론, 국어, 수학, 사회, 과학) • 경찰행정학과 경채 : 경찰학개론, 수사, 행정법, 형법, 형사소송법 • 전의경 경채 : 한국사, 영어, 형법, 형사소송법, 경찰학개론
서류전형	필기시험 합격자에 한하여 응시자격 심사
신체검사	직무수행에 필요한 신체조건 및 건강상태 등 검정
체력검사	100m달리기, 1000m달리기, 팔굽혀펴기, 윗몸일으키기, 좌·우 악력(5개 종목)
적성검사	직무수행에 필요한 적성과 자질 등 종합검정
면접시험	직무수행에 필요한 능력, 발전성 및 적격성 등 검정

합격자 결정

시험구분	결정방법(경찰공무원임용령 제43조)
필기시험	과목별 40% 이상 득점자 중 고득점자 순으로 선발
체력시험	전체 평가종목 총점의 40% 이상 득점자를 합격자로 결정 다만, 1종목이라도 1점 받을 시 불합격
적성검사	면접시험에 반영
서류전형	자격요건 구비여부 심사하여 合·不 결정
면접시험	면접시험 총점의 40% 이상의 득점자를 합격자로 결정. 다만, 면접위원의 과반수가 면접평가 요소 중 어느 하나의 평가요소에 대하여 2점 이하로 평가한 경우 불합격(경찰공무원임용령시행규칙 제36조)
최종합격자	필기(50%)+체력(25%)+면접(20%)+가산점(5%)의 고득점자순 결정

STRUCTURE

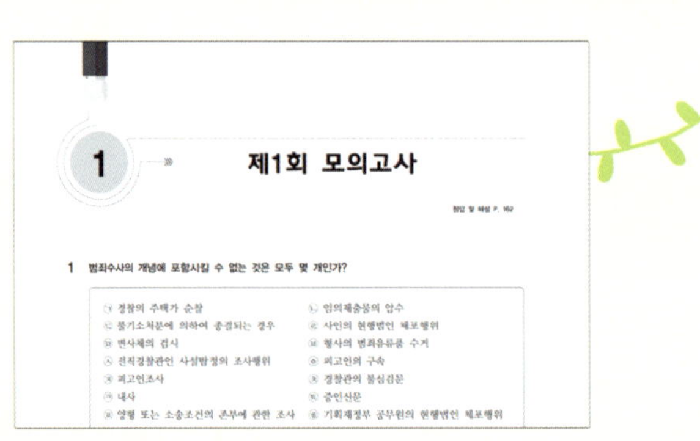

실전 모의고사

출제경향을 철저히 분석하여 실제 시험과 유사한 문항으로 구성된 실전 모의고사를 총 20회 수록하였습니다.

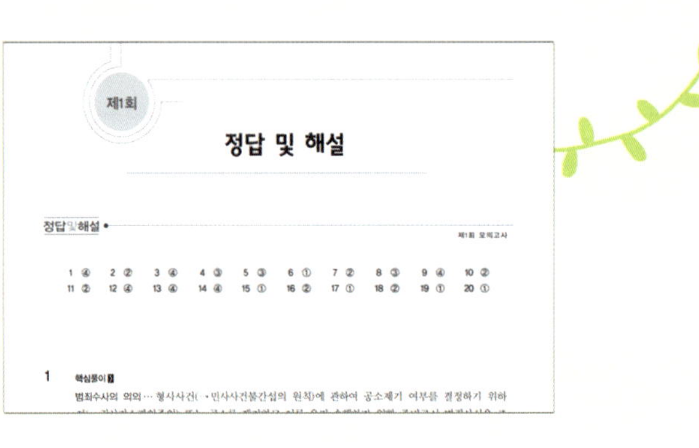

정답 및 해설

상세하고 꼼꼼하게 알려주는 정답 및 해설로 효율적인 학습을 도왔습니다.

최근기출문제분석

최근 시행된 기출문제를 해설과 함께 수록하여 실제 시험 출제유형을 파악할 수 있습니다.

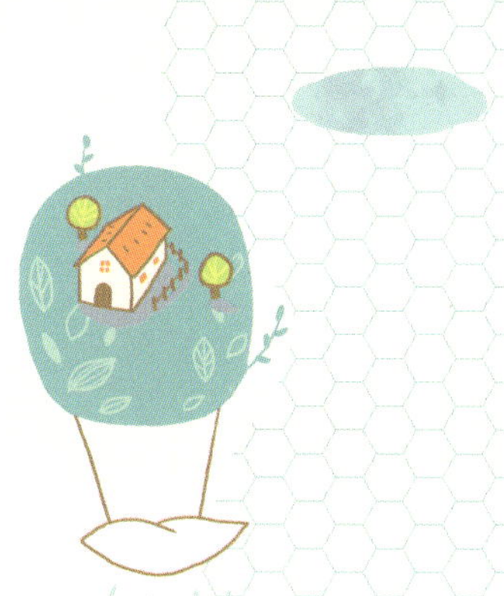

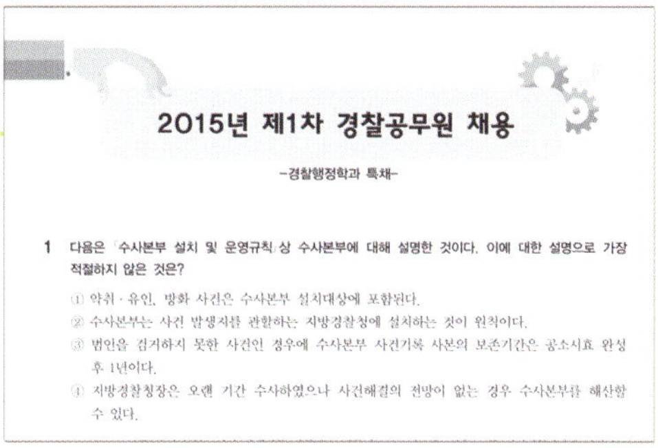

2015년 제1차 경찰공무원 채용

-경찰행정학과 특채-

1 다음은 「수사본부 설치 및 운영규칙」상 수사본부에 대해 설명한 것이다. 이에 대한 설명으로 가장 적절하지 않은 것은?

① 약취 · 유인, 방화 사건은 수사본부 설치대상에 포함된다.
② 수사본부는 사건 발생지를 관할하는 지방경찰청에 설치하는 것이 원칙이다.
③ 범인을 검거하지 못한 사건인 경우에 수사본부 사건기록 사본의 보존기간은 공소시효 완성 후 1년이다.
④ 지방경찰청장은 오랜 기간 수사하였으나 사건해결의 전망이 없는 경우 수사본부를 해산할 수 있다.

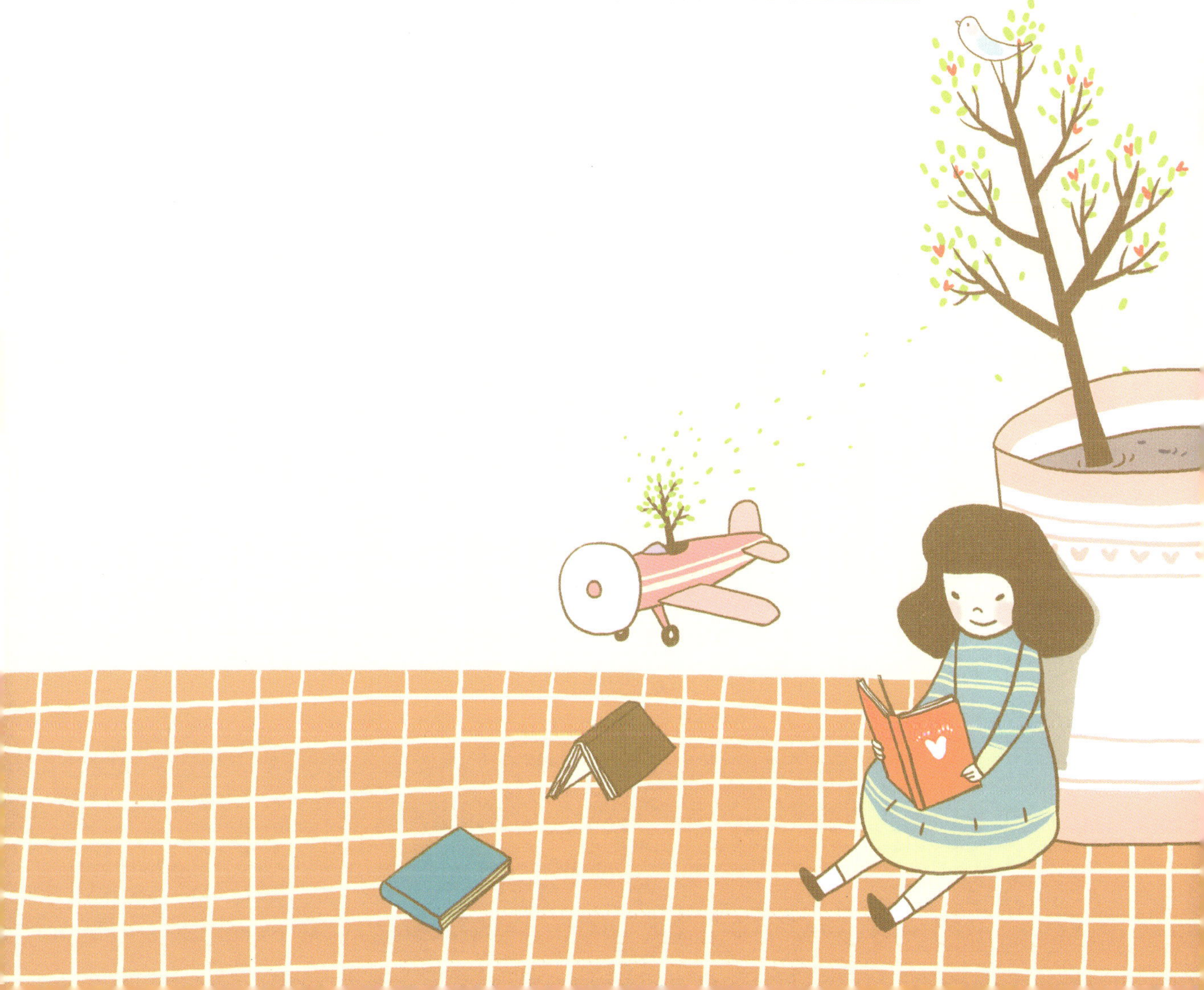

CONTENTS

01 실전 모의고사

03 최근기출문제분석

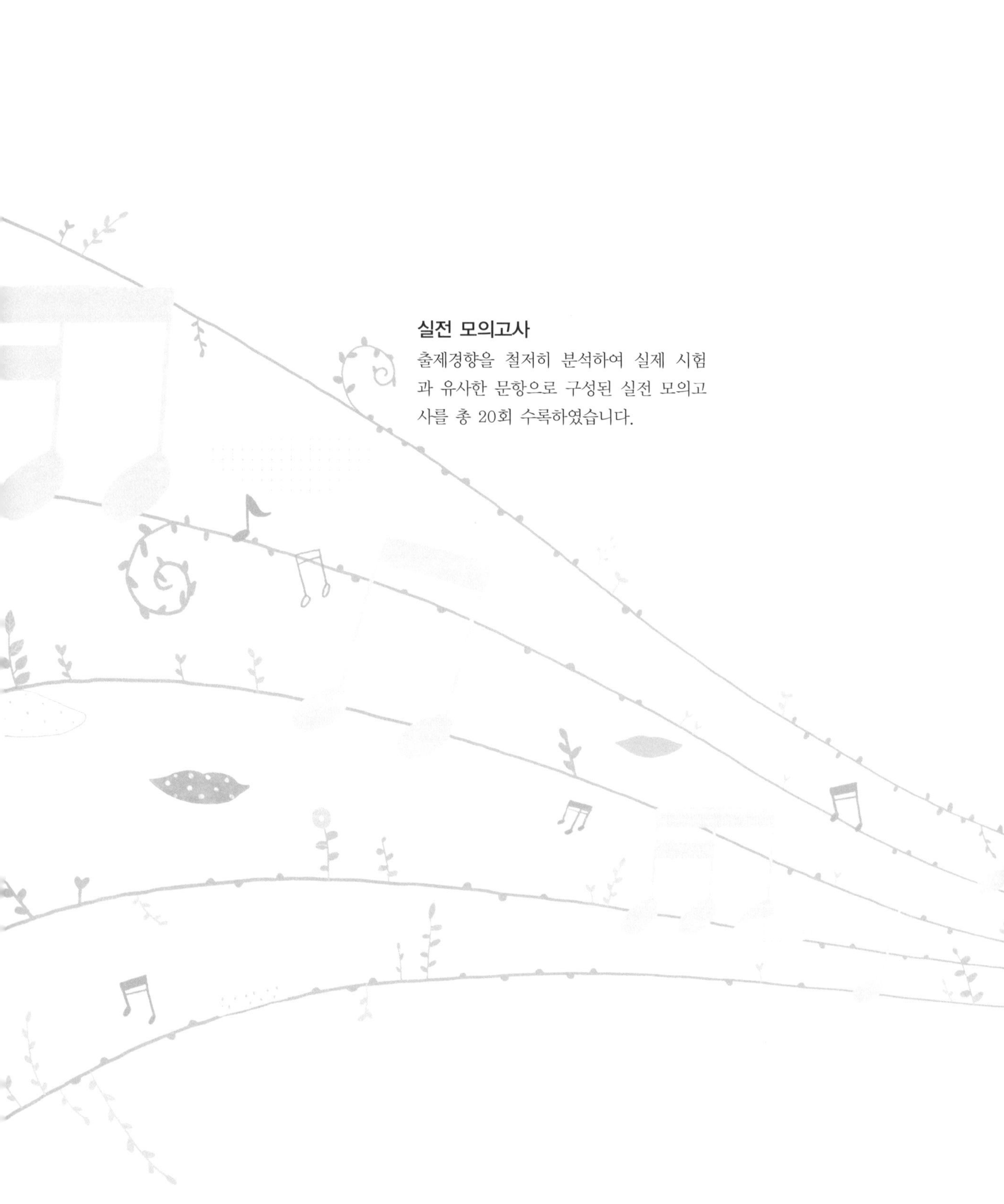

실전 모의고사
출제경향을 철저히 분석하여 실제 시험
과 유사한 문항으로 구성된 실전 모의고
사를 총 20회 수록하였습니다.

01 실전 모의고사

제1회 모의고사

1 범죄수사의 개념에 포함시킬 수 없는 것은 모두 몇 개인가?

> ㉠ 경찰의 주택가 순찰 ㉡ 임의제출물의 압수
> ㉢ 불기소처분에 의하여 종결되는 경우 ㉣ 사인의 현행범인 체포행위
> ㉤ 변사체의 검시 ㉥ 형사의 범죄유류품 수거
> ㉦ 전직경찰관인 사설탐정의 조사행위 ㉧ 피고인의 구속
> ㉨ 피고인조사 ㉩ 경찰관의 불심검문
> ㉪ 내사 ㉫ 증인신문
> ㉬ 양형 또는 소송조건의 존부에 관한 조사 ㉭ 기획재정부 공무원의 현행범인 체포행위

① 3개 ② 5개
③ 7개 ④ 9개

2 다음 중 경찰에 수사권을 부여하자는 논거가 아닌 것은 몇 개인가?

> ㉠ 공소권의 순수성 보장
> ㉡ 경찰국가화
> ㉢ 국민의 편익 도모
> ㉣ 권한과 책임의 불일치
> ㉤ 현실과 법규범과의 괴리
> ㉥ 행정조직의 원리에 위배
> ㉦ 경찰, 검찰에서 반복된 조사에 따른 새로운 실체적 진실발견

① 1개 ② 2개
③ 3개 ④ 4개

3 다음 중 범죄인지서의 작성요령으로 틀린 것은 몇 개인가?

> ㉠ 최초 범죄혐의를 발견한 경찰관이 작성한다.
> ㉡ 고소 · 고발 · 자수는 작성치 않는다.
> ㉢ 현행범을 체포하거나 인수한 때는 범죄인지서를 작성할 필요가 없다.
> ㉣ 범행의 선후 기재는 중요범죄 순으로 기재한다.
> ㉤ 피해자의 인적사항은 기재해야 한다.
> ㉥ '피의자 인적사항 – 범죄사실 – 범죄경력 – 수사단서 및 범죄인지경위 – 죄명 및 적용법조'
> 순으로 기재한다.

① 1개
③ 3개
② 2개
④ 4개

4 00지구대 근무 경사 甲은 수상한 사람이 있다는 112신고를 접하고, 현장에 乙의 인적사항을 조회한 결과 乙의 수배조회 내용이 다음과 같을 경우 乙에 대한 경사 甲의 조치내용으로 가장 적당한 것은?

> - 성명 : 0 0 0
> - 성별 : 1
> - A 수배번호 : 2014 000187
> - 죄명 : 사기
> - 범죄일자 : 2013. 3. 21
> - 수배종별 : A
> - 주민등록번호 : 19541201 – 12345678
> - 수배관서 : 성북
> - 사건번호 : 2014 000481 즉심
> - 수배일자 : 2014. 1. 21
> - 공소시효만료 : 2020. 3. 20
> - 영장구분 : 체포영장

① 지구대로 임의동행하고 지명통보자 소재발견보고서를 작성하여 乙에게 교부한 후 귀가조치 한다.
② 현장에서 乙을 체포하여 수배관서인 성북경찰서로 연행해 신병인계한다.
③ 현장에서 乙을 체포하여 00지구대 관할 경찰서 형사계로 인계한다.
④ 현장에서 乙을 체포하여 검거관서를 관할하는 지방검찰청에 신병을 인계한다.

5　환경관련 범죄에 대한 설명으로 타당하지 않는 것은?

> ㉠ 환경범죄의 경우 일반적으로 법인을 함께 처벌하는 양벌규정을 두고 있다.
> ㉡ 환경범죄의 경우 개인기업의 사용자와 종업원의 관계에서는 양벌규정이 적용되지 않으며, 법인의 경우 실질적으로 환경오염행위를 하도록 의사를 결정한 기업의 임원이나 실질적인 사주에 대하여는 처벌이 불가능하다.
> ㉢ 환경정책기본법은 개별 환경법보다 우월한 효력을 가지고 직접 환경오염을 규정하는 법률이다.
> ㉣ 환경관련 법률은 기존의 복수주의를 탈피하고 단일한 절충주의 입법방식을 채택하고 있다.
> ㉤ 환경범죄의 단속에 관한 특별조치법에서 특정한 환경사범에 대하여 인과관계의 추정을 인정한다.
> ㉥ 환경범죄의 단속에 관한 특별조치법에서는 과실범을 처벌하고 있다.

① ㉠㉡㉥　　　　　　　　② ㉠㉢㉤
③ ㉡㉢㉣　　　　　　　　④ ㉣㉤㉥

6　다음 중 현장보존에 대한 설명으로 옳은 것은 모두 몇 개인가?

> ㉠ 현장보존의 범위는 가능한한 광범위하게 설정하여야 한다.
> ㉡ 현장감식활동에 있어서 최초로 지정한 현장보존의 범위를 변경하여 추후 수사에 지장을 주어서는 안된다.
> ㉢ 경찰관을 제외하고는 아무나 함부로 들어가서는 안된다.
> ㉣ 범인의 출입구 및 도주로를 통로로 활용하여 현장에 출입한다.
> ㉤ 현장상태와 물건 등의 위치를 절대로 변경해서는 안된다.
> ㉥ 현장출입시 발을 비닐봉지로 감싸고 다닌다.
> ㉦ 가족들로부터 사정청취는 사건현장에서 하는 것이 좋다.
> ㉧ 최초 현장에 임장한 경찰관은 범죄현장의 증거확보를 위하여 즉시 현장감식을 한다.

① 1개　　　　　　　　② 3개
③ 5개　　　　　　　　④ 7개

7　다음 중 틀린 것을 모두 고르면?

> ㉠ 형식적 의의의 수사는 범행의 수단과 방법의 선택문제이다.
> ㉡ 형식적 의의의 수사는 절차적 측면에서의 수사이다.
> ㉢ 형식적 의의의 수사에서는 합법성이 요구된다.
> ㉣ 실질적 의의의 수사에서는 형사소송법의 실질적 이념인 실체적 진실발견을 추구한다.
> ㉤ 범죄사실을 조사하고 범인 및 증거를 발견·수집·보전하는 과정에서 합법성보다는 합리성이 중요하다.
> ㉥ 미국 아리조나주 피닉스 시에서 경찰이 한 용의자를 강간과 유괴혐의로 체포하여 조사하면서 묵비권과 변호인 선임권을 고지하지 않은 결과 결국 무죄판결을 선고받은 것은 형식적 의의의 수사와 관련이 있다.

① ㉠㉡㉥　　　　　　　　　　　　② ㉠㉤
③ ㉡㉣㉤　　　　　　　　　　　　④ ㉢㉣㉤㉥

8　가정폭력 사건 처리와 관련하여 틀린 것은?

> ㉠ 피해자의 고소가 있어야 공소를 제기할 수 있는 가정폭력범죄에서 고소가 없거나 취소된 경우 가정보호사건으로 처리할 수 없다.
> ㉡ 사법경찰관은 사건 송치시에 당해 사건이 가정보호사건으로 처리함이 상당한지의 여부에 관한 의견을 제시할 수 있다.
> ㉢ 임시조치 중 격리 및 접근금지의 임시조치는 2회에 한하여 연장 가능하다.
> ㉣ 피해자는 법원에 배상명령을 신청할 수 없다.
> ㉤ 가정폭력사건 송치시 죄명란에 해당 죄명을 기재하고 비고란에 가정보호사건이라고 표시한다.
> ㉥ 환경조사서 및 응급조치 보고서를 작성한다.

① ㉠㉡㉥　　　　　　　　　　　　② ㉡㉢㉤
③ ㉠㉣㉤　　　　　　　　　　　　④ ㉢㉣㉥

9 다음 중 신종 필로폰인 야바(YABA)에 대한 설명으로 맞는 것은 몇 개인가?

> ⊙ 태국 등 동남아 지역에서 주로 생산된다.
> ⓒ 유흥업소종사자, 육체근로자, 운전기사 등을 중심으로 급속히 확산되고 있다.
> ⓒ 카페인, 에페드린, 밀가루 등에 필로폰을 혼합한 것으로 순도가 20~30% 정도로 낮다.
> ② 과다 복용시 치명적으로 인사불성, 혼수쇼크, 호흡저하를 가져오며 사망까지 이를 수 있다.
> ⑩ 원재료가 화공약품인 관계로 양귀비의 작황에 좌우되는 헤로인과는 달리 안정적인 밀조가 가능하다.

① 1개
② 2개
③ 3개
④ 4개

10 수사촉탁 처리기한에 대한 설명 중 가장 적절한 것은?

① 피의자 조사 2개월
② 사건기록 사본 송부 10일
③ 소재수사 15일
④ 고소인, 고발인, 참고인 등 조사 10일

11 통신제한조치에 대한 설명으로 틀린 것은?

① 통신제한조치 허가기한은 원칙적으로 2개월이다.
② 사법경찰관은 소속 검찰청 검사에 청구하여 발부받는다.
③ 이를 청구 또는 신청한 검사·사법경찰관 또는 정보수사기관의 장이 집행한다.
④ 긴급을 요할 경우 先 통신제한조치 後 영장이 가능하다.

12 체포 절차에 대한 설명 중 틀린 것은 몇 개인가?

> ㉠ 체포영장에 의한 체포시 긴급한 경우에는 영장제시 없이 체포할 수 있으나 집행완료 후 신속히 체포영장 원본이나 사본을 제시해야 한다.
> ㉡ 체포 후 경찰서에 인치한 시점으로부터 24시간 이내에 체포통지를 해야 한다.
> ㉢ 체포통지는 피의자의 동의가 있는 경우를 제외하고는 반드시 통지해야 한다.
> ㉣ 현행범 체포 후 석방시에는 반드시 검사의 지휘를 받아야 한다.

① 1개　　　　　　　　　　　② 2개
③ 3개　　　　　　　　　　　④ 4개

13 다음 중 범죄징표와 수사선의 관계를 설명한 것으로 틀린 것은 몇 개인가?

> ㉠ 범죄징표이론은 범행에서 징표로의 이론적 지식체계이다.
> ㉡ 수사선은 합리적 지식에 기초한 이론면이다.
> ㉢ 수사선은 범죄징표에서 범죄로의 추리의 체계화이다.
> ㉣ 범죄징표란 확정된 사실이 수집되면 다시 기존사실을 기초로 하여 미확정의 사실을 향해 많은 수사선을 방사함으로써 진전되는 것이다.
> ㉤ 범죄징표는 '범적을 보고 어떠한 범죄에서 비롯된 것이다'라는 원인을 캐는 것이다.
> ㉥ 수사선은 미확정사실을 기초로 확정사실을 향해 방사하는 추리와 자료수집의 선이다.

① 1개　　　　　　　　　　　② 2개
③ 3개　　　　　　　　　　　④ 4개

14 다음 중 현장감식에 대한 설명 중 틀린 것은 몇 개인가?

> ㉠ 간부가 현장관찰하기 전에 먼저 사진 촬영을 한다.
> ㉡ 유류품이란 분변, 타액, 정액 등 인체에서 유류된 것이다.
> ㉢ 유류물이란 범인이 현장에 남기고 간 흉기, 신발, 의류 등이다.
> ㉣ 현장감식은 자료의 보존을 위해 가능한 한 한 번으로 마치는 것이 좋다.
> ㉤ 지문, 족흔적 등 유형적 자료의 채취에만 중점을 두고 증거물을 채취한다.

① 2개　　　　　　　　　　　② 3개
③ 4개　　　　　　　　　　　④ 5개

15 다음 중 위조사건 수사의 기술로서 옳지 않은 것은 몇 개인가?

> ㉠ 만원권은 은색의 원형 박막이 보는 각도에 따라 '한반도 지도', '태극과 액면숫자', '4괘'
> 가 번갈아 나타난다.
> ㉡ 만원권은 색변환 잉크로 인해 액면 숫자가 보는 각도에 따라 녹색에서 청색으로 바뀌어
> 보인다.
> ㉢ 만원권에 요판잠상의 기술을 도입하였다.
> ㉣ 앞면의 주민등록증 명칭을 감별기로 보았을 때 붉은 색이 나타나지 않았을 때 위·변조
> 된 것이다.
> ㉤ 주민등록증 앞면 사진 위 가운데 부분에 숨겨진 '민'자가 있는지 확인한다.

① 2개   ② 3개
③ 4개   ④ 5개

16 강력팀형사 A는 관내에 살인사건이 발생하여 수사 중 프랑스 국적의 B씨를 범인으로 특정하고 수사를 계속 진행하려 한다. 수사과정에서 B씨를 검거하기 위하여 취할 가능성이 있는 출입국규제를 고른 것은?

> ㉠ 출국정지   ㉡ 출국금지
> ㉢ 입국시 통보   ㉣ 입국금지

① ㉠   ② ㉠㉢
③ ㉡㉢   ④ ㉡㉣

17 다음 유치인 중 분리·유치 대상자가 아닌 것은 몇 개인가?

> ㉠ 여자와 남자   ㉡ 사건 관련 공범자
> ㉢ 형사범과 구류범   ㉣ 신체장애인(병자 및 불구자)
> ㉤ 19세 미만의 자와 19세 이상의 자 ㉥ 강력범과 일반형사범

① 1개   ② 2개
③ 3개   ④ 4개

18 「검사의 사법경찰관리에 대한 수사지휘 및 사법경찰관리의 수사준칙에 관한 규정」과 관련, 피의자의 체포 및 석방과 관련하여 잘못된 조치는?

① 강도 피의자를 긴급체포한 D형사는 구속사유에 해당하지 않는다고 판단하여 일단 피의자를 석방 후, 검사에게 보고하였다.
② 절도 피의자를 체포영장에 의하여 체포한 D형사는 구속사유에 해당하지 않는다고 판단하여 일단 피의자를 석방 후, 검사에게 보고하였다.
③ 강간 현행범 피의자를 체포한 D형사는 고소인의 고소취소 사유가 있어 피의자를 일단 석방 후, 검사에게 보고하였다.
④ 폭행 피의자를 긴급체포한 D형사는 긴급체포 즉시 검사의 승인을 받았다.

19 다음 조사에 대한 설명 중 옳은 것은 몇 개인가?

> ㉠ 사건내용을 해당 피조사자와 대면 전에 검토한다.
> ㉡ 선입감 배제를 위해서 피조사자에 대한 자료수집·파악은 고려하지 않는다.
> ㉢ 미성년자간음, 준사기 등의 사건은 피의자의 성별(性別)조사를 최우선적으로 염두에 둔다.
> ㉣ 피조사자의 직업 등에 맞게 복장을 달리 하여야 한다.
> ㉤ 조사관 선정시에는 사건의 내용·성질·상대방의 연령·지위 등을 참작하여야 한다.
> ㉥ 조직폭력 피의자가 반항할 경우를 대비하여 잘 보이는 곳에 경찰봉을 비치해둔다.

① 2개 ② 3개
③ 5개 ④ 6개

20 다음 설명 중 틀린 것은 몇 개인가?

> ㉠ 타액, 모발, 혈흔, 치아로 혈액형판단, 남녀식별이 가능하다.
> ㉡ 타액으로 혈액형 감별만 가능하다.
> ㉢ 모발, 치아로 연령추정이 가능하다.
> ㉣ 혈흔으로 연령추정이 가능하다.
> ㉤ 지문이 없는 변사자의 연령을 측정하는데 가장 좋은 것은 치아이다.
> ㉥ 남성의 치아는 여성에 비하여 크고 길다.

① 2개 ② 3개
③ 4개 ④ 5개

제2회 모의고사

정답 및 해설 P. 171

1 수사의 성격에 해당하는 것은 몇 개인가?

> ㉠ 탄력성, 임기응변성, 기동성
> ㉡ 법적 안정성의 요청
> ㉢ 법률적인 색채 미약
> ㉣ 엄격한 당사자주의
> ㉤ 대상의 다양성과 불예측성
> ㉥ 진실 발견을 위한 창조적인 활동

① 2개
② 3개
③ 4개
④ 5개

2 다음 중 수사를 개시할 수 있는 경우는 몇 개인가?

> ㉠ 수사기관의 주관적 혐의만 있고 객관적 혐의는 없을 때
> ㉡ 친고죄의 고소가 없는 경우
> ㉢ 중학생이 슈퍼마켓에서 시가 500원 상당 과자 1봉을 훔쳤는데 주인이 형사입건을 극구 만류할 때
> ㉣ 친고죄에서 고소기간이 경과한 때

① 1개
② 2개
③ 3개
④ 4개

3 다음 중 체포보고서에 관련된 설명으로 옳은 것은?

① 사전 구속영장에 의한 피의자 체포의 경우에 작성한다.
② 피의자 체포보고서는 사건담당 경찰관이 작성한다.
③ 체포보고서에는 피의자의 직업, 성명, 연령, 체포연월일시, 적용법조 등을 기재한다.
④ 증거자료가 없는 경우 '없다'라고 기재한다.

4 다음 수사의 과정에 대한 설명 중 **틀린** 것은?

> ㉠ 수사관 자신이 범죄사실의 진상을 확인하고 심증을 형성하기 위한 과정을 상승과정이라
>   한다.
> ㉡ 상승과정은 엄격한 의미에서의 증거가 필요하다.
> ㉢ 범죄수사는 대체로 하강과정을 거쳐 상승과정으로 발전하지만, 현행범인 수사는 상승과
>   정의 수사만 진행된다.
> ㉣ 하강과정 없는 상승과정은 있을 수 없지만 상승과정 없는 하강과정은 있을 수 있다.
> ㉤ 살인사건의 용의자 A, B, C에 대해 알리바이 수사를 통해 C를 진범으로 판단하는 것은
>   집중적 추리로, 상승과정에 해당한다.
> ㉥ 고소 · 고발수사는 피고소인이 특정되어 있는 등 사실관계가 보다 확실하므로 수사의 중
>   점은 상승과정이다.

① ㉠㉣ ② ㉠㉥
③ ㉡㉤ ④ ㉢㉣

5 다음 중 내사단계에 대한 설명으로 **틀린** 것은 몇 개인가?

> ㉠ 내사는 임의적인 방법을 원칙으로 하므로 체포, 구속이나 압수수색은 허용되지 않는다.
> ㉡ 익명 또는 허무인 명의의 신고로 그 내용상 수사단서로서의 가치가 없다고 인정될 때에
>   는 내사하지 아니할 수 있다.
> ㉢ 첩보내사는 해당 범죄첩보의 사본을 첨부, 수사부서의 장에게 서면 보고한 뒤 지휘를
>   받아 내사에 착수한다.
> ㉣ 사법경찰관은 내사과정에서 범죄혐의가 있다고 판단될 때에는 내사를 종결하지 않고 범
>   죄인지서를 작성하여 수사를 개시하여야 한다.
> ㉤ 범죄인지서작성 후 즉시 용의자에서 피의자로 수사대상이 된다.

① 1개 ② 2개
③ 3개 ④ 4개

6 자동차관리법에 따라 자동차 소유자가 받아야 하는 검사가 아닌 것은?

① 정기검사   ② 수리검사
③ 튜닝검사   ④ 특별검사

7 탐문에 대한 설명으로 옳지 않은 것은 몇 개인가?

> ㉠ 대상을 가리지 않고 가능한 한 많은 사람을 상대로 탐문한다.
> ㉡ 이해관계인은 진술이 주관적일 우려가 있어 탐문에서 제외한다.
> ㉢ 상대자에게 편리한 시간이면 언제라도 효과적이다.
> ㉣ 가장 공정한 위치에 있는 사람을 먼저 면접한다.
> ㉤ 이해관계인, 피의자의 가족 탐문시에는 수사관의 신분을 숨기는 것이 효과적이다.
> ㉥ 탐문에 의해 얻어진 정보는 중요한 것만 보고한다.

① 2개   ② 3개
③ 4개   ④ 5개

8 강력팀 형사 A는 절도사건 수사와 관련 다음의 서류를 작성하였다. 일반 침입절도 사건의 경우 수사 실무 상 작성되는 순서에 따라 나열한 것으로 바른 것은?

> ㉠ 각종 범죄통계원표
> ㉡ 절도사건 발생보고서
> ㉢ 장물수배서
> ㉣ 압수물 (가)환부 지휘건의

① ㉠－㉡－㉢－㉣
② ㉡－㉢－㉣－㉠
③ ㉠－㉢－㉡－㉣
④ ㉡－㉣－㉢－㉠

9 다음 중 통신제한조치와 관련된 설명 중 틀린 것은 몇 개인가?

> ㉠ 통신제한조치는 범죄혐의가 있고 도주우려가 있는 경우 신청할 수 있다.
> ㉡ 통신제한조치 허가신청은 사건단위로 신청한다.
> ㉢ 통신의 일방만이 내국인인 때에도 국가안보를 위한 통신제한조치는 고등법원수석부장판사의 허가를 받아야 한다.
> ㉣ 국가안전보장을 위태롭게 할 현저한 우려가 있는 경우에는 집행사실 사후통지가 면제된다.
> ㉤ 통신제한조치의 집행에 관한 협조를 요청하는 자는 통신기관 등에 통신제한조치허가서 또는 긴급감청서 등의 표지의 원본을 교부하여야 한다.
> ㉥ 통신제한조치 집행사실 등의 통지는 반드시 서면으로 해야 한다.

① 2개 ② 3개
③ 4개 ④ 5개

10 수사본부설치및운영규칙상 수사본부에 대한 설명으로 옳지 않은 것은?

> ㉠ 조직폭력, 실종사건 중 중요하다고 인정되는 사건은 수사본부 설치대상이 된다.
> ㉡ 수사본부는 사건 발생지를 관할하는 지역경찰관서에 설치하는 것을 원칙으로 한다.
> ㉢ 지방경찰청장은 범인을 검거한 경우, 오랜기간 수사하였으나 사건해결의 전망이 없는 경우, 기타 특별수사를 계속할 필요가 없다고 판단되는 경우 수사본부를 해산할 수 있다.
> ㉣ 지방경찰청장은 국가기관간 공조수사가 필요한 경우에는 관계기관과 합동수사본부를 설치 · 운용할 수 있다.
> ㉤ 수사본부는 상설조직이다.
> ㉥ 지방경찰청 사건관계 과장은 수사부부장이 될 수 있다.
> ㉦ 범인검거시 서류, 사건기록사본의 보존기간은 5년이다.
> ㉧ 수사본부의 설치 및 해산은 경찰청장의 권한이다.

① ㉠㉡㉥ ② ㉠㉢㉤
③ ㉤㉦㉧ ④ ㉣㉥㉦

11 다음 중 수사자료표 작성 제외 대상자인 것은 몇 개인가?

> ㉠ 즉결심판에 불복하여 정식재판을 청구한 피고인
> ㉡ 단순 물적 피해 교통사고를 야기한 종합보험가입자
> ㉢ 사법경찰관이 수리한 고소, 고발사건 중 불기소처분 사유에 해당하는 피의자
> ㉣ 형사미성년자이나 가정법원에 송치한 사건의 피의자
> ㉤ 인지사건 중 불기소처분사유에 해당하는 피의자

① 1개　　　　　　　　　　　　② 2개
③ 3개　　　　　　　　　　　　④ 4개

12 형사A는 강도 피의자 B를 검거하였다. 이때, 여죄가 강력히 의심될 때 행하는 다음의 조치 중 바람직하지 않은 것은?

① IPOS(통합포털시스템) 내 스피드 수배 등을 통해 동일수법 발생사건을 검색한다.
② KICS(형사사법정보시스템) 내 여죄추적기능을 이용하여 B의 수법과 유사여부를 확인한다.
③ B의 동의를 구하여 구강상피 세포 등 DNA 시료를 채취하여 국립과학수사연구원에 감정의뢰한다.
④ E-CRIS(전자수사자료표 시스템)를 통하여 B의 지문과 기존 발생사건의 유류지문과의 일치여부를 확인한다.

13 다음 중 검시(檢視)에 대한 설명으로 틀린 것은?

> ㉠ 검시(檢視)에는 사법검시와 행정검시가 있으며, 전자는 범죄로 인한 사망여부를 조사하고 후자는 신원확인 등을 위하여 행한다.
> ㉡ 검시(檢視)는 크게 검안과 부검으로 나눌 수 있다.
> ㉢ 검시(檢視)는 수사기관을 보조하여 의사가 행하는 검사이다.
> ㉣ 검시(檢屍)는 수사기관이 범죄혐의유무를 조사하는 처분이다.
> ㉤ 검안은 사망을 확인하고 개인식별을 하기 위하여 시행되는 검사로 시체를 손괴하면서 시행하는 것을 원칙으로 한다.
> ㉥ 부검은 병리해부, 행정해부, 사법해부가 있으며 범죄와 관련된 부검은 사법해부에 해당된다.

① 2개　　　　　　　　　　　　② 3개
③ 4개　　　　　　　　　　　　④ 5개

14 다음 중 연결이 잘못된 것은?

① 강간 – 억압손상, 개갠상처, 타박상, 떼인상처
② 원사 – 오물고리, 까진고리
③ 교통사고 – 범퍼손상, 충격손상, 뒤집힌손상, 채찍질손상
④ 둔기 – 찧은상처, 찢긴상처, 피부밑출혈

15 다음 설명 중 올바른 것은 몇 개인가?

> ㉠ 현장자료의 입증을 위해서 피해자를 참여시킨 후 사진촬영을 한다.
> ㉡ 범죄감식은 증거능력 판단의 근거가 된다.
> ㉢ 감식방법 중 수법감식은 기술감식에 해당된다.
> ㉣ 현장감식은 범행현장에서의 유형적 자료에 대한 감식활동이다.
> ㉤ 현장감식순서는 '간부의 현장 관찰 → 사진촬영 → 채증감식 → 수법검토' 순이다.
> ㉥ 범죄감식 중 폴리그래프 사용은 자료감식의 일례이다.
> ㉦ 심리학 · 사회학 등의 사회과학은 범죄감식에 활용되지 못한다.

① 0개　　　　　　　　　　② 1개
③ 2개　　　　　　　　　　④ 3개

16 다음 유치에 대한 설명 중 올바른 것은 몇 개인가?

> ㉠ 유치에 대한 법적 근거로 형의 집행 및 수용자의 처우에 관한 법률, 경찰관직무집행법, 피의자유치 및 호송규칙, 유치장설계표준규칙, 검사의 사법경찰관리에 대한 수사지휘 및 사법경찰관리의 수사준칙에 관한 규정, 사법경찰관리집무규칙 등이 있다.
> ㉡ 경찰관서에서 유치장을 설치할 수 있는 근거는 피의자유치 및 호송규칙이다.
> ㉢ 여성 피의자를 입감시킬 때에는 간부가 입회하여 순차적으로 입감시켜야 한다.
> ㉣ 경찰서장은 유치인수와 그 성질 등을 고려하여 유치인보호에 필요한 인원의 유치인보호관을 유치장에 배치시켜야 한다.
> ㉤ 유치인보호관은 근무 중 특이사항을 발견하였을 때에는 우선 유치인보호주무자에게 보고하여 필요한 조치를 취하도록 하여야 한다.
> ㉥ 신체 등 검사는 동성의 유치인보호관이 실시하여야 한다. 다만, 여성유치인보호관이 없을 경우에는 남성 경찰관으로 하여금 대신하게 할 수 있다.

① 1개　　　　　　　　　　② 2개
③ 3개　　　　　　　　　　④ 4개

17 다음 설명 중 틀린 것은?

① 시체의 초기현상 중 각막은 사후 12시간 전후 흐려져서 24시간이 되면 현저히 흐려진다.
② 시체의 위는 비어 있고 샘창자에서 식물의 고형잔사가 남아 있는 상태라면 식후 약 4 ~ 5시간 후 사망한 것으로 추정할 수 있다.
③ 물 : 공기 : 흙 속에서 시체의 부패비율이 1 : 2 : 8로 된다는 것을 Casper의 부패법칙이라고 한다.
④ 일반적으로 전신의 1/3정도에 3도 화상을 입으면 약 50%가 사망하는 것으로 본다.

18 살인사건과 관련하여 옳은 것은?

① 자신의 생부를 살해한 혼인 외 출생자는 존속살인의 책임을 진다.
② 자살 사이트에서 만난 A와 B는 같이 자살하기로 하고, 여관에서 각각 음독을 하였으나 A만 죽고 B는 살아났다. 이 경우 B의 죄책은 자살방조이다.
③ 실황조사를 작성함에 있어 반드시 사법경찰관의 의견이 기재되어야 한다.
④ 수법원지를 작성하여 타 사건 발생 시 여죄수사 자료로 활용할 수 있도록 한다.

19 「성폭력범죄의 처벌 등에 관한 특례법」상 영상물 촬영과 관련한 다음의 설명 중 (   )안에 알맞은 것은?

> 성폭력 범죄 피해자가 (   )이거나 신체장애 또는 정신상의 장애로 사물을 변별하거나 의사를 결정할 능력이 미약한 때에는 피해자의 진술 내용과 조사 과정을 비디오녹화기 등 영상물 녹화 장치에 의하여 촬영 · 보존하여야 한다. 다만, (   )이(가) 이를 원하지 않는 의사를 표시한 때에는 촬영을 하여서는 아니된다.

① 13세 미만 – 피해자
② 13세 미만 – 피해자 또는 법정대리인
③ 19세 미만 – 피해자
④ 19세 미만 – 피해자 또는 법정대리인

20 다음 중 마약에 대한 설명으로 옳은 것은?

① 아로바르비탈은 마약으로 분류된다.
② 마리화나는 「마약류 관리에 관한 법률」상 마약으로 분류된다.
③ 한외마약은 합법적 마약이다.
④ 대마에는 그 뿌리와 종자도 포함된다.

제3회 모의고사

정답 및 해설 P. 180

1 범죄수사의 대상에 대한 설명으로 옳은 것은?

① 사실적 실체면은 현재의 범행을 재현하는 것이다.
② 수사를 개시할 때는 반드시 법률적 평가가 선행되어야 한다.
③ 범죄성립요건을 충족한 이후에 소추조건·처벌조건을 검토하여야 한다.
④ 사실적 실체면은 범인의 행위에 대한 법률적 평가 후 알게 되는 실체적 진실이다.

2 범죄징표에 관한 설명으로 틀린 것은 몇 개인가?

> ㉠ 범죄징표는 범죄에 수반하여 나타나는 외적 현상을 말한다.
> ㉡ 범죄징표를 통하여 피해자의 특징을 알 수 있다.
> ㉢ 범죄자의 성격은 고정불변성이 있으나 정확한 파악이 곤란하다는 약점이 있다.
> ㉣ 혈액형은 개인의 동일성을 적극적으로 증명할 수는 없으나 소극적으로 동일인이 아님을 증명한다.
> ㉤ 물건의 이동을 중심으로 하는 수사는 도범 및 장물 수사이다.
> ㉥ 보통심리의 범인은 범행 전 현장사전답사, 알리바이공작, 친지에의 고백 등을 행한다.

① 1개　　　　　　　　　② 2개
③ 3개　　　　　　　　　④ 4개

3 고소·고발에 관한 설명 중 틀린 것은?

> ㉠ 공무원은 직무상 범죄를 인지한 경우에도 고발할 의무가 없다.
>
> ㉡ 고소·고발은 제1심 판결 선고 전까지 취소할 수 있다.
>
> ㉢ 고소·고발을 할 수 있는 기간은 동일하다.
>
> ㉣ 고소·고발은 특정한 경우에 소송조건이 된다.
>
> ㉤ 고발은 대리로 할 수 있으나, 고소는 대리로 할 수 없다.
>
> ㉥ 고발은 취소한 후에 다시 고발할 수 있다.
>
> ㉦ 고소·고발 사건은 접수한 날로부터 2개월 이내에 수사를 완료하여야 한다.

① ㉠㉡㉥
② ㉡㉤㉦
③ ㉠㉡㉢㉤
④ ㉢㉣㉥㉦

4 다음 중 범죄첩보에 대한 설명 중 틀린 것은 몇 개인가?

> ㉠ 수사첩보의 보고는 지휘계통을 통한 구두보고가 원칙이다.
>
> ㉡ 경찰공무원은 수사 중이거나 수사종결 된 사건 및 허위의 사실을 첩보로 제출해서는 안된다.
>
> ㉢ 경찰공무원이 입수한 모든 수사첩보는 CIAS를 통하여 처리되어야 한다.
>
> ㉣ 수집된 첩보는 범죄 발생 관서에서 처리하는 것을 원칙으로 한다.
>
> ㉤ 평가 책임자는 첩보에 대해 피내사자가 관내에 거주하는 경우라고 해도 범죄지 관할 경찰서에서 수사를 할 수 있도록 첩보를 이송하여야 한다.
>
> ㉥ 이송을 하는 첩보의 평가 및 처리는 최초 첩보를 수집한 관서의 평가 책임자가 담당한다.

① 2개
② 3개
③ 4개
④ 5개

5 다음 중 감별수사와 관련한 설명 중 틀린 것은 몇 개인가?

> ㉠ 감수사는 용의자가 있을 때 그 용의자가 진범인지를 결정하는 직접증거가 된다.
> ㉡ 감수사는 과학적 수사로 보기 어렵다.
> ㉢ 수사의 방향 중 수사자료에 의한 수사에 해당한다.
> ㉣ 피해자와 범인간의 관련성을 지리감이라 한다.
> ㉤ 관계의 밀접성을 기준으로 농감, 박감으로 구별된다.
> ㉥ 지리감은 연고감에 비하여 수사범위가 넓다.
> ㉦ 감유무수사를 한 후 감적격자수사를 한다.

① 1개 ② 2개
③ 3개 ④ 4개

6 다음 중 ㉮ – 공소권 없음, ㉯ – 죄안됨에 해당하는 개수가 옳게 된 것은?

> ㉠ 친고죄에서 고소가 없는 경우
> ㉡ 형사미성년자인 경우
> ㉢ 친족의 범인은닉
> ㉣ 피의사실이 범죄를 구성하지 않는 경우
> ㉤ 증거가 없는 경우
> ㉥ 피의자인 법인이 소멸한 경우
> ㉦ 범죄 후 법령의 개폐로 형이 폐지된 경우
> ㉧ 고소장 기재에 의해 고소사실을 처벌할 이유 없음이 명백한 경우

① ㉮ – 2개, ㉯ – 3개 ② ㉮ – 3개, ㉯ – 3개
③ ㉮ – 3개, ㉯ – 2개 ④ ㉮ – 2개, ㉯ – 2개

7 피의자 신문과정 변호인 참여와 관련하여 틀린 것은 몇 개인가?

> ㉠ 변호인 선임권은 절대적 권리이기 때문에 사법경찰관은 신청권자의 신청이 있는 경우 어떠한 경우에도 피의자에 대한 신문에 변호인을 참여하게 하여야 한다.
>
> ㉡ 변호인이 상당한 시간내에 출석하지 아니하거나 변호인 사정으로 출석하지 않는 경우에도 변호인 참여 없이 피의자를 신문할 수 없다.
>
> ㉢ 사법경찰관은 피의자신문 중이라도 수사에 현저한 지장을 초래한 경우에는 변호인의 참여를 제한할 수 있다.
>
> ㉣ 피의자신문 과정에서 참여 변호인이 신문내용을 촬영, 녹음, 기억환기용으로 간략히 메모를 하는 것은 제한한다.
>
> ㉤ 변호인의 의견이 기재된 피의자 신문조서는 변호인에게 열람하게 한 후 변호인이 그 조서에 기명날인 또는 서명하게 한다.

① 1개

② 2개

③ 3개

④ 4개

8 다음 중 미행과 잠복감시에 대한 설명으로 옳은 것은 몇 개인가?

> ㉠ 잠복감시의 대상이 될 장소로 적당한 것은 피해자의 집이다.
>
> ㉡ 형사 A는 강도범 S를 검거하기 위하여 애인의 협조를 얻어 모텔에서 만나기로 하고 잠복감시하고 있다면, 형사 A가 사용한 수사방법은 유인잠복감시이다.
>
> ㉢ 우범지역 범죄예방도 미행과 잠복감시의 목적이다.
>
> ㉣ 잠복에는 잠복방법에 따라 내부잠복감시 · 외부잠복감시 · 유동잠복감시가 있다.
>
> ㉤ 내부잠복감시에는 원거리잠복감시와 근거리잠복감시가 있다.
>
> ㉥ 내부잠복감시가 범인의 체포에 효과적인 방법이므로 내부잠복감시가 기본이고 흔히 사용된다.

① 1개

② 2개

③ 3개

④ 4개

9 죄명 작성법에 대한 설명으로 틀린 것은 몇 개인가?

> ㉠ 죄명은 경합범인 경우 가, 나, 다, 순으로 하되 발생시간 순으로 한다.
>
> ㉡ 특별법 죄명은 교사, 방조를 표시하는 법률과 교사, 방조를 표시하지 않는 법률이 있다.
>
> ㉢ 죄명은 띄어쓰기 하지 않는다.
>
> ㉣ 특별법의 경우 미수에 관하여는 '○○법위반'으로 표시한다.
>
> ㉤ 군형법위반 사건의 경우 군형법위반 다음에 (   )를 하고 죄명 구분표시를 한다.

① 1개　　　　　　　　　　　　② 2개
③ 3개　　　　　　　　　　　　④ 4개

10 다음 중 총기에 의한 손상사에 있어서 발사거리에 따른 총알입구의 소견을 나타낸 설명으로 잘못된 것은?

① 접사(contact shot)에서는 상처구멍이 파열되면서 규칙적인 성상 또는 분화구상을 보이며 상처의 직경은 탄환보다 작다.

② 근접사(loose contact shot)에서는 상처가장자리는 파열되지 않으며 탄환에 의한 전형적인 상처구멍을 본다.

③ 근사(close – range shot)에서 그을음의 부착 형태는 거리가 멀어질수록 직경은 커지고 밀집도는 감소한다.

④ 원사(long – range shot)에서는 탄환자체에 의한 변화, 즉 상처 가장자리에 오물고리와 까진고리만 본다.

11 지문(fingerpint)이란 지두(指頭) 장측부(掌側部)에 존재하는 피부가 융기한 선 또는 점으로 이루어진 문형을 말한다. 다음 지문에 관한 설명 중 올바르지 않은 것은 몇 개인가?

> ㉠ 지문은 인간만이 가지고 있는 고유한 것으로 만인부동(萬人不同), 종생불변(終生不變)의 특징을 가진다.
>
> ㉡ 일란성 쌍둥이의 경우에는 동일한 지문을 소유하고 있다.
>
> ㉢ 우리나라의 지문분류체제는 세계적으로 널리 사용되고 있는 Henry식 분류법이다.
>
> ㉣ 좁은 의미의 지문에는 중절문, 기절문, 지간문, 장문, 족문 등은 포함한다.

① 1개　　　　　　　　　　　　② 2개
③ 3개　　　　　　　　　　　　④ 4개

12 다음은 유치장내 신체검사에 대한 설명이다. 틀린 것은?

① 신체검사는 유치인보호주무자가 피의자 입(출)감지휘서에 지정하는 방법으로 실시하여야 한다.

② 신체검사의 종류로는 외표검사, 간이검사, 정밀검사가 있다.

③ 살인, 강도, 절도, 강간, 방화, 마약류, 조직폭력 등 죄질이 중한 유치인에 대해서는 정밀검사를 실시해야 한다.

④ 일반적으로 유치인에 대해서는 속옷을 벗고 신체검사의로 갈아입은 후 간이검사를 실시해야 한다.

13 현장지문 채취에 대한 설명으로 틀린 것은?

> ㉠ 고체법에서 분말을 부착하는 방법에는 쇄모법, 롤법, 분사법 등이 있다.
> ㉡ 종이류는 액체법으로 닌히드린, 초산은 용액법 등을 주로 사용한다.
> ㉢ 초산은 용액은 자청색으로 검출된다.
> ㉣ 액체법의 경우에는 흡수성 다공질인 경우에 주로 사용한다.
> ㉤ 협박편지의 필적과 지문감식, 칼의 혈흔과 지문감식 등이 경합되었을 때에는 반드시 지문 감식을 먼저 실시한다.
> ㉥ 먼지가 묻은 손에 의해 인상된 지문에는 적외선 촬영을 하고, 유지나 형광체가 묻은 손으로 인상된 잠재지문은 형광촬영을 한다.
> ㉦ 지문자체의 특성에 의해 범죄수법을 알 수 있다.

① ㉠㉡㉥ ② ㉢㉦

③ ㉡㉢㉥ ④ ㉣㉤

14 다음 중 현행법에서 타인의 컴퓨터프로그램을 일정 한도 내에서 복제 사용할 수 있도록 규정하고 있는 경우가 아닌 것은?

① 정부기관에서 공적용도로 사용하는 경우

② 재판을 위하여 필요한 경우

③ 교육기관에서 수업과정에 제공할 목적으로 사용하는 경우

④ 가정에서 개인적인 목적으로 사용하는 경우

15 사이버범죄는 다른 일반범죄와 다른 특성을 가지고 있다. 다음 중 맞는 것은?

① 범행동기는 게임이나 단순한 유희, 지적 모험심의 추구 등인 경우가 많다.
② 행위자의 연령이 높고 죄의식이 희박, 재범이 많다.
③ 컴퓨터 조작능력이 서툴러 잘못된 컴퓨터실행에 의한 것도 있다.
④ 대개 일회성에 범행이 발견되지 않는다.

16 「게임산업진흥에 관한 법률」에서 규정하고 있는 게임물의 등급분류에 해당하지 않은 것은?

① 전체이용가
② 13세이용가
③ 15세이용가
④ 청소년이용불가

17 마약류에 관한 설명 중 옳은 것은?

> ㉠ L.S.D.는 곡물의 곰팡이, 보리맥각에서, 메스칼린은 페이요트선인장에서, 사일로사이빈은 사이로사이비 버섯에서, 모르핀은 코카잎에서 추출된다.
> ㉡ 생아편은 앵속의 열매가 익기 전에 껍질부분에 상처를 입혀 흘러나오는 액즙을 채집하여 건조시킨 것으로 녹색을 띤다.
> ㉢ 프로포폴은 흔히 수면마취제라고 불리는 것으로, 향정신성의약품으로 관리하고 있다.
> ㉣ 메스암페타민은 통상 검은 색을 띠며, 염산에페트린·클로로포롬 등의 원료를 사용하여 제조한다.
> ㉤ 위법한 체포상태에서 압수영장에 기하여 2차 채뇨절차가 이루어지고 그 결과를 분서한 소변 감정서는 증거능력이 없다.
> ㉥ 병원의 마약투약 관련 기록이 기재된 장부의 보존기간은 5년이다.
> ㉦ GHB는 일명 "물뽕" "데이트 강간약물"로도 불리며, 무색무취로서 아무런 맛도 없다.

① ㉢
② ㉠㉡
③ ㉢㉣㉦
④ ㉠㉡㉤㉥

18 다음 중 사례와 법률 적용이 잘못된 것은 모두 몇 개인가?

> ㉠ 15세 소녀를 강간한 경우 – 아동·청소년의성보호에관한법률위반(강간)
> ㉡ 처제를 강간한 경우 – 형법상 강간
> ㉢ 13세 미만 미성년자를 강간한 경우 – 성폭력범죄의처벌등에관한특례법위반(13세미만 미성년자 강간 등)
> ㉣ 2명이 공동하여 강간한 경우 – 성폭력범죄의처벌등에관한특례법위반(강간)
> ㉤ 인터넷게시판에 음란동영상을 올려놓은 경우 – 성폭력범죄의처벌등에관한특례법위반(통신매체이용음란)
> ㉥ 3인이 윤간하다 실패하고 상해를 입힌 경우 – 성폭력범죄의처벌등에관한특례법위반(강간등상해·치상)
> ㉦ 지하철에서 여성을 강제추행한 경우 – 성폭력범죄의처벌등에관한특례법위반(공중밀집장소에서의추행)
> ㉧ 강간의 죄를 범한 자가 살인을 한 경우 – 형법상 강간살인

① 없다.
② 1개
③ 3개
④ 5개

19 '마약류 관리에 관한 법률'의 규제 대상에 해당하지 않는 자는?

① 대마를 보관한 자
② 대마초의 뿌리·종자를 흡연한 자
③ 제조 목적으로 대마초를 재배한 자
④ 대마초를 수입할 목적으로 대마를 소지한 자

20 다음 공직선거법에 관한 설명 중 틀린 것은 몇 개인가?

> ㉠ 공직선거법은 대통령선거·국회의원선거·지방의회의원 및 지방자치단체의 장의 선거에 적용한다.
> ㉡ 후보자나 후보자의 가족이 설립하거나 운용하고 있는 단체는 공명선거추진활동을 할 수 없다.
> ㉢ 선거법위반 사범에 대하여 선거관리위원회나 후보자 기타 선거관계인의 고발에 의하여 수사하도록 하고 있다.
> ㉣ 선거운동을 하거나 할 것을 표방한 노동조합 또는 단체는 공명선거추진활동을 할 수 있다.

① 1개
② 2개
③ 3개
④ 4개

제4회 모의고사

정답 및 해설 P. 192

1 다음 중 범죄수사의 전개과정에 대하여 틀린 것은 모두 몇 개인가?

> ㉠ 사법경찰관은 사건을 수리하여 혐의없음으로 판단되면 내사종결하여야 한다.
> ㉡ 협의의 수사시기는 수사의 단서에서 사건송치시까지이다.
> ㉢ 범죄신고에 의해서 곧바로 수사가 개시된다.
> ㉣ 현행범으로 인지하여 수사에 착수시 범죄인지서를 작성한다.

① 2개
③ 4개
② 3개
④ 5개

2 다음 범죄수사의 3대원칙에 대한 설명으로 틀린 것은 몇 개인가?

> ㉠ 범죄수사의 3대원칙에는 신속종결의 원칙, 현장보존의 원칙, 민중협력의 원칙이 있다.
> ㉡ '사회는 증거의 바다'라는 말은 공중협력의 원칙과 관련이 있다.
> ㉢ 강력사건수사에서 가장 강조되는 원칙은 현장보존의 원칙이다.
> ㉣ '범죄현장은 증거의 보고'라는 말은 공중협력의 원칙과 관련이 있다.
> ㉤ '불법선거범죄 신고포상금 최고 5억원'과 관련이 있는 것은 현장보존의 원칙이다.

① 1개
③ 3개
② 2개
④ 4개

3 다음 중 범죄수사에 대한 설명 중 틀린 것은 모두 몇 개인가?

> ㉠ 누가, 언제, 어디서, 누구에게는 수사상 4하원칙에 해당한다.
> ㉡ 사실적 실체면은 수사요소의 충족, 행위의 필연성, 사건의 형태성을 요구한다.
> ㉢ 특별사법경찰관의 참고인 조사는 수사라고 할 수 없다.
> ㉣ 범죄수사는 범인검거보다는 증거수집에 주력해야 한다.
> ㉤ 수집된 수사자료를 질서있게 전체적으로 집약하여 사건의 전모를 파악하였다면 이것을 행위의 필연성이라 한다.
> ㉥ 강도사건에 있어 범인이 왜 그 시간을 택했는가, 그 시간이 행위의 어떤 점에 영향을 주었는가 등을 조사함으로써 범죄일시를 명확히 하는 것은 사건의 형태성이다.

① 2개 ② 3개
③ 4개 ④ 5개

4 범죄사건부에 기재하는 경우 '별도로 사건번호를 부여하는 경우' 로서 틀린 것은 몇 개인가?

> ㉠ 형사소송법 제11조 소정의 관련사건, 이미 검찰청 또는 상당관서에 송치하거나 이송한 후에 수리한 사건
> ㉡ 불기소처분이 있은 후 검사의 지휘에 따라 다시 수사를 개시한 사건
> ㉢ 검사로부터 수사지휘를 받은 사건
> ㉣ 타관서로부터 이송받은 사건
> ㉤ 검찰청에 송치하기 전의 맞고소 사건
> ㉥ 판사가 청구기각 결정을 한 즉결심판 청구 사건
> ㉦ 피고인으로부터 정식재판 청구가 없는 즉결심판사건
> ㉧ 진정사건
> ㉨ 내사지휘사건

① 1개 ② 3개
③ 4개 ④ 5개

5 범죄첩보의 특징으로 맞는 것은 몇 개인가?

> ㉠ 시한성 – 범죄첩보는 시간이 경과함에 따라 가치가 증가한다.
>
> ㉡ 가치불변성 – 범죄첩보는 수사기관의 필요성에 따라 가치가 달라진다.
>
> ㉢ 개별성 – 범죄첩보는 여러 첩보가 서로 결합되어 이루어진다.
>
> ㉣ 혼합성 – 범죄첩보는 수사 후 현출되는 결과가 있어야 한다.
>
> ㉤ 결합성 – 범죄첩보는 그 속에 하나의 원인과 결과를 내포하고 있다.

① 0개
② 1개
③ 2개
④ 3개

6 수사의 단서에 관한 내용 중 옳지 않은 것은 몇 개인가?

> ㉠ 수사의 단서란 함은 수사를 개시할 수 있는 자료를 말한다.
>
> ㉡ 수사기관의 체험에 의한 단서에는 변사체의 검시, 불심검문이 있다.
>
> ㉢ 경찰관직무집행법상 수사의 단서로는 압수, 위험발생의 방지가 있다.
>
> ㉣ 형사소송법상 수사의 단서에는 고소, 고발, 자수, 불심검문, 현행범인체포 등이 있다.
>
> ㉤ 피해신고는 타인의 체험에 의한 수사의 단서이다.

① 0개
② 1개
③ 2개
④ 3개

7 현장관찰의 일반적인 유의사항으로 옳지 않은 것은 몇 개인가?

> ㉠ 현장은 증거의 보고라는 신념을 견지한다.
>
> ㉡ 가능한 한 좁게 압축하여 집중적으로 행한다.
>
> ㉢ '완전한 관찰'보다는 '자연적인 관찰'에 중점을 둔다.
>
> ㉣ 관찰시와 동일한 조건하에서 관찰하여야 한다.
>
> ㉤ 1회의 관찰로 끝낸다.
>
> ㉥ 수사지휘관의 통제하에 행한다.

① 1개
② 2개
③ 4개
④ 5개

8 다음 중 조사기술에 대한 설명으로 잘못된 것은 몇 개인가?

> ㉠ 중요한 사실부터 조사한다.
> ㉡ 조사의 중점을 피의자에게 알린다.
> ㉢ 범죄혐의가 확실한 경우 피의자혐의를 밝히기 위하여 죄의식을 무겁게 한다.
> ㉣ 범죄혐의가 확실한 경우 범죄혐의에 대한 직접적인 언급을 피하고 간접적으로 접근한다.
> ㉤ 통역을 통하여 작성된 조서에는 진술자, 작성자만 서명 날인 한다.

① 2개   ② 3개
③ 4개   ④ 5개

9 형법총칙 규정의 적용법조 기재 순서가 맞는 것은?

> ㉠ 공범 규정   ㉡ 경합범 규정
> ㉢ 누범 규정   ㉣ 필요적 몰수 규정
> ㉤ 상상적 경합범 규정

① ㉠ - ㉡ - ㉢ - ㉣ - ㉤
② ㉡ - ㉢ - ㉣ - ㉤ - ㉠
③ ㉠ - ㉤ - ㉢ - ㉡ - ㉣
④ ㉡ - ㉣ - ㉤ - ㉠ - ㉢

10 A경찰서 강력반 森형사가 변사사건의 현장에 출동하여 시체를 관찰하고 있다. 다음 중 타살로 판단할 수 있는 경우는?

① 시체에서 서로 모양이 다른 흉기에 의한 손상이 함께 발견되었다.
② 착의(着衣) 겉으로부터 손상은 거의 없다.
③ 배꼽부위에서 여러개의 주저흔이 발견되었다.
④ 방어흔이 없고 오른손에 혈액이 묻었다.

11 지문의 종류에 대한 설명으로 틀린 것은 몇 개인가?

> ㉠ 범죄현장에서 채취한 지문을 현장지문이라 한다.
> ㉡ 현장지문은 현재지문과 잠재지문을 포함된다.
> ㉢ 범인 검거를 위하여 범죄현장 이외의 장소에서 채취한 지문을 준현장지문이라 한다.
> ㉣ 현장지문 또는 준현장지문 중에서 범인의 지문을 제외하고 남은 지문을 유류지문이라고 한다.
> ㉤ 침입로, 도주로, 영업소 등에서 발견된 지문을 현장지문이라 한다.
> ㉥ 먼지, 점토, 페인트 등에 남겨진 지문을 현장지문이라 한다.

① 1개
② 2개
③ 3개
④ 4개

12 다음과 같은 경우에 있어서 적합한 감식수사 방법은?

> 강간 피해자와 용의자의 혈액형이 동일하여 피해자의 질액에 혼합된 정액으로는 범행의 증거로 할 수 없어 다른 방법으로 용의자에 대한 수사를 계속하고자 한다.

① 법의 혈청학
② 화학적 감정
③ 유전자 분석
④ 생리학적 검사

13 다음 중 공조수사의 종류에 대한 설명으로 옳지 않은 것은?

① 평상공조는 평소 예견가능한 일반적인 공조로서 수배, 통보, 조회, 촉탁 능이다.
② 횡적 공조는 대외적으로 특별사법경찰관리와의 수사협조 및 경찰 유관기관, 단체, 개인과의 수사협조, 나아가서 국제형사기구와의 형사공조 등이 있다.
③ 종적공조는 상·하급 관서는 물론 관서내의 상·하급 부서 내지 상·하급자 상호간의 상명하복 관계를 의미한다.
④ 활동공조는 자료의 수집과 조회제도가 해당되며, 모든 공조제도의 이상향이다.

14 다음 중 '범죄수법 공조자료 관리규칙'상 조회에 해당하는 것은 몇 개인가?

> ㉠ 범죄경력조회 　　　　　　　　㉡ 공조제보의 실시
> ㉢ 피해통보표의 중요장물조회 　　㉣ 수법 및 여죄, 장물조회
> ㉤ 신원확인조회

① 2개 　　　　　　　　　　② 3개
③ 4개 　　　　　　　　　　④ 5개

15 다음 중 강도 피의자가 강취의사를 부인하며, 목격자와 강력히 대질조사를 요구하고 있을 때, 사건을 담당하고 있는 형사 A의 조치로 맞는 것은?

① 목격자, 관련 근거 등으로 대질조사가 필요하지 않다고 판단된다면 대질조사를 실시하지 않는다.
② 피의자가 아닌 목격자가 대질조사를 요구할 때는 대질조사를 실시하여야 한다.
③ 피의자가 대질조사를 요구할 경우, 방어권 보장 차원에서 대질조사를 실시하여야 한다.
④ 피의자 목격자 모두 대질조사를 요구할 경우에만 대질조사를 실시하여야 한다.

16 연인관계인 A와 B가 신변을 비관하여 같이 자살하기로 하고 한강에 투신하였으나, A는 사망하였고, B는 살아남았다. 다음 중 B의 의사에 따른 설명 중 맞는 것은?

① B가 애초부터 자살할 마음이 없었다면, B는 위계살인죄의 죄책을 진다.
② B가 애초부터 자살할 마음이 없었다면, B는 살인죄의 죄책을 진다.
③ B가 애초부터 자살할 마음이 있었다면, B는 촉탁살인의 죄책을 진다.
④ B가 애초부터 자살할 마음이 있었다면, B는 무죄이다.

17 다음 중 사전영장에 의한 구속절차를 순서대로 나열한 것은?

① 영장신청 – 영장실질심사 – 영장청구 – 구인장 발부 – 구속통지 – 영장제시 및 집행
② 영장신청 – 영장청구 – 구인장 발부 – 영장실질심사 – 영장제시 및 집행 – 구속통지
③ 영장청구 – 영장신청 – 구인장 발부 – 영장실질심사 – 영장제시 및 집행 – 구속통지
④ 영장신청 – 영장실질심사 – 영장청구 – 구인장 발부 – 구속통지 – 영장제시 및 집행

18 엑스터시(MDMA)에 대한 설명으로 옳은 것은 몇 개인가?

> ㉠ 중추신경에 작용하여 골격근육을 이완시키는 효과(치료제)가 있다.
> ㉡ 클럽마약, 도리도리 등으로 지칭된다.
> ㉢ 금단증상으로는 온몸이 뻣뻣해지고 뒤틀리며 혀꼬부라지는 소리를 하게된다.
> ㉣ 1949년 독일 식욕촉진제 개발되었다.
> ㉤ 복용자는 테크노, 라이브, 파티방 등에서 막대사탕을 물고 있거나 물을 자주 마시는 행동을 보인다.
> ㉥ 과다복용시 치명적으로 인사불성, 혼수쇼크, 호흡저하를 가져오며 사망까지 이를 수 있다.

① 2개
③ 4개
② 3개
④ 5개

19 다음 공직선거법상 피선거권과 관련한 설명 중 틀린 것은?

① 선거일 현재 5년 이상 국내에 거주하고 있는 40세 이상의 국민은 대통령의 피선거권이 있다.
② 25세 이상의 국민은 국회의원의 피선거권이 있다.
③ 선거일 현재 계속하여 60일 이상 해당 지방자치단체의 관할구역 안에 주민등록이 되어 있는 주민으로서 25세 이상의 국민은 그 지방의회의원의 피선거권이 있다.
④ 해당 지방자치단체의 관할구역 안에 거주하는 25세 이상의 주민은 지방자치단체의 장 피선거권이 있다.

20 다음 중 REID 9단계 신문기법에 대한 설명으로 틀린 것은 몇 개인가?

> ㉠ 수사관이 유죄라고 판단한 용의자에 대한 신문과정에 사용되는 기법이다.
> ㉡ 감정적 범죄자는 범죄 후 상당한 죄책감, 양심의 가책을 경험한다.
> ㉢ 감정적 범죄자에게는 사실적 분석 기법이 가장 효과적이다.
> ㉣ 9단계 신문기법을 적용하기 전에 용의자에게 진술거부권을 고지하고 용의자의 진술거부권 등 권리포기를 끌어내야 한다.
> ㉤ 신문 시작 전에 용의자가 조사실에 혼자 있게 해서는 안된다.
> ㉥ 조사실 입실 전 수사관은 사건 증거 서류철 또는 그와 유사한 서류 등을 준비하고 소지하여야 한다.
> ㉦ 수사관이 조사실에 입실할 때 용의자에게 신중하고 확신에 찬 모습을 보여줘야 한다.

① 1개
③ 3개
② 2개
④ 4개

제5회 모의고사

1 다음 중 내사 결과 '혐의없음'에 해당하여 입건의 필요가 없는 경우 취하는 조치는?

① 내사종결
② 내사중지
③ 내사이첩
④ 공람종결

2 다음 중 수사자료에 대한 설명으로 틀린 것은 몇 개인가?

> ㉠ 기초자료는 범죄해결을 위해 범죄 발생 후 수집하는 자료이다.
> ㉡ 죄를 범할 우려가 있는 자의 동향(우범자 동향)은 사건자료에 해당한다.
> ㉢ 수사과정의 반성·분석·검토를 통하여 얻어진 자료는 참고자료에 해당한다.
> ㉣ 수사자료는 공판에서 법관에 의한 범죄사실의 진위를 밝히는 증명자료가 된다.
> ㉤ 사후에 수사에 활용될 수 있는 교훈, 새로 발견된 범행수법 등의 자료는 사건자료가 된다.

① 1개
② 2개
③ 3개
④ 4개

3 다음 중 변사자 검시에 대한 설명으로 옳은 것은?

> ㉠ 변사자 검시의 주체는 검사 또는 사법경찰관이다.
> ㉡ 변사자의 유족이 부검을 원치 않을 때에는 부검을 하지 않는다.
> ㉢ 사법경찰관이 검시를 한 경우에는 반드시 검시조서를 작성하여야 한다.
> ㉣ 사법경찰관은 의사의 참여를 요구하여 검시를 행하고 즉시 시체검안서를 작성한다.
> ㉤ 검시결과 사망이 범죄로 인한 것임이 명백히 인정될 때에는 경찰서장의 지휘를 받아 시체를 신속히 유가족에게 인도한다.
> ㉥ 검찰청법에 의해 변사자 검시는 검사가 하도록 되어 있다.

① ㉠㉢㉤㉥
② ㉠㉡㉣
③ ㉢㉣
④ 없음

4 사건의 관할 및 관할사건수사에 관한 규칙상 사건의 관할에 대하여 틀린 것은?

① 경찰관은 사건의 관할 여부를 불문하고 이를 접수하여야 하고, 사건을 접수한 관서는 일체의 관할이 없다고 판단되는 경우에는 사건의 관할이 있는 관서에 이송하여야 한다.
② 사건의 이송은 원칙적으로 범죄지를 관할하는 관서에 우선적으로 하여야 한다.
③ 사건의 관할이 분명하지 아니하여 관할에 의문이 있는 경우에는 해당 수사를 관할하는 검사에게 서면으로 사건의 관할에 관한 지휘건의를 할 수 있다.
④ 국내 또는 국외에 있는 대한민국 및 외국국적 항공기 내에서 발생한 범죄에 관하여는 출발지 또는 범죄 후의 도착지를 관할하는 경찰서를 관할관서로 한다.

5 수법원지에 대한 설명으로 틀린 것은 모두 몇 개인가?

> ㉠ 미검거시에는 작성하지 않고, 검거시에 작성한다.
> ㉡ 불구속된 피의자도 재범의 우려가 있는 경우 작성한다.
> ㉢ 사건발생보고 검토시 수사주무과장이 검토한다.
> ㉣ 범죄사건부에 그 작성여부를 표시한다.
> ㉤ 성별, 수법 소분류별, 생년월일 순으로 보관한다.
> ㉥ 수법원지 2매를 작성하여 그 중 1매는 지방경찰청장을 거쳐 경찰청장에게 송부한다.
> ㉦ 여죄조회, 장물조회에 활용한다.

① 2개 　　　　　　　　② 3개
③ 4개 　　　　　　　　④ 5개

6 다음 중 벤상처에 대한 설명으로 타당하지 않는 것은?

① 벤상처는 면도칼, 나이프, 도자기, 유리면의 파편 등의 날이 있는 흉기에 의해 조직의 연결이 끊어진 손상을 말한다.
② 상처각은 양측이 모두 예리하며, 상처바닥은 상처구멍의 길이에 비하여 대체로 길다.
③ 벤상처의 상처구멍은 방추형이거나 직선상이다.
④ 피부까짐이나 잠식상을 보지 못하므로 찢긴 상처와 감별이 가능하다.

7 다음 사례에 대한 경찰행정학과 대학생들의 검토내용이다. 옳은 것은 몇 개인가?

> **[사례]**
>
> 자동차운전면허 없이 혈중알코올농도 0.04% 상태로 운전하던 피의자 甲이 검문경찰관으로부터 운전면허증 제시를 요구받고 마침 보관하고 있던 회사동료의 운전면허증을 제시한 경우

> **[검토]**
>
> ㉠ 광호 : 갑은 공문서부정행사, 도로교통법위반(무면허운전), 도로교통법위반(음주운전)으로 처벌된다.
>
> ㉡ 성은 : 갑은 긴급체포할 수 있다.
>
> ㉢ 지연 : 갑을 현행범 체포 후 석방하고자 할 때에는 검사의 지휘를 받아야 한다.
>
> ㉣ 광은 : 갑을 구속하기 위해서는 반드시 사전에 체포를 해야 한다.
>
> ㉤ 유정 : 갑을 체포하는 경우 진술거부권은 고지하지 않아도 된다.

① 1개
② 2개
③ 3개
④ 4개

8 목맴과 끈졸림사의 구별에 대한 다음 설명 중 옳지 않은 것은?

① 목맴은 끈자국이 비스듬히 위쪽으로 향하여 있고, 끈졸림사는 수평으로 되어 있다.

② 목맴은 끈자국이 대개 끈졸림사 보다 낮고, 주로 뒤통수 부위 혹은 그 아래쪽을 통과하나, 끈졸림사는 뒤통수부위의 위쪽을 통과한다.

③ 목맴은 끈자국이 목 앞부분에 현저하고 뒷면에는 결여되어 있으나, 끈졸림사는 평등하게 목 주위를 두르고 있다.

④ 목맴은 끈자국이 서로 엇갈린 형상을 보이지 않으나, 끈졸림사는 끈자국이 서로 엇갈린 형상을 보인다.

9 다음 중 조사방법이 잘못된 것은 몇 개인가?

> ㉠ 전과자 – 전과자는 노련하므로 고압적이고 강한 자세로 기선을 제압한다.
> ㉡ 전과자 – 여죄여부를 확인하기 위하여 수법원지를 검토한다.
> ㉢ 전과자 – 증거를 약간 제시하고 급소를 찌른다.
> ㉣ 공범자 – 서로 불신감을 갖도록 공작하는 것도 효과적이다.
> ㉤ 공범자 – 먼저 조사한 피조사자의 진술에 선입감을 갖지 않도록 경계한다.

① 1개 　　　　　　　　② 2개
③ 3개 　　　　　　　　④ 4개

10 화재 사건을 수사 중인 A형사에게 민원인이 상담을 요청하여 다음과 같이 답변을 하고 있다. 틀린 것은?

① 방화로 결론 날 경우 피의자는 사안에 따라 구속될 수도 있습니다.
② 실화로 결론 날 경우, 실화 책임자는 반드시 모든 손해배상의 책임이 있습니다.
③ 방화 피의자는 형사상 처벌은 물론 반드시 민사상 손해배상의 책임도 져야 합니다.
④ 사안에 따라 화재의 원인을 밝힐 수 없을 수도 있습니다.

11 다음 중 둔기 손상에 의한 사망의 경우에 외부소견으로 볼 수 있는 것은 몇 개인가?

> ㉠ 찔린상처 　　　　　　㉡ 찧은상처
> ㉢ 찢긴상치 　　　　　　㉣ 벤상처
> ㉤ 피부까짐 　　　　　　㉥ 피부밑출혈
> ㉦ 골절 　　　　　　　　㉧ 뇌진탕
> ㉨ 내장파열 　　　　　　㉩ 두줄출혈

① 5개 　　　　　　　　② 6개
③ 7개 　　　　　　　　④ 8개

12 다음 중 '유치인보호주무자'가 들어가야 할 곳은 몇 개인가?

> ㉠ 피의자를 유치장에 입감시키거나 출감시킬 때에는 ⓐ가 발부하는 피의자 입(출)감지휘
> 서에 의하여야 한다.
> ㉡ ⓑ은 유치인보호관을 배치함에 있어서 ⓒ의 의견을 물어 유치인보호관으로서의 적임자
> 를 선발·배치하여야 한다.
> ㉢ ⓓ은 유치인보호관이 배치 즉시 근무에 지장이 없도록 미리 관계규정을 숙지하게 하여
> 야 한다.
> ㉣ ⓔ은 근무 중 계속하여 유치장 내부를 순회하여 유치인의 동태를 살피되 사고방지에 노
> 력하여야 하며 특이사항을 발견하였을 때에는 응급조치를 하고, 즉시 ⓕ에게 보고하여
> 필요한 조치를 취하도록 하여야 한다.
> ㉤ ⓖ은 새로 입감한 유치인에 대하여는 인권침해를 당했을 때에 「국가인권위원회법 시행
> 령」에 따라 진정할 수 있음을 알리고, 그 방법을 안내하여야 한다.

① 1개   ② 2개
③ 3개   ④ 5개

13 다음 설명 중 틀린 것은 몇 개인가?

> ㉠ 목맴시체인 경우 끈자국에서는 일반적으로 피부밑출혈을 볼 수 있다.
> ㉡ 피부밑출혈이 수족에 있는 경우에도 관찰하기 어렵다.
> ㉢ 목맴의 경우 타살에서는 거의 대부분 한 번 감는다.
> ㉣ 살해 후 물에 던진 경우에는 익사에 발생하는 외부소견을 볼 수 있다.
> ㉤ 익사체의 폐와 위장내에 플랑크톤이 있다면 이를 자살로 추정할 수 있다.
> ㉥ 소사체에 있어서 투사자세는 활력반응이므로 화재사로 단정할 수 있다.
> ㉦ 소사체는 벤상처 또는 찢긴 상처와 유사한 소견을 보인다.

① 2개   ② 3개
③ 4개   ④ 5개

14 '우범자 첩보수집 등에 관한 규칙' 내용으로 틀린 것은 모두 몇 개인가?

> ㉠ 우범자 편입 대상자가 소재불명일 경우 먼저 우범자로 편입하지 않고 행방불명 처리하여야 한다.
>
> ㉡ 우범자 편입 대상자가 관내 거주하지 않고 타관내 거주사실이 확인되면 관할 경찰서로 통보한다.
>
> ㉢ 전입 통보를 받은 경찰서장은 3일 이내 소재를 확인하여 우범자로 편입한다.
>
> ㉣ 경찰서장은 수사(형사)과 직원 중 우범자 담당자를 지정하고, 지구대장은 첩보수집 대상자별 담당 직원을 지정하여야 한다.
>
> ㉤ 지구대 담당자는 첩보수집 대상자에 대해서 2개월에 1회 이상 범죄관련 여부에 대한 첩보를 수집하여 경찰서로 보고하여야 한다.
>
> ㉥ 경찰서장은 우범자가 타 관할로 전출한 것을 확인하였을 때는 우범자 전산입력카드 원본을 송부하여야 한다.
>
> ㉦ 전출하거나 사망 이외의 사유로 삭제 결정된 자는 당해 카드에 일자와 사유를 명기하여 폐기한다.

① 1개   ② 2개

③ 3개   ④ 4개

15 공조수사의 종류가 옳게 연결된 것은?

> ㉠ 수사긴급배치   ㉡ 통보, 조회
>
> ㉢ 미행, 잠복   ㉣ 특별사법경찰관리와의 수사협조
>
> ㉤ 상·하급 관서 간 공조

① 평상공조 - ㉠㉡   ② 비상공조 - ㉡㉢

③ 종적공조 - ㉣㉤   ④ 활동공조 - ㉠㉢

16 체포영장에 의한 체포에 대한 설명 중 틀린 것은?

> ㉠ 체포영장 청구 시 7일을 넘는 유효기간을 필요로 하거나 수통의 영장을 청구하는 때에는 체포영장청구서에 그 취지 및 사유를 기재하여야 한다.
> ㉡ 위법하게 체포된 피의자만 체포구속적부심사를 청구할 수 있다.
> ㉢ 죄를 범하였다고 의심할 만한 상당한 이유가 있는 피의자가 정당한 이유 없이 출석요구에 불응하거나 불응할 우려가 있는 경우에 체포할 수 있다.
> ㉣ 다액 50만원 이하의 벌금, 구류, 과료에 해당하는 사건에 관하여는 피의자가 주거가 없는 경우에 체포할 수 있다.
> ㉤ 피고인은 체포구속적부심사를 청구할 수 있다.

① ㉠㉡
② ㉡㉤
③ ㉢㉣
④ ㉣㉤

17 다음 중 피의자 얼굴 등 공개와 관련하여 성폭력범죄의 처벌 등에 관한 특례법에 규정되어 있는 사유는 몇 개인가?

> ㉠ 피의자가 죄를 범하였다고 믿을 만한 충분한 증거가 있는 경우
> ㉡ 국민의 알권리 보장
> ㉢ 피의자의 재범 방지
> ㉣ 피의자의 도주 방지
> ㉤ 피의자의 증거인멸 방지

① 2개
② 3개
③ 4개
④ 5개

18 甲은 乙女를 강간하고 난 후 乙女의 핸드백에 돈이 있는 것을 알고 이를 강취하였다. 이에 대한 설명으로 맞는 것은?

① 강도강간죄로 처벌된다.
② 성폭력범죄의처벌등에관한특례법위반(특수강도강간등)으로 처벌된다.
③ 강도죄와 강간죄로 처벌된다.
④ 피해자의 고소가 있어야 갑의 범죄행위에 대해 모두 처벌할 수 있다.

19 다음 중 개인 식별을 목적으로 디엔에이 감식을 통하여 얻어지는 정보로서 일련의 숫자 혹은 부호의 조합으로 표기된 것을 말하는 것은?

① 디엔에이감식키트　　　　　　　② 디엔에이신원확인정보
③ 디엔에이감식　　　　　　　　　④ 디엔에이감식시료

20 우리나라 경찰에서는 사이버범죄를 크게 사이버테러형범죄와 일반적인 사이버범죄로 구분하고 있다. 사이버테러형범죄로 구성된 항목들로 짝지어진 것은?

① 해킹, 사이버도박, 전자상거래사기, 인터넷다단계사기
② 해킹, 컴퓨터사기, 컴퓨터 절도, 컴퓨터손괴
③ 해킹, 바이러스 유포, 메일폭탄, DOS 공격
④ 해킹, 사이버성폭력, 사이버청소년매매춘, 사이버스토킹

제6회 모의고사

정답 및 해설 P. 209

1 다음 중 수사의 목적에 대한 설명으로 틀린 것은 몇 개인가?

> ㉠ 피고인의 구속은 공소제기 후의 수사의 목적에 해당한다.
> ㉡ 피의사건의 진상파악은 공소제기 전 수사의 목적이다.
> ㉢ 기소, 불기소의 결정은 수사의 중요한 목적이다.
> ㉣ 수사의 제1차적 목적은 피의자에 대한 공소의 제기 · 유지이다.
> ㉤ 수사의 궁극적 목적은 형사소송법의 목적 실현이다.
> ㉥ 민사상 피해회복도 수사의 목적이다.

① 2개   ② 3개
③ 4개   ④ 5개

2 수사의 조건에 대한 설명 중 틀린 것은 몇 개인가?

> ㉠ 체포 · 구속을 위한 범죄혐의는 객관적 혐의를 말하며, 일반시민이 범죄의 혐의를 인정하는 경우를 말한다.
> ㉡ 수사개시를 위한 범죄혐의는 주관적 혐의를 말하며, 구체적 사실에 근거를 둔 혐의일 것을 요한다.
> ㉢ 범의유발형 함정수사는 수사의 상당성에 반하기 때문에 허용되지 않는다.
> ㉣ 현행 형소법은 수사의 필요성을 수사의 조건으로 명시하고 있다.
> ㉤ 규문주의 소송구조에서 수사의 조건이 강조된다.

① 1개   ② 2개
③ 3개   ④ 4개

3 다음 중 옳은 설명은?

① 피의자신문조서를 작성하였을 때는 반드시 입건하여야 한다.
② 사건을 수리한 후 혐의없음으로 판단되면 내사종결한다.
③ 진정 등 내사사건의 종결처리는 수사기관의 내부적 사건처리에 불과하므로, 처리결과에 불만있는 진정인은 따로 고소·고발 할 수 있다.
④ 범죄인지서작성으로 피의자가 된다.

4 범죄수사상 준수원칙에 해당하는 것은?

㉠ 선증후포의 원칙	㉡ 법령준수의 원칙
㉢ 형사사건 관여의 원칙	㉣ 민사사건 불관여의 원칙
㉤ 선포후증의 원칙	㉥ 개별수사의 원칙
㉦ 종합수사의 원칙	

① ㉠㉡㉣㉦
② ㉡㉢㉤㉦
③ ㉡㉤㉣㉥
④ ㉡㉤㉣㉦

5 M경찰서 조사계장은 불기소의견으로 송치하는 서류를 검토하고 있다. 다음의 불기소의견 중 계장이 정정해 주어야 하는 것은 몇 개인가?

㉠ 폭행을 하였으나 처벌을 희망하지 않는 경우 공소권없음으로 송치
㉡ 명예훼손의 죄를 인정할 자료가 없는 경우 혐의없음으로 송치
㉢ 폭행죄에 대해 정당방위가 인성되는 경우 죄가안됨으로 송치
㉣ 강간치상죄의 피해자가 고소를 취소한 경우 공소권없음으로 송치
㉤ 농아자가 절도를 한 경우 죄가안됨으로 송치

① 2개
② 3개
③ 4개
④ 5개

6 다음 중 시체의 현상에 대한 설명으로 옳지 않은 것은?

① 시체얼룩은 사망 직후 시작되고, 사후 7 ~ 10시간이 되면 이중성시체얼룩이 나타난다.
② 시체굳음은 턱관절에서 경직되기 시작하여 '턱 – 어깨 – 발목 · 팔목 – 손가락 · 발가락' 순으로 사후 12시간 정도면 전신에 미친다.
③ 부패는 공기의 유통이 좋고 온도는 20 ~ 30℃, 습도는 60 ~ 66%일 때 최적이다.
④ 백골화는 소아는 사후 4 ~ 5년, 성인은 7 ~ 10년 후 완전 백골화된다.

7 피의자 심문시 신뢰관계인 동석에 대한 설명으로 틀린 것은?

㉠ 피의자가 정신적 장애로 의사를 결정할 능력이 미약한 때에는 직권 또는 신청에 의해 신뢰관계인을 동석시켜야 한다.
㉡ 동석신청시에 반드시 대상자와 피의자와의 관계를 소명할 서류를 제출받은 후에 동석시켜야 한다.
㉢ 신청이 있는 때에는 반드시 신청인으로부터 동석 신청서 및 피의자와의 관계를 소명할 수 있는 자료를 제출받아 기록에 편철하여야 한다.
㉣ 수사기밀 누설이나 신문방해 등을 통해 수사에 부당한 지장을 초래할 우려가 있다고 인정할 만한 상당한 이유가 존재하는 때에는 동석을 거부할 수 있다.
㉤ 동석자가 신문방해 등을 통해 부당하게 수사의 진행을 방해하는 경우 사법경찰관은 신문 도중에 동석을 중지시킬 수 있다.

① ㉠㉡㉤　　　　　　　　　　　② ㉡㉢㉣
③ ㉠㉡㉢　　　　　　　　　　　④ ㉡㉢㉤

8 A지구대에 근무하는 순경 S는 '○○산부인과에서 낙태수술을 시행하고 있다'는 112신고를 접하고, 현장에 출동한 바 ○○산부인과 수술실에서 낙태수술을 시행하기 직전인 산모와 의사를 발견하였다. 이때 S의 조치요령과 그 이유로 가장 타당한 것은?

① 낙태를 실행 중이므로 산모와 의사를 모두 현행범인으로 즉시 체포한다.
② 낙태죄는 미수범을 처벌할 수 없으므로 수술이 종료된 후 산모와 의사를 현행범인으로 체포한다.
③ 낙태행위를 중지시키되 수술 시행되기 전이므로 더 이상 수술이 진행되지 않도록 예방조치를 한다.
④ 낙태의 혐의가 있으므로 산모와 의사를 현장에서 긴급체포한다.

9 다음 중 범인의 수, 공범의 유무 등을 판단할 수 있는 자료가 아닌 것은 몇 개인가?

> ㉠ 현장에서 발견된 신발자국, 망치·장갑 등의 종류와 수
> ㉡ 현장에서 유류된 피묻은 옷, 찢어진 남방의 일부
> ㉢ 범인들이 범행현장에 침입한 방법
> ㉣ 도난당한 금고의 운반방법
> ㉤ 목적물의 선정방법

① 1개 　　　　　　　　　　② 2개
③ 4개 　　　　　　　　　　④ 5개

10 수법수사에 관한 설명으로 옳은 것은?

> ㉠ '완전범죄는 있을 수 없다.'는 수법의 관행성에 대한 내용이다.
> ㉡ 당해 피의자의 신원이 밝혀진 경우에도 미검인 경우에는 피해통보표를 작성한다.
> ㉢ 범인이 성명불상자로 미검인 경우에도 수법원지를 작성한다.
> ㉣ 수법범죄로는 강도·절도·컴퓨터 등 사용사기·강제추행·통화위조·문서위조·유가증권
> 　변조·약취유인 등이 해당한다.
> ㉤ 범죄수법 자료에는 수사자료표, 수법원지, 피해통조표, 공조제보가 있다.
> ㉥ 범죄수법으로 범인의 범죄경력을 확인할 수 있다.
> ㉦ 불구속 피의자도 재범의 우려가 있으면 수법원지를 작성한다.
> ㉧ 피해자 주소·성명을 알 수 있는 것은 공조제보이다.

① ㉠㉡ 　　　　　　　　　② ㉣㉦
③ ㉠㉢㉧ 　　　　　　　　④ ㉡㉤㉥

11 다음 보기 중 시체얼룩이 선홍색으로 나타나는 경우는 몇 개인가?

> ㉠ 끈졸림사 　　　　　　　㉡ 손졸림사
> ㉢ 청산가리중독사 　　　　㉣ 일산화탄소중독사
> ㉤ 저체온사 　　　　　　　㉥ 황화수소 중독사

① 1개 　　　　　　　　　　② 2개
③ 3개 　　　　　　　　　　④ 4개

12 「국민의 형사재판 참여에 관한 법률」상 강력사건과 관련하여 틀린 설명은?

> ㉠ 피고인이 국민참여재판을 원하지 않는 경우 국민참여재판은 하지 않는다.
> ㉡ 상해치사 피의자는 자신의 의사 여부에 따라 국민참여재판을 받을 수 있다.
> ㉢ 강도상해교사 피의자는 국민참여재판을 받을 수 없다.
> ㉣ 강도살인 사건의 증인은 피의자의 의사에 따라서 배심원으로 선정될 수 있다.
> ㉤ 살인사건에 관하여 그 기초가 되는 조사·심리에 관여한 사람은 배심원으로 선정될 수 없다.

① ㉠㉡ ② ㉠㉣
③ ㉢㉣ ④ ㉢㉤

13 다음 중 유전자 채취가 가능하지 않은 곳은?

① 안경테 코받침대
② 오랫동안 사용한 모자 안쪽 면
③ 칫솔
④ 신발 바닥면

14 긴급배치 종별 사건범위 중 갑호에 해당하는 것은 몇 개인가?

> ㉠ 연쇄방화·중요한 범죄은닉목적 방화
> ㉡ 존속살인
> ㉢ 보험금 취득목적 등 계획적인 방화
> ㉣ 총기·대량의 탄약 및 폭발물 절도
> ㉤ 중요상해치사
> ㉥ 1억원 이상 다액 절도
> ㉦ 관공서 및 중요시설 절도
> ㉧ 국보급 문화재 절도
> ㉨ 강도살인
> ㉩ 3천만원 이하 다액강도

① 3개 ② 4개
③ 6개 ④ 8개

15 다음 중 피의자신문조서 작성과 관련한 설명으로 틀린 것은 몇 개인가?

> ㉠ 사법경찰관이 피의자를 조사할 때는 수사과정확인서에 의하여 수사과정을 기록하고 이
> 를 조서의 말미에 편철하여 함께 간인한다.
> ㉡ 직업은 범행 당시의 직업을 기재한다.
> ㉢ 주민등록상 주거지와 실주거지가 다른 경우 주민등록상 주거지를 기준으로 기재한다.
> ㉣ 진술거부권 및 변호인 조력권 행사 여부를 질문하여 그 답변을 조서에 기재해야 한다.
> ㉤ 조서에 대해 이의를 제기한 경우 이의를 제기하였던 부분은 삭제하고 피의자의 진술대
> 로 다시 작성한다.
> ㉥ 포상은 과거의 공로로 기소, 불기소의 참작사유가 된다.

① 1개 　　　　　　　　　　　② 2개
③ 3개 　　　　　　　　　　　④ 4개

16 다음 설명 중 틀린 것은 몇 개인가?

> ㉠ 물린손상은 대부분 피부밑출혈을 동반하는 반달모양의 피부까짐으로 나타나는데 시체
> 외부의 물린자국과 체포 당시 가해자의 치아를 비교하면 정확히 일치한다.
> ㉡ 범퍼손상, 충격손상, 뒤집힌손상, 채찍질손상은 교통사고로 인한 손상이다.
> ㉢ 총알 입구만 있고 사출구가 없다면 관통총상으로 볼 수 있다.
> ㉣ 근사에서 그을음 부착의 형태는 거리가 멀어질수록 직경이 작아지고 밀집도가 증가한다.
> ㉤ 공기총탄환에 의해 사망한 사체를 부검하면 발사거리를 추정할 수 있다.

① 1개 　　　　　　　　　　　② 2개
③ 4개 　　　　　　　　　　　④ 5개

17 00경찰서 형사계장 森경감은 2015년 1월 5일 저녁 8시 30분경 시체에 대한 곧창자온도를 측정한
결과 시체체온이 20.4℃인 것을 알았다. 사망 시간은 언제로 추정할 수 있는가? (단, 사후 경과 시
간을 추정하는 공식은 다음과 같다)

> 사후경과시간(Moritz의 공식) = 37℃ – 곧창자온도 / 0.83 × 상수(겨울 0.7 여름 1.4 봄·가
> 을 1.0)

① 1월 4일 아침 6시 30분경 　　　　② 1월 4일 저녁 4시 30분경
③ 1월 4일 저녁 7시 30분경 　　　　④ 1월 5일 아침 6시 30분경

18 향정신성의약품에 대한 설명 중 옳지 않은 것은?

① 효능에 따라 각성제, 환각제, 억제제로 분류한다.
② 억제제는 중추신경계의 기능을 저하 또는 억제하고 진정시키는 기능을 하며 메스카린, 바르
   비탈제류 등이 있다.
③ 환각제는 감각이 왜곡되어 환상을 보거나, 극도의 행복감이나 불행의 교차함을 느끼거나,
   망상 · 불안 등을 유발시키며 L.S.D, 페이요트, 싸이로시빈 등이 있다.
④ 각성제는 억제제와 반대로 중추신경계의 활동을 강화시키는 기능을 하며 메스암페타민,
   XTC 등이 있다.

19 다음 중 체포보고서에 관한 설명으로 틀린 것은?

① 피고인체포보고서는 체포보고서의 종류에 해당하지 않는다.
② 체포영장(긴급체포, 현행범인체포)에 의한 피의자 체포의 경우에 작성하고 체포보고서 작성
   당시 구속영장 발부관계는 알 수 없다.
③ 피의자체포보고서의 작성권자는 사법경찰관이다.
④ 체포보고서의 기재사항에는 피의자인적사항, 범죄사실, 체포경위, 증거자료유무 등이다.

20 여러 가지 컴퓨터관련 범죄의 실례들이다. 잘못 연결된 것은?

① J은행 K지점 L대리는 전산조작을 통하여 주변의 다른 은행 자기계좌에 계좌당 5천만원씩
   온라인 입금되게 한 후 이를 인출해 달아났다. – 컴퓨터부정조작(컴퓨터 등 사용사기)
② 천리안을 이용하여 데이콤에 가입된 청와대의 비밀번호와 ID를 알아낸 뒤 경제수석비서관
   명의로 시중은행에게 자료를 요구하였다. – 컴퓨터스파이범죄
③ 일부 은닉 · 변경된 자료나 허구의 자료 등을 컴퓨터에 입력시켜 잘못된 산출을 초래케 하는
   방법이다. – 산출물조작
④ 한국과학기술원생이 포항공대물리학과 전산시스템에 침입하여 비밀번호를 바꾸어 버렸다. –
   컴퓨터 파괴행위

제7회 모의고사

정답 및 해설 P. 217

1 진정내사사건 처리시 공람종결 할 수 있는 사유가 아닌 것은?

① 2회 이상 반복 진정하여 1회 이상 그 처리결과를 통지한 것과 같은 내용인 경우
② 무기명 또는 가명으로 한 경우
③ 단순한 풍문이나 인신공격적인 내용인 경우
④ 완결된 사건 또는 재판에 불복하는 내용인 경우

2 다음 중 수사의 조건에 대한 설명으로 틀린 것은 몇 개인가?

> ㉠ 수사의 조건은 수사개시의 조건과 수사실행의 조건이다.
> ㉡ 수사의 일반적 조건에는 수사의 필요성과 상당성이 있다.
> ㉢ 친고죄에서 고소가 없더라도 원칙적으로 수사는 가능하다.
> ㉣ 수사는 수사기관의 주관적 혐의에 의하여 개시되며 다만 구체적 사실에 근거하여 주위
> 의 사정을 합리적으로 판단하여 혐의 유무를 결정해야 한다.
> ㉤ 수사의 상당성은 특히 임의수사의 경우에 강조된다.
> ㉥ 수사비례의 원칙은 강제수사에만 적용된다.

① 1개 　　　　　　　　　　② 2개
③ 3개 　　　　　　　　　　④ 4개

3 디엔에이(DNA)신원확인정보의 이용 및 보호에 관한 법률상 DNA감식시료 채취대상이 아닌 것은 몇 개인가?

> 방화, 살인, 약취, 유인, 강간, 강제추행, 절도, 강도, 감금치상

① 1개 　　　　　　　　　　② 2개
③ 3개 　　　　　　　　　　④ 4개

4 다음 중 수사자료에 대한 설명으로 틀린 것은?

> ㉠ 범죄수사의 주요 대상이 된다.
> ㉡ 증거자료와 마찬가지로 기초자료를 포함한다.
> ㉢ 수사과정에서 범인 및 범죄사실을 분명히 하는데 이용된다.
> ㉣ 공판에서 증거로 제출되기도 한다.
> ㉤ 수사자료는 특정의 구체적 사건자료에 국한되지 않는다.
> ㉥ 수사자료는 증거자료와 달리 참고자료에 불과하다.

① ㉠㉢ ② ㉡㉤
③ ㉡㉥ ④ ㉢㉣

5 친고죄의 고소권자에 대한 설명으로 틀린 것은 몇 개인가?

> ㉠ 피해자가 사망한 때 형제·자매는 피해자의 명시한 의사에 반해 고소할 수 있다.
> ㉡ 피해자의 법정대리인은 독립하여 고소할 수 없다.
> ㉢ 피해자의 법정대리인의 친족이 피의자일 때 피해자의 친족은 독립하여 고소할 수 없다.
> ㉣ 사자의 명예 훼손에 대해서는 그 자손이 고소할 수 있다.
> ㉤ 고소할 자가 없는 경우 이해관계인의 신청으로 검사가 지정하는 자는 고소할 수 있다.

① 1개 ② 2개
③ 3개 ④ 4개

6 다음 중 실무상 '각하' 의견으로 송치할 사안을 고른 것으로 맞는 것은?

> ㉠ 이미 '혐의없음'으로 검찰에서 종결된 사건을 새로운 증거없이 재차 고소한 경우
> ㉡ 공소시효가 이미 지난 사안으로 고소하는 경우
> ㉢ 형사미성년자를 상대로 고소하는 경우
> ㉣ 현재 다른 경찰서에 고소가 되어 진행 중인 사안에 대하여 또 고소한 경우
> ㉤ 피고소인에 대한 고소 후, 추가로 탄원서를 제출한 경우
> ㉥ 피고소인에 대한 고소 이후, 사건을 서둘러 진행해 달라고 진정서를 제출한 경우

① ㉠㉣㉤㉥ ② ㉠㉡㉢㉣
③ ㉡㉢㉤ ④ ㉠㉡㉢

7 다음은 컴퓨터범죄와 실제 침해유형을 연결시킨 것이다. 잘못 연결된 것은?

① 컴퓨터스파이 – 자료유출 및 자료접근의 방해
② 컴퓨터부정조작 – 자료조작 및 프로그램 조작
③ 컴퓨터파괴 – 프로그램파괴 및 컴퓨터사용불능행위
④ 컴퓨터무단사용 – 타인 컴퓨터의 권한외 사용 및 가장사용

8 다음 중 압수수색의 영장주의 예외에 대한 설명으로 틀린 것은 몇 개인가?

> ㉠ 살인 피의자 갑이 친구 을의 집에 숨어 있다는 첩보를 입수하여 체포영장에 의한 체포
> 를 하기 위해서 친구 을의 집을 수색하는 경우 – 체포 구속 목적 피의자수색
> ㉡ 살인 피의자 갑을 긴급체포하면서 그 현장에서 갑이 소지하고 있는 장물을 압수하는 경
> 우 – 긴급체포된 자가 소지, 소유, 보관하는 물건에 대한 압수
> ㉢ 사람이 호프집에서 살해되었다는 신고를 받고 현장에 출동하여 호프집에 대해서 압수
> 수색을 하는 경우 – 범죄현장에 대한 압수수색
> ㉣ 피의자 갑을 긴급체포한 후 갑이 범행 당시 사용했던 흉기를 갑의 집을 수색하여 압수
> 하는 경우 – 체포현장에서의 압수
> ㉤ 살인 피의자 갑이 도주하면서 떨어뜨린 물건을 지나가던 행인 을이 발견하여 경찰서에
> 제출하는 경우 – 임의제출물의 압수

① 1개　　　　　　　　　　　② 2개
③ 3개　　　　　　　　　　　④ 4개

9 다음 중 수사자료표 작성시 십시시문을 채취해야 하는 대상은 몇 개인가?

> ㉠ 살인 등 강력범죄 피의자
> ㉡ 주민조회시 지문가치번호가 없거나 00000 – 00000인 경우
> ㉢ 구속피의자
> ㉣ E – CRIS로 동일인 여부가 판명되지 않은 경우
> ㉤ 주민등록증 미발급자 및 외국인으로서 지문자료가 없어 신원확인이 불가능한 경우
> ㉥ 손상, 절단 등으로 지문가치번호를 정정할 필요가 있는 경우

① 2개　　　　　　　　　　　② 3개
③ 4개　　　　　　　　　　　④ 5개

10 경범죄처벌법위반(불안감조성)의 피의자 甲에 대하여 체포영장을 발부 받을 수 있는 요건(A), 현행범인으로 체포할 수 있는 요건(B), 구속영장에 의해 구속할 수 있는 요건(C)에 해당하는 것을 순서대로 옳게 나열한 것은?

> ㉠ 甲이 불안감조성의 혐의가 있다고 인정되는 경우
> ㉡ 甲이 일정한 주거가 없는 경우
> ㉢ 甲이 수사기관의 출석요구에 정당한 이유없이 불응한 경우
> ㉣ 甲이 수사기관의 출석요구에 정당한 이유없이 불응할 우려가 있는 경우

① A – ㉠㉡, B – ㉠㉡, C – ㉠㉡
② A – ㉠㉢, B – ㉠㉣, C – ㉠㉡
③ A – ㉠㉣, B – ㉠㉢, C – ㉠㉢
④ A – ㉠㉣, B – ㉠㉢, C – ㉠㉣

11 다음 중 변사사건의 시체인도 요령에 관한 설명으로 옳은 것은?

> ㉠ 사법경찰관은 사체를 인수할 자가 없거나 그 신원이 판명되지 않은 때에는 주소지의 시장·군수·구청장에게 인도하여야 한다.
> ㉡ 사체를 인도하였을 때에는 사체 및 소지금품 인수서를 받는다.
> ㉢ 변사체는 후일을 위하여 화장함을 원칙으로 한다.
> ㉣ 사법경찰관은 「주민등록법」에 의하여 사망자의 등록기준지가 분명하지 않거나 사망자를 인식할 수 없을 때에는 지체없이 사체현존지의 구·시·읍·면의 장에서 사망의 통보를 해야 한다.
> ㉤ 변사사건의 수배는 긴급사건 수배요령에 준하여 행하고, 신원이 밝혀졌을 때 변사자수배카드를 작성 관리한다.

① ㉠   ② ㉢㉤
③ ㉡㉣   ④ ㉡

12 다음 중 순찰지구대에 근무 중인 순경 甲이 긴급체포할 수 있는 피의자는 모두 몇 명인가? (단, 모두 도주 우려가 있고 긴급을 요하여 판사의 체포영장을 발부받을 수 없는 것으로 간주한다)

> ㉠ 불심검문 중 동생의 운전면허증을 제시해 동생의 행세를 한 A
> ㉡ 청소년을 유해업소에 고용한 B
> ㉢ 혈중알코올농도 0.125%의 무면허 운전자 C
> ㉣ 남이 훔쳐온 보석을 헐값에 구매한 D
> ㉤ 청소년유해매체물 표시 및 포장을 하지 않는 자 E
> ㉥ 청소년에게 주류를 판매한 자 F

① 1명
② 2명
③ 3명
④ 4명

13 수법수사에 관한 설명으로 옳은 것은?

> ㉠ 범죄수법은 유형의 유류물로서 지능범죄에 대처한다.
> ㉡ 수법원지 작성시 공범관계는 검거된 공범까지만 기재한다.
> ㉢ 수법원지를 통해 필적조회는 가능하다.
> ㉣ 피해통보표에 수록·입력된 피해품은 장물조회로 본다.
> ㉤ 범인조회는 사건이 발생하면 현장임장 경찰관이 수법원지를 대상으로 조회하며, 여죄 및 장물조회는 피의자 검거시 범인검거 조사하는 경찰관이 피해통보표를 대상으로 조회한다.
> ㉥ 수법원지와 피해통보표의 공통점은 범죄사건부에 기재한다는 점이다.
> ㉦ 수법원지는 피작성자가 사망, 80세이상, 원지작성 후 10년 경과하였을 때 삭제 폐기한다.
> ㉧ 피해통보표 전산자료는 피의자가 검거, 사망, 전산입력 후 5년이 경과한 후 삭제한다.

① ㉠㉣
② ㉡㉢
③ ㉠㉤㉧
④ ㉢㉤㉥㉦

14 다음 중 자살로 추정하기 어려운 경우는?

① 현장의 주변이 깨끗하게 정돈되어 있다.
② 자물쇠는 내부로부터 시정이 되어 있다.
③ 변사현장이 사망자 모친의 묘소 부근이다.
④ 시체위에 이불이 덮어져 있다.

15 다음 설명 중 올바른 것은?

> ㉠ 사망진단서는 진료한 사실이 있은지 24시간이내에 사망하였을 때 발행된다.
> ㉡ 자살의 경우 착의 겉으로부터 창상이 있는 경우가 많다.
> ㉢ 보통 48시간 후에 입·코·눈 등에 파리·구더기가 발생한다.
> ㉣ 시체의 부패는 흙 속에서 가장 빠르고 공기속 또는 물속에서는 느리다.
> ㉤ 루미놀 검사에서 양성반응을 나타내지 않는 것은 비누, 간장이다.
> ㉥ 담당형사는 범죄수법영상전산시스템 및 주민사진을 사전에 목격자에게 열람하게 하여
> 　 몽타쥬 작성에 도움이 되도록 하여야 한다.
> ㉦ 턱뼈관절의 굳음풀림은 30시간 내외이다.
> ㉧ 변사자 수배용 사진을 촬영함에 있어서 혈흔 등이 얼굴에 묻어 있는 경우 그대로 촬영
> 　 해야 한다.

① ㉠㉡　　　　　　　　　　　② ㉤㉦
③ ㉠㉢㉧　　　　　　　　　　④ ㉢㉤㉣㉥

16 참고인 등에 대한 비용 지급에 대한 설명으로 옳지 않은 것은?

① 참고인 등의 여비, 숙박료, 식비는 예산의 범위 안에서 사법경찰관이 상당하다고 인정하는 실비를 지급할 수 있다.
② 사체의 검안·부검, 사체의 운구·안치, 감정 및 통역·번역을 위촉받은 자에 대한 비용은 편성된 예산의 범위 내에서 지급할 수 있다.
③ 참고인 등의 비용은 출석을 요구받고 지정된 장소에 출석한 때, 사체의 검안·부검, 사체의 운구·안치, 감정 및 통역·번역을 위촉받은 때에 지체없이 지급하여야 한다.
④ 비용을 지급하였을 때에는 수령인의 기명·날인을 받아야 한다.

17 다음 중 범죄통계원표 작성에 관한 설명으로 올바르지 못한 것은 몇 개인가?

> ㉠ 타 관내 미신고사건을 검거하여 이송하거나, 발생사건을 타 기관에 이송하는 경우 이송하는 기관에서는 검거통계원표와 피의자통계원표는 작성하지 않으나 발생통계원표만은 반드시 작성하여야 한다.
>
> ㉡ 고소사건 등을 A기관에서 접수, 취급하다가 B기관으로 이송한 경우 발생통계원표, 검거통계원표, 피의자통계원표는 종국적으로 처리, 송치하는 기관에서 작성한다.
>
> ㉢ 공범사건에 대한 검거통계원표는 공범 중 일부를 먼저 검거하더라도 작성하지 않고, 미체포자를 후일 모두 검거하였을 때 작성한다.
>
> ㉣ 경범죄처벌법위반사건으로 판사의 송치명령을 받아 관할 검찰청에 송치하는 경우에는 원표를 작성하지 않는다.
>
> ㉤ 사건송치 기록에는 반드시 피의자통계원표를 첨부하여야 하며, 미검거로 인하여 기소중지의견으로 송치되는 피의자의 경우에도 마찬가지이다.
>
> ㉥ 군사법원 관할의 범죄는 경찰에서 취급하지 않고 군 수사기관으로 이송하고 있는 바, 발생통계원표만 경찰에서 작성하고 검거, 피의자통계원표는 이송받은 군 수사기관에서 작성한다.

① 1개   ② 3개
③ 4개   ④ 5개

18 성폭력범죄의 처벌 등에 관한 특례법에 대하여 옳은 것은 몇 개인가?

> ㉠ 업무상 위력 등에 의한 추행, 공중 밀집 장소에서의 추행, 성적 목적을 위한 공공장소 침입행위, 통신매체를 이용한 음란행위, 카메라 등을 이용한 촬영행위는 미수범을 처벌하지 않는다.
>
> ㉡ 강간, 강제추행 등의 죄는 디엔에이(DNA)증거 등 그 죄를 증명할 수 있는 과학적인 증거가 있는 때에는 공소시효가 5년 연장된다.
>
> ㉢ 미성년자에 대한 성폭력범죄의 공소시효는 성폭력범죄로 피해를 당한 날부터 진행한다.
>
> ㉣ 친고죄 조항을 삭제하였다.
>
> ㉤ 등록정보의 공개는 여성가족부장관이 집행한다.

① 1개   ② 2개
③ 3개   ④ 4개

19 다음 중 수표 · 어음사범수사에 대한 설명으로 틀린 것은 몇 개인가?

> ㉠ 부도수표의 피해자가 처벌을 원치 않을 경우에는 공소권이 없다.
> ㉡ 어음을 위조한 경우 유가증권위조죄가 성립하나, 수표를 위조한 경우는 부정수표단속법 위반으로 처벌한다.
> ㉢ 백지수표의 발행도 부정수표단속법의 규제를 받는다.
> ㉣ 가계수표의 액수를 임의대로 고쳐 사용하거나 금융기관으로부터 거래정지 처분을 받은 후에도 수표를 발행한 행위는 부정수표단속법위반으로 처벌한다.
> ㉤ 백지수표 금액란이 부당보충된 경우 보충권을 넘어서는 금액에 대하여도 부정수표단속 법위반의 죄책을 물을 수 있다.
> ㉥ 유가증권위조죄의 공범 사이에서의 위조유가증권 교부행위는 위조유가증권행사죄에 해당한다.

① 1개
③ 3개
② 2개
④ 4개

20 환경범죄 수사에 있어서 결과범의 경우에는 특별히 해당 행위와 결과 사이에 인과관계를 증명해야 한다. 이때 인과관계 입증이 어려운 이유가 아닌 것은?

① 가해자가 익명의 다수인이다.
② 가해 행위가 누적적 · 복합적이다.
③ 가해자와 피해간의 장소적 관련성이 희박하다.
④ 행위로부터 결과발생까지의 기간이 길다.

제8회 모의고사

정답 및 해설 P. 225

1 A경찰서에 근무하는 조사관 S는 협박사건에 대한 고소인을 조사하던 중, 고소인으로부터 피의자의 목소리가 녹음된 테이프 1개를 증거자료로 제출받았다. 다음 중 조사관 S의 조치내용으로 가장 적당한 것은?

① 일단 반환하여 보관하게 하고 재판시 증거물로 제출하게 한다.
② 소지자가 임의 제출한 것이므로 영장없이 압수하여 보관한다.
③ 일단 반환한 후 사후에 압수·수색영장을 발부받아 압수한다.
④ 일단 제출받은 후 사후에 신속히 압수·수색영장을 발부받는다.

2 형사 Q는 23 : 00 경 강남에서 발생한 살인 사건을 수사 중이다. 용의자 6명이 다음과 같이 알리바이를 주장할 때 알리바이의 내용과 그 태양의 연결이 잘못된 것은 몇 개인가?

> ⊙ A : 나는 22 : 00부터 24 : 00까지 극장에 있었어요. 그때 내가 극장직원의 옷에 콜라를 쏟아서 기억할 것입니다(그 시간에 극장에 있었다는 사실이 거짓으로 밝혀짐). – 위장 알리바이
>
> ⓛ B : 나는 23 : 00에 애인의 집에서 애인과 함께 TV를 시청하고 있었어요. – 절대적 알리바이
>
> ⓒ C : 나는 23 : 00에 대전 친구 집에서 나왔어요. 그 시간에 절대 강남에 있을 수 없습니다. – 절대적 알리바이
>
> ⓔ D : 나는 22 : 50분에 강남에서 40분 거리에 있는 집에서 친구와 전화 통화를 하였습니다. – 상대적 알리바이
>
> ⓜ E : 회식장소에서 화장실에 가는 척 하고는 B의 집으로 가서 B를 살해하고 태연히 회식장소로 돌아왔다. 살인사건에 대한 수사가 진행되자, E는 범행시간에 회식장소에 있었음을 주장하였다. – 위장 알리바이
>
> ⓝ F : 살인범 F는 친구를 살해하고 자기의 범행사실을 은폐하기 위하여 부인과 범행시간대에 같이 TV를 시청하면서 집에 있었다고 말을 맞췄다. – 청탁 알리바이

① 1개   ② 2개
③ 3개   ④ 4개

3 다음 중 「청소년보호법」상 청소년의 출입이 가능한 업소로 가장 적절한 것은?

① 「사행행위 등 규제 및 처벌 특례법」에 따른 사행행위영업
② 「체육시설의 설치 · 이용에 관한 법률」에 따른 무도학원업 및 무도장업
③ 「영화 및 비디오물의 진흥에 관한 법률」 제2조 제16호에 따른 비디오물감상실업
④ 「영화 및 비디오물의 진흥에 관한 법률」에 따른 비디오물소극장업

4 A경찰서 수사과장 B는 송치서류를 검토하고 있다. 다음 중 틀리게 수사 지휘된 경우는 몇 개인가?

> ㉠ 피의자는 범행 당시 정신착란증에 빠져있어 사물을 변별할 의사능력이 전혀 없는 상태였음을 충분히 인정할 수 있는 경우 죄가 안됨으로 송치토록 지시
> ㉡ 공소시효가 완성된 경우 불기소(혐의 없음)처분토록 지시
> ㉢ 소매치기 현행범인 농아자에 대해 죄가 안됨으로 송치토록 지시
> ㉣ 이 죄의 공소시효는 3년인바, 2014. 7. 16. 공소시효 완성된 경우 공소권 없음으로 송치토록 지시
> ㉤ 절도죄를 범한 피의자에 대한 호적등본의 기재내용에 의하면 피해자 김길동은 피의자의 부로서 직계혈족의 친족관계에 있는 경우 공소권 없음으로 송치토록 지시
> ㉥ 피의자 자백 이외에 이를 보강할만한 아무런 증거가 없는 경우 불기소(혐의 없음)처분토록 지시
> ㉦ 춘천지방법원속초지원 등기공무원 발행의 등기부등본기재내용에 의하면 피의자인 법인이 2014. 7. 31. 해산된 경우 공소권 없음으로 송치토록 지시

① 2개 　　　　　　　　② 3개
③ 4개 　　　　　　　　④ 5개

5 사이버범죄의 특성으로 보기 어려운 것은?

① 익명성
② 대면성
③ 시간적 · 공간적 비한정성
④ 고의입증의 곤란

6 다음 중 참고인 조사요령에 대한 설명으로 옳은 것은?

① 참고인의 진술은 조서에 기재하여야 하고, 진술사항이 복잡할 때는 참고인으로 하여금 서면 진술을 작성, 제출하게 할 수 있다.

② 진술을 극구 꺼려하는 참고인에게 출석 불응시 법적 제재를 운운하여 작성한 진술조서라 하여도 진술자가 피의자 또는 피고인이 아니므로 진술의 임의성과는 관련이 없다.

③ 참고인 조사시 진술거부권을 고지해야 한다.

④ 조사를 위해 출석한 모든 참고인에게는 여비를 지급한다.

7 다음 중 실황조사서에 대한 설명으로 타당하지 않은 것은 몇 개인가?

> ㉠ 실황조사서에 기재된 피의자 진술은 공판준비 또는 공판기일에서 원진술자의 진술에 의하여 성립의 진정이 인정된 때에 한하여 증거능력이 있다.
> ㉡ 실황조사서는 범인 자백 시 그 진위를 명백히 하는 자료로 사용하기 위해 작성한다.
> ㉢ 실황조사서 작성자의 서명날인은 실황조사한 수사관이 직접 한다.
> ㉣ 범인 자백 시 자백의 임의성을 확보하기 위해 실황조사서를 작성한다.
> ㉤ 실황조사서 작성 시 각 참여인의 주거·직업·성명·연령을 기재하고 참여자격은 '참여인'이라고 기재하면 족하다.
> ㉥ 피의자 성명과 피의사건명은 실황조사서 작성 시를 표준으로 해서 표시한다.

① 1개   ② 2개
③ 3개   ④ 4개

8 다음은 각 사건에 있어서 사건의 종류와 관련 감정시료를 서로 연결한 것이다. 연결이 바르지 못한 것은?

① 연탄가스 흡입사건 – 모발, 타액

② 비소, 수은 중독사건 – 모발, 손톱

③ 음주운전사건 – 운전자의 유동혈액(냉장보관)

④ 환경오염사건 – 폐수인 경우 4리터 정도

9 「성폭력범죄자의 성충동 약물치료에 관한 법률」에 대한 설명 중 잘못된 것은?

① 성폭력범죄를 저지른 성도착증 환자로서 성폭력범죄를 다시 범할 위험성이 있다고 인정되는 19세 이상의 사람에 대하여 약물치료명령을 청구할 수 있다.

② 법원은 15년의 범위에서 치료기간을 정하여 치료명령을 선고하여야 한다.

③ 치료명령은 치료명령과 함께 선고한 형이 사면되어 그 선고의 효력을 상실하게 된 때 그 집행이 종료된다.

④ 치료명령을 받은 사람은 그 판결이 확정된 후 집행을 받지 아니하고 함께 선고된 피고사건의 형의 시효 또는 치료감호의 시효가 완성되더라도 그 집행이 면제되지 않는다.

10 다음 중 현장지문의 증명력에 대한 내용으로 거리가 먼 것은 몇 개인가?

> ㉠ 현장지문을 채취하기 전에 반드시 입회인으로 하여금 지문을 확인하게 한다.
> ㉡ 입회인을 확보하지 못한 경우에는 피해자·동료형사 등으로 하여금 확인하게 한다.
> ㉢ 동일한 장소에서 수 개의 지문을 발견한 경우 지문에 번호를 매긴 후 사진촬영 한다.
> ㉣ 전사판에 현장지문을 채취할 경우 뒷면에 필요한 사항을 기입하여야 한다.
> ㉤ 현장지문은 소송법상 간접증거라고 볼 수 있다.
> ㉥ 현장지문은 범인의 지문이므로 지문을 통해 신원이 확인되면 바로 용의자로 특정한다.
> ㉦ 채취보고서를 작성하고 채취한 지문에 대해서 전부 일련번호를 매긴다.

① 1개   ② 2개
③ 3개   ④ 4개

11 가정폭력범죄에 대한 설명으로 가장 옳은 것은?

① 가정폭력은 가정구성원 사이의 신체적 또는 재산상 피해를 수반하는 행위를 말한다.

② 사실상 혼인관계에 있는 자, 사실상의 양친자관계에 있는 자는 가정구성원에 포함된다.

③ 약취유인도 가정폭력범죄에 해당한다.

④ 아동의 교육을 담당하는 기관의 종사자는 직무를 수행하면서 가정폭력범죄를 알게 된 경우에는 수사기관에 신고할 수 있다.

12 다음 중 수사전산자료를 수사목적 외 사용 누설한 경우 처벌 법규에 대한 연결이 옳게 된 것은 몇 개인가?

> ㉠ 수사자료표에 의한 개인범죄경력조회 누설 – 범죄수사규칙
> ㉡ 전산망에 보관된 타인의 정보 누설 – 정보통신망 이용촉진 및 정보보호 등에 관한 법률
> ㉢ 주민등록지 등 직무상 알게 된 개인비밀 누설 – 형의 실효 등에 관한 법률
> ㉣ 주민번호 등 직무상 알게 된 개인비밀 누설 – 공공기관의 정보공개에 관한 법률

① 1개
② 2개
③ 3개
④ 4개

13 유치인 보호근무에 대한 설명으로 맞는 것은?

① 여성유치인은 친권이 있는 18개월 이내의 유아에 대해 유치인보호관의 허가를 받아 대동할 수 있다.
② 유가증권 등 금품과 귀중품은 유치인의 신청이 있을 때 가족에게 인도할 수 있다.
③ 경찰서 청문감사관은 주1회 유치장내 진정함을 확인하여 진정서가 있을 경우 국가인권위원회에 등기우편으로 송부한다.
④ 체포·구속인명부에는 체포·구속 및 석방 사항, 죄명, 인상 착의, 체포·구속된 자의 인적사항, 범죄경력 및 가족관계, 범죄사실, 적용법조 등을 기록하여야 한다.

14 지능범수사팀의 대상사건과 거리가 먼 것은?

① 버스에 승객이 놓고 내린 지갑을 도난 당하였다.
② 당구장에 가방을 놓고 갔는네, 손님 중에 누군가가 가방을 사져갔다.
③ 지하철에 승객이 놓고 내린 노트북을 도난 당하였다.
④ 택시에 승객이 놓고 내린 휴대폰을 택시기사가 돌려주지 않는다.

15 다음 중 수배제도에 대한 설명으로 틀린 것은 몇 개인가?

> ㉠ 체포영장이 발부된 사기 피의자를 기소중지 의견으로 송치할 때에는 지명수배를 하여야 한다.
>
> ㉡ 체포영장이 발부되지 않은 횡령 피의자에 대하여 긴급체포의 긴박한 사유가 있는 경우에는 지명수배를 한 후 신속히 체포영장을 발부받아야 하며, 그렇지 못한 경우 즉시 지명수배를 해제하여야 한다.
>
> ㉢ 지명수배자가 단일 사건으로 수배되고 불구속 수사대상자인 경우 수배관서에서 검거관서로 출장하여 조사할 수 있다.
>
> ㉣ 지명수배자를 검거한 경우에는 검거한 때로부터 36시간 이내에 검사의 지휘를 받아야 한다.
>
> ㉤ 원칙적으로 지명수배자를 검거한 경우 검거관서에서 24시간 이내에 체포 또는 구속의 통지를 하여야 한다.

① 1개 ② 2개

③ 3개 ④ 4개

16 피의자는 상수원보호구역 안에서 낚시대를 이용하여 낚시를 하다가 환경단속반에 적발되었다. 이때 피의자는 물고기를 한 마리도 잡지 못한 상태라면 피의자에게 형사책임을 물을 수 있겠는가?

① 물고기를 잡지 않았으므로 범죄혐의가 없다.
② 상수원오염의 고의를 인정하기 어려우므로 처벌할 수 없다.
③ 상수원을 오염시킬 명백한 위험이 있는 낚시를 한 행위는 처벌된다.
④ 물고기를 잡으려고 한 것은 수질및수생태계보전에관한법률위반미수이다.

17 다음과 같은 내용에 대한 사건처리 진행으로 맞는 설명은?

> 며칠 전 상습절도의 전력이 있는 A가 카메라 수리점을 하는 자신의 삼촌 B의 점포에서 B의 지인 C가 수리의뢰한 카메라를 절취하였다.

① 상대적 친고죄 규정에 따라 B의 고소가 있어야 수사가 가능하다.
② B가 고소를 취소하면 A를 처벌할 수 없다.
③ B의 처벌의사 유무와 관계 없이 수사가 가능하다.
④ C의 처벌의사 유무에 따라 A의 처벌 여부가 결정된다.

18 환경관련범죄에 관한 다음 설명 중 옳은 것은?

① 자연활동 · 사업활동 기타 사람의 활동에 의한 행위도 환경범죄로서 처벌 · 단속의 대상이 된다.
② 환경범죄는 인위적 활동성, 침해의 직접성, 침해주체의 명확성 등을 특징으로 한다.
③ 축산목장의 관리자가 업주의 지시에 따라 3명의 노무자를 데리고 축사청소 등 단순노무에 종사하고 경영문제에 관여를 하지 않았다면 환경범죄의 행위자로 볼 수 없다.
④ 허가 · 신고없이 배출시설 · 방지시설을 운영하면서 오염물질을 배출한 자는 수질환경보전법 제38조에 규정한 사업자로 볼 수 있다.

19 다음 중 수표 · 어음사범에 대하여 그 연결이 옳은 것은?

① 훔친 백지 가계수표를 이용하여 수표계약 없이 자기명의로 발행, 물건을 구입한 경우 – 절도, 사기, 부정수표단속법위반, 위조유가증권행사죄가 성립
② 타인 명의의 수표를 변조하여, 그 사실을 모르는 채권자에게 주어 채무금을 변제받았을 경우 – 부정수표단속법위반, 변조유가증권행사죄가 성립
③ 절취한 타인 명의의 백지수표에 필요부분을 마음대로 기입하여 사채시장에서 할인받아 도주한 경우 – 절도, 사기, 유가증권위조, 위조유가증권행사죄가 성립
④ 거래정지처분이 2014.5.30.이고 수표에 기재된 발행일이 2014.6.1.인 경우 – 부정수표단속법위반

20 L.S.D.(리세르그산 디에틸아미드)에 관한 설명으로 타당하지 않은 것은?

① 곡물의 곰팡이, 보리 맥각에서 발견되어 이를 분리 · 가공 · 합성한 것이다.
② 환각제 중 가장 강력한 효과를 나타낸다.
③ 통상 분말로 제조되며 냄새가 역겹다.
④ 효과가 강력하여 우편 · 종이 등의 표면에 묻혔다가 뜯어먹는 방법으로 복용하기도 한다.

제9회 모의고사

정답 및 해설 P. 232

1 다음 중 수사방향이 같은 것끼리 짝지어진 것은?

> ㉠ 횡적수사
> ㉡ 종적수사
> ㉢ 깊이 파고드는 수사이다.
> ㉣ 시간과 노력에 비해 비경제적이다.
> ㉤ 범인에게 도달하는 수사이다.
> ㉥ 자료수집에 의한 수사이다.
> ㉦ 현장관찰, 탐문수사, 행적수사, 잠복감시, 미행, 수색, 감수사 등이 있다.
> ㉧ 범행에 관련된 모든 자료의 발견·수집이 목적이다.

① ㉠㉢㉤㉥
② ㉠㉣㉦㉧
③ ㉡㉢㉤㉧
④ ㉡㉣㉥㉦

2 J경찰서에 근무하는 조사관 K는 조사 중 도주한 특정범죄가중처벌등에관한법률위반 피의자 S를 체포하기 위하여 S의 부모와 애인 L에 대하여 감청을 실시하려고 한다. 다음 중 조사관 K가 통신제한 조치를 신청해야 할 관할 법원으로 적당하지 않은 것은?

① S의 주소지를 관할하는 법원
② S의 부모의 소재지를 관할하는 법원
③ L의 소재지를 관할하는 법원
④ J경찰서를 관할하는 법원

3 다음 중 함정수사에 대한 설명으로 타당하지 않은 것은?

> ㉠ 수사기관의 함정수사가 위법하다는 것은 수사의 상당성과 관계 깊다.
> ㉡ 대륙법계에서는 함정수사에 있어 피교사자는 당연히 범죄가 성립하지 않는다고 보았다.
> ㉢ 영미법계에서는 함정수사를 기회제공형과 범의유발형으로 나눠 전자의 경우 피교사자의 범죄성립을 부정한다.
> ㉣ 영미법계에서는 함정수사를 기회제공형과 범의유발형으로 나눠 후자의 경우 피교사자의 범죄성립을 부정한다.
> ㉤ 우리나라 통설과 판례는 범의유발형은 수사의 필요성을 침해한 것으로 위법이라고 본다.
> ㉥ 범의유발형 함정수사의 경우 위법수집증거배제의 법칙에 따라 증거능력은 부정된다.

① ㉠㉡㉢　　　　　　　　　② ㉡㉢㉤
③ ㉡㉢㉥　　　　　　　　　④ ㉢㉣㉤

4 다음 설명 중에서 틀린 것은 몇 개인가?

> ㉠ 수사의 기본이념은 실체적 진실발견과 적정 절차의 법리이다.
> ㉡ 현행법상 수사의 지도원리는 실체적 진실주의, 적정 절차의 법리, 무죄추정의 법리, 강제수사법정주의이다.
> ㉢ 실정법상 수사의 기본원칙에는 피해자 환부의 원칙이 있다.
> ㉣ 자기부죄강요금지의 원칙은 형사소송법에 근거하고 있다.
> ㉤ 지구대 박순경이 동네 슈퍼마켓에서 200원짜리 껌 1개를 훔친 중학생을 슈퍼주인이 만류하는데도 절도혐의로 입건한 것은 임의수사원칙에 반한다.

① 2개　　　　　　　　　　② 3개
③ 4개　　　　　　　　　　④ 5개

5 다음 중 범죄통계원표 작성에 관한 설명으로 올바른 것은 몇 개인가?

> ㉠ 피의자가 절도죄와 사기죄로 입건된 경우 피의자통계원표는 절도죄에 대하여 1매 작성한다.
> ㉡ 수인 1죄의 경우에는 발생통계원표와 검거통계원표 각 수매와, 피의자통계원표는 수매를 작성한다.
> ㉢ 주거침입하여 절도를 한 경우 범죄건수는 주거침입과 절도 2건으로 한다.
> ㉣ 상상적 경합의 경우 범죄건수는 그 중 경한 1건으로 한다.
> ㉤ 범인불명으로 발생건수를 확정할 수 없을 때에는 피해신고 또는 범죄의 인지수에 의하여 건수를 계상한다.
> ㉥ 특가법일 경우 포괄1건으로 보며 범죄통계원표는 1매씩 작성한다.

① 1개   ② 2개
③ 3개   ④ 4개

6 고소에 관한 다음 설명 중 틀린 것은 몇 개인가?

> ㉠ 법원에 대하여 진정서를 제출하는 것도 고소라 할 수 있다.
> ㉡ 친고죄에 대하여 고소할 자가 없는 경우 이해관계인의 신청이 있으면 검사는 10일 이내에 고소권자를 지정할 수 있다.
> ㉢ 청소년에 대한 강간, 강제추행, 준강간, 준강제추행은 범인을 안 날로부터 2년을 경과하면 고소하지 못한다.
> ㉣ 형법 제297조에 해당하는 강간죄는 범인을 안 날로부터 6개월이 경과하면 고소하지 못한다.
> ㉤ 성폭력범죄와 가정폭력범죄에 대하여는 자기 또는 배우자의 직계존속이라도 고소할 수 있다.

① 1개   ② 2개
③ 3개   ④ 4개

7 다음 중 장물수사에 대한 설명으로 옳은 것은?

> ㉠ 장물아비의 실태를 파악하고 장물아비를 대상으로 수사를 하는 것도 평소 준비해야 할 사항이다.
> ㉡ 피해품을 발견하기 위해 장물조회를 한다.
> ㉢ 장물로 인정되는 물건을 발견하고 그 피해자의 발견을 의뢰하는 것은 장물조회이다.
> ㉣ 장물여부의 조회는 형사사법정보시스템(KICS)을 활용한다.
> ㉤ 피해통보표는 전산입력후 5년 경과시 폐기한다.
> ㉥ 피해자확인은 일반수사이다.
> ㉦ 특별수사에는 장물아비에 대한 수사, 범인상대의 장물수사 등이 있다.
> ㉧ 장물발견 후 작성되는 서류에는 장물발견수사보고서, 피해확인서, 압수조서, 자술서, 피해통보표 등이 있다.

① ㉠㉡㉦
② ㉢㉣㉥
③ ㉡㉢㉧
④ ㉤㉥㉧

8 다음 중 통신비밀보호법상 통신사실확인자료가 아닌 것은 몇 개인가?

> ㉠ 인터넷 로그기록
> ㉡ 특정시간, 특정유동 IP를 통신사업자에게 제시하고 요구하는 가입자 정보
> ㉢ 휴대폰의 발신기지국 위치 추적자료
> ㉣ 휴대폰 통화내역
> ㉤ 전기통신의 송수신방해
> ㉥ 동화내용

① 1개
② 2개
③ 3개
④ 4개

9 다음 중 수사긴급배치에 관한 설명으로 옳지 않은 것은 몇 개인가?

> ㉠ 경기지방경찰청 광주경찰서 관내에서 발생한 강도사건의 긴급배치를 인접 서울지방경찰청 전지역에 긴급배치를 실시 할 때 발령권자는 광주경찰서장이다.
> ㉡ 발령권자는 긴급배치발령시 6시간 이내에 긴급배치실시부에 의거 차상급기관의 장에게 보고한다.
> ㉢ 긴급배치 비상해제시는 지체없이 해제일시 및 사유, 단속실적 등을 차상급기관의 장에서 보고한다.
> ㉣ 경찰서장 A가 관내에서 발생한 살인사건에 대하여 범인의 성명·주거·연고지 등이 판명되어 조속히 체포할 수 있다고 판단될 때 긴급배치를 생략할 수 있다.
> ㉤ 긴급배치의 발령권자는 경찰청장과 지방경찰청장이다.
> ㉥ 갑호배치시 형사(수사)요원, 지구대·검문소요원의 가동경력 100%를 동원한다.

① 1개
② 2개
③ 3개
④ 4개

10 다음 혈흔 검사에 대한 설명으로 적합하지 않은 것은?

① 루미놀 시약 제조시 무수탄산나트륨에 증류수를 조금씩 붓는 순서로 교반하여야 잘 혼합된다.
② 제조된 루미놀 시약은 4℃ 냉장보관하면 1주일 정도 사용할 수 있다.
③ 혈흔 검사는 '관찰 → 혈흔예비시험 → 혈흔확인시험 → 인혈증명시험 → 혈액형 검사' 순으로 진행된다.
④ 루미놀 시약은 인혈 뿐만 아니라 동물피에도 반응한다.

11 강력순간접착제법에 의한 지문채취방법을 설명한 것으로 옳지 못한 것은?

① 잠재지문의 융선은 백색으로 나타나며 이 때 사진촬영을 하거나 분말을 도포하여 전사한다.
② 고체법, 액체법에 의하여 지문 현출이 불가능한 물체도 현출이 가능하다.
③ 다른 지문채취법에 비해 지문현출 시간이 비교적 짧아 신속한 결과를 얻을 수 있다.
④ 가성소다 처리를 한 솜을 이용하면 시간을 더욱 줄일 수 있다.

12 다음 중 조사방법에 대한 설명 중 틀린 것은 몇 개인가?

> ㉠ 소년에 대한 조사방법 – 원칙에 맞게 조사관과 1대1 조사를 하였다.
> ㉡ 공범자에 대한 조사순서 – 감격성이 강한 자, 다변자, 순진한 자 순으로 조사한다.
> ㉢ 공범자간의 대질조사시 방법 – 공범자간의 진술이 서로 다를 경우 즉시 대질조사를 한다.
> ㉣ 공범자의 조사방법 – 주범부터 먼저 조사한다.
> ㉤ 전과자의 조사방법 – 설득에만 의존하지 말고 모든 증거 제시로 급소를 찌르는 수사를 한다.
> ㉥ 소년에 대한 조사방법 – 피조사자가 은어를 사용하면 조사관도 따라 은어를 사용한다.
> ㉦ 전과자의 조사방법 – 피조사자가 은어를 사용하면 조사관도 따라 은어를 사용한다.

① 2개
② 3개
③ 5개
④ 6개

13 다음 중 의견서 작성시 적용법조의 표기방법에 대한 설명으로 틀린 것은 몇 개인가?

> ㉠ 처벌규정, 금지규정이 별도인 경우는 양자를 모두 기재한다.
> ㉡ 같은 조문(항)은 같은 피의자에 대하여 중복 기재하지 않는다.
> ㉢ 형의 가중 · 감경규정 해당시는 관련조항을 기재한다.
> ㉣ 임의적 몰수, 추징, 간접정범, 교사범은 기재하지 않는다.
> ㉤ 적용법조가 여러 개 있을 경우 특별법, 형법총칙, 형법각칙본조 순으로 기재한다.
> ㉥ 처벌규정 – 금지규정 – 공범 · 누범 · 경합범 – 소년범 순으로 기재한다.
> ㉦ 조문이 2항 이상으로 나누어져 있을 때에도 원칙적으로 조문만 기재한다.

① 1개
② 2개
③ 3개
④ 4개

14 다음 중 수표 · 어음사범에 대한 설명으로 옳은 것은?

① 불량회사란 주식회사설립 후 주금(출자금)을 바로 인출해버려 자본금이 없이 설립된 회사이다.
② 약속어음임을 표시하는 문자, 발행일과 발행지, 발행인의 기명날인 또는 서명, 지급장소 등은 약속어음의 필요적 기재사항이다.
③ 수표는 환어음과 기본구도는 같으나 일람출급증권이므로 만기가 있다는 점에서 차이가 있다.
④ 백지어음도 보충시킬 의사가 있다면 유효하다.

15 다음 감식요원의 지문채취작업 중 가장 적합하지 않은 것은?

> 강도현장에서 범인이 범행도구인 칼을 넣어 다니기 위해 만든 칼집이 발견되었다. 이 칼집은 박스용지로 틀을 짜고 청테이프로 감은 것이었다.

① 박스용지와 청테이프 분리를 위해 Un-du라는 약품을 사용하였다.
② 청테이프의 바깥면 지문채취를 위해 CA기체법을 사용하였다.
③ 청테이프의 접착면 지문채취를 위해 DFO를 사용하였다.
④ 박스용지의 지문채취를 위해 질산은용액을 사용하였다.

16 다음 우범자 중 첩보수집 대상자가 아닌 것은?

① 절도로 3회 금고 이상의 실형을 받고 출소한 자 중 재범의 우려가 있는 자
② 강간·강제추행의 죄로 19세 미만 청소년 또는 성인을 대상으로 죄를 범하여 2회 이상 실형을 받고 출소한 사람 중 재범의 우려가 있는 자
③ 살인·방화로 실형을 받고 출소한 사람 중 범행동기, 범죄사실 등 심사결과 자료보관만으로 족하다고 판단되는 자
④ 범죄단체의 조직원 또는 불시에 조직화가 우려되는 조직성폭력배 중 범죄사실 등으로 보아 죄를 범할 우려가 있는 자

17 다음 범죄통계원표 작성요령으로 바르지 못한 것은?

① 사기 또는 횡령죄에 있어서 실지로 피해품은 회수하지 못하고 피의자만 검거한 경우 그 후 피의자가 직접 피해자에게 피해변상을 하였더라도 검거통계원표의 피해 회수상황은 입력하지 않는다.
② 경범죄처벌법위반사건이라도 즉결심판에 관한 절차법 제5조에 의한 판사의 송치명령을 받아 관할 검찰청에 송치하는 경우에는 원표를 모두 작성하여야 한다.
③ 기소중지 의견으로 송치하는 사건으로서 피의자 미검거인 경우에는 검거통계원표는 작성하지 않으나 피의자통계원표는 나타난 자료만에 의하여 작성하되 확인되지 않아 입력할 수 없는 항목은 일단 임의대로 입력하여 둔다.
④ 특별사법경찰관서에서 적발한 사건을 당해 관서에서 직접 수사하지 않고 경찰이나 타수사기관에 이송하는 경우에는 이송받아 수사하는 관서에서 원표를 작성한다.

18 관내에서 발생한 살인 및 사체유기사건을 수사중인 형사팀장은 유력한 범죄 용의장소로 한 건물의 지하실을 찾아내었다. 이곳에 혈흔이 유류되었는지 확인하고자 할 경우 형사팀장의 수사지휘 내용으로 적합하지 않은 것은?

① 루미놀 시약 대신 블루스타 시약을 사용할 수 있다.

② 루미놀 시약을 사용하기 전 육안으로 확인되는 혈흔의심 물결은 먼저 감정을 위해 채취하여야 한다.

③ 루미놀 시약에 반응하면 혈흔이 있는 것으로 단정할 수 있다.

④ 루미놀 시약 사용 시 사용 경험이 많은 전문가의 도움을 받는 것이 필요하다.

19 수질 및 수생태계 보전에 관한 법률의 성격에 대한 설명으로 타당하지 않은 것은?

① 배출시설이나 방지시설을 중심으로 규정하고 있다.

② 주로 사업자를 환경보전의무의 주체로 예정하고 있다.

③ 일반인은 환경오염의 주체가 되지 않는다.

④ 사업자는 업무성을 공통적 특징으로 하며, 일종의 신분범적인 성격이 강하다.

20 다음 중 수질 및 수생태계 보전에 관한 법률로 처벌할 수 없는 행위는?

① 석유화학제품 조업 중 배출된 폐유를 하수구에 버린 행위

② 도축장의 폐수 배출 방지시설을 정상운영하지 아니한 행위

③ 약품공장의 폐수를 방지시설을 통하지 아니하고 방류한 경우

④ 소의 도축과정에서 나오는 내장, 분뇨 등을 길가에 투기한 행위

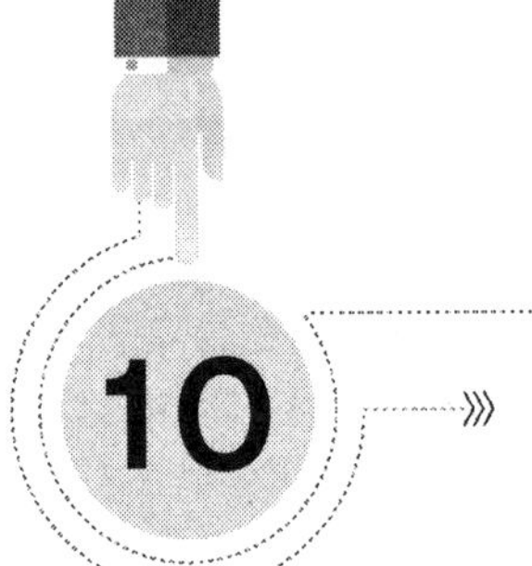

제10회 모의고사

정답 및 해설 P. 240

1 A경찰서 형사계장은 마약수사를 하는 과정에서 판매책을 검거하지 않고 거래를 유도하여 중간판매책을 검거하였다. 이런 기법은 어떤 수사조건에 저촉될 수 있는가?

① 수사의 상당성   ② 수사의 필연성

③ 수사의 임의성   ④ 수사의 신속성

2 명예훼손 피의사건에서 피해자가 공범 A, B 중 반성의 기미를 보이는 A에 대해서만 '처벌을 희망하는 의사표시'를 철회할 경우 조사관의 올바른 판단은?

① 명예훼손죄는 반의사불벌죄로서 고소불가분의 원칙이 준용되어 B를 처벌할 수 없다.
② 명예훼손죄는 반의사불벌죄로서 고소불가분의 원칙이 적용되지 않기에 B만 처벌된다.
③ A에 대해서만 처벌을 원하는 의사표시를 철회하였기에 B에 대해서는 더 이상 처벌철회의 의사표시를 할 수 없다.
④ 명예훼손죄는 친고죄로서 고소불가분의 원칙이 직접 적용되어 B를 처벌할 수 없다.

3 A경찰서 강력반 Q가 대마(大麻)를 밀매하고 있다는 첩보를 입수하고 Q에 대한 내사에 착수하였다. 다음 중 A경찰서 강력반이 Q에 대한 내사활동 중 할 수 있는 수사방법에 해당되지 않는 것은?

> ㉠ Q에 대한 신원관련 조회 및 부동산 보유상황 조사
> ㉡ Q가 밀매한 것으로 보이는 대마의 압수
> ㉢ Q에 대한 출입국금지조치 및 주변 참고인조사
> ㉣ Q의 조사를 위한 체포
> ㉤ Q에 대한 변호인접견교통권 인정
> ㉥ Q에 대한 참고인조사시 진술거부권 고지
> ㉦ Q에 대한 통신제한조치

① ㉠㉡㉢   ② ㉤㉦

③ ㉡㉢㉣   ④ ㉣㉥

4 다음 중 수사실무상 범죄통계원표를 작성해야 하는 경우는 몇 개인가?

> ㉠ 각하의견인 경우
> ㉡ 고소 · 고발이 법률에 위반되어 이를 단서로 수사를 개시함이 법률에 위반되는 사건
> ㉢ 공소권없음의 불기소의견인 경우
> ㉣ 동일한 사안에 대하여 이미 검사의 불기소 처분이 있어 재수사 가치가 없는 사건
> ㉤ 죄가안됨의 불기소의견인 경우
> ㉥ 혐의없음의 불기소의견인 경우
> ㉦ 경범죄처벌법위반사건
> ㉧ 기소의견 송치시
> ㉨ 관세법위반 및 조세범처벌법위반의 사건으로 통고처분에 그친 경우

① 1개　　　　　　　　　　　② 2개
③ 3개　　　　　　　　　　　④ 4개

5 다음 중 통신제한조치의 대상범죄는 모두 몇 개인가?

> ㉠ 경매 · 입찰방해　　　　　㉡ 직무유기
> ㉢ 사기　　　　　　　　　　㉣ 인신매매
> ㉤ 자살방조　　　　　　　　㉥ 존속협박
> ㉦ 주거침입　　　　　　　　㉧ 상해치사
> ㉨ 공무집행방해　　　　　　㉩ 장물취득
> ㉪ 폭처법위반(상해, 폭행)　㉫ 폭처법위반(협박)

① 1개　　　　　　　　　　　② 2개
③ 3개　　　　　　　　　　　④ 4개

6 사건의 관할 및 관할사건수사에 관한 규칙상 사건의 관할에 대하여 옳은 것은?

① 사건의 관할은 범죄지, 피의자의 주소·거소 또는 검거지를 관할하는 경찰서를 기준으로 한다.

② 사건관할이 다른 수개의 사건에 관련된 때에는 1개의 사건에 관하여 관할이 있는 경찰관서는 다른 사건까지 병합하여 수사 할 수 없다.

③ 전화, 인터넷 등 정보통신매체를 이용한 범죄, 지하철, 버스 등 대중교통수단 이동 중에 발생한 범죄 등의 사건 중 범죄지나 피의자가 불명확한 경우에는 특별한 사정이 없는 한 사건을 최초로 접수한 관서를 사건의 관할관서로 한다.

④ 외국에서 발생한 범죄의 경우에도 피의자의 주소·거소 또는 현재지를 관할하는 경찰서를 관할관서로 한다.

7 강도사건 현장에서 형사과장 A는 수사사료의 증거가치에 대한 추후 시비를 사전에 예방하고자 직원들에게 교양을 실시하고 있다. 다음 중 교양내용으로 거리가 먼 것은?

① 자료발견자의 발견경위를 청취, 기록해 둔다.

② 수사자료에 손댄 자를 조사하고 인적사항을 기록해 둔다.

③ 수사자료의 목격자·주위 통행자의 인적사항을 확인하고 필요진술서를 받아 둔다.

④ 자료발견시의 현장의 실황조사서를 작성해 둔다.

8 A경찰서에 근무하는 형사 P는 절도사건의 피의자 Q의 집에 대하여 압수·수색을 하여 Q가 절취한 다이아반지와 진주목걸이를 증거물로 압수하기 위해 Q의 부인이 있는 Q의 집을 방문하였다. 다음 중 P가 압수·수색영장을 집행하는 절차를 순서대로 나열한 것은?

> ㉠ 압수증명서를 작성하여 압수물의 보관자인 Q의 부인에게 교부한다.
> ㉡ 집을 수색하여 압수목적물인 다이아반지와 진주목걸이를 압수한다.
> ㉢ 소지하고 있는 압수·수색영장을 Q의 부인에게 제시한다.
> ㉣ 다이아반지와 진주목걸이에 대한 압수조서와 압수목록을 작성한다.

① ㉠ - ㉡ - ㉢ - ㉣
② ㉡ - ㉣ - ㉢ - ㉠
③ ㉢ - ㉡ - ㉠ - ㉣
④ ㉢ - ㉣ - ㉠ - ㉡

9 형사 Q는 현장관찰을 통하여 범인이 지리감이 있는 것으로 판단하였다. 다음 중 지리감의 판단자료에 해당하는 것은 몇 개인가?

> ㉠ 범인은 그 지방 교통기관의 발착시간을 사전에 알고 이용한 경우
> ㉡ 침대 상태로 봐서 범인은 피해자의 집에서 잠을 잔 것으로 보이는 경우
> ㉢ 사건 현장에서 손님을 접대한 방석과 커피잔이 세 개 놓여 있는 경우
> ㉣ 보자기로 피해자의 얼굴을 덮고 이불로 시체를 덮어놓은 경우
> ㉤ 시체를 분산시킨 경우
> ㉥ 가족 수, 수입상황 또는 가옥의 내부구조 등을 미리 알고 있는 경우
> ㉦ 처음 방문한 자나 타인이 잘 알 수 없는 장소로 침입한 경우
> ㉧ 범죄발생장소가 특정 사람만이 다니는 도로변인 경우

① 2개 ② 3개
③ 4개 ④ 6개

10 다음 문서감정에 대한 설명 중 올바른 것은 몇 개인가?

> ㉠ 시필(試筆) 작성시 기재조건을 변경하면 자연스러운 필적을 볼 수 없으므로 용의자에게 바른 자세로 시필을 작성하게 해야 한다.
> ㉡ 시필(試筆)은 10통 이상 작성하도록 하고 말미부분에 작성일자와 작성자의 서명을 쓰지 않도록 한다.
> ㉢ 필적감정을 위해 수집한 자료는 임의성을 위하여 용의자에게 보여주고 확인서명을 받는다.
> ㉣ 압날된 인영의 위에 기호나 표시를 하여 인영의 순서, 인장상태 등을 알 수 있게 한다.
> ㉤ 인영감정시 실인을 함께 송부하는 것이 불가능할 경우 증거물과 동일한 용지에 지면조건을 다르게 하여 최소한 30개의 날인을 하여 그 용지를 송부해야 한다.

① 0개 ② 1개
③ 3개 ④ 4개

11 생체시료로서 소변을 채취할 경우 그 채취시간이 가장 빨리 채취해야 하는 것은?

① 생아편 ② 페치딘
③ 헤로인 ④ 메스칼린

12 다음 설명 중 틀린 것을 모두 고르면?

> ㉠ 피채취자의 손을 쭉 펴서 힘을 주도록 한 후 지문을 채취하되, 평면압날은 손가락을 회전 시키지 않고 4개의 손가락을 붙여서 채취한다.
> ㉡ 좌수부터 '시지 – 중지 – 환지 – 소지 – 무지'의 순으로 지문채취한다.
> ㉢ 물속 지문의 잔류시한이 공기 중에서보다 더 길다.
> ㉣ 실리콘러버에 의한 지문채취법은 부패한 변사체지문, 공구흔채취에 주로 활용한다.
> ㉤ 절도피해자주택에 침입 시 만진 것으로 추정되는 창문유리조각에서 잠재지문을 채취하고자 할 때 분말법이 적당하다.
> ㉥ 폭력사건의 경우에는 다른 사건에 비하여 현재지문은 풍부하나 잠재지문은 거의 없는 편이다.
> ㉦ 닌히드린용액법, 초산은용액법, 옥도가스법, 강력순간접착제법 모두 전사법을 쓸 수 있다.

① ㉠㉡㉢㉤　　　　　　　　　② ㉡㉣㉥㉦
③ ㉡㉣㉤㉥　　　　　　　　　④ ㉠㉢㉥㉦

13 학교폭력의 특징에 대한 다음의 설명 중 틀린 것은?

① 뚜렷한 목적보다는 부주의·호기심 등 가해이유나 동기가 불분명하고 계획적 범행이 많다.
② 지속적으로 가해지는 학대적 폭력, 집단 따돌림 등 새로운 형태의 심리적 폭력이 나타나고 있다.
③ 폭력행태가 점점 조직화, 집단화 되는 추세에 있다.
④ 피해자의 미온적 태도는 지속적인 학교폭력을 조장하고 피해자의 무력감을 증가시킬 뿐이다.

14 다음 사례에 대한 범죄통계원표 작성에 관한 설시(說示) 중 바른 내용을 담고 있는 것은?

> A경찰서 강력범죄수사팀 경사 김완결은 관내 甲 장소에서 발생한 폭행사건으로 5명의 피의자를 검거하였는데 그 중 1명은 폭행외 다른 장소에서 절도한 사실이 새로 판명되어 조사를 완료하고, 이에 대하여 기소의견으로 검찰에 송치하였다.

① 폭행과 절도에 대하여는 발생통계원표와 검거통계원표를 각 1건씩 작성하고 5명에 대하여 모두 절도죄로 피의자원표를 작성하였다.
② 피의자통계원표는 4명의 피의자에 대하여는 폭행죄로 각 1건씩, 1명의 폭행 및 절도 피의자에 대하여는 중한 절도죄로 1건만 각 작성하였다.
③ 발생통계원표는 법정형이 중한 절도죄로만 1건 작성 입력하였다.
④ 검거통계원표는 법정형이 중한 절도죄로만 1건 작성 입력하였다.

15 다음 중 출국금지 사유로 적당하지 않은 것은?

① 벌금 1천만원 이상을 납부하지 아니한 자

② 추징금 1천만원 이상을 납부하지 아니한 자

③ 5천만원 이상 국세·관세 또는 지방세를 체납한 자

④ 형사재판에 계속(係屬) 중인 사람 또는 징역형이나 금고형의 집행이 끝나지 아니한 사람

16 수질 및 수생태계 보전에 관한 법률상 용어의 정의에 대한 설명으로 틀린 것은?

① 점오염원이라 함은 폐수배출시설, 하수발생시설, 축사 등으로서 관거·수로 등을 통하여 일정한 지점으로 수질오염물질을 배출하는 배출원을 말한다.

② 비점오염원이라 함은 도시, 도로, 농지, 산지, 공사장 등으로서 불특정 장소에서 불특정하게 수질오염물질을 배출하는 배출원을 말한다.

③ 폐수라 함은 물에 액체성 또는 기체성의 수질오염물질이 혼입되어 그대로 사용할 수 없는 물을 말한다.

④ 특정수질유해물질이라 함은 사람의 건강, 재산이나 동·식물의 생육에 직접 또는 간접으로 위해를 줄 우려가 있는 수질오염물질로서 환경부령으로 정하는 것을 말한다.

17 「가정폭력범죄의 처벌 등에 관한 특례법」에 대한 설명으로 옳은 것은?

① 이 법률의 목적은 가정폭력에 대한 엄벌강화에 목적이 있다.

② 가정폭력행위자가 자기 또는 배우자의 직계존속인 경우에는 고소할 수 없다.

③ 피해자의 법정대리인이 폭력행위자인 경우 피해자의 친족이 고소할 수 있다.

④ 피해자에게 고소할 법정대리인이나 친족이 없는 경우 이해관계인의 신청이 있으면 검사는 10일 이내에 고소할 수 있는 자를 지정할 수 있다.

18 피의자가 부도수표 6장을 모두 회수하였으나 그 중 2장은 발행일자가 기재되지 않은 것이고, 또 2장은 제시기일을 경과한 경우 처리로서 옳은 것은?

① 모두 공소권 없음을 사유로 불기소의견으로 종결

② 발행일자 미기재는 혐의 없음, 나머지는 공소권 없음

③ 제시기일 경과는 혐의 없음, 나머지는 공소권 없음

④ 발행일자 미기재, 제시기일 경과는 혐의 없음, 나머지는 공소권 없음

19 가정폭력 현장에 출동하여 가정폭력범죄가 재발할 우려가 있다고 인정하는 때에 사법경찰관이 검사에 대하여 법원에 청구하여 줄 것을 신청할 수 있는 임시조치가 아닌 것은?

① 피해자 또는 가정 구성원의 주거로부터의 퇴거
② 피해자의 주거에서 100m 이내의 접근금지
③ 피해자에 대한 전기통신을 이용한 접근금지
④ 경찰관서 유치장 또는 구치소에의 유치

20 S순찰지구대 근무하는 K경사가 수배자가 있다는 112신고를 접수하고 현장출동, 컴퓨터 조회한 바 아래와 같이 수배된 자였다. K경사의 조치내용 중 맞는 것은?

• 성명 : 0 0 0	• 주민등록번호 : 19580104 – 20403836
• 성별 : 2	• 수배관서 : 성북경찰서
• 수배번호 : 2015 000187	• 사건번호 : 2015 000281 즉심
• 죄명 : 자동차관리법위반	• 수배일자 : 2015. 1. 21
• 범죄일자 : 2014. 9. 21	• 공소시효만료 : 2017. 9. 20.
• 수배종별 : C	• 영장구분 : 지명통보

① 수배자를 관할 검찰청에 인계하였다.
② 수배자를 성북경찰서 형사계에 인계하였다.
③ 수배자를 경찰청 형사계에 인계하였다.
④ 수배자에게 지명통보된 것을 고지, 지명통보 사실 통지서를 교부하고 성북경찰서로 자진출석케 하였다.

제11회 모의고사

정답 및 해설 P. 247

1 사건의 관할에 대하여 틀린 것은?

> ㉠ 경찰관은 사건의 관할이 아닐 때는 이를 접수하지 않는다.
> ㉡ 경찰관은 사건의 관할 및 관할사건수사에 관한 규칙에 따라 사건의 관할이 인정되면 다른 경찰관서에 이송하지 않고 수사하여야 한다.
> ㉢ 사건을 접수한 관서는 일체의 관할이 없다고 판단되는 경우에는 원칙적으로 피의자의 주소·거소 또는 현재지를 관할하는 관서로 우선적으로 이송하여야 한다.
> ㉣ 지방경찰청장 및 경찰서장은 사건의 관할이 분명하지 아니하여 관할에 의문이 있는 경우에는 각각 바로 위 상급경찰관서의 장에게 서면으로 사건의 관할에 관한 지휘건의를 할 수 있다.
> ㉤ 이송대상 경찰관서가 동일한 법원의 관할에 속하는 경우에도 사건을 이송하여야 한다.
> ㉥ 두 개 이상의 경찰관서에 접수된 사건에 대하여 병합수사의 필요성이 있는 경우에는 사건의 중요도, 수사의 효율성 등을 고려하여 해당 경찰관서장 상호간에 협의하여 관할관서를 정할 수 있다.
> ㉦ 수사촉탁의 처리기한은 피의자, 고소인, 고발인, 참고인 등 조사 15일이다.

① ㉠㉡㉣㉤
② ㉠㉢㉤㉦
③ ㉡㉢㉥㉦
④ ㉡㉣㉤㉦

2 다음 중 수사자료 수집시기에 대한 설명으로 틀린 것은?

① 우범지대, 부랑자 집합소 등은 평상시 관련자료를 수집해 놓는다.
② 지문, 유류물품 등은 사건현장에서 현장관찰을 통하여 수집한다.
③ 조직 폭력사건 현장에서 조직계보 파악 및 동향을 관찰 수집한다.
④ 사건 송치이후에도 관계자의 언동 등 새로운 자료를 수집한다.

3 다음 중 불심검문의 요령으로 옳은 것은?

> ㉠ 불심검문은 수사처분에 해당된다.
> ㉡ 불심검문시 피검문자에게 진술거부권을 고지할 필요는 없다.
> ㉢ 질문에 거부하거나 신분증제시를 거부할 때 경찰관서에 임의 동행할 것을 요구할 수 있다.
> ㉣ 경찰관이 직접 가방을 열어 소지품을 확인해서는 안 된다.
> ㉤ 동행을 요구할 때는 신분과 동행장소, 동행목적 등을 고지해야 한다.
> ㉥ 내부 호주머니에서 외부 호주머니 순으로 신체를 수색한다.
> ㉦ 피질문자가 경찰관서로의 임의동행 요구에 불응 시 경찰관은 강제로 연행할 수 있다.
> ㉧ 임의동행 시 당해인을 6시간 동안 경찰관서에 구금할 수 있다.
> ㉨ 경찰관 A가 거동수상자 B에게 임의동행을 요구한 시간이 14 : 00이면, 경찰관직무집행 법상 B를 경찰관서에 머물게 할 수 있는 시간은 24 : 00이다.

① ㉠㉡㉧
② ㉠㉢㉨
③ ㉡㉣㉤
④ ㉢㉥㉦

4 다음 중 컴퓨터 범죄에서 실제 침해유형이 다른 것은?

① 논리적 가해행위
② 물리적 가해행위
③ 자료조작행위
④ 자료접근의 방해행위

5 A경찰서 B조사반장은 무신고 일반음식점업 일제단속으로 인한 고발장을 접수받아 피고발인 C를 상대로 출석요구를 하여 조사하는 과정에서 C로부터 '반장님 제발 선처해 주세요. 2개월 전에도 같은 사건으로 조사 받은 적이 있고 지금 포장마차도 안되서 굶어죽을 판이에요'라는 말을 들었다. B의 사건처리요령 중 가장 올바른 것은?

① 같은 내용으로 이중처벌되는 것을 막기 위해 불기소의견 송치한다.
② 피의자신문조서에 참고로 기재하고 기소의견 송치한다.
③ 범죄경력을 검토하고 검사의 처분 및 법원의 판결을 확인하여 그 결과에 따라 기소여부를 결정한다.
④ 검사의 구약식청구에 의해 법원의 벌금형판결이 있으면 공소권이 없으므로 불기소의견 송치한다.

6 다음 중 사후경과시간의 추정에 대한 설명으로 옳지 않은 것은 몇 개인가?

> ㉠ 위 내용물의 소화상태, 체온하강정도, 부패의 정도 등으로 사망경과시간을 추정할 수 있다.
> ㉡ 초기 사망시간 측정에는 시체굳음의 정도에 의한 방법이 시체체온의 하강도에 의한 방법보다 더 정확하다.
> ㉢ 위 및 샘창자가 모두 비어있는 상태라면 식후 10시간 이후 사망한 것으로 추정할 수 있다.
> ㉣ 위 및 샘창자에 음식물이 남아 있고 소화가 어느 정도 진행된 상태는 식후 3시간 이후 사망으로 투정할 수 있다.
> ㉤ 시체의 체온이 주위의 온도와 같아지더라도 곧창자온도에 의한 사망경과시간 추정은 가능하다.
> ㉥ 모리츠공식은 헨스게표보다 곧창자온도 하강에 영향을 미치는 여러 가지 변수를 더 상세히 반영한다.

① 2개   ② 3개
③ 4개   ④ 5개

7 다음 중 일반적으로 DNA검사가 가능한 경우는?

① 대변   ② 소변
③ 모근없는 두모   ④ 정액

8 다음 중 화인조사(火因調査)에 있어서 가장 나중에 이루어져야 할 것은?

① 발화부 판단   ② 피해상황 파악
③ 회제의 발생시간 확인   ④ 이재(羅災)관계자의 보험·부재관계 파악

9 다음 소속기관장의 고발이 있어야 수사할 수 있는 것은 몇 개인가?

> ㉠ 관세법위반   ㉡ 식품위생법위반
> ㉢ 자동차관리법위반   ㉣ 출입국관리법위반
> ㉤ 외국인투자촉진법   ㉥ 농지법
> ㉦ 조세범처벌절차법위반

① 1개   ② 2개
③ 3개   ④ 4개

10 다음 중 피호송자 발병 시 조치요령으로 잘못된 것은 몇 개인가?

> ㉠ 경증인 경우 피호송자 및 서류 등을 최근접 경찰관서에 인도한다.
> ㉡ 인수관서는 즉시 질병을 치료하여야 한다.
> ㉢ 인수관서는 질병의 치료 후 호송관서에 통지하고 호송관서에서 호송한다.
> ㉣ 36시간 내에 치료가 될 수 있는 경우 호송관서에서 호송을 계속한다.
> ㉤ 호송관서에서는 관할 검찰청에 발병상황 및 치유경과를 그때마다 보고하여야 한다.
> ㉥ 피호송자 발병 비용은 호송관서가 부담하여야 한다.

① 5개   ② 2개
③ 3개   ④ 4개

11 범죄현장의 족적을 토대로 신발 종류를 확인할 수 있는 검색 시스템은?

① 지문자동검색시스템(AFIS)   ② 족윤적검색시스템(FTIS)
③ 수사종합검색시스템(CRIFISS)   ④ 과학적범죄분석시스템(SCAS)

12 다음 중 저체온사(低體溫死)에 대한 설명으로 타당하지 않은 것은?

① 체온이 0℃ 이하로 떨어져 사망하는 것이 아니라 대개 심부체온(深部體溫)이 30℃이하가 되면 사망한다.
② 피부와 피하조직이 균열 또는 파열되어 벤상처와 유사한 소견을 보인다.
③ 호흡기능의 마비로 인하여 종말성 환각 또는 열감 때문에 스스로 옷을 벗으며 때로는 나체가 된다.
④ 혈중의 산화헤모글로빈이 잘 해리되지 않아 시체얼룩은 빨간색을 띤다.

13 다음 중 성매매알선 등 행위의 처벌에 관한 법률상 성매매 피해여성은?

> ㉠ 위계·위력 그밖에 이에 준하는 방법으로 성매매를 강요당한 자
> ㉡ 보호·감독하는자에 의하여 마약 등에 중독되어 성매매를 한 자
> ㉢ 청소년·장애인 등으로 성매매를 하도록 알선·유인된 자
> ㉣ 성매매 목적의 인신매매를 당한 자
> ㉤ 불특정인을 상대로 금품 등을 수수·약속하고 성교행위를 한 자

① ㉠㉡㉢   ② ㉠㉡㉢㉣
③ ㉠㉢㉣   ④ ㉠㉡㉢㉣㉤

14 저작권법에서 저작권을 저작인격권과 저작재산권으로 분류하고 있다. 다음 중 저작재산권이 아닌 것은?

① 복제   ② 대여권
③ 공표권   ④ 공연권

15 다음 공조·수배·조회에 대한 설명 중 올바른 것은 몇 개인가?

> ㉠ 평상공조란 예견가능한 일반적인 공조로서 수배, 통보, 조회, 탐문 등이 있다.
> ㉡ 공조수사자료 중 장물수사자료는 구증자료이다.
> ㉢ 중요발생사건에 한하여 긴급사건수배를 한다.
> ㉣ 긴급사건수배는 피의자의 성명이 명백함을 요하며, 도주중인 범인이 체포가능 한 상태에 있어야 한다.
> ㉤ 긴급사건수배시 경찰서장은 직접 또는 지방경찰청장을 경유하여 행하여야 한다.
> ㉥ 수배의 범위는 가급적 넓게 선정한다.

① 1개   ② 3개
③ 5개   ④ 7개

16 다음 설명 중 옳은 것은 몇 개인가?

> ㉠ 형사A는 살인피의자가 인터넷에 접속한 사실을 확인하고 인터넷 로그기록을 알기 위해 전화국에 경찰서장 명의의 협조공문을 보냈다.
> ㉡ 형사A는 선화가입자의 주민등록번호 등 인적사항을 알기 위해 전화국에 경찰서장 명의의 공문을 보냈다.
> ㉢ 통신사실확인자료제공 요청은 관할지방검찰청 검사장의 사전승인을 받아야 한다.
> ㉣ 통신사실확인자료를 받은 경우 대상자에게 사후통지하지 않았다.
> ㉤ 통화내역, 통화내용 확인 모두 통신제한조치로 법원의 허가를 받아야 한다.
> ㉥ 통신자료 대상자에 대해서도 사후통지를 해야 한다.

① 0개   ② 1개
③ 3개   ④ 4개

17 피의자신문조서의 증거능력과 관련한 설명으로 잘못된 것은?

① 검사 이외의 수사기관이 작성한 피의자신문조서는 적법한 절차와 방식에 따라 작성된 것으로서 공판준비 또는 공판기일에 그 피의자였던 피고인 또는 변호인이 그 내용을 인정할 때에 한하여 증거로 할 수 있다.

② 형사소송법 제312조 3항 '그 내용을 인정할 때'라 함은 진술내용대로 기재되었다는 것이 아니고 그 내용이 실제사실과 부합한다는 것을 의미하므로 경찰단계에서 자백하였으나 법정에서 번복하는 경우에는 증거능력이 없다.

③ 진술거부권을 실제로 고지하였다면 진술거부권 행사 여부에 대한 답변이 자필로 기재되지 않거나 기명날인 또는 서명이 없는 경우에는 증거능력이 없다.

④ 약식절차에서도 사법경찰관 작성 피의자신문조서는 피고인이 내용을 인정하여야 유죄의 증거로 사용할 수 있다.

18 다음 중 긴급감정제도의 대상 사건이 아닌 것은?

① 수사본부 설치, 운영사건 중 수사본부장이 긴급감정의뢰가 필요하다고 인정하는 사건

② 연쇄강간, 마약류사건 등 용의자 신병이 확보되어 긴급감정을 통한 범죄 구증이 아니면 체포시한이 도과될 우려가 있는 사건

③ 연쇄살인 또는 3건 이상의 연쇄강간 사건

④ 지방청장이 사회적 파장을 고려하여 긴급감정이 필요하다고 지정한 사건

19 다음은 우리나라 지적소유권의 보호기간에 대한 설명이다. 연결이 타당하지 않은 것은?

① 반도체집적회로의 배치설계권 – 설정등록일로부터 10년

② 특허권 – 설정등록일로부터 20년

③ 디자인권 – 등록출원일부터 20년

④ 상표권 – 설정등록일로부터 10년

20 다음 중 형사 갑(甲)이 현행범인으로 체포할 수 없는 경우는 몇 개인가?

> ㉠ 상해죄에서 업무상 치료행위임이 명백히 확인되는 바 A
>
> ㉡ 절도죄에서 피해자와 부자(父子)지간임이 명백히 확인되는 바 B
>
> ㉢ 폭행죄에서 형사미성년자임이 명백히 확인되는 C
>
> ㉣ 고소의 가능성이 없는 것이 명백하지 않은 친고죄의 피의자 D
>
> ㉤ 용돈을 안준다는 이유로 어머니를 폭행하고 있는 아들 E
>
> ㉥ 운전면허 없이 125cc 원동기장치자전거를 운행하고 있는 주거가 일정한 F
>
> ㉦ 노상에서 쳐다본다는 이유로 행인을 폭행하고 있는 국회의원 G
>
> ㉧ 자신의 집 앞에서 소란을 피우는 경범죄처벌법위반 피의자 H

① 2개   ② 3개

③ 4개   ④ 5개

제12회 모의고사

정답 및 해설 P. 255

1 다음 감수사에 대한 설명으로 옳은 것은 몇 개인가?

> ㉠ 범인의 사투리는 연고감 수사와 관련이 있다.
> ㉡ 거래관계로 출입한 자는 지리감 수사대상자이다.
> ㉢ 범행지 부근에 친족, 지인이 있어 내왕한 일이 있는 자는 연고감 수사대상자이다.
> ㉣ 살인사건의 범행동기를 가장 잘 알 수 있는 수사기법은 연고감 수사이다.
> ㉤ 연고감 수사는 피해자 등에 대한 수사시 신중한 접근이 요구되며, 수사담당구역을 정하여 책임있는 수사를 실시하여야 한다.
> ㉥ 지리감 수사는 우범자 동향 등 기초자료를 수집, 정비하여야 한다.
> ㉦ 방화사건에서 동기를 추정하는데 필요한 수사기법은 연고감 수사이다.

① 1개
② 2개
③ 3개
④ 4개

2 다음 중 장물수배서에 관한 설명으로 틀린 것은 몇 개인가?

> ㉠ A경찰서는 살인사건이 발생하여 수사본부를 설치하고 장물을 신속히 발견하기 위하여 홍색용지의 특별중요장물수배서를 발부하였다.
> ㉡ 수사본부장이 특별중요장물수배서를 발부한다.
> ㉢ 해인사에서 중요문화재 도난사건이 발생하였을 때 발부하는 장물수배서는 청색용지의 중요장물수배서이다.
> ㉣ 일본대사관저에서 고려청자가 도난당하였을 때 발부해야 하는 장물수배서는 백색용지이다.
> ㉤ 장물수배서의 종류에는 특별중요장물수배서, 중요장물수배서, 일반장물수배서가 있다.

① 2개
② 3개
③ 4개
④ 5개

3 다음 보기 중 청테이프 접착면에 유류된 자문을 채취하기 위해 사용할 수 있는 시약이 아닌 것은 모두 몇 개인가?

> ㉠ 스티키 사이드파우더　　　　㉡ 젠티안 바이올렛
> ㉢ 테입글로　　　　　　　　　　㉣ 아미도 블랙
> ㉤ 크리스탈 바이올렛

① 1개　　　　　　　　　　　　② 2개
③ 3개　　　　　　　　　　　　④ 4개

4 「사건의 관할 및 관할사건수사에 관한 규칙」상 경찰청의 수사대상이 아닌 것은?

① 수사관할이 수개의 지방경찰청에 속하는 사건
② 고위공직자 또는 경찰관이 연루된 비위 사건으로 해당관서에서 수사하게 되면 수사의 공정성이 의심받을 우려가 있는 경우
③ 경찰청장이 수사본부 또는 특별수사본부를 설치하여 지정하는 사건
④ 사이버사건

5 긴급체포에 대한 다음 설명 중 틀린 것은 몇 개인가?

> ㉠ 긴급체포 즉시 체포한 경찰관 명의로 긴급체포서를 작성한다.
> ㉡ 긴급체포 승인건의는 원칙적으로 체포한 때로부터 12시간 이내 서면으로 하여야 하고 급속을 요하는 경우에는 모사전송으로도 가능하다.
> ㉢ 긴급체포 후 구속이 필요한 경우에는 48시간 이내에만 구속영장을 청구하면 된다.
> ㉣ 사법경찰관은 긴급체포된 피의자를 석방한 경우 석방한 날로부터 30일 이내에 피긴급체포자 석방보고서를 작성하여 검사에게 보고하여야 한다.
> ㉤ 긴급체포 후 석방된 자 또는 변호인, 법정대리인, 배우자, 직계친족, 형제자매는 검사가 법원에 통지한 통지서 및 관련서류를 열람할 수 있으나 등사할 수는 없다.

① 2개　　　　　　　　　　　　② 3개
③ 4개　　　　　　　　　　　　④ 5개

6 다음 중 수사종결에 대한 설명으로서 틀린 것은?

① 경찰의 수사는 공소제기 후 일단 종결된다.
② 수사의 종결권자는 원칙적으로 검사이다.
③ 사법경찰관은 공소제기 후 공소유지를 위한 보강수사의 필요성이 있을 경우 검사의 지휘를 받아 수사할 수 있다.
④ 불기소처분도 일사부재리의 원칙이 적용된다.

7 다음 현행범인 체포에 대한 설명 중 틀린 것은 몇 개인가?

> ㉠ '범죄의 실행행위를 종료한 직후'라 함은 범죄행위를 실행하여 끝마친 순간 또는 이에 아주 접착된 시간적 단계를 의미한다.
> ㉡ 학교 앞길에서 폭력행위 발생 후 10분이 지난 시점에 경찰관이 인근 학교 운동장에서 범인을 체포한 경우 현행범인 체포에 해당한다.
> ㉢ 교장실에서 난동을 부린 범인을 40분 경과 후에 서무실에서 체포한 것은 적법한 현행범인의 체포에 해당한다.
> ㉣ 사법경찰관리가 사인으로부터 현행범인을 인도받은 때에는 체포자의 성명, 주거, 체포의 사유를 물은 후 필요한 때에는 체포자에 대하여 경찰관서에 동행을 요구할 수 있다.
> ㉤ 준현행범인 경우에는 현행범인 경우보다 범행과의 시간적 접착성과 범인의 명백성이 인정되는 상황을 현행법인 체포서에 구체적으로 기재하여야 한다.

① 1개   ② 2개
③ 3개   ④ 4개

8 다음 중 족흔적 감식 중 (   )에 알맞게 짝지어진 것은?

> 토사, 진흙 등과 같이 철분이 함유되어 있는 물체에 의해 종이형겁, 나무판, 또는 장판위에 희미하게 유류된 족흔적을 (   )에 의해 (   )으로 발색시켜 재취하는 방법

① 치오시안산염 – 적갈색
② 벤지딘 – 청색
③ 무색마카이트 그린 – 녹색
④ ortho – tolidine – 백색

9 '폭력행위 등 처벌에 관한 법률' 적용대상이 아닌 것은 모두 몇 개인가?

> 살인, 상해, 폭행, 강도, 절도, 존속감금, 퇴거불응, 강요, 공갈, 사기

① 2개 　　　　　　　　　　　② 3개
③ 4개 　　　　　　　　　　　④ 5개

10 다음 중 사람이 죽은 후 사체에 나타나는 변화과정을 올바르게 나열한 것은?

① 사체냉각 → 혈액침전 → 시체굳음 → 자가용해 → 부패
② 사체냉각 → 혈액침전 → 자가용해 → 시체굳음 → 부패
③ 혈액침전 → 사체냉각 → 시체굳음 → 자가용해 → 부패
④ 혈액침전 → 자가용해 → 사체냉각 → 시체굳음 → 부패

11 다음 중 영상녹화와 관련한 설명 중 틀린 것은?

> ㉠ 피의자 또는 참고인의 진술은 영상녹화하여야 한다.
> ㉡ 조사의 개시부터 종료까지의 전 과정을 녹화해야 한다.
> ㉢ 피의자 또는 참고인의 진술을 영상녹화하는 경우 피의자 또는 참고인의 동의가 있어야 한다.
> ㉣ 피의자 신문을 영상녹화하는 경우 사법경찰리 등의 참여자는 조사실 외에 위치하여야 한다.
> ㉤ 경찰관은 영상녹화를 종료한 경우에는 영상녹화물(CD, DVD 등) 1개를 제작한다.
> ㉥ 경찰관은 피조사자의 기명날인 또는 서명을 받을 수 없는 경우에는 기명날인 또는 서명 란에 그 취지를 기재하고 직접 기명날인 또는 서명한다.
> ㉦ 피의자 또는 변호인의 요구가 있는 때에는 영상녹화물을 재생하여 시청하게 한다.

① ㉠㉢㉣㉤ 　　　　　　　　② ㉠㉣㉥㉦
③ ㉡㉢㉤㉦ 　　　　　　　　④ ㉡㉣㉥㉦

12 범죄피해자에 대한 신변안전조치에 관한 설명으로 틀린 것은?

① 신변보호 요청이 있을 시 특정범죄신고자 등 보호법에서 규정하는 특정범죄의 피해자나 범죄신고자 등에 해당하는지의 검토가 선행되어야 한다.
② 보복범죄방지 심의위원회 위원장은 형사과장이 된다.
③ 보복범죄방지 심의위원회를 개최하고 보호여부 및 그 방법 등을 결정한다.
④ 근거법령으로는 경찰관직무집행법(제6조, 범죄의 예방과 제지), 범죄신고자 등 보호 및 보상에 관한 규칙, 범죄피해자 보호 규칙 등이 있다.

13 호송관이 호송 중 사고 발생 시 조치로 잘못된 것은 몇 개인가?

> ㉠ 피호송자 도주시 즉시 사고발생지 관할 경찰서에 신고한다.
> ㉡ 호송관서의 장은 사고발생지 관할 경찰서장에게 수사를 의뢰하여야 한다.
> ㉢ 도주한 자에 관한 호송관계서류 및 금품은 인수관서에 보관하여야 한다.
> ㉣ 피호송자 즉시 사망시 관할 경찰관서에 신고하고 시체와 서류 및 영치금품은 신고관서에 인도하여야 한다.
> ㉤ 인도를 받은 경찰관서는 즉시 호송관서와 인수관서에 사망일시, 원인 등을 통지하고, 서류와 금품은 신고 관서에서 보관한다.
> ㉥ 호송관서의 장은 상급 감독관서 및 관할 검찰청에 보고하는 동시에 사망자의 유족 또는 연고자에게 이를 통지하여야 한다.
> ㉦ 통지 받을 가족이 없거나, 통지를 받은 가족이 통지를 받은 날부터 7일 내에 그 시신을 인수하지 않으면 구·시·읍·면장에게 가매장을 하도록 의뢰하여야 한다.

① 1개
② 2개
③ 3개
④ 4개

14 진행 중인 가정폭력범죄에 대하여 신고를 받은 경찰관의 조치로서 옳지 않은 것은?

① 현장에 도착한 경찰관은 폭력행위를 제지하는 것이 급선무이다.
② 긴급치료가 필요한 피해자를 의료기관으로 인도하는 경우 피해자의 동의를 요한다.
③ 가정폭력관련 상담소 또는 보호시설 인도는 피해자의 동의가 있을 경우에 한한다.
④ 폭력행위의 재발 시 격리 또는 접근금지 등의 임시조치를 신청할 수 있음을 통보할 수 있다.

15 익사체 처리사건 중 잘못된 것은?

① 자살로 추정되는 익사체 시신에서 신분증 등이 나오면 신속하게 가족에게 연락하여 시신을 인계한다.
② 신분증 유무를 불문하고 시신의 지문을 확인하여 신원확인을 한다.
③ 손가락이 없는 시신인 경우 가출인 직계가족의 DNA와 대조하여 신원확인 노력을 한다.
④ 수류의 흐름을 파악하여 수사에 활용한다.

16 김○○ 등 20여 명은 A경찰서 현관에서 자신들이 진정한 사건의 처리와 관련하여 A경찰서장과의 면담을 요구하면서 이를 제지하는 경찰관들에게 큰 소리로 욕설을 하고 행패를 부리고 있다. 다음 중 틀린 설명은?

① 이들이 단체의 위력으로 경찰관을 폭행할 경우 특수공무집행방해 혐의로 입건할 수 있다.
② 이들이 단순히 큰소리로 욕설만 했을 경우, 공무방해가 아닌 업무방해로 입건할 수 있다.
③ 이들이 단체로 공용물건을 손괴했을 경우, 특수공용물건손상죄로 입건할 수 있다.
④ 이들이 위험한 물건을 소지하고 경찰관을 폭행하였을 경우, 특수공무집행방해혐의로 입건할 수 있다.

17 다음 중 디엔에이신원확인정보의 이용 및 보호에 관한 법률에 관하여 옳지 않은 것은 모두 몇 개인가?

> ㉠ 판사의 영장 없이는 채취 대상 범죄자로부터 디엔에이 감식시료를 채취할 수 없다.
> ㉡ 채취한 디엔에이 감식시료는 데이터베이스 수록 후에도 일정기간 보관하여야 한다.
> ㉢ 성폭력 피해자로부터 구두로 동의를 구하고 산부인과에서 질내용물을 채취하였다.
> ㉣ 내연녀를 살해하겠다고 순순히 자백하는 피의자로부터 구두로 동의를 구하고 구강 상피세포를 채취하였다.

① 1개   ② 2개
③ 3개   ④ 4개

18 다음 중 대기환경보전법에 정한 법률용어의 정의를 설명한 것으로 바르지 않은 것은?

㉠ 대기오염물질이란 대기오염의 원인이 되는 가스·입자상물질로서 환경부령으로 정한 것을 말한다.

㉡ 기후·생태계변화유발물질이란 기후 온난화 등으로 생태계의 변화를 가져올 수 있는 모든 물질로서 환경부령으로 정한 것을 말한다.

㉢ 검댕이란 연소시 발생하는 유리탄소가 응결하여 입자지름이 1미크론 이하가 되는 입자상 물질이다.

㉣ 특정대기유해물질이란 유해성대기감시물질 중 심사·평가 결과 저농도에서도 장기적인 섭취나 노출에 의하여 사람의 건강이나 동식물의 생육에 직접 또는 간접으로 위해를 끼칠 수 있어 대기 배출에 대한 관리가 필요하다고 인정된 물질로서 환경부령으로 정하는 것을 말한다.

① ㉠㉡   ② ㉠㉣
③ ㉡㉢   ④ ㉡㉣

19 다음 중 수사자료표 작성과 관련한 설명으로 틀린 것은 몇 개인가?

㉠ 수사자료표는 종이 수사자료표를 이용·작성함을 원칙으로 한다.

㉡ 외국인으로서 지문자료가 없어 신원확인이 불가능한 경우 외국인 남자는 '생년월일 – 3000000', 여자는 '생년월일 – 4000000'으로 작성한다.

㉢ 특기사항자료라 함은 피의자 등이 수사 또는 유치 중에 도주, 자해기도, 흉기저항 등을 한 경우, 그와 관련된 내용으로서 수사자료표 및 범죄경력조회시스템에 입력된 자료를 말한다.

㉣ 수사자료표 중 벌금 이하의 형의 선고 및 검사의 불기소처분에 관한 자료 등은 수사경력자료로 구분하여 전산입력하는데 이는 전과기록에 해당하지 않는다.

㉤ 검사의 불기소처분이 있을 때는 수사자료표를 폐기할 수 있다.

① 1개   ② 2개
③ 3개   ④ 4개

20 다음 중 위법 행위에 대한 적용 법률이 잘못 연결된 것은?

> ㉠ 재래시장에서 "NAIKI", "PRO SPACS" 등 유사상표를 부착한 스포츠 용품을 판매하는 행위 – 상표법
>
> ㉡ 상품의 원산지허위표시 행위 – 부정경쟁방지법
>
> ㉢ 농수산물의 원산지 허위표시 – 농수산물의 원산지표시에 관한 법률
>
> ㉣ 노래연습장에서 권리자의 승낙을 받지 아니하고 무인 영상반주기를 통하여 대중가요를 연주 사용 – 저작권법
>
> ㉤ 저명한 미등록상표을 무단사용하는 행위 – 상표법
>
> ㉥ 기업의 임직원이었던 자가 기업비밀을 침해하거나 첨단기술을 유출하는 행위 – 부정경쟁방지법
>
> ㉦ 자동차부품상을 운영하는 피의자가 OO자동차회사가 등록한 상표가 불법부착된 모조부품을 순정품인양 속여 팔기 위해 소지한 경우 – 부정경쟁방지법
>
> ㉧ 특허를 허위 또는 혼동하기 쉽게 표시한 경우 – 부정경쟁방지법

① ㉠㉡㉢㉣
② ㉠㉤㉦㉧
③ ㉡㉥㉦㉧
④ ㉢㉣㉥㉦

제13회 모의고사

정답 및 해설 P. 265

1 다음 고소와 관련된 내용 중 판례의 태도와 일치하는 것은?

> ㉠ 사법경찰관 작성의 피해자에 대한 진술조서 기재 중 '법대로 처벌하여 주기 바랍니다'에 이어 '젊은 사람들이니 한 번 기회를 주시면 감사하겠습니다'로 기재되어 있다면 그 진술취지는 처벌의사를 철회한 것으로 봐야한다.
>
> ㉡ 피해자 甲에 대한 피의자 乙·丙의 명예훼손 고소사건에 관하여 甲의 乙에 대한 고소취소는, 주관적 불가분의 원칙에 의하여 丙에 대하여도 효력이 있다.
>
> ㉢ 기소중지(체포영장)되었다가 검거된 간통 피의자 김(여. 37세)는 피해자, 남편이 제기한 이혼심판청구사건에 관하여 "경찰수사단계에서 조사관으로부터 양손을 수갑으로 결박지은 채 호송되었고, 남편 시부모로부터는 음부에 뜨거운 커피를 끼얹게 된 폭행을 당하였으니 철저히 조사를 바랍니다."라는 진정서를 제출한 경우 고소의 한 예로 볼 수 있다.
>
> ㉣ 고소인 최는 경찰 조사계 직원에게 "작년 여름께 박에서 3,000만원을 빌려줬는데, 여지껏 이자 한 푼 주지 않고, 도망하였으나 처벌하여 주세요"라는 구두 신고를 받은 경우 범죄사실이 섬세하지 않아 고소의 효력이 나타나지 않는다.
>
> ㉤ 경찰서 조사계 경장 A는 B를 계(契)사건 참고인으로 불러 조사하는 과정에서 그로부터 "사실 저도 피의자에게 2,000만원을 뜯겼으니 처벌하여 주세요"라는 의사표시를 진술조서(참고인)에 기재한 경우 고소의 요건은 구비된 것으로 볼 수 있다.

① ㉠㉣

② ㉡

③ ㉤

④ ㉢㉣

2 다음 중 총창사인 경우 자살로 볼 수 없는 것은?

① 총기가 멀리 떨어져 있었다.　　　　② 총상이 급소부위에 있다.
③ 접사인 경우이다.　　　　④ 사자의 소매 등에 화약잔재가 묻어 있다.

3 「검사의 사법경찰관리에 대한 수사지휘 및 사법경찰관리의 수사준칙에 관한 규정」에 대한 설명으로 옳은 것은?

① 긴급체포 피의자를 석방할 때와 영장재신청 시 검사의 사전지휘를 받아야 한다.
② 사법경찰관리는 검사의 수사지휘에 반드시 따라야 한다.
③ 대공(對共)·선거(정당 관련 범죄를 포함)·노동·집단행동·출입국·테러 및 이에 준하는 공안 관련 범죄에 대하여 수사를 개시한 때에는 검사에게 지휘를 건의하고 입건 여부에 대한 검사의 의견에 따라야 한다.
④ 선거·공안 사범 등 입건지휘를 받은 사건, 「폭력행위 등 처벌에 관한 법률」상 범죄를 목적으로 한 단체 등의 구성·활동·이용·지원 사건, 5,000만 원 이상 고소·고발사건 등은 사건 송치 전에 검사의 구체적 지휘를 받아야 하는 사건이다.

4 범죄첩보에 대한 설명 중 옳은 것은 몇 개인가?

㉠ 정보원과의 만남은 수사관련시설에서 하는 것이 좋다.
㉡ 평가 책임자는 제출된 첩보에 대해 공개를 원칙으로 한다.
㉢ 수사첩보에 의해 사건해결 또는 중요범인을 검거하였을 경우 첩보제출자를 사건을 해결한 자 또는 검거자와 동등하게 특별승진 또는 포상할 수 있다.
㉣ 평가 책임자는 제출된 첩보의 정확한 평가를 위하여 제출자에게 사실확인을 요구할 수 있다.
㉤ 수사첩보에는 범죄내사첩보, 범죄동향첩보, 정책첩보가 있다.
㉥ 수사첩보의 보존기간은 5년이다.
㉦ 중요한 사항은 정보제공자의 면전에서 필기를 한다.
㉧ 2개 이상 경찰서와 연관된 중요 사건 첩보 등 지방청 단위에서 처리해야 할 첩보를 특보라 하며 10점을 부여한다.

① 2개　　　　② 3개
③ 4개　　　　④ 5개

5 다음 중 구속영장 실질심사제도에 대한 설명으로 틀린 것은 몇 개인가?

㉠ 법원은 피의자가 실질심사를 청구하는 경우 필요적으로 구속 전 피의자심문을 실시하여야 한다.

㉡ 체포된 피의자의 경우 특별한 사정이 없는 한 구속영장이 청구된 날의 다음날까지 심문해야 한다.

㉢ 사후 구속영장이 청구된 경우 판사는 구인을 위한 구속영장을 발부하여 피의자를 구인한 후 심문한다.

㉣ 피의자에 대한 심문절차는 비공개로 진행하며 검사와 변호인에게는 출석권이 보장되지 않는다.

㉤ 장애인 등 특별히 보호를 요하는 자에 대해서는 심문시 직권 또는 신청에 따라 피의자와 신뢰관계에 있는 자를 동석하게 할 수 있다.

㉥ 피의자 심문에 참여할 변호인은 지방법원 판사에게 제출된 구속영장 청구서 및 그에 첨부된 고소, 고발장, 피의자의 진술을 기재한 서류와 피의자가 제출한 서류를 열람할 수 있다.

① 1개　　　　　　　　　② 2개
③ 3개　　　　　　　　　④ 4개

6 다음 중 체포 구속이 잘못된 경우는 몇 개인가?

㉠ 125cc무면허 운전 피의자가 출석에 불응할 우려가 있는 경우 – 체포영장에 의한 체포
㉡ 형사미성년자인 경우 – 현행범 체포
㉢ 형의 운전면허증 행사 – 긴급체포
㉣ 긴급체포되었다가 석방된 경우 – 체포영장에 의한 체포
㉤ 구속 후 석방된 자로서 증거인멸한 피의자 – 구속영장
㉥ 적부심에 의해 석방된 피의자가 도망할 우려가 있는 경우 – 구속

① 2개　　　　　　　　　② 3개
③ 4개　　　　　　　　　④ 5개

7 다음 중 미행의 방법으로 옳은 것은?

> ㉠ 단독미행은 20 ~ 50m 후방이 적절하다.
> ㉡ 용의자가 건물 모퉁이를 돌아간 때에는 빨리 뛰어서 따라간다.
> ㉢ 전철이 정차하자 용의자가 눈치를 챈 것 같아서 먼저 승차한다.
> ㉣ 2명이 공동미행을 할 경우 나란히 미행을 한다.
> ㉤ 자동차미행시에는 교통신호위반이나 교통사고의 위험을 감수하여야 한다.
> ㉥ 혼잡한 곳에서는 대상차량과 거리를 좁힌다.
> ㉦ 대상자동차의 눈에 띄지 않도록 항상 후미에서 미행한다.
> ㉧ 대상자동차 U자형으로 회전하는 경우에 곧바로 회전한다.
> ㉨ 대상차량의 속력가감이 심할 때는 이에 대응하여 신속히 속도를 가감한다.

① ㉠㉥
② ㉠㉢㉦
③ ㉡㉥㉦㉨
④ ㉣㉤㉧㉨

8 다음 설명 중 옳지 않은 것은 몇 개인가?

> ㉠ 과학수사란 현장감식에 의해 수사자료를 발견하고 수집된 수사자료를 과학적으로 분석하여 행하는 수사를 의미한다.
> ㉡ 감식수사란 범인을 발견하고 증거를 수집하여 사안의 진상을 밝히는 수사활동에 과학적 지식 · 기술과 감식시설 · 장비 · 기자재 등을 최대한 활용하는 수사를 가리킨다.
> ㉢ 과학수사의 중심이 되는 것은 감식수사이다.
> ㉣ 과일 등의 치흔은 탈지면으로 타액을 흡입시키고 실리콘러버를 이용하여 채취한다.
> ㉤ 현장감식 활동에 있어서는 최초에 지정한 현장보존의 범위를 변경하여 추후 수사에 지장을 주어서는 안된다.
> ㉥ 비교와 대조를 필요로 하는 것은 반드시 대조물을 채취하여야 한다.

① 1개
② 2개
③ 3개
④ 4개

9 다음 중 유류품 수사와 관련된 설명 중 틀린 것은 몇 개인가?

> ㉠ 범행현장 주변에 있는 유류품은 범인의 것으로 간주한다.
> ㉡ 범인의 성명이나 혈액형으로 직접 범인을 추정할 수 있다.
> ㉢ 범인의 유류품으로 확인되었더라도 과학적인 감정을 의뢰할 수 있다.
> ㉣ 어디서나 쉽게 구할 수 있는 것은 유류품에서 제외된다.
> ㉤ 참고인 진술이 모호하여 유류품인지 의심스러운 경우 유류품에서 제외되지 않는다.

① 1개 ② 2개
③ 3개 ④ 4개

10 족적을 석고채취법으로 채취할 때의 순서로 4번째에 해당하는 것은?

> ㉠ 석고 1kg과 물 약 900cc를 혼합하여 막대기로 젓는다.
> ㉡ 석고에 묻은 흙을 제거한다.
> ㉢ 석고액을 주입구를 통해서 주입한다.
> ㉣ 석고채취 '틀'을 족적 주위에 놓는다.
> ㉤ 석고배면에 사건명, 채취장소, 연월일시 등을 기록한다.
> ㉥ 떼어낸 후 건조시킨다.
> ㉦ 보강재를 석고액 중간에 넣는다.

① ㉠ ② ㉡
③ ㉢ ④ ㉦

11 다음 중 탐문수사 시 질문의 방법에 대한 설명으로 잘못된 것은?

① 긍정문과 부정문의 질문은 암시, 유도가 되기 쉽고 정답을 얻기가 어렵다.
② 거동수상자 목격에 대한 질문 시 "수상한 사람을 보지 못했습니까?"보다는 "누군가가 이쪽으로 가지 않았습니까?"와 같은 질문으로 시작하는 것이 효과적이다.
③ 자유응답법은 언제, 어디, 무엇 등의 의문사를 수반하는 질문으로 암시, 유도의 염려가 없다.
④ 전체법은 암시·유도가 되지 않아 자연스러운 답변을 얻을 수 있어 답변의 정리가 쉽다.

12 미행, 잠복 감시의 공통점이라 볼 수 없는 것은 몇 개인가?

㉠ 범인의 체포	㉡ 감시대상
㉢ 용의자 발견	㉣ 행동방법
㉤ 용의자의 언동 및 동정파악	㉥ 변장
㉦ 물품의 이동사실확인	㉧ 공범자 · 관련자 파악
㉨ 현행범검거 및 현장증거수집	㉩ 범죄예방

① 2개 ② 3개
③ 4개 ④ 5개

13 현장지문에 관한 설명으로 적절치 못한 것은?

① 현장지문은 소송법상 간접증거라고 볼 수 있다.
② 우리나라 국민의 지문분포비율은 제상문 > 와상문 > 궁상문 > 기타 순으로 많다.
③ 혈액이 묻은 손가락으로 물체를 만졌을 때 착색된 부분이 융선이라면 이는 역지문이다.
④ 범인이 가볍게 손을 사용한 경우에도 역지문(逆指紋)이 현출될 가능성이 있는 물체는 점토이다.

14 다음 중 외국인피의자에 대한 수사요령으로 옳지 못한 것은 몇 개인가?

㉠ 강력범죄의 피의자로 외국으로 도주할 우려가 있는 자에 대해서는 담당검사에게 출국정
지를 요청한다.
㉡ 피의자가 명시적으로 영사와의 접견을 희망하지 않을 경우에는 영사의 접견신청에 응할
필요가 없다.
㉢ 우리 형사소송절차에 따라 처리함이 원칙이다.
㉣ SOFA대상 피의자에 대해서는 미군당국에 즉시 통보하고 검찰에 48시간 내에 통보하여
야 한다.
㉤ 체포한 외국인이 외교특권향유자라고 판명되었을 때에는 즉시 체포를 해제한다.
㉥ 외교특권향유자의 경우 피의자신문조서 작성 후 '공소권없음' 의견으로 송치한다.

① 1개 ② 2개
③ 3개 ④ 4개

15 다음 중 DNA분석에 필요한 시료에 관한 설명으로 타당하지 않은 것은?

① 오염된 혈흔이나 정액 등에서는 DNA분석이 불가능할 때가 많다.

② 모발은 모근이 있는 최소 3개 이상, 혈액은 2ml 이상의 시료가 필요하다.

③ 인체조직의 경우 시료의 양은 극소량이라도 상관없으나 신선하게 유지해야 하며 그늘에 말려 EDTA용기에 담아 보존한다.

④ 부패되기 쉬운 혈액 및 정액은 거즈로 채취한 후 그늘에서 완전히 말려 종이봉투에 넣어 운반한다.

16 횡령죄에 대한 다음의 설명 중 옳은 것은?

① 부동산은 사실상 실력적 지배가 어려워 보관할 수 없으므로 횡령의 객체가 될 수 없다.

② 횡령죄, 사기죄는 오직 재물만을 행위의 객체로 한다.

③ 수금사원이 수금 이전에 영득의사를 가지고 있었다면 횡령이 되고, 수금 후 회사로 돌아오는 중에 생겼다면 사기이다.

④ 횡령에는 친족상도례가 적용되므로 피해자와 피의자의 관계를 조사해야 한다.

17 몽타쥬(Montage) 작성에 대한 다음 설명으로 가장 적절하지 못한 것은?

① 몽타쥬는 사건 발생 후 피해자나 범인을 목격한 목격자의 기억이 생생할 때 빠른 시간내에 의뢰해야 한다.

② 담당형사는 영상 시스템 및 주민사진을 사전에 목격자에게 열람하기 전에 몽타쥬를 작성한다.

③ 몽타쥬 작성장소에 목격자를 대동하는 것을 원칙으로 하며 작성이 끝날 때까지 사건담당자가 참여할 필요가 없다.

④ 일선의 사건담당형사는 우선 목격자의 목격상태가 어느 정도인지 충분히 인터뷰를 통해 체크한 뒤 선정하는 것이 바람직하다.

18 다음 중 코카인에 대한 설명으로 타당하지 않은 것은?

① 코카인은 주로 남미 안데스산맥에서 자생하는 코카관목의 잎에서 추출된 알칼로이드를 농축·결정시킨 마약이다.

② 코카인은 강력한 중추신경계 흥분제로 각성효과가 뛰어난 운동선수들이 경기력 향상을 위하여 많이 복용한다.

③ 코카인 최대 소비국가는 미국으로 주로 정맥주사의 방법으로 남용한다.

④ "Cokebugs"란 코카인 남용자들이 피부 속에 기생충이나 뱀이 기어다니는 듯한 환촉현상을 나타내는 현상이다.

19 2014년 경찰청에서 변사사건 수사 및 관리를 강화하기 위하여 마련한 변사사건 처리지침 상 중점관리 변사사건인 것은?

> ㉠ 타살이 의심되는 변사사건
> ㉡ 대상자가 실종자인 것으로 추정되는 변사사건
> ㉢ 소지품 확인 등에도 불구하고 현장에서 즉시 신원이 확인되지 않는 변사사건
> ㉣ 집단, 유명인, 아동학대, 의심 변사 등 사회적 이목 집중이 예상되는 변사사건

① ㉠㉡
③ ㉠㉢㉣
② ㉡㉣
④ ㉡㉢㉣

20 다음 공조ㆍ수배ㆍ조회에 대한 설명 중 올바른 것은 몇 개인가?

> ㉠ 지명수배 피의자 중 전국적으로 강력한 조직적 수사를 행할 필요가 있다고 인정되는 흉악중요범죄의 지명수배 피의자에 대하여 경찰청에서 행하는 수배는 중요지명피의자 종합수배이다.
> ㉡ 사기ㆍ횡령ㆍ배임죄 및 부정수표단속법 제2조에 정한 죄의 혐의를 받는 자로서 초범이고 그 피해액이 1,000만원 이하에 해당하는 자는 지명통보 대상이다.
> ㉢ 지명통보된 피의자가 정당한 이유없이 확인한 일자에 출석하지 아니하거나 사건이송신청을 하지 아니한 때에는 구속영장에 의한 지명수배를 한다.
> ㉣ 장물수배는 보통 신속한 수배를 위해 경비전화에 의한다.
> ㉤ 지명통보가 여러 건일 때는 중한 범죄 순이다.
> ㉥ 긴급체포한 지명수배자가 석방 후 재차 출석에 불응하는 경우 영장을 발부받아 다시 지명수배할 수 있다.

① 2개
③ 4개
② 3개
④ 5개

제14회 모의고사

정답 및 해설 P. 274

1 다음 중 사례와 범죄징표의 연결이 바르지 않은 것은?

> [범죄징표]
> ㉠ 범인의 생물학적 특징에 의한 징표　　㉡ 범인의 심리학적 특징에 의한 징표
> ㉢ 범인의 사회적 제반법칙에 의한 징표　　㉣ 자연현상에 의한 징표

> [사례]
> ⓐ 영화 '펠리칸 브리프'에서는 법대생역 줄리아로버츠가 대법원 판사 2명이 살해되는 사건이 발생하자, 두 판사가 환경문제에 있어 환경론자들의 입장을 지속적으로 옹호해 온 공통점이 있다는 것에 착안하여 당시 사회적 문제로 부각되어 재판 중이던 펠리칸 서식지의 개발사업자를 범인으로 한 '펠리칸 브리프'를 작성한다.
> ⓑ 낙동강 주변 공장들의 불법 폐수방류로 수돗물에 악취가 난다는 보도가 빈발하자 경찰에서 수사에 착수하였다.
> ⓒ 토스토예프스키의 '죄와 벌'에서 주인공 라스꼴리니코프는 전당포 주인인 노파 알요나이 바노브나를 살해하기 전 노파가 거주하는 집과 주변의 도주로 등을 미리 답사하여 파악한 후 범행을 실행한다.
> ⓓ 형사반장 A는 발생한 살인사건 사체의 위(胃)내용물을 감정한 결과 점심식사 후 3시간 정도 경과하였다는 사실을 확인하였다.
> ⓔ 살인사건의 현장에서 출동한 강력반장 A는 범행현장에 유류된 옷에서 짧은 머리카락이 많이 발견되어 범인을 이발사로 추정하고 수사에 착수하였다.
> ⓕ 강도 K는 "범죄 현장에 대변을 보면 잡히지 않는다."는 미신을 믿고 현장에 대변을 보았다.

① ㉠ - ⓓ

② ㉡ - ⓒⓕ

③ ㉢ - ⓐⓑⓔ

④ ㉣ - ⓓ

2 다음 중 시체현상에 대한 설명으로 타당하지 않은 것은?

① 시체의 체온은 시간이 경과할수록 떨어져 결국 주위의 온도와 같아지게 된다.

② 체온하강은 습도가 낮을수록, 통풍이 좋을수록, 수분이 빨리 증발되므로 하강의 속도는 빠르다.

③ 어린이나 노인은 청장년보다, 남자는 여자보다, 마른 사람은 비만인 사람보다 시체의 체내 온도가 빨리 하강한다.

④ 화상이나 외상이 있던 부분의 피부는 비교적 건조가 느리다.

3 내사에 대한 설명으로 옳은 것은?

① 참고인이 소재불명일 경우 취하는 조치는 참고인중지이다.

② 피내사자가 소재불명일 경우 취하는 조치는 기소중지이다.

③ 첩보내사의 내용이 형사소송에 관한 사항인 경우 공람종결 할 수 있다.

④ 사법경찰관은 검사의 지휘 없이 내사를 종결할 수 있다.

4 다음은 압수·수색에 대한 내용이다. 옳지 않은 것은 몇 개인가?

> ㉠ 세무서 직원 갑을 참여시킨 후 세무서 내 압수·수색을 실시하였다.
> ㉡ 피의자 을의 집을 압수·수색하기 위해 갔으나 아무도 없어 동료경찰관을 참여시킨 후 을의 집에 대해 압수·수색을 실시하였다(급속을 요하는 사항은 아님).
> ㉢ 압수·수색영장 집행시 피의자는 참여할 수 없다.
> ㉣ 비밀도박장에 대한 압수·수색영장을 발부받았으나 야간집행에 대한 기재가 없어 야간집행을 포기하였다.
> ㉤ 여자의 신체에 대한 수색을 할 때에는 반드시 의사를 참여시켜야 한다.

① 1개 ② 2개

③ 3개 ④ 5개

5 다음 중 현장관찰에서 유류품의 수집 시 착안해야 할 사항에 해당하는 것은?

> ㉠ 유류품이 범인에 의해 일부러 버려진 것은 아닌가.
> ㉡ 지문채취가 가능한 물건인가.
> ㉢ 지문·족흔적이 범인의 것이 분명한가.
> ㉣ 범인의 연령·직업·성별을 나타내는 특징은 없는가.
> ㉤ 피해자의 손톱 등에 범인의 혈액, 모발 등이 묻어있지 않은가.
> ㉥ 범인이 버린 혈액·가래침·체액 등이 있는가.

① ㉠㉡㉢ ② ㉠㉡㉣
③ ㉢㉣㉥ ④ ㉢㉤㉥

6 다음 중 자수에 대한 설명으로 옳은 것은 몇 개인가?

> ㉠ 범죄사실이 발각된 후에 신고하더라도 자수에 해당한다.
> ㉡ 타인을 통한 범죄사실의 신고도 자수에 해당된다.
> ㉢ 제3자에게 자수의사를 전달하여 달라는 것도 자수의 일종이다.
> ㉣ 대리인에 의한 자수도 가능하다.
> ㉤ 자수에 대하여 그 형을 감면해야 한다.
> ㉥ 피해자에게 자신의 범죄사실을 고백하는 것도 자수이다.

① 1개 ② 2개
③ 3개 ④ 5개

7 다음 중 수법범죄인 것은 몇 개인가?

> ㉠ 컴퓨터 등 이용사기 ㉡ 강도
> ㉢ 카메라 등 이용촬영 ㉣ 강제추행
> ㉤ 살인

① 2개 ② 3개
③ 4개 ④ 5개

8 다음 중 압수수색과 관련된 설명 중 틀린 것은 몇 개인가?

> ㉠ 긴급한 경우라도 반드시 집행 전에 영장을 제시하여야 한다.
> ㉡ 압수·수색영장을 집행한 경우 반드시 압수증명서를 교부한다.
> ㉢ 피의자신문조서를 작성하던 중 제출된 압수물에 대하여는 피의자신문조서에 그 내용을 기재하고 별도로 압수조서를 작성하여야 한다.
> ㉣ 압수와 수색을 동시에 한 경우 수색조서로 압수조서를 대신할 수 있다.
> ㉤ 소유자가 소유권을 포기한 경우 소유권포기서를 제출받아 압수조서에 첨부하고 압수목록에도 기재하여야 한다.
> ㉥ 임의제출물의 압수와 영장에 의한 압수시에 모두 압수조서를 작성한다.
> ㉦ 진술서에 압수의 취지를 기재하여 압수조서를 갈음할 수 있다.

① 2개   ② 3개
③ 4개   ④ 5개

9 초동수사에 관한 다음 설명 중 옳은 것은?

> ㉠ 초동수사의 제1목적은 범인의 체포이다.
> ㉡ 범인의 체포, 수사긴급배치, 참고인 및 그 진술의 확보, 알리바이 수사 등이 있다.
> ㉢ 초동수사의 접수시 신속한 사건청취보다 사건의 진부규명을 최우선으로 한다.
> ㉣ 현장보존을 위해 출동 중에는 검문을 지향하고 현장으로 직행한다.
> ㉤ 신속한 현장도착이 우선이므로 현장도착 후 발생보고한다.
> ㉥ 신고자 또는 현장에 대하여 알고 있는 자와 동행한다.
> ㉦ 1인 근무시는 사건내용을 상세히 청취한 후 주무부서에 보고한다.
> ㉧ 제2보 이하 즉보는 사건개요를 우선적으로 파악하여 보고한다.

① ㉠㉥   ② ㉡㉧
③ ㉢㉣   ④ ㉤㉦

10 송치서류 편철과 관련하여 틀린 설명은 몇 개인가?

> ㉠ 모든 송치서류에는 각 장마다 면수를 기입하여야 한다.
> ㉡ 송치서류는 사건송치서, 압수물총목록, 기록목록, 의견서, 기타 서류의 순서로 편철한다.
> ㉢ 기타 서류는 접수 또는 작성순서에 따라 편철한다.
> ㉣ 통신제한조치를 집행한 사건의 송치 시에는 수사기록표지 증거품 란에 "통신제한조치"라고 표기한다.
> ㉤ 의견서 또는 기타서류가 2장 이상일 때에는 1-1, 1-2, 1-3의 방법으로 하여야 한다.
> ㉥ 압수물 총목록, 기록목록, 의견서는 진술자가 직접 간인하여야 한다.
> ㉦ 의견서는 사법경찰관이 작성하여야 한다.

① 1개   ② 2개
③ 3개   ④ 4개

11 다음 중 타액반(唾液班)의 감정순서로 맞는 것은?

① 자외선검사 → 혈액형검사 → 전분소화효소의 검출시험 → 사람의 타액증명시험
② 전분소화효소의 검출시험 → 자외선 검사 → 혈액형검사 → 사람의 타액증명시험
③ 자외선검사 → 전분소화효소의 검출시험 → 사람의 타액증명시험 → 혈액형검사
④ 전분소화효소의 검출시험 → 자외선검사 → 사람의 타액증명시험 → 혈액형검사

12 다음 중 지문의 분류기호에 관해 서로 연결한 것으로 옳지 못한 것은?

① 자상(刺傷)·화상(火傷)등 후천적으로 손괴된 손상지문은 0에다 점을 찍어 ⊙와 같이 표시한다.
② 손가락 마디가 절단되어 지문이 없는 절단지문의 경우에는 0으로 번호를 부여한다.
③ 와상문에서 추적선이 우측각 위로 흘러 융선의 수가 7개인 경우 분류 번호는 9를 부여 한다.
④ 변태문일 경우 9에다 점을 찍어 표시한다.

13 다음 설명 중 올바른 것은 몇 개인가?

> ㉠ 시체의 체온은 주위의 대기온도와 같아지는 것으로 주위의 기온보다 더 낮아지지 않는다.
>
> ㉡ 시체얼룩의 형성은 생활반응으로 볼 수 있다.
>
> ㉢ 각막은 사후 24시간이 되면 불투명하게 된다.
>
> ㉣ 굳은피현상, 딱지의 형성, 피부밑출혈 등은 활력반응이다.
>
> ㉤ 급사체는 경직의 지속시간이 짧다.
>
> ㉥ 열린(개방성) 손상을 상(傷)이라 한다.
>
> ㉦ 피해자의 목부위에서 손톱자국과 방패연골부위에 끈자국을 발견하였다면 피해자는 끈졸림사로 사망하였다고 추정된다.

① 1개　　　　　　　　　② 2개
③ 3개　　　　　　　　　④ 4개

14 다음 중 사건 송치서의 피의자란의 기재와 관련하여 틀린 것은 몇 개인가?

> ㉠ 피의자가 2인 이상인 경우는 피의자표시를 아라비아숫자로 1, 2, 3으로 표시한다.
>
> ㉡ 피의자가 수인이어서 전원을 표시할 수 없을 때에는 '피의자 이을수 외 6명'과 같은 방법으로 생략해서 기재한다.
>
> ㉢ 피의자가 법인인 경우는 법인명 다음에 괄호하여 대표자 성명을 기재하여야 한다.
>
> ㉣ 별명이나 이명이 있는 경우 한자 대신 별명이나 이명을 기재한다.
>
> ㉤ 구속사건의 경우 구속란은 구속영장발부일자를 기재한다.
>
> ㉥ 죄명표시는 가, 나, 다 순으로 기재한다.

① 2개　　　　　　　　　② 3개
③ 4개　　　　　　　　　④ 5개

15 시체에 대해 의사가 발부하는 문서에 관한 설명 중 틀린 것은?

① 사망진단서는 사망 전 48시간 이내에 진료한 사실이 있고, 사인을 명확히 설명할 수 있는 경우에 한해 발부된다.
② 사체검안서는 사망진단서를 발부할 수 없는 조건하에서 죽음을 증명하기 위한 것이다.
③ 사체검안서는 사법경찰관이 작성한다.
④ 사망진단서는 반드시 사인란에 WHO에 규정된 병명을 기록하여야 한다.

16 '폭력행위 등 처벌에 관한 법률' 제4조에 규정된 '단체 등의 구성의 죄'에 관한 설명 중 타당하지 않은 것은?

① 최소한의 통솔체제가 필요하다.
② 조직가입의 방법이나 형식에는 아무런 제한이 없다.
③ 계속적인 결합체이다.
④ 목적한 범죄를 실행해야만 기수가 된다.

17 다음 유치장내 신체검사에 대한 판례의 태도 중 틀린 것은?

① 경찰서 유치장내 수용자에 대한 신체검사는 경찰청 훈령인 피의자유치 및 호송규칙에 근거가 있을 뿐 법령상 근거는 없다.
② 공직선거 및 선거부정방지법위반으로 경찰서 유치장내 유치된 여자피의자들에 대해 변호인 접견 후 재수용 시 옷을 전부 벗긴 상태에서 앉았다가 일어서기를 반복하는 방법으로 한 신체검사는 위법이다.
③ 위 ②의 방법은 유치인들에게 모욕감과 수치심을 안겨준 행위로서 헌법 제10조 인간의 존엄성과 가치 및 제12조 신체의 자유를 침해한 것이다.
④ 피의자가 흉기를 신체의 은밀한 부위에 은닉한 채 유치장에 입소할 가능성이 있으며, 외부로부터의 관찰 등으로 위 물품을 도저히 찾아내기 어렵다고 볼만한 사정이 있는 경우에는 옷을 전부 벗긴 채 행하는 정밀신체수색은 위법이라고 볼 수 없다.

18 '폭력행위 등 처벌에 관한 법률'로 가중처벌 할 수 있는 행위 유형이 아닌 것은 모두 몇 개인가?

> ㉠ A와 B가 정오에 '공동'하여 피해자의 주거에 침입한 경우
> ㉡ 야간에 타인의 주거 침입한 경우
> ㉢ 단체나 다중의 위력을 과시하여 협박한 경우
> ㉣ 상습적으로 폭행을 한 경우

① 1개   ② 2개
③ 3개   ④ 4개

19 미군피의자를 인계받은 Y경찰서 폭력팀 李형사는 아래와 같이 조치하였다. 다음 중 처리내용이 잘못된 것은?

① 군인신분증 등으로 피의자의 인적사항을 확인 SOFA적용 대상자인가를 확인한다.

② 피의자가 소속된 부대의 헌병대에 전화를 하여 소속 군인이 체포되어 있음을 통보한다.

③ 사건통보를 받은 미군당국이 피의자의 신병인도를 요청하는 경우에는 조사 없이 즉시 신병을 인계한다.

④ 구속대상 피의자의 경우도 미군당국의 신병인도 요청이 있으면 일단 신병을 인도한다.

20 현행 공직선거법상 선거운동으로 보지 아니하는 행위는?

> ㉠ 선거에 관한 단순한 의견개진 및 의사표시
> ㉡ 입후보와 선거운동을 위한 준비행위
> ㉢ 정당의 후보자 추천에 관한 단순한 지지·반대의 의견개진 및 의사표시
> ㉣ 통상적인 정당활동
> ㉤ 설날·추석 등 명절 및 석가탄신일·기독탄신일 등에 하는 의례적인 인사말을 문자메시지로 전송하는 행위

① ㉠㉡㉢
③ ㉠㉡㉣㉤

② ㉠㉡㉢㉣
④ ㉠㉡㉢㉣㉤

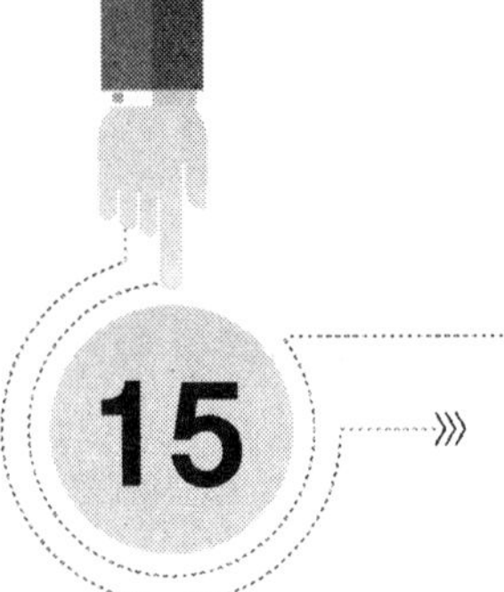

제15회 모의고사

정답 및 해설 P. 282

1 수사사건 등은 원칙적으로 그 내용을 공표하거나 공개해서는 아니 되지만, 예외적으로 공개할 수 있는 경우는?

> ㉠ 범죄유형과 수법을 국민들에게 알려 유사한 범죄의 재발을 방지할 필요가 있는 경우
> ㉡ 오보 또는 추측성 보도로 인하여 사건관계자의 권익이 침해되었거나, 침해될 우려가 있는 경우
> ㉢ 신속한 범인의 검거 등 인적 · 물적 증거의 확보를 위하여 국민들에게 수사사건 등의 내용을 알려 협조를 구할 필요가 있는 경우
> ㉣ 공공의 안전에 대한 급박한 위협이나 그 대응조치에 관하여 국민들에게 즉시 알릴 필요가 있는 경우
> ㉤ 국민의 알권리를 보장하기 위한 경우

① ㉠㉡㉤
② ㉠㉢㉣
③ ㉠㉡㉢㉣
④ ㉡㉢㉣㉤

2 다음 수사의 실행 중 검사의 사전 지휘를 받아야 하는 항목의 개수는?

> ㉠ 행정검시 할 때
> ㉡ 압수물을 환부 또는 가환부하고자 할 때
> ㉢ 현행범인 체포 후 석방하고자 할 때
> ㉣ 사건을 다른 관청으로 이송할 때
> ㉤ 압수물을 위탁보관 시킬 때
> ㉥ 실황조사서를 작성할 때

① 1개
② 2개
③ 3개
④ 4개

3 다음 중 호송 요령으로 맞는 것은?

① 호송관은 호송관서를 출발하기 전에 예외없이 반드시 피호송자에게 수갑을 채우고 포승으로 포박하여야 한다.

② 호송인원은 어떠한 경우라도 2명 이상 지정하여야 한다.

③ 호송관서의 장은 호송관이 3인 이상이 되는 호송일 때에는 지휘감독관을 지정하여야 한다.

④ 피호송자를 직접 검거, 수사한 경찰관은 호송관으로 지명할 수 없다.

4 와상문에서 추적선이 중간에서 끊어졌을 때의 추적방향에 관한 설명으로 잘못된 것은?

① 추적선은 좌측각의 밑선을 시발점으로 해서 우측각 쪽으로 추적한다.

② 추적선이 끊어졌을 때에는 바로 밑선을 추적한다.

③ 추적 중 1개의 선이 2개로 갈라졌을 때 굵기가 다를 때에는 굵은 선을 추적한다.

④ 추적 중 1개의 선이 2개로 갈라졌을 때 굵기가 같을 때에는 윗선을 추적한다.

5 다음 중 B와 관련하여 유효한 고소가 있는 경우는 몇 개인가?

> ㉠ 피고소인 갑이 하나의 문서로 피해자 을(A), 병(B)을 모욕한 경우 피해자 을(A)만이 피고소인을 고소한 경우
>
> ㉡ 피고소인 갑(A)이 친구 을(B)과 함께 을의 동거하지 않는 삼촌 병의 카메라를 절취한 경우 삼촌 병이 갑(A)만을 고소한 경우
>
> ㉢ 피고소인 갑(A)과 을(B)이 사자의 명예를 훼손 한 경우 그 친족이 피고소인 갑(A)만을 고소한 경우

① 1개   ② 2개
③ 3개   ④ 4개

6 다음 중 틀린 것은 몇 개인가?

㉠ 甲이 야간에 물건을 절취하기 위해 乙의 집에 들어가 물건을 물색하던 중 물건은 찾지 못하고 집안에 있던 乙(26세, 여)을 강간한 경우 – 성폭력범죄의처벌등에관한특례법위반(주거침입강간등)

㉡ 甲이 乙과 5년 전 재혼하여 乙이 前 남편과의 사이에 두었던 딸 丙(20세)과 함께 살고 있었는데, 어느날 저녁 甲이 방에서 음란비디오를 보다가 성욕을 참지 못해 丙이 있는 옆방으로 가서 丙을 강간한 경우 – 성폭력범죄의처벌등에관한특례법위반(친족관계에의한강간)

㉢ 갑이 같은 동네에 사는 장애인인 乙(20세, 남)를 폭행하여 강간한 경우 – 성폭력범죄의처벌등에관한특례법위반(장애인강제추행)

㉣ 甲이 기를 넣어주겠다며 10세 미만의 소녀를 속여 간음한 경우 – 성폭력범죄의처벌등에관한특례법위반(13세미만미성년자위계등간음)

㉤ 특수절도범이 강간한 경우 – 성폭력범죄의처벌등에관한특례법위반(절도강간등)

㉥ 13세미만 미성년자를 단순히 간음한 경우 – 성폭력범죄의처벌등에관한특례법위반(13세미만미성년자강간)

㉦ 수영장 여자 탈의실에 몰래 카메라를 설치하여 여자의 나체를 촬영한 경우 – 성폭력범죄의처벌등에관한특례법위반(카메라등이용촬영)

㉧ 주거침입범이 강간한 경우 – 성폭력범죄의처벌등에관한특례법위반(주거침입강간등)

㉨ 휴대전화로 음란전화를 한 경우 – 성폭력범죄의처벌등에관한특례법위반(통신매체이용음란)

① 2개   ② 3개
③ 5개   ④ 6개

7 다음 설명 중 옳은 것은?

① 을종제상문 중 내단과 외단사이의 가상의 직선에 접촉된 융선의 수가 12 ～ 14개인 경우 지문의 분류기호는 〈3〉 번이다.

② 와상문 중 추적선이 우측각 내측으로 흘러서 종점과 우표준점 사이의 이등분선상에 접촉된 융선의 수가 4개 이상이면 지문의 분류기호가 〈9〉 번이다.

③ 초산은용액법은 초산은 용액을 땀속에 함유되어 있는 염분과 작용시켜 태양광선에 쪼여서 자색으로 검출하는 방법이다.

④ 복식검출법에 의해 지문을 검출할 경우 광선이용 → 기체법 → 초산은법 → 닌히드린법 → 고체법의 순서에 의한다.

8 다음 선면수사에 대한 설명으로 바르지 못한 것은 몇 개인가?

> ㉠ 범인 특정 및 발견으로 하는 선면수사의 방법으로는 실물에 의한 선면, 사진 등에 의한 선면, 사진 등에 의한 식별, 인상서 등에 의한 선면, 복안법에 의한 몽타주사진에 의한 선면 등이 있다.
>
> ㉡ 실물에 의한 선면으로는 Line – up과 Show – up이 있다.
>
> ㉢ 사진 등에 의한 식별이란 피해자 등에게 용의자의 사진을 관찰시키거나 다수의 사진 중 용의자를 선정하게 하는 방법이다.
>
> ㉣ 사진 등에 의한 선면이란 수사관이 불특정다수인 중에서 용의자를 식별해내는 방법으로 미행, 잠복감시에 많이 이용한다.
>
> ㉤ 실물에 의한 선면은 범행당시와 같은 명암·환경 등 동일조건하에서 실시한다.
>
> ㉥ 실물에 의한 선면은 용의자 모르게 선면한다.

① 1개

② 2개

③ 3개

④ 4개

9 다음 중 찔린상처에 대한 설명으로 타당하지 않은 것은?

① 찔린상처의 도구로는 드라이버·송곳·바늘·못·가위·젓가락 등이 될 수 있다.

② 찔린상처의 특징은 피부에 형성된 상처가장자리의 길이보다 체내로 들어간 상처벽의 길이가 길다는 것이다.

③ 찔린입구 주변에서 타박상을 볼 수 있다면 이는 흉기를 잡고 있던 손 혹은 주먹에 의하여 발생되었을 가능성이 높다.

④ 찔린입구의 주변에서 피부밑출혈이나 피부까짐을 보면 날이 일부만 삽입되었다는 것을 의미한다.

10 수질오염사범 단속에 대한 설명으로 타당하지 않은 것은?

① 반응조나 침전조에 플록(flock)이 형성되었다면 약품이 정상적으로 투입되었다고 볼 수 있으나 플록(flock)이 형성되지 않으면 폐수처리가 제대로 되지 않거나 약품이 정상적으로 투입되지 않음을 반증한다.

② 여러 종류의 오염물질을 배출한 경우 어느 한 부분의 허가를 받았다면 무허가로 처벌할 수 있다.

③ 무허가로 단속되었더라도 약식명령이 확정되기 이전에 배출 시설을 이용하여 조업을 계속하였다면 별도의 죄를 구성하지 아니한다.

④ 무허가로 배출시설을 설치하여 소업을 하면 배출허봉기준을 초과하지 않았더라도 범죄의 성립에는 지장이 없다.

11 다음 유치에 대한 설명에 대한 설명으로 틀린 것은 몇 개인가?

> ㉠ 동시에 2명 이상의 피의자를 입감시킬 때에는 경위 이상 경찰관이 입회하여 순차적으로 입감시켜야 한다.
>
> ㉡ 여성유치인은 친권이 있는 18개월 이내의 유아에 대해 경찰서장의 허가를 받아 대동할 수 있다.
>
> ㉢ 유아대동 신청에 대해 유아가 질병, 부상 등의 사유로 유치장에서 생활하는 것이 부적당하더라도 친모의 요구와 유아의 인권에 유의하여 되도록 허락하여야 한다.
>
> ㉣ 위험물 또는 금품을 임치할 때는 임치증명서를 교부하고, 임치한 목록은 임치 및 급식 상황표에 명확히 기재한다.
>
> ㉤ 흉기 검사나 위험물 등의 임치는 최초 입감시에만 행한다.

① 2개
③ 4개
② 3개
④ 5개

12 다음 중 긴급통신제한조치에 관한 설명 중 옳은 것은?

① 통신제한조치를 하기 위하여는 예외없이 관할 지방법원의 허가를 받아야 한다.
② 사법경찰관이 긴급통신제한조치를 할 경우에는 미리 경찰청장의 지휘를 받아야 한다.
③ 긴급통신제한조치를 집행한 때부터 36시간 이내에 허가 신청을 해야 한다.
④ 통신제한조치를 집행한 사건에 관해 검사로부터 공소를 제기하거나 제기하지 아니하는 처분(기소중지 제외)의 통보를 받거나 내사사건에 관하여 입건하지 아니하는 처분을 한 때에는 그 날로부터 30일 이내에 대상자에게 통지해야 한다.

13 다음 화재에 대한 설명으로 잘못된 것은?

> ㉠ 발화부란 화재의 기점이 된 부위를 말한다.
>
> ㉡ 연소의 상승성으로 발화부는 출화부의 위쪽에 있는 경우가 많다.
>
> ㉢ 도괴상황으로 발화부를 파악할 수 있다.
>
> ㉣ 탄화심도는 발화부분에 가까울수록 깊어지는 경향이 있다.
>
> ㉤ 화원가옥의 천장이나 지붕은 다른 가옥에 비해 소실도가 높다.
>
> ㉥ 화원가옥이 단층집이면 인접가옥도 1층이 먼저 연소되게 된다.

① ㉠㉣
③ ㉢㉤
② ㉡㉥
④ ㉤㉥

14 다음 설명 중 옳은 것은 몇 개인가?

> ㉠ 버스기사 등 운행 중인 운전자를 폭행한 자는 형법으로 처벌한다.
> ㉡ 상해를 가할 수 있는 흉기를 휴대하고 있는 자에 대하여 의율할 수 있는 죄명은 폭력행위등처벌에관한법률위반(우범자)이다.
> ㉢ 모욕죄, 폭행죄, 명예훼손죄, 협박죄는 반의사불벌죄이다.
> ㉣ 자기의 성적 욕망을 만족시킬 목적으로 공중화장실에 침입하거나, 퇴거의 요구를 받고 응하지 아니하는 자는 성폭력범죄의처벌등에관한특례법위반(성적목적공공장소침입)으로 처벌된다.
> ㉤ 여자화장실에서 용변보는 여성을 몰래 카메라로 촬영한 자는 「성폭력범죄의 처벌 등에 관한 특례법」상 카메라등이용촬영죄로 처벌되며, 친고죄이다.

① 1개   ② 2개
③ 3개   ④ 4개

15 대기오염사범에 대한 설명으로 타당하지 않은 것은?

> ㉠ 공장굴뚝을 통하여 배출되는 대기오염물질의 시료채취는 가스의 흐름이 안정되어 균일한 농도의 시료를 채취할 수 있는 곳으로 한다.
> ㉡ 염소 등 화공약품저장탱크 관리소홀로 인한 대량누출사고는 대기환경보전법을 적용하여 처벌한다.
> ㉢ 자동차 매연단속은 차고지에서 회차 즉시 하는 것이 바람직하다.
> ㉣ 대기오염방지 배출시설 허가를 받은 보일러 3대 중 1대만 가동하여 온 경우 실제로 가동 중인 1대에서 배출되는 오염물질을 측정하여 처벌한다.
> ㉤ 자동차에서 배출되는 가스의 경우 과실로 인하여 기준치 이상의 배출여부를 인식하지 못한 경우도 처벌한다.
> ㉥ 당연무효인 운행차의 개선명령에 불응한 자의 경우에도 대기환경보전법위반으로 처벌할 수 있다.
> ㉦ 유독물 제조시설은 대기환경보전법의 적용대상이다.
> ㉧ 악취 발생물질의 무단 소각행위는 대기환경보전법으로 처벌할 수 있다.

① ㉠㉢㉥   ② ㉡㉥㉦
③ ㉢㉣㉧   ④ ㉣㉤㉦

16 부정수표와 관련하여 수표소지인의 의사에 따라 처벌되지 않는 경우는 몇 개인가?

> ㉠ 가공인물명의로 수표를 발행한 경우
> ㉡ 거래정지 처분을 받은 후에도 수표를 발행한 경우
> ㉢ 과실로 금융기관과 수표계약 없이 발행한 경우
> ㉣ 수표를 발행한 자가 수표를 발행한 후에 거래정지 처분으로 인하여 제시기일에 지급하
> 지 않은 경우

① 1개   ② 2개
③ 3개   ④ 4개

17 성폭력 사건을 수사하던 A 형사는 여자 청소년인 아동·청소년의 성보호에 관한 법률상 대상 청소년을 발견하였다. 대상 청소년에 대한 다음의 설명 중 맞는 것은?

① 대상 청소년은 형사 처벌되지 않는다.
② 대상 청소년일지라도, 아동·청소년의 성보호에 관한 법률 위반으로 입건하여 송치한다.
③ 청소년인 점을 감안하여, 성매매 알선 등 행위의 처벌에 관한 법률 위반으로 입건하지 않는다.
④ 대상 청소년은 선도차원에서 어떠한 죄명으로도 형사 입건하지 않는다.

18 현행 공직선거법상 후보자등록을 신청하는 자는 등록신청시에 기탁금을 관할선거구선거관리위원회에 납부하여야 한다. 연결이 잘못된 것은?

① 대통령선거 - 5억원
② 국회의원선거 - 1,500만원
③ 시·도지사선거 - 5,000만원
④ 자치구·시·군의원선거 - 200만원

19 다음 중 특정범죄가중처벌 등에 관한 법률에서 규정하고 있는 공무원범죄가 아닌 것은?

① 회계공무원의 국고손실 야기 행위
② 뇌물수수 행위
③ 체포된 피의자에 대한 성폭행
④ 특수직무유기 행위

20 폐기물에 대한 설명으로 타당하지 않은 것은?

> ㉠ 폐기물관리법상 폐기물은 크게 생활폐기물과 사업장폐기물로 구분한다.
>
> ㉡ 사업장폐기물은 대기환경보전법, 수질 및 수생태계 보전에 관한 법률, 또는 소음·진동 관리법의 규정에 의하여 배출시설을 설치·운영하는 사업장이나 기타 대통령령으로 정하는 사업장에서 발생되는 폐기물이다.
>
> ㉢ 생활폐기물이란 사업장폐기물 이외의 폐기물로서, 폐식용유는 사업장 폐기물에 해당한다.
>
> ㉣ 지정폐기물이란 사업장폐기물 중 폐유·폐산 등 주변 환경을 오염시킬 수 있거나 의료폐기물 등 인체에 위해를 줄 수 있는 해로운 물질로서 대통령령으로 정하는 폐기물을 말한다.
>
> ㉤ 동물의 사체도 폐기물에 해당하며, 발열성 실험을 마친 '살아 있는 토끼'도 위생상 또는 감정상 식용에 적합한 것이 아니어서 사용가치가 없으므로 폐기물에 해당된다.
>
> ㉥ 제품의 제조공정상의 문제나 보관상 부주의로 인하여 상품가치가 떨어져 저가 또는 무상으로 재활용업체에 매각할 경우에는 폐기물에 해당하지 않는다.
>
> ㉦ 생활폐기물 배출자가 생활환경 보존상 상당한 방법으로 스스로 처리한 경우에도 폐기물 관리법으로 처벌한다.

① ㉠㉡㉣㉦ ② ㉠㉢㉥㉦

③ ㉢㉤㉥㉦ ④ ㉢㉣㉤㉥

제16회 모의고사

정답 및 해설 P. 290

1 다음 설명 중 옳은 것은?

> ㉠ 추리의 방법에는 일정한 정형이 있다.
> ㉡ 예전의 동종의 사건으로부터 결론을 추리할 수 있다.
> ㉢ 하나의 사실로써 다수의 결론을 추론하는 것은 귀납적 추리이다.
> ㉣ '형사 Q는 살인사건의 범행수법이 잔혹한 것으로 보아 면식범의 소행으로 보고 피해자 A와 원한관계가 있는 B, C, D를 용의자로 선정하였다'면 이러한 추리방법을 집중적 추리라 한다.
> ㉤ 추리수사는 듣는 수사와 보는 수사에 의해 보충된다.
> ㉥ 살인사건 수사시 현장의 군중들은 수사에 방해되지 않도록 즉시 해산시키는 것이 좋다.
> ㉦ 추리의 요소는 범인과 범죄사실이다.
> ㉧ 추리에 근거하여 수사자료를 수집한다.

① ㉠㉣
② ㉡㉦
③ ㉠㉢㉤
④ ㉡㉢㉣㉥

2 다음 중 피의자로 볼 수 있는 것은 모두 몇 개인가?

> ㉠ 범죄를 인지하기 전 내사하는 경우
> ㉡ 수사기관이 사건을 수리하여 수사를 개시하는 경우
> ㉢ 수사기관에 고소·고발이 있는 경우
> ㉣ 범인이 수사기관에 자수하는 경우
> ㉤ 범죄인지서 작성 시

① 1개
② 2개
③ 3개
④ 4개

3 다음 중 수사자료의 종류가 바르게 연결되지 못한 것은 몇 개인가?

> ㉠ 기초자료 – 우범자 동향 　　　　㉡ 감식자료 – 수사성패의 교훈
>
> ㉢ 사건자료 – 지문, 혈액형, 유전자 　㉣ 참고자료 – 탐문, 미행
>
> ㉤ 무형의 사건자료 – 수법, 구술, 냄새 　㉥ 유형의 사건자료 – 유류물품
>
> ㉦ 내탐에 의한 자료 – 탐문, 미행

① 2개 　　　　　　　　　　② 3개

③ 4개 　　　　　　　　　　④ 5개

4 다음 중 수법원지작성 대상범죄와 우범자첩보수집 대상범죄에 공통적으로 해당되는 범죄는 모두 몇 개인가?

> 살인, 강도, 절도, 사기, 공갈, 강간, 약취유인, 강제추행

① 2개 　　　　　　　　　　② 3개

③ 4개 　　　　　　　　　　④ 5개

5 다음 중 감정(鑑定) · 통역(通譯) · 번역(飜譯)의 위촉에 대한 설명으로 옳은 것은?

① 감정의 위촉은 특별한 학식, 경험이 있는 제3자에게 구체적 사실에 관한 판단의 결과를 알려 주도록 요청하는 강제수사 방법이다.

② 외국인에 대하여 피의자신문을 하는 경우 통역을 통하여 피의자신문조서를 작성한다.

③ 농자(聾者)와 아자(啞者)에 대히여도 통역인으로 하여금 통역하게 할 수 있고, 통역인에 내한 참고인 진술조서에 가족 · 재산관계도 기재해야 한다.

④ 통역의 경우 피의자신문조서 또는 참고인진술조서에 통역인의 서명은 요하지 않는다.

6 대마의 분류상 대마초보다 지속시간이 10배 이상 강하고 마취성이 있어 혼수상태에 빠질 수도 있는 것은?

① 마리화나 　　　　　　　　② 해쉬쉬

③ 헤로인 　　　　　　　　　④ 앵속

7 다음 중 호송 요령으로 맞는 것은 몇 개인가?

> ㉠ 호송관서를 출발하기 전에 호송주무관의 지휘에 따라 포박한 후 신체검사를 한다.
> ㉡ 화물차 등 복개가 없는 차량으로 호송할 경우 피호송자는 적재함 가장 자리에 위치시켜야 한다.
> ㉢ 조직폭력배 3명을 1열 횡대로 세워 3명을 한꺼번에 포승한다.
> ㉣ 특수절도범 'B'와 'C'를 일보거리로 연결 포승하고 그 뒤에서 1명의 직원이 포승줄을 잡고 다른 직원은 그들 좌우에 위치한다.
> ㉤ 피호송자를 특정 장소에 호송하여 필요한 용무를 마치고 다시 발송관서 또는 호송관서로 호송하는 것을 이감호송이라 한다.
> ㉥ 피호송자에는 즉결인, 형사피고인, 피의자 또는 구류인 등이 있다.

① 1개
② 2개
③ 3개
④ 4개

8 범죄피해자보호법에 따른 구조금 지급에 대한 설명으로 틀린 것은 몇 개인가?

> ㉠ 가해자의 불명 또는 무자력인 관계로 피해의 전부 또는 일부를 보상받지 못한 경우여야 한다.
> ㉡ 관할 지방검찰청 범죄피해구조심의회에 신청하여야 한다.
> ㉢ 구조금은 유족구조금·장해구조금 및 중상해구조금으로 구분하며, 일시금으로 지급한다.
> ㉣ 피해자와 가해자가 사실혼 관계에 있을 경우에는 구조금을 지급하지 아니한다.
> ㉤ 구조금 지급에 관한 사항을 심의·결정하기 위하여 각 지방법원에 범죄피해구조심의회(지구심의회)를 두고 법무부에 범죄피해구조본부심의회를 둔다.
> ㉥ 해당 구조대상 범죄피해의 발생을 안 날부터 3년이 지나거나 해당 구조대상 범죄피해가 발생한 날로부터 10년이 지나면 구조금 신청을 할 수 없다.
> ㉦ 구조금을 받을 권리는 그 구조결정이 해당 신청인에게 송달된 날로부터 2년간 행사하지 아니하면 시효로 인하여 소멸한다.

① 1개
② 2개
③ 3개
④ 4개

9 다음 중 옳게 설명한 것은 몇 개인가?

> ㉠ 목소리를 가성으로 위장한 경우가 아니라면 성문감정이 가능하다.
> ㉡ 음성이 약하게 녹음되는 등 성문감정이 곤란할 때는 진술서 등을 명확하게 여러번 읽게
> 하는 방법이 좋다.
> ㉢ 범행당시의 상황을 파악하기 위해 기계음, 주변음에 대하여도 감정의뢰 하는 것이 바람
> 직하다.
> ㉣ 동의하에 실시된 허언탐지기 검사결과는 공소사실 존부에 관한 직접증거가 된다.
> ㉤ 거짓말탐지기 검사법은 주로 체온의 변화를 진술의 진위발견에 응용하고 있다.

① 0개   ② 1개
③ 2개   ④ 3개

10 다음 중 폭력범죄와 관련된 설명으로 옳은 것은 몇 개인가?

> ㉠ A가 자신을 강도로 고소한 B를 보복의 목적으로 살해하였을 때 A는 특정범죄가중처벌
> 등에관한법률위반으로 처벌된다.
> ㉡ 사이버상에서 발생하는 사이버 스토킹은 별도 처벌규정이 없어 형법으로 처벌한다.
> ㉢ 범죄수사규칙에서는 학교폭력사건에 대한 특칙을 규정하고 있다.
> ㉣ 「학교폭력 예방 및 대책에 관한 법률」상 학교폭력이란 '학교 내외에서 학생을 대상으로
> 발생한 상해, 폭행, 성매매, 감금, 협박, 약취·유인, 명예훼손·모욕, 공갈, 강요·강제
> 적인 심부름 및 성폭력, 따돌림, 사이버 따돌림, 정보통신망을 이용한 음란·폭력 정보
> 등에 의하여 신체·정신 또는 재산상의 피해를 수반하는 행위'를 말한다.
> ㉤ 학교폭력의 예방 및 대책과 관련된 업무를 수행하거나 수행하였던 C가 그 직무로 인하
> 여 알게 된 가해학생·피해학생과 관련된 자료를 누설했을 때는 학교폭력예방및대책에
> 관한법률위반으로 처벌된다.
> ㉥ 소외 '왕따'인 집단따돌림은 학교폭력에 해당되지 않는다.

① 1개   ② 2개
③ 3개   ④ 4개

11 다음 그림은 강남경찰서 감식반 張순경이 살인사건 현장에서 신원불상의 변사자의 **右手拇指**(우수무지) 指紋(지문)을 채취한 것이다. 어떤 종류의 지문에 해당하는가?

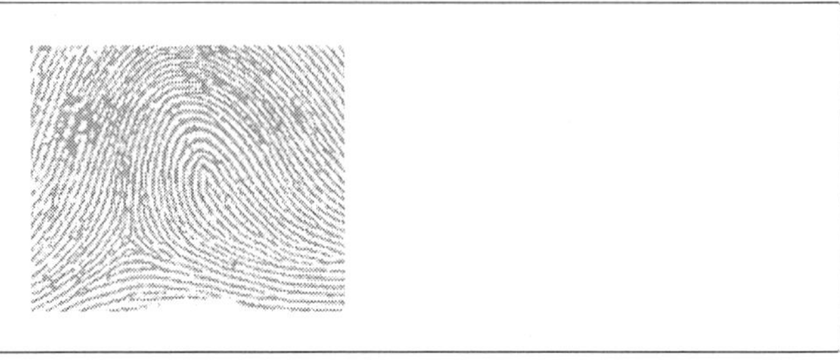

① 제상문   ② 궁상문
③ 갑종제상문   ④ 을종제상문

12 다음 중 중독에 대한 설명으로 타당하지 않은 것은 몇 개인가?

> ㉠ 무기산은 자살의 용도로 쓰이며, 타살례는 거의 없다.
> ㉡ 유기산에 의한 음독사일 경우 시체주변에 썩은 복숭아 냄새가 난다.
> ㉢ 청산가리 음독사의 경우 보통 시체얼룩, 손톱 모두 선홍색을 띤다.
> ㉣ 액화석유가스 중독사인 경우 시체에서 특유의 이상한 냄새가 난다.
> ㉤ 초산에 의한 음독사인 경우 식도는 백색의 가피를 형성한다.
> ㉥ 일산화탄소 접촉시 화상 또는 동상의 위험이 있고, 질식성 장애를 일으키게 된다.
> ㉦ 황산을 마시면 처음에는 시력장애 및 실명(失明)하게 되고 혈중농도가 짙어지면 사망하
> 　게 된다.

① 2개   ② 3개
③ 4개   ④ 5개

13 다음 중 사기의 수법으로 이용되었으나 별도의 범죄를 구성할 소지가 없는 경우는?

① 타인의 주민등록증 사진을 지우고 자신의 사진을 붙여 타인 행세를 하면서 사용한 경우
② 대출을 받으면서 보증금을 과다 기재한 별도의 임대계약서를 만들어 맡긴 경우
③ 저질의 수입 한약재를 국산 고가 한약재라고 허위로 기재한 유명 한의대 교수명의의 감정서
　를 보여주고 판 경우
④ 자신의 허위의 경력을 기재한 이력서를 제출하고 선급금을 받고 도주한 경우

14 「특정범죄신고자 등 보호법」상 피해자에 대한 신변안전조치의 내용이 아닌 것은?

① 일정기간동안의 특정시설에서의 보호
② 일정기간동안의 신변경호
③ 사생활의 노출차단
④ 대상자의 주거에 대한 주기적 순찰

15 특정 범죄자에 대한 보호관찰 및 전자장치 부착 등에 관한 법률에 대하여 옳지 않은 것은?

① 위치추적 전자장치 부착대상 특정범죄에 강도범죄는 해당되지 않는다.
② 만 19세 미만의 자에 대하여 부착명령을 선고한 때에는 19세에 이르기까지 이 법에 따른 전자장치를 부착할 수 없다.
③ 수사기관이 전자장치의 수신자료를 열람하는 경우 법원의 허가를 받도록 하되 긴급한 경우 사후허가로 가능하다.
④ 검사는 성폭력범죄를 다시 범할 위험성이 있다고 인정되는 사람 등에 대하여 형의 집행이 종료한 때부터 보호관찰명령을 법원에 청구할 수 있다.

16 현행 공직선거법상 선거기간 및 선거일에 대한 설명으로 틀린 것은?

① 대통령선거기간 – 23일
② 국회의원선거와 지방자치단체의 의회의원 및 장의 선거의 선거기간 – 14일
③ 대통령선거의 선거일 – 임기만료일전 70일 이후 첫번째 수요일
④ 국회의원선거의 선거일 – 임기만료일전 30일 이후 첫번째 수요일

17 다음 중 폐기물관리법이 적용되지 않는 것은 몇 개인가?

> ㉠ 「원자력안전법」에 따른 방사성 물질
> ㉡ 용기에 들어있지 아니한 기체상태의 물질
> ㉢ 「수질 및 수생태계 보전에 관한 법률」에 따른 수질 오염 방지시설에 유입되거나 공공수역(水域)으로 배출되는 폐수
> ㉣ 「가축분뇨의 관리 및 이용에 관한 법률」에 따른 가축분뇨
> ㉤ 「하수도법」에 따른 하수 · 분뇨

① 2개
② 3개
③ 4개
④ 5개

18 다음 수사실행의 원칙에 대한 설명으로 옳게 연결이 되지 못한 것은 몇 개인가?

> ㉠ 수사자료 완전수집의 원칙 – 여러 가지 추측 중에 관연 어떤 추측이 정당한 것인가를 가리기 위해서는 그들 추측 하나하나를 모든 각도에서 검토하여야 한다.
> ㉡ 적절한 추리의 원칙 – 범죄사건 현장에서 수집된 자료를 기초로 사건에 대해 가상의 예측과 판단을 하는 것이다.
> ㉢ 사실판단 증명의 원칙 – 수사에 의해 획득한 확신 있는 판단은 모두에게 그 판단이 진실이라는 것을 객관적으로 증명해야 한다.
> ㉣ 수사자료 감식 · 검토의 원칙 – 수사는 수사관의 상식적인 검토나 판단에만 그치지 말고 감식 기타 과학적 지식 또는 시설을 유용하게 이용하는 것이다.
> ㉤ 검증적 수사의 원칙에서 검증 순서는 수사사항의 결정, 수사방법의 결정, 수사실행의 순으로 진행된다.

① 1개
② 2개
③ 3개
④ 4개

19 문제성 보도로 인하여 명예에 심한 손상을 입을 우려가 있어 해당 언론사를 상대로 정정보도 청구를 하려고 할 때 그 기간은?

① 해당 언론보도가 있음을 안 날로부터 1월 이내, 해당 언론보도가 있은 후 6월 이내
② 해당 언론보도가 있음을 안 날로부터 2월 이내, 해당 언론보도가 있은 후 6월 이내
③ 해당 언론보도가 있음을 안 날로부터 3월 이내, 해당 언론보도가 있은 후 6월 이내
④ 해당 언론보도가 있음을 안 날로부터 4월 이내, 해당 언론보도가 있은 후 6월 이내

20 범죄신고자등 보호 및 보상에 관한 규칙에 관한 설명으로 틀린 것은?

① '범죄신고자 등'이란 범죄신고자, 범인검거공로자 및 테러범죄예방공로자를 말한다.
② 경찰공무원은 범죄신고자 등이 피의자 기타의 사람으로부터 생명 · 신체에 해를 받거나 받을 염려가 있다고 인정되는 때에는 직권 또는 범죄신고자 등의 신청에 의하여 범죄신고자 등의 신변안전에 필요한 조치를 취할 수 있다.
③ 내부첩보 등으로 기히 조사진행중인 사건에 대한 신고는 보상금 지급에서 제외한다.
④ 경찰공무원비리 신고사건의 경우 언론제보, 고소 · 고발 등 형사처벌을 목적으로 수사기관에 접수하는 경우에도 보상금을 지급할 수 있다.

제17회 모의고사

정답 및 해설 P. 298

1 다음 수사의 기본원칙 중 헌법상의 원칙이 아닌 것은?

① 강제수사법정주의
② 필요최소한도의 법리
③ 영장주의
④ 자기부죄강요금지의 원칙

2 "범죄는 인간의 행동이다"라는 말과 관계있는 것은 모두 몇 개인가?

㉠ 물건의 이동	㉡ 인상
㉢ 소문	㉣ 언어
㉤ 성명	㉥ 습관
㉦ 인심	

① 2개
③ 4개
② 3개
④ 5개

3 Q경찰서 조사계 甲경장은 A가 B를 사기죄로 고소한 사건을 수사하던 중, 피의자 B와 참고인 C에게 각각 3회 이상 출석요구를 하였으나, B, C 모두 출석에 불응하고 있다. 이 때 甲의 각각의 조치내용으로 가장 타당한 것은?

① 출석요구는 임의수사에 해당하므로 B, C 모두 강제출석이 불가능하다.
② 임의수사에 불응할 경우 강제수사가 가능하므로 B, C 모두에 대하여 체포영장을 발부 받아 체포한다.
③ B에 대하여는 체포영장을 발부받아 체포하거나 또는 기소중지하고, C에 대하여는 강제조치가 불가능하다.
④ B에 대하여는 강제조치가 불가능하고, C에 대하여는 체포영장을 발부 받아 체포한다.

4 다음 범죄징표에 관한 설명 중 틀린 것은 몇 개인가?

> ㉠ 범죄심리에는 보통심리와 이상심리가 있다.
> ㉡ 이상심리일 경우 수사관이 추리하기가 훨씬 용이하다.
> ㉢ 범행 후 범인은 일반적으로 후회와 체포에 대한 공포심으로 자살, 변명 준비 등 이상심
>   리적 징표를 남긴다.
> ㉣ 사회적 지문의 요소로는 범인의 인격, 성격, 동기 등이 있다.
> ㉤ 범행 당시 표현되는 범인의 심리적 태도를 범죄자의 인격이라 한다.

① 1개   ② 2개
③ 3개   ④ 4개

5 다음 중 유치인에 대한 접견에 대한 설명으로 잘못된 것은 몇 개인가?

> ㉠ 피의자, 피고인의 변호인과의 접견교통권은 절대적으로 보장된다.
> ㉡ 미결수용자와 변호인 또는 변호인 되려는 자와의 접견에는 그 내용을 청취 또는 녹취하
>   지 못하도록 금지되어 있다.
> ㉢ 변호인 이외의 자와의 접견은 1회에 30분 이내(1일 3회 이내)로 하되 접수순서에 따라
>   접견자의 수를 고려, 평등하게 시간을 배분하여 실시하여야 한다.
> ㉣ 변호인 이외의 자와의 접견시 접견의 장소는 접견실에서만 가능하다.
> ㉤ 비변호인이 접견할 경우에는 도주 등 우려가 없다고 하더라도 접견시 통모, 증거인멸을
>   방지하기 위해 유치인보호주무자가 지정한 경찰관이 반드시 입회한다.
> ㉥ 평일에는 09 : 00 ~ 21 : 00까지로 하고, 연장할 수 없다.
> ㉦ 토요일 및 일요일과 공휴일도 09 : 00 ~ 21 : 00까지로 한다.

① 1개   ② 2개
③ 3개   ④ 4개

6 다음 중 '동거하지 않은 삼촌이 11년 전 갚기로 한 1,000만원을 아직도 갚지 않고 있다'는 내용의 고소장을 접수한 형사 A의 실무상 예상 수사진행사항으로 맞는 것은?

① 즉일조사를 위해 즉시 고소인 보충조사를 실시한다.
② 1,000만원에 대한 차용증 등 입증자료를 요구하여 기록에 사본 등을 첨부한다.
③ 공소시효가 완성된 사건으로, 반려 조치한다.
④ 삼촌의 인적사항을 파악하여 출입국조회를 실시한다.

7 공직선거법상 선거운동을 할 수 없는 자가 아닌 자는?

① 만 18세인 A
② 통장인 B
③ 향토예비군 중대장인 C
④ 후보자의 배우자인 농업협동조합의 상근임원인 D

8 K는 서울지방경찰청 A경찰서 조사관이다. 부산에서 기소 중지된 수배자가 긴급체포 되었다는 연락을 받고, 피의자를 호송해온 K는 다음과 같이 사후조치를 하였다. 다음 K의 조치 중 틀린 것은? (단, 체포시각은 2015. 8.4 10 : 00로 한다)

> ㉠ 2015.8.5 08 : 00에 긴급체포승인건의를 하였다.
> ㉡ 2015.8.5 08 : 00에 피의자의 가족에게 체포통지를 하였다.
> ㉢ 2015.8.5 21 : 00에 피의자에 대하여 구속영장을 신청하였다.
> ㉣ 2015.8.6 07 : 00에 법원에 영장이 청구되었으나, 8.6 10 : 00 이전에 구속영장을 발부 받지 못하여 피의자를 석방하였다.
> ㉤ 2015.8.6 21 : 00에 영장청구가 기각되었다는 통지를 받고 피의자를 즉시 석방하였다.

① 1개　　　　　　　　　② 2개
③ 3개　　　　　　　　　④ 4개

9 사기죄로 조사하여야 할 사건으로 보기 어려운 것은?

① 금품 등을 제공할 것을 전제로 성행위를 하였으나, 성매매 대가를 지급하지 않는 사건
② 컴퓨터게임 아이템을 팔겠다고 속여 아이템을 팔지 않고, 돈만 편취한 사건
③ 인터넷 사이트에서 타인의 신용카드번호, 비밀번호 등을 입력하여 사용료 등 대금을 결제한 사건
④ 아파트 임대인이 경매진행 중인 사실을 알리지 않고, 계약을 체결하여 전세금을 편취한 사건

10 「특정범죄신고자 등 보호법」에 대한 다음 설명 중 옳지 않은 것은 몇 개인가?

> ㉠ 보복을 당할 우려가 있는 경우에는 그 취지를 조서 등에 기재하고 범죄신고자의 신원을 알 수 있는 사항을 조서에 기재하지 아니한다.
> ㉡ 수사기관 종사자는 신고자의 보좌인이 될 수 있다.
> ㉢ 범죄신고자 등이 보복을 당할 우려라 함은 생명 또는 신체에 대한 위해를 입을 우려가 있는 경우만 해당하며 재산에 대한 피해는 해당하지 않는다.
> ㉣ 범죄신고 등을 함으로써 그와 관련된 자신의 범죄가 발견된 경우 그 범죄 신고자 등에 대해서는 형을 감면한다.
> ㉤ 조직폭력 등 특정범죄에 대해서 피해자 등에게 경찰개입청구권을 인정하고 있다.
> ㉥ 특정범죄신고자뿐만 아니라 그 친족도 보호대상이 된다.
> ㉦ 법원이 검사에게 신원관리카드의 열람을 요청한 경우 검사는 그 열람을 항상 허용하여야 한다.

① 1개 ② 2개
③ 3개 ④ 4개

11 형사 甲은 '집에 도둑이 들었다'는 112신고를 접하고 현장에 출동하였다. 이 때 甲이 취할 수 있는 조치에 대한 설명으로 틀린 것은?

① 범행직후의 장소이므로 영장 없이 압수 · 수색 · 검증을 할 수 있다.
② 영장 없이 압수 · 수색 · 검증을 하기 위하여 범인의 체포 또는 구속이 전제되는 것은 아니다.
③ 현장에 대하여 영장 없이 압수 · 수색 · 검증을 하기 위해서는 범인이 범행현장에 있을 것을 요한다.
④ 영장 없이 압수 · 수색 · 검증을 한 경우는 사후에 지체 없이 영장을 발부 받아야 한다.

12 다음 중 화상에 대하여 설명한 것으로 타당하지 않은 것은?

① 1도 화상은 물집은 형성되지 않으나 표피가 벗겨질 수도 있다.
② 2도 화상의 경우 물집이 형성되고 물집 주위에 붉은색 반점을 볼 수 있다.
③ 3도 화상은 조직이 응고성 괴사에 빠지며 외견상 건조하고 청자색을 띠며 물집을 형성하지 않는다.
④ 4도 화상은 피부 및 그 하방의 조직이 탄화되는 것으로 뜨거운 액체로 인한 화상의 경우에는 나타나지 않는다.

13 다음 중 세계보건기구(WHO)의 마약류의 정의에 해당하지 않는 것은?

① 약물사용에 대한 욕구가 강제적일 정도로 강하다.
② 중단할 경우 신체적으로 고통과 부작용이 있다.
③ 사용약물의 양이 감소하는 현상이 있다.
④ 개인에 한정되지 않고 사회에도 해를 끼치는 약물을 말한다.

14 공직선거법상 후보자가 되고자 하는 공무원 등은 선거일전 90일까지 그 직을 그만두어야 한다. 다음 중 그 대상자가 아닌 자는?

① 대통령령으로 정하는 언론인
② 교육위원회의 교육위원
③ 「정당법」 규정에 의하여 정당의 당원이 될 수 없는 사립학교교원
④ 농업협동조합의 비상근임원

15 다음 중 경찰청 실시 학교폭력 대응방안이 아닌 것은 몇 개인가?

> ㉠ 학교담당경찰관 지정　　　　㉡ 학교폭력근절대책협의회 설치 · 운영
> ㉢ 학교주변 안전구역 설정　　　㉣ 학교폭력 특별관리대상 지정
> ㉤ 학교폭력 신고센터 설치　　　㉥ 학교폭력 위험지역 지정
> ㉦ 사이버경찰청에서 학교폭력 신고 · 접수

① 1개　　　　　　　　　　② 2개
③ 3개　　　　　　　　　　④ 4개

16 다음 중 개인정보 관련 침해행위와 처벌법규에 대하여 그 연결이 잘못된 것은?

① 공공기관의 개인정보 처리업무를 방해할 목적으로 공공기관에서 처리하고 있는 개인정보를 변경하거나 말소한 행위 – 공공기관의 개인정보 공개에 관한 법률
② 개인정보를 동의 없이 제3자에게 제공한 행위 – 개인정보보호법
③ 권한 없이 신용정보전산시스템의 정보를 변경한 행위 – 신용정보 이용 및 보호에 관한 법률
④ 개인위치정보를 동의의 범위를 넘어 이용한 행위 – 위치정보의 보호 및 이용에 관한 법률

17 다음 중 위조지폐사건 수사의 기술로서 옳지 않은 것은 몇 개인가?

> ㉠ 위폐사건은 비공개수사가 최상의 수사방법이므로 직원들에게 수사활동시 주의를 촉구한다.
> ㉡ 복사시에는 복사열에 의하여 지문이 상실되어 지문채취가 불가능한 경우가 많으므로 절대로 복사해서는 안되고 발견 즉시 FAX로 송부하여 지방청으로 보고하여야 한다.
> ㉢ 금융기관으로부터 신고시에는 뒷면에 고무결재인을 찍음으로 인해 지문이 손상되는 일이 없도록 협조를 구해야 한다.
> ㉣ 유류지문 감정을 의뢰할 때에는 반드시 위폐를 만졌던 사람들의 인적사항을 파악하여 통보해 주어야 한다.
> ㉤ 유류된 잠재지문을 현출하기 위해서는 위폐를 닌히드린 용액에 담구었다가 햇빛으로 열처리를 하여야 한다.

① 2개 ② 3개
③ 4개 ④ 5개

18 다음 중 농산물 유통과 관련한 범죄유형을 구제하는 법률과 묶어 놓은 것이다. 그 연결이 바르지 못한 것은?

① 무허가 농산물 중개행위 – 농수산물유통 및 가격안정에 관한 법률
② 농산물 매점매석행위 – 물가안정에 관한 법률
③ 농산물 원산지허위표시 판매행위 – 농산물품질관리법
④ 담합으로 인한 비정상적 가격조절행위 – 독점규제 및 공적거래에 관한 법률

19 토양오염의 의의에 대한 설명으로 타당한 것은?

① 방사성물질에 의한 토양오염의 경우에도 토양환경보전법의 적용대상이다.
② 선박으로부터 해양에 폐기물을 배출하는 경우, 바다에서 선박충돌로 인하여 기름이 유출되는 경우 처벌 법규는 폐기물관리법이다.
③ 가축분뇨를 길거리에다 버리는 경우 가축분뇨의 관리 및 이용에 관한 법률을 적용한다.
④ 자연소음 · 진동, 선박소음은 소음 · 진동관리법의 규제대상이 된다.

20 다음 상표법위반 수사와 관련하여 틀린 것은 몇 개인가?

> ㉠ 모든 상표, 상호를 침해하는 행위는 상표법으로 처벌을 받게 된다.
>
> ㉡ 상표등록은 출원순위보다 사용, 인지도, 출원자의 활용역량을 고려하여 인정되는 것이다.
>
> ㉢ 우리나라에 등록된 상표를 함부로 해외공장에서 생산한 물건에 부착하여 현지에서 판매한 것도 권리침해 행위로 국내법으로 처벌할 수 있다.
>
> ㉣ 외국의 유명브랜드를 로얄티를 주고 국내 전용 사용권을 취득하였으나 우연히 동일 상표가 국내에 상표로 등록되어 있었다면 국내에서 외국 브랜드를 사용할 수 있고 이를 사용하면 상표법위반의 책임을 지지 않는다.
>
> ㉤ 판례에 의하면 등록된 상표 앞에 "원조"라는 말을 덧붙여 유사한 상품에 표시하여 사용한 경우에도 상표권 침해행위가 될 수 있다.
>
> ㉥ 상표만 등록하고 정당한 사유없이 3년이상 국내에서 사용하지 않은 경우에는 보호받지 못한다.
>
> ㉦ 반도체 제조회사 연구실 임원으로 근무하던 피의자가 해고 당하자 앙심을 품고 기업비밀을 침해하여 회사로부터 고소된 사건을 수사하던 중 회사로부터 그 고소가 취소되었을 때 친고죄이므로 즉시 수사를 중단하고 공소권없음으로 종결한다.

① 2개 ② 4개

③ 5개 ④ 6개

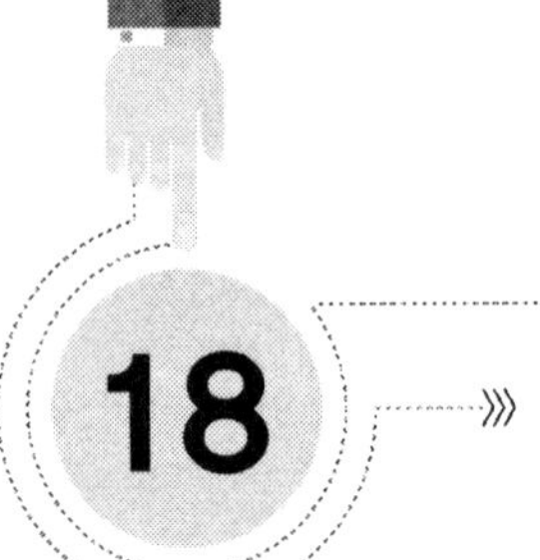

제18회 모의고사

정답 및 해설 P. 304

1 다음 ㉠, ㉡에 해당하는 것은?

> ㉠ 자기부죄강요금지(自己負罪强要禁止)의 원칙의 형사소송법상 제도적 표현
> ㉡ 무죄추정의 법리 또는 필요최소한도의 법리의 제도적 표현

	㉠	㉡
①	피의자 고문의 절대적 금지	수사비공개의 원칙
②	강제처분 법정주의	수사비례의 원칙
③	진술거부권	임의수사의 원칙
④	자기부죄거부의 특권	강제수사법정주의

2 다음 중 유류품 수사의 착안점 중 옳지 않은 것은 몇 개인가?

> ㉠ 동일성 – 유류상황과 진술이 합치될 것
> ㉡ 관련성 – 범인이 유류품 및 그의 일부라고 인정할 만한 것과 동종의 물건을 소유하거나 휴대하고 있었을 것
> ㉢ 기회성 – 범인이 범행시각에 근접하여 현장 및 그 부근에 있었을 것
> ㉣ 완전성 – 유류품이 범행시와 같은 성질을 가지고 있을 것

① 없음
② 1개
③ 2개
④ 3개

3 유치장설계표준규칙에 의거하여 일반적으로 설치할 유치장내 시설이 아닌 것은?

① 접견실 ② 상담치료실
③ 운동실 ④ 진술녹화실

4 다음 중 알리바이에 대한 설명으로 틀린 것은 몇 개인가?

> ㉠ 범죄혐의자의 현장존재증명으로, 직접증거에서만 문제된다.
> ㉡ 수사기관은 적극적으로 알리바이입증을 해야 한다.
> ㉢ 우발적 범죄인 경우는 알리바이의 위장이나 청탁이 필연적이다.
> ㉣ 청탁 알리바이나 위장알리바이는 알리바이를 진실한 것으로 보이기 위한 교묘한 행위가
>   가해질수록, 여러 사람이 가담할 수록 진실 발견이 어렵다.
> ㉤ 알리바이는 과거의 일이므로 사람의 기억에 의존하여 수사한다.
> ㉥ 알리바이 수사시 착안점으로 기회의 문제, 시간과 장소의 문제, 피해자와의 문제가 있다.

① 2개 ② 3개
③ 4개 ④ 6개

5 다음 설명 중 틀린 것은 몇 개인가?

> ㉠ 차량흔으로 운전자의 운전상태를 파악할 수 있다.
> ㉡ 치흔, 지문은 넓은 의미의 족흔적에 해당된다.
> ㉢ 땀이나 기름 등에 의해 인상된 족흔적은 치오시안산염법으로 채취한다.
> ㉣ 입체족흔적이나 평면족흔적은 우선 식고재취법이나 젤라틴전사법을 행한 후 나른 방법
>   을 행하는 것이 원칙이다.
> ㉤ 수중에 있는 족흔적은 채취할 수 없다.
> ㉥ 치오시안산염 혼합용기는 철제보다는 유리제(폴리에틸렌제)를 사용하는 것이 좋다.

① 2개 ② 3개
③ 4개 ④ 5개

6 다음 중 간이피의자신문조서를 사용할 수 있는 경우는 몇 개인가?

> ㉠ 구속된 특수절도 피의사건
> ㉡ 교통사고에 의한 업무상과실치사상 피의사건
> ㉢ 의료사고에 의한 업무상과실치사상 피의사건
> ㉣ 공무집행방해 피의사건
> ㉤ 폭력행위등처벌에관한법률위반 피의사건

① 1개
② 2개
③ 3개
④ 4개

7 다음 중 호송시의 유의사항으로 올바르지 못한 것은 몇 개인가?

> ㉠ 호송관은 호송근무를 할 때에는 총기를 휴대하여야 한다.
> ㉡ 피호송자가 식사를 할 때는 인권을 고려, 양손의 수갑을 모두 풀어준다.
> ㉢ 호송관은 피호송자가 용변을 보고자 할 때에는 화장실에 같이 들어가거나 화장실 문을 열고 감시를 철저히 하여야 한다.
> ㉣ 피호송자가 흡연행위를 하게 할 수 있다.
> ㉤ 금전·유가증권은 호송관서에서 직접 송부하고, 물품은 호송관에게 탁송한다.
> ㉥ 송치하는 금품을 호송관에게 탁송할 때에는 호송관서에 보관책임이 있다.

① 1개
② 3개
③ 4개
④ 5개

8 「특정범죄신고자 등 보호법」상 범죄신고자에 대한 규정에 해당하지 않는 것은 몇 개인가?

> ㉠ 보좌인 지정
> ㉡ 인적사항 공개금지
> ㉢ 구조금 지급
> ㉣ 주요 변동상황 통지
> ㉤ 신변안전조치
> ㉥ 배상명령

① 1개
② 2개
③ 3개
④ 4개

9 다음 중 죄명 표시가 옳은 것은 몇 개인가?

> ㉠ 강도예비
> ㉡ 식품위생법위반미수
> ㉢ 폭력행위등처벌에관한법률위반(공동상해미수)
> ㉣ 도로교통법위반(무면허운전)
> ㉤ 폭력행위등처벌에관한법률위반
> ㉥ 절도교사
> ㉦ 가정폭력범죄의처벌등에관한특례법위반(폭행)
> ㉧ 공직선거법(금품수수)

① 2개 ② 3개
③ 4개 ④ 5개

10 시체얼룩과 피부밑출혈에 대한 설명으로 타당하지 않은 것은?

① 피부밑출혈은 생존하는 신체가 둔기에 맞거나 하여 모세혈관이 터져 피하조직 내에 출혈된 것이다.
② 피부밑출혈은 활력반응의 일종으로 생체에만 생기며 사후에는 생기지 않는다.
③ 피부밑출혈은 1 ~ 2달 후에도 없어지지 않는다.
④ 시체얼룩은 시체의 하부에 압박되지 않은 부위에 나타난다.

11 A경찰서에서는 미성년자 약취 · 유인범인 甲의 신상에 관한 정보 공개를 검토하고 있다. 다음 중 특정강력범죄의 처벌에 관한 특례법상 규정된 요건은 모두 몇 개인가?

> ㉠ 범행수단이 잔인하고 중대한 피해가 발생한 특정강력범죄사건일 것
> ㉡ 피의자가 그 죄를 범하였다고 믿을 만한 충분한 증거가 있을 것
> ㉢ 국민의 알권리 보장, 피의자의 재범방지 및 범죄예방 등 오로지 공공의 이익을 위하여 필요할 것
> ㉣ 피의자가 청소년에 해당할 경우 재범의 우려가 있을 것

① 1개 ② 2개
③ 3개 ④ 4개

12 다음 중 질식사에 대하여 옳은 것은?

① 혈액이 응고하지 않고 암적색의 흐르는 피는 질식사의 징후 중의 하나다.

② 질식사는 시체얼룩이 뚜렷하지 않다.

③ 질식에는 외질식과 내질식으로 구분되는데 법의학에서는 내질식에 의한 사망만 질식사라고 한다.

④ 질식사에는 무호흡기 → 호흡곤란기 → 경련기 → 무증상기 → 종말호흡기 순의 단계를 거친다.

13 다음 국제형사사법 공조법상 공조절차이다. (   )에 들어갈 알맞은 것은?

> 경찰서 → 검사 → 대검찰청 → 법무부장관 → 외교부장관 → (   ) → 상대국 외무부장관 → 상대국 경찰기관

① 안전행정부장관

② 출입국관리소장

③ 상대국주재 한국대사관

④ 주한 상대국대사관

14 「마약류 관리에 관한 법률」상 대마에 대한 설명으로 옳지 않은 것은 몇 개인가?

> ㉠ 대마초의 종자, 뿌리 및 성숙한 대마초의 줄기와 그 제품을 단순 소지한 경우 처벌대상이 된다.
> ㉡ 대마를 사용하면 인체의 중추신경계를 흥분 또는 억제시키는 역할을 한다.
> ㉢ 해시시는 성숙한 대마의 정상 꽃대 부분의 수지성 분비물을 알콜로 침출, 채취 또는 가마솥에 고아서 건조 또는 농축한 제품으로 대마초보다 지속시간이 10배 이상 강하고, 마취성이 있어 혼수상태에 빠질 수도 있다.
> ㉣ 대마소지 및 흡연사범 단속은 식별이 용이한 생육기간인 1월 ~ 3월에 집중 실시해야 한다.
> ㉤ 마리화나는 대마의 잎과 꽃대 윗 부분을 건조시켜 담배 형태로 만들어서 피우는 것이다.
> ㉥ 대마초 흡연 여부의 판단은 뇨 및 혈액 등을 감정한 결과로 하여야 하며, 뇨를 채취할 경우 72시간 내에 10㎖이상 채취하고, 채취할 경우 플라스틱 용액에 담는다.

① 1개 　　　　　　　　　② 2개

③ 3개 　　　　　　　　　④ 4개

15 수사관교체요청제도에 대한 설명으로 적당하지 않는 것은?

① 해당부서에서 교체결정을 한 때는 청문감사관실에 이를 통보하고, 청문감사관실에서는 민원인에게 그 결과를 서면으로 통지한다.

② 해당부서에서 교체결정을 하지 않은 경우는 청문감사관실에서 공정수사위원회를 개최하여 교체여부를 결정하고 민원인에게 그 결과를 서면으로 통지한다.

③ 공정수사위원회는 청문감사관을 위원장으로 한다.

④ 공정수사위원회는 교체될 수사관까지 특정하여야 한다.

16 다음 사이버범죄와 적용 법률의 연결이 옳지 않은 것은?

> ㉠ 컴퓨터 정보통신망에 접근하여 데이터를 훼손·멸실·변경·위조하거나 운용을 방해하는 프로그램을 유포하였다. – 정보통신망 이용촉진 및 정보보호 등에 관한 법률
>
> ㉡ 은행의 주컴퓨터에 접속하여 타인계좌의 예금을 자기계좌로 이체시켰다. – 컴퓨터 등 사용사기(형법)
>
> ㉢ 주차단속을 당하자 화풀이로 관할 구청의 컴퓨터 홈페이지에 들어가 바이러스를 전파하여 업무를 마비시켰다. – 공공기관의 개인정보보호에 관한 법률, 정보통신망 이용촉진 및 정보보호 등에 관한 법률
>
> ㉣ 외국음란잡지를 파일로 만들어 인터넷을 통하여 1만원 씩을 받고 파일을 전송 판매하였다. – 정보통신망 이용촉진 및 정보보호 등에 관한 법률
>
> ㉤ 우연히 알게된 가입자들의 ID와 비밀번호를 통신을 통하여 원하는 사람에게 5만원씩 받고 알려 주었다. – 정보통신망 이용촉진 및 정보보호 등에 관한 법률
>
> ㉥ 컴퓨터에 저장된 정보를 복사, 출력하였다. – 절도(형법)
>
> ㉦ 정보통신망을 이용하여 음란정보를 유통시켰다. – 특정범죄 가중처벌 등에 관한 법률
>
> ㉧ 특정입후보자를 낙선시킬 목적으로 통신상 구체적인 사실을 들어 비방하였다. – 공직선거법

① ㉠㉢㉣ 　　　② ㉥㉦

③ ㉡㉥㉧ 　　　④ ㉣㉤

17 다음 예시한 산업재산권 침해행위 가운데 수사기관이 비교적 자유롭게 인지할 수 있는 것은?

① 특허법에 의한 특허권 침해행위

② 실용신안법에 의한 실용신안권의 침해행위

③ 상표법에 의한 상표전용사용권의 침해행위

④ 디자인보호법에 의한 디자인권의 침해행위

18 다음 생활사범 단속과 관련하여 올바른 것은?

① 수사상 필요할 경우 영업소, 창고, 저장소 등에서 경찰관이 식품을 수거하게 하여 식품의약품안전청에 검사를 의뢰한다.
② 농산물중개업자가 유전자변형 농산물 유해성 시비로 수입 콩의 재고가 늘어나자 수입콩의 포장을 뜯어내고 다시 포장하면서 '유전자변형농산물이 아님'이라고 표시하여 시중에 유통시켰다. 갑의 죄명은 농산물품질관리법위반이다.
③ 불공정거래행위에 해당하는 사실을 적발하였을 경우에는 직접인지가 가능하다.
④ 방문판매 등에 관한 법률에서 규정하고 있는 판매형태에는 방문판매, 전화권유판매, 가두판매, 다단계판매가 있다.

19 다음 중 현행 여신전문금융업법의 적용대상이 아닌 것은?

① A는 신용카드를 위조하여 이를 사용하였다.
② B는 허위의 매출전표를 작성하여 이를 돈을 받고 팔았다.
③ C는 타인의 현금인출카드를 훔쳐 이를 사용하였다.
④ D는 채권자에게 채권변제를 위해 신용카드를 양도하여 주었다.

20 「특정 범죄자에 대한 보호관찰 및 전자장치 부착 등에 관한 법률」상 검사가 법원에 전자장치 부착명령을 청구할 수 있는 사유에 해당하지 않은 것은? (단, 성폭력범죄를 다시 범할 위험성이 있다고 전제함)

① 신체적 또는 정신적 장애가 있는 사람에 대하여 성폭력범죄를 저지른 때
② 성폭력범죄로 벌금형을 선고받은 사람이 그 집행을 종료한 후 또는 집행이 면제된 후 10년 이내에 성폭력범죄를 저지른 때
③ 성폭력범죄로 이 법에 따른 전자장치를 부착받은 전력이 있는 사람이 다시 성폭력범죄를 저지른 때
④ 19세 미만의 사람에 대하여 성폭력범죄를 저지른 때

제19회 모의고사

정답 및 해설 P. 311

1 A경찰서 강력수사팀장은 강도사건 피의자 B를 2015. 2. 2. 23 : 30 긴급체포하여 조사한 후, 2. 3 구속영장을 집행하였다. B는 2. 5 구속적부심을 신청하였고, 2. 6. 15 : 00 수사기록이 법원에 접수되고, 법원이 기각한 후 2. 7. 12 : 00 수사기록이 검찰청에 반환되었다. B에 대한 경찰의 구속만료일은?

① 2015. 2. 10. 24 : 00
② 2015. 2. 11. 24 : 00
③ 2015. 2. 12. 24 : 00
④ 2015. 2. 13. 24 : 00

2 다음 지적재산권에 대한 설명 중 틀린 것은 몇 개인가?

> ㉠ 저작재산권은 특별한 규정이 있는 경우를 제외하고는 저작자가 생존하는 동안과 사망한 후 70년간 존속한다.
>
> ㉡ 업무상저작물의 저작재산권은 공표한 때부터 50년간 존속한다.
>
> ㉢ 저작물의 복제권자는 출판권을 설정할 수 있는데, 특약이 없는 경우 맨 처음 출판할 날부터 3년간 존속한다.
>
> ㉣ 빈도체집적회로의 배치설계권은 설계 후 10년간 존속히며, 반도체집적회로의 배치설계권 침해죄는 친고죄이다.
>
> ㉤ 기업 임직원의 기업비밀침해, 첨단기술유출로 부정경쟁방지법위반한 경우 친고죄이다.
>
> ㉥ 특허품을 전혀 새로운 용도로 사용하는 법을 알려준 행위는 기존의 특허권을 침해하는 행위로 볼 수 있다.
>
> ㉦ 저작권법은 문학·학술·예술, 컴퓨터그래픽 및 소프트웨어, 반도체집적기술에 이르기까지 모든 창작물의 창작자를 폭넓게 보호하는 법률이다.

① 1개　　　　　　　　　　② 2개
③ 3개　　　　　　　　　　④ 5개

3 다음 중 현장 관찰·기록에 대한 내용으로 틀린 것은 몇 개인가?

> ㉠ 현장위치 및 부근상황의 관찰→가옥 주변의 관찰→가옥 외부의 관찰→현장내부의 순으로 관찰한다.
> ㉡ 옥내의 관찰은 범죄현장 중심부에서 침입구로 향하여 관찰한다.
> ㉢ 관찰기록은 관찰·조사의 중요 순서에 따라 기록한다.
> ㉣ 기점은 이동이 가능한 물체로, 2개 이상의 기점을 선정하도록 한다.
> ㉤ 적극적으로 증적(證迹)을 인지하지 못한 경우에는 관찰한 것을 기록하지 않는다.
> ㉥ '현장에 있는 칼은 30센티미터 정도 크기이다' '재떨이에는 꽁초가 없다' '침입구로 생각되는 2층 베란다에는 흔적이 없다' '탁자위에는 빈 쥬스잔이 놓여 있었다' 등은 관찰기록의 옳은 예문들이다.
> ㉦ 명칭을 알 수 없는 것이 있을 때에는 후에 기록한다.

① 2개   ② 4개
③ 5개   ④ 6개

4 다음 중 경찰서에서 분류하고 있는 내사의 종류가 아닌 것은?

① 첩보내사   ② 진정내사
③ 신고내사   ④ 일반내사

5 다음 중 2015. 4. 5. 13:00에 체포된 수배자 Q의 사건 담당자 A가 Q가족들에게 체포 통지하는 요령으로 가장 부적당한 것은?

① 2015. 4. 5. 16:00경 구두통지하고 4. 5. 23:00에 서면통지하였다.
② 2015. 4. 5. 19:00경 FAX로 통지하였다.
③ 2015. 4. 5. 21:00경 Q의 변호인 Z에게 서면으로 체포통지하였다.
④ 24시간 이내에 체포통지서의 사본을 기록에 편철하고 송부시간을 기재하였다.

6 다음 중 의견서의 범죄사실 기재가 잘못된 것은 몇 개인가?

> ㉠ 특수절도 – "피의자들은 합동하여"라고 기재한다.
> ㉡ 살인죄의 공동정범 – "피의자들은 공모하여"라고 기재한다.
> ㉢ 폭력행위등처벌에관한법률위반 – "피의자들은 공동하여" 라고 기재한다.
> ㉣ 도박 – "피의자들은 공모하여"라고 기재한다.
> ㉤ 범죄사실은 "피의자는.."으로 시작하여 마지막에 "..한 자이다"라고 끝 맺는다.
> ㉥ 피의자가 2인 이상의 공범으로 고의범인 경우에는 "피의자들은 공동하여..."라고 기재한다.
> ㉦ 구성요건 해당사실을 표현하는 상용어구를 사용한다.

① 2개   ② 3개
③ 4개   ④ 5개

7 호송관리 책임에 대하여 옳은 것은?

① 호송주무관은 호송업무에 관하여 전반적인 관리 및 지휘·감독을 하여야 한다.
② 경찰서의 수사(형사)과장은 호송업무에 관하여 직접 지휘·감독하여야 하며 호송의 안전과 적정 여부를 확인하여야 한다.
③ 호송주무관은 호송 출발 직전에 호송경찰관에게 호송임무 수행에 필요한 전반적인 교양을 실시하여야 한다.
④ 호송관의 임무는 호송에 관하여 직접 지휘 감독하고 호송의 안전과 적정여부를 확인하는 것이다.

8 다음 중 러미라에 대한 설명으로 옳은 것은?

> ㉠ 1949년 독일에서 식욕감퇴제로 개발되었다.
> ㉡ 진해거담제로서 의사의 처방전이 있으면 약국에서 구입 가능하다.
> ㉢ 강한 중추신경 억제성 진해작용이 있어 코데인 대용으로 널리 시판되었다.
> ㉣ 미국 캐나다 유럽 등에서 성범죄용으로 악용되며 '데이트 강간약물'로 본다.
> ㉤ 중국산 살 빼는 약(비만치료제), 중국 보따리상, 수입상가, 여성찜질방 등에서 첩보를 입수하기 용이하다.
> ㉥ 청소년 사이에서 소주 등에 타서 마시는데, 이를 정글쥬스라고 하다.

① ㉠㉣㉤   ② ㉡㉢㉥
③ ㉠㉡㉥   ④ ㉡㉢㉤

9 을종 제상문에 있어서 외단지점에 관한 다음 설명 중 잘못된 것은?

① 선과 선이 접합된 경우에는 접합점이 외단이다.
② 병행각 내에 개재선이 있는 경우 그 개재선의 일점이 외단이 된다.
③ 병행각 내에 점이 있는 경우에는 점자체가 외단이 된다.
④ 병행각 내에 아무것도 없는 경우에는 병행각의 가상각이 외단이 된다.

10 현재 유통되고 있는 5만원권 위조방지 기술에 대한 설명으로 옳지 않은 것은?

① 가로확대형 시리얼넘버를 도입하여 10자리의 문자와 숫자의 크기가 오른쪽으로 갈수록 점차 커진다.
② 신사임당 초상, 월매도, 문자와 숫자 등을 볼록인쇄로 처리하여 손으로 만져보면 오톨도톨한 감촉을 느낄 수 있다.
③ 앞면 왼쪽 끝 부분에 부착된 특수필름 띠로는 보는 각도에 따라 태극, 우리나라 지도, 4괘의 3가지 무늬가 띠의 상중하 3곳에서 나타나고, 그 사이에 액면 숫자 50000이 보인다.
④ 뒷면 오른쪽 액면숫자 '50000'에 특수잉크를 사용하여 기울기에 따라 색상이 녹색에서 자홍색(보라색)으로 변한다.

11 다음 중 검증조서에 대한 설명으로 옳지 않은 것은?

① 검증조서 작성시 주관적 의견을 기재해서는 안된다.
② 피의사건명은 검증조서 작성시에 추측되는 죄명으로 기재하여야 한다.
③ 범행에 직접 관계가 없다고 여겨지는 현장주변의 물건의 상태 등도 사실대로 기재한다.
④ 임의수사가 아니라 강제처분이라는 점에서 실황조사와 다르다.

12 다음 설명으로 올바르지 못한 것은 몇 개인가?

> ㉠ 융선 사이의 고량부분이 착색되고 융선부분은 착색되지 않은 지문을 역지문이다.
> ㉡ 컴퓨터 조회시 지문가치 다음의 10개 번호 중 맨 앞의 번호가 주민등록증에 날인된 지문의 분류번호이다.
> ㉢ 형사입건되어 주민등록증을 소지하고 경찰서에 출두한 강간피의자는 신원확인 후 수사자료표를 작성하고 주민등록증의 지문을 복사·첨부해야 한다.
> ㉣ 피채취자의 손을 쭉 펴서 힘을 빼도록 한 후 지문을 채취하되, 평면압날은 손가락을 회전 시키지 않고 4개의 손가락을 쫙 펴서 채취한다.
> ㉤ 필적은 동적 흔적이다.

① 2개   ② 3개

③ 4개   ④ 5개

13 다음 중 지명수배자의 인수에 관하여 틀린 것은?

① 수배관서는 검거관서로부터 원칙적으로 지명수배자를 인수하여야 한다.

② 검거관서의 관할구역 안에서 수배를 받은 범죄와 죄종 및 죄질이 동등한 다른 범죄를 범한 경우에도 수배관서에 인계해야 한다.

③ 지명수배가 수건인 경우 공소시효만료 3개월 이내이거나 공범에 대한 수사·재판이 진행중인 수배관서에서 인계받아야 한다.

④ 검거관서에서 지명수배자와 관련된 범죄로 이미 정범을 검거한 때에는 검거관서에서 인수해야 한다.

14 다음 공직선거법에 대한 설명 중 틀린 것은?

① 무소속후보자는 정당의 당원 경력 표시는 물론 특정 정당으로부터의 지지 또는 추천받음을 표방할 수 없다.

② 공무원은 그 지위를 이용하여 선거운동을 할 수 없다.

③ 누구든지 교육적인 특수관계에 있는 선거권이 없는 자에 대하여 교육상의 행위를 이용하여 선거운동을 할 수 없다.

④ 해당 선거구에 후보자를 추천하지 아니한 정당이 무소속후보자를 지지하거나 지원하는 경우 그 사실을 표방할 수 있다.

15 다음 선거사범 수사와 관련하여 옳은 것은?

① 지능형 형사 B는 甲정당이 당원의 당비를 대납한다는 첩보를 입수하여, 甲정당의 OO도당 관계자로부터 당원명부를 임의제출 받아 이를 분석하였다.

② 선거사범의 공소시효는 선거일 후 6월에 불과하므로 신속히 수사한다.

③ 대통령선거법, 국회의원선거법, 지방의회의원선거법, 지방자치단체장의선거법이 각각 존재한다.

④ 공직선거법상 일간신문광고는 시·도지사인 경우 총 3회 이내 게재할 수 있다.

16 다음 중 현행 여신전문금융업법상 미수범인 경우에도 처벌을 할 수 있는 경우는?

① 신용카드를 위·변조하거나 위·변조된 신용카드를 사용하는 행위
② 허위의 매출전표를 작성하거나 이를 양도·양수하는 행위
③ 가맹점 수수료를 신용카드 회원에게 부담하게 하는 행위
④ 신용카드 가맹점 명의를 대여하거나 대여받는 행위

17 다음 중 소음·진동관리법에 의한 용어의 정의에 관한 설명으로 타당하지 않은 것은?

① 소음이란 기계·기구·시설, 그 밖의 물체의 사용 또는 공동주택 등 환경부령으로 정하는 장소에서 사람의 활동으로 인하여 발생하는 강한 소리이다.
② 진동이란 기계·기구·시설, 그 밖의 물체의 사용으로 인하여 발생하는 강한 흔들림이다.
③ 소음·진동배출시설이란 소음·진동을 발생시키는 공장의 기계·기구·시설, 그 밖의 물체로서 환경부령으로 정하는 것이다.
④ 방음시설이란 소음·진동배출시설로부터 발생하는 소음을 제거하거나 감소시키는 시설이다.

18 다음 중 조사방법이 잘못된 것은 몇 개인가?

> ㉠ 초범자 – 이론적인 추궁을 한다.
> ㉡ 진술내용에 모순이 없다고 심증을 얻은 경우 – 힌트를 준다.
> ㉢ 명백한 증거가 있고 여죄가 없는 피의자 – 처음부터 급소를 찌른다.
> ㉣ 전과자 – 간부급 조사관을 선정한다.

① 1개　　　　　　　　② 2개
③ 3개　　　　　　　　④ 4개

19 교통사고조사계에 근무하는 甲은 뺑소니 운전자라는 사실을 알면서도 안면이 있는 사이여서 수사에 착수하지 않았다. 甲의 죄책은?

① 「특정범죄 가중처벌 등에 관한 법률」상 특수직무유기
② 직권남용
③ 도주원조
④ 범죄은닉

20 범죄수사규칙상 다중범죄수사의 중점은?

① 단체, 집단 등의 실태와 동향 파악
② 주모자, 모의참여자 기타 배후에 있는 공범관계자 파악
③ 다중범죄 현장에서 상대편 세력, 정세의 추이 등 신중한 고려
④ 정치적 의도의 소화

제20회 모의고사

정답 및 해설 P. 320

1 변사사건처리에 대한 설명으로 틀린 것은 몇 개인가?

> ㉠ 경찰서장은 변사체가 범죄에 기인하지 않은 사실이 명백히 인정될 때에는 수사과장에게 행정검시를 명한다.
> ㉡ 행정검시의 경우는 검시조서를 작성할 필요가 없다.
> ㉢ 행정검시 결과 범죄에 기인하지 않음이 인정될 때 검사의 지휘를 받아 시체를 즉시 유족에게 인도한다.
> ㉣ 사법경찰관리는 검시에 특별한 지장이 없다고 인정하면 변사자의 가족·친족 등 필요하다고 인정하는 자를 참여시켜야 한다.
> ㉤ 긴급을 요할 때에는 영장 없이 검증할 수 있으나 이 경우 사후에 지체없이 영장의 발부를 받아야 한다.

① 1개   ② 2개
③ 3개   ④ 4개

2 다음 중 긴급체포의 요건에 해당하지 않는 것은?

① 피의자가 사형·무기 또는 장기 3년 이상의 징역이나 금고에 해당하는 죄를 범하였다고 의심할 만한 상당한 이유가 있을 때
② 피의자가 도망하거나 도망할 우려가 있을 때
③ 피의자가 증거를 인멸하거나 증거를 인멸할 우려가 있을 때
④ 긴급을 요하여 판사의 체포영장을 받을 수 없을 때

3 다음 중 경찰관의 112신고로 접수 태도로서 옳지 않은 것은?

① 친절, 성실, 공평, 침착한 마음가짐으로 신속·정확하게 접수한다.
② 접수 시간을 기록하고 신고내용을 최단시간 내에 청취·기록한다.
③ 중요한 사항이나 긴급을 요하는 사항을 먼저 청취한다.
④ 타 관할구역 사건은 친절하게 관할 경찰서의 연락처를 안내한다.

4 현행범인 체포에 대한 설명 중 맞는 것은?

① 검문검색에 불응하는 자는 현행범인 체포의 대상이 된다.
② 현행범인은 누구든지 영장 없이 체포가 가능하다.
③「경범죄처벌법」을 위반한 자는 도망할 우려가 있는 경우 현행범인 체포가 가능하다.
④ 현행범인으로 체포된 자를 석방할 경우 검사의 지휘를 요한다.

5 다음 중 한 · 미행정협정의 적용 대상자로 볼 수 없는 자는?

① 주한 미공군 상사
② 주한 미8군 병장의 처
③ 미국국적의 미군의 군속
④ 부모에게 경제적으로 독립한 주한미군의 21세의 자녀

6 출국금지에 관하여 옳은 설명은?

① 수사기관은 범죄 피의자로서 사형 · 무기 또는 장기 3년 이상의 징역이나 금고에 해당하는 죄를 범하였다고 의심할 만한 상당한 이유가 있고, 피의자가 증거를 인멸할 염려가 있거나 도망하거나 도망할 우려가 있어 긴급한 필요가 있는 때에는 법무부장관에게 출국금지를 요청할 수 있다.
② 수사기관은 긴급출국금지를 요청한 때로부터 12시간 이내에 법무부장관에게 긴급출국금지 승인을 요청하여야 한다.
③ 수사기관이 긴급출국금지 승인을 요청한 때로부터 12시간 이내에 법무부장관으로부터 긴급출국금지 승인을 받지 못한 경우에는 출국금지를 해제하여야 한다.
④ 외국인에 대하여 출국금지기간을 초과하여 계속 출국을 금지할 필요가 있을 때에는 출국금지기간이 끝나기 3일 전까지 법무부장관에게 출국금지기간을 연장하여 줄 것을 요청하여야 한다.

7 1회용 필로폰 감정시약 아큐사인의 특징을 잘못 설명하고 있는 것은?

① 시약이 함유된 백색의 키트로서 샘플윈도우(S)와 비교띠(C) 및 시험띠(T)가 있다.
② 비교띠(C)와 시험띠(T) 모두에 붉은 띠가 나타나면 음성으로 판독한다.
③ 시험띠(T)에만 붉은 띠가 나타나면 양성으로 판독한다.
④ 휴대가 간편하며 2 ~ 5분내 결과 판독이 가능하므로 신속하게 결과를 알아볼 수 있다.

8 마약류 감정에 이용되는 생체시료에 대한 설명으로 맞는 것은?

① 마약류 감정에 이용되는 생체시료로서 가장 좋은 것은 소변보다 혈액이다.
② 모발감정은 필로폰 투약 및 MDMA 투약 혐의자에 대해서만 가능하다.
③ 뇨중 필로폰 검출만으로 투약시기를 추정할 수 있다.
④ 필로폰 투약자에 대한 소변 채취 전 음식물 섭취를 하루 정도 완전히 차단하여야 한다.

9 수사보고서에 대한 내용으로 틀린 것은 몇 개인가?

> ㉠ 수사보고서는 수사자료의 일부로 원칙적으로 증거능력이 있다.
> ㉡ 지정양식이 있다.
> ㉢ 수사경과에 따라 분기별로 작성 보고한다.
> ㉣ 직접 수사에 종사한 자가 작성한다.
> ㉤ 조직적 수사를 가능하게 한다.
> ㉥ 영장의 유력한 소명자료로 쓰인다.

① 1개 ② 2개
③ 3개 ④ 4개

10 다음 중 화재수사에 대한 설명으로 타당하지 않은 것은?

① 화인의 3요소로는 화원, 가연물, 공기 등이 있는데 연소현상이 일어나기 위해서는 반드시 3요소를 갖추어야 한다.
② 화재보험에 가입된 독거(獨居)하고 있는 자기 가옥을 보험금 사취 목적으로 방화하였다면 타인 소유 일반건조물 방화이다.
③ 피해자 사체위 옷가지에 불을 붙여 그 불길이 천정까지 옮겨 붙었으나, 완전연소에 이르지 못하고 도중에 진화된 경우 현주건조물방화죄의 미수가 된다.
④ 석유난로를 불연제인 콘크리트바닥에 넘어뜨렸을 때 다른 가연물이 주위에 없는 한 화재로는 발전되지 않는다.

11 다음 중 정액의 수집 및 채취 요령을 설명한 것으로 잘못된 것은?

① 부착정액의 경우 가급적 그 부분이 마찰 또는 접혀지지 않도록 유의한다.
② 유동성 정액은 청결한 거즈나 포편(佈片 천조각 또는 헝겊조각)에 묻혀 바로 비닐 또는 파라핀지로 포장한다.
③ 정액의 가검물은 팬티·질액·손수건·현장 주위의 흙 등 제한이 없다.
④ 질액과 혼합된 정액의 경우 혈액형감별을 요할 때는 반드시 여자의 혈액에 항응혈제를 가한 것을 약간 동봉하여야 한다.

12 다음 중 경찰서 피해자서포터의 역할이 아닌 것은?

① 평상시 형사활동 또는 지역경찰 활동 등 기본업무 수행
② 살인 · 강도 · 강간 등 대상사건 발생시 일반인 · 타(他) 경찰관의 무분별한 접근 및 중복된 질문을 차단 · 피해자 창구 일원화
③ 관련 기관 · 단체와의 네트워크 구축, 협조체제 유지
④ 피의자 검거 여부 등 수사진행상황을 통지하고, 피해자에 대한 보복 가능성 등 발견시 지구대와 협조 신변보호 조치

13 만 15세인 A는 인터넷 사이트에서 회원가입을 위한 성인인증을 위해 아버지 B의 주민등록번호를 도용하여 회원가입을 하였고, 이러한 사실을 모르는 B는 주민등록번호가 도용되었다고 경찰서에 진정서를 제출하였다. 다음의 수사진행사항 중 맞는 설명은?

① A는 재산상 이득을 취하기 위해 주민등록번호를 도용한 것이 아니므로 형사처벌 되지 않는다.
② A는 가족의 주민등록번호를 도용한 것이므로 형사처벌되지 않는다.
③ A는 어떠한 경우에도 형사처벌을 면할 수 없다.
④ B의 처벌의사 유무에 따라 A는 형사처벌되지 않을 수 있다.

14 다음은 어느 피의자의 십지지문 중 좌수의 시지, 중지, 환지만 순서대로 채취한 것이다. 이 피의자의 주민등록상 지문번호로 옳은 것은?

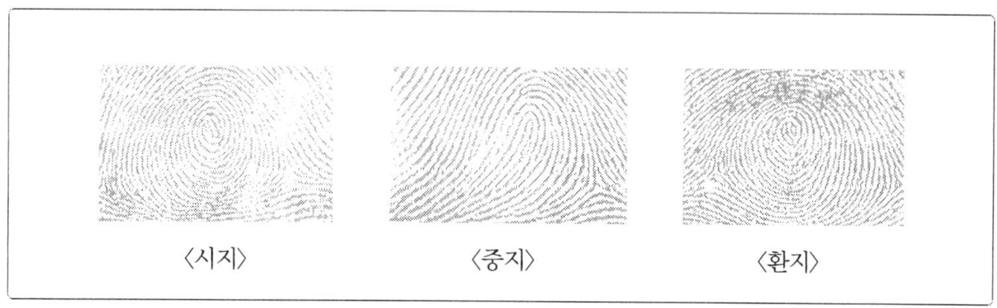

① 24567 – 84720
② 12847 – 29968
③ 84756 – 33566
④ 83699 – 12404

15 공직선거법상 후보자의 인터넷 광고와 관련한 다음의 설명 중 틀린 것은?

① 후보자는 인터넷 언론사의 인터넷 홈페이지에 선거운동을 위한 광고를 할 수 있다.
② 인터넷 광고에는 광고근거 또는 광고주명을 표시하여야 한다.
③ 같은 정당의 추천을 받은 2인 이상의 후보자는 합동으로 인터넷 광고를 할 수 있다.
④ 후보자를 제외하고는 누구든지 선거운동을 위하여 인터넷 광고를 할 수 없다.

16 다중범죄 피의자를 체포 조사할 때의 유의사항에 대한 설명으로 잘못된 것은?

① 체포를 담당한 경찰관은 자기가 체포한 피의자에 관한 사항을 명백히 기록해 두어 사후조사에 지장이 없도록 하여야 한다.
② 필요한 경우 현장에서 피의자 및 압수증거와 경찰관이 사진을 촬영해 두는 등 적당한 조치를 취할 필요가 있다.
③ 조사시에는 경찰관 상호간에 연락을 긴밀히 하여 사건의 전모를 명백히 하는데 유의하여야 한다.
④ 다중범죄 피의자를 동시에 다수 체포한 경우는 도주할 염려가 있으므로 가급적 집중관리 하여야 한다.

17 J은행 K지점 L대리는 전산조작을 통하여 주변의 다른 은행 자기계좌에 계좌당 5천만원씩 온라인 입금되게 한 후 이를 인출해 달아났다. 이는 컴퓨터 범죄의 유형 중 어느 것으로 볼 수 있는가?

① 컴퓨터부정조작
② 컴퓨터파괴
③ 컴퓨터스파이
④ 컴퓨터무단사용

18 과학적범죄분석시스템(SCAS)에서 할 수 없는 사항은?

① 입력한 사건에 대한 KICS 사건 보고서 열람
② 경찰청 지문 감정의뢰서 입력
③ 현장 사진 입력 및 조회
④ 동일수법 전과자 검색

19 다음 중 유해화학물질관리법상 각종 물질에 대한 용어의 정의가 잘못된 것은?

> ㉠ 유독물질 – 위해성이 있는 화학물질로서 대통령령으로 정하는 기준에 따라 환경부장관이 정하여 고시한 것
>
> ㉡ 허가물질 – 위해성이 있다고 우려되는 화학물질로서 환경부장관의 허가를 받아 제조, 수입, 사용하도록 환경부장관이 관계 중앙행정기관의 장과의 협의와 화학물질평가위원회의 심의를 거쳐 고시한 것
>
> ㉢ 제한물질 – 특정 용도로 사용되는 경우 위해성이 크다고 인정되는 화학물질로서 그 용도로의 제조, 수입, 판매, 보관·저장, 운반 또는 사용을 금지하기 위하여 환경부장관이 관계 중앙행정기관의 장과의 협의와 화학물질평가위원회의 심의를 거쳐 고시한 것
>
> ㉣ 금지물질 – 위해성이 크다고 인정되는 화학물질로서 모든 용도로의 제조, 수입, 판매, 보관·저장, 운반 또는 사용을 금지하기 위하여 환경부장관이 관계 중앙행정기관의 장과의 협의와 화학물질평가위원회의 심의를 거쳐 고시한 것
>
> ㉤ 유해성 – 유해성이 있는 화학물질이 노출되는 경우 사람의 건강이나 환경에 피해를 줄 수 있는 정도

① ㉠㉡   ② ㉠㉤

③ ㉢㉣   ④ ㉣㉤

20 다음은 공무원범죄 통보에 대한 설명이다. 옳지 않은 것은 몇 개인가?

> ㉠ 공무원범죄는 수사착수와 수사종결시 10일 이내에 소속기관의 장에게 그 사실을 통보하여 주어야 한다.
>
> ㉡ 감사원에서 조사 중인 사건에 대하여는 조사개시 통보를 받은 날부터 징계 의결의 요구나 그 밖의 징계 절차를 진행하지 못한다.
>
> ㉢ 검찰에서 수사 중인 사건에 대하여는 수사개시 통보를 받은 날부터 징계 의결의 요구나 그 밖의 징계 절차를 진행하지 아니할 수 있다.
>
> ㉣ 감사원, 검찰·경찰, 그 밖의 수사기관은 사립학교 교원에 대한 조사나 수사를 시작한 때와 이를 마친 때에는 10일 이내에 해당 교원의 소속기관장에게 그 사실을 통보하여야 한다.
>
> ㉤ 공무원 의제되는 공기업체 임직원이나 「병역법」을 위반한 공익근무요원 등의 경우에도 수사개시·종결시 통보할 수 있다.

① 1개   ② 2개

③ 3개   ④ 4개

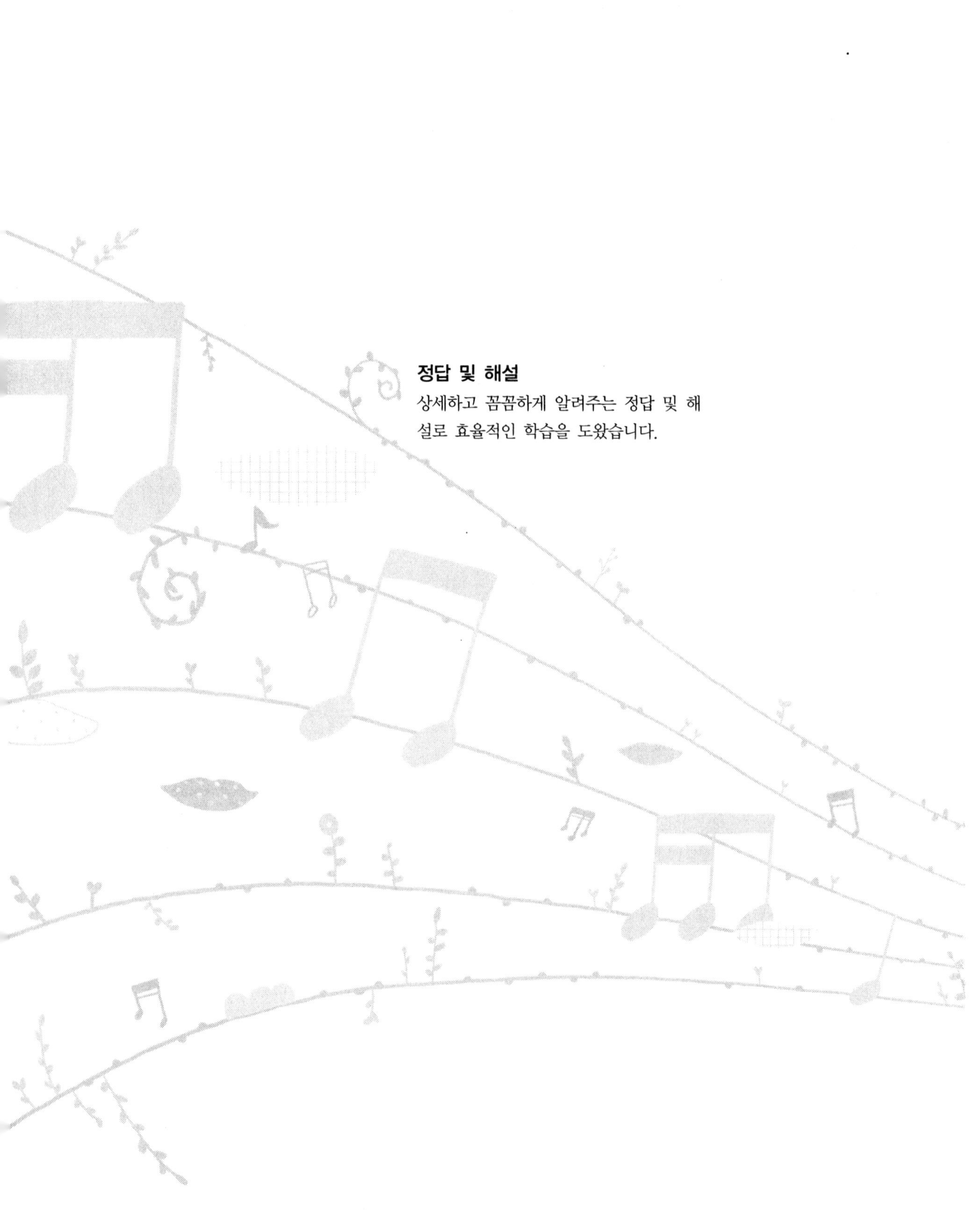
정답 및 해설
상세하고 꼼꼼하게 알려주는 정답 및 해
설로 효율적인 학습을 도왔습니다.

02 정답 및 해설

정답 및 해설

1 ④	2 ②	3 ④	4 ③	5 ③	6 ①	7 ②	8 ③	9 ④	10 ②
11 ②	12 ④	13 ④	14 ④	15 ①	16 ②	17 ①	18 ②	19 ①	20 ①

1 핵심풀이 ❯

범죄수사의 의의 … 형사사건(→ 민사사건불간섭의 원칙)에 관하여 공소제기 여부를 결정하기 위하여(→ 검사기소편의주의) 또는 공소를 제기하고 이를 유지 수행하기 위한 준비로서 범죄사실을 조사하고 범인 및 증거를 발견·수집·보전하는 수사기관 일련의 활동

㉠ 범죄수사는 이미 발생된 범죄의 진압을 목적으로 하는 사후적인 사법경찰작용이므로, 사전 범죄예방활동인 경찰의 주택가 순찰은 수사가 아니다.

㉣㉧㉩ 사인의 현행범인 체포행위, 전직경찰관인 사설탐정의 조사행위, 기획재정부 공무원의 현행 범인 체포행위는 수사기관의 활동이 아니므로 수사가 아니다.

㉢㉨㉦ 내사, 경찰관의 불심검문, 변사체의 검시는 수사개시 이전의 활동으로 수사가 아니다.

㉦ 피고인의 구속은 공소제기 후에 법원에서 하는 것이므로 수사가 아니다.

㉤ 증인신문, 검사의 공소제기, 법원의 증거조사, 재판, 피고인신문 등은 순수한 소송행위로서 수사가 아니다.

※ 범죄수사 개념 포함여부

수사 개념 ○	수사 개념 ×
• 불기소처분에 의하여 종결되는 경우 • 공소제기 후 수사→피고인조사, 참고인조사, 임의제출물압수 • 증거의 발견·수집·보전→형사의 범죄유류품 수거 • 양형 또는 소송조건의 존부에 관한 조사 • 피의자구속, 압수·수색·검증, 피의자신문, 소재수사, 지명수배, 감청	• 민사사건 • 사인의 현행범인 체포, 사설탐정의 조사, 행정기관의 조사 • 공소제기, 증인신문, 피고인신문, 법원의 증거조사, 피고인구속 • 내사, 불심검문, 변사체 검시, 주택가 순찰

* 피고인조사는 수사이나, 피고인신문은 수사가 아니다.

2 핵심풀이 **〉**

ⓛ 검사가 수사권과 공소권을 독점함으로써 검찰의 권력남용우려가 있으므로 경찰에 수사권을 부여하자는 주장(권력의 집중현상 해소)은 수사권독립을 찬성하는 논거가 된다. 그러나 경찰에의 권력집중(경찰국가화) 우려(방지)는 수사권독립을 반대하는 논거가 된다.

ⓢ 현 수사체제는 경찰, 검찰에서 반복된 조사(이중조사)는 국민의 불편을 가중(국민의 편익저해)시키고 있으므로 경찰에 수사권을 독립시킴으로써 국민의 편익을 도모하자는 주장은 수사권독립을 찬성하는 논거가 된다. 그러나 경찰, 검찰에서 반복된 조사에 따른 새로운 실체적 진실발견은 수사권독립을 반대하는 논거가 된다.

수사권독립 찬성 논거	수사권독립 반대 논거
• 국민의 편익저해(편익도모) • 현실과 법규범과의 괴리 • 행정조직의 원리(명령 · 통일의 원리)에 위배 • 권한과 책임의 불일치 • 경찰업무의 과중화 • 수사요원의 책임감, 윤리의식약화, 사기저하 • 권력의 집중현상 해소 • 공소권의 순수성보장, 수사의 능률성보장	• 공소제기와 수사는 상호불가분의 관계(수사는 공소제기를 위한 준비행위) • 경찰, 검찰에서 반복된 조사에 따른 새로운 실체적 진실발견 가능 • 경찰에의 권력집중(경찰국가화) 방지 • 적정절차와 인권존중의 요청 • 법집행의 왜곡방지

3 핵심풀이 **〉**

ⓒ 현행범을 체포하거나 인수한 때는 범죄인지서를 작성한다.

ⓓ 범죄사실은 6하원칙에 의하여 범행순서에 따라 기재한다.

ⓜ 피해자의 인적사항은 기재사항이 아니다.

ⓗ '피의자 인적사항 – 범죄경력자료 – 범죄사실요지 – 죄명 및 적용법조 – 수사단서 및 범죄인지경위' 순으로 기재한다〈검사의 사법경찰관리에 대한 수사지휘 및 사법경찰관리의 수사준칙에 관한 규정[서식2] 개정〉.

오답풀이 **〉**

ⓐ 최초 범죄혐의를 발견한 경찰관이 작성하는 보고서이다.

ⓛ 고소 · 고발 · 자수, 수사지휘에 의해 수사에 착수한 때에는 작성치 않는다.

4 핵심풀이 **〉**

수배자를 발견한 경우 반드시 수배종류를 확인하여 A, B, C 수배에 대한 조치를 해야 하며, A지명수배는 긴급체포대상자나 체포영장이 발부된 피의자들에 대한 지명수배를 말하므로 현장에서 즉시 미란다원칙 고지와 함께 체포하여 검거관서의 형사계로 신병을 인계한다.

5 핵심풀이 ▶

ⓛ 환경범죄의 경우 개인기업의 사용자와 종업원의 관계에서는 양벌규정이 적용되며, 대법원은 법인의 경우 실질적으로 환경오염행위를 하도록 의사를 결정한 기업의 임원이나 실질적인 사주에 대하여는 종업원의 개념을 확장하여 대학병원 부원장을 종업원으로 보아 처벌대상에 포함되도록 하였다.

ⓒ 환경정책기본법은 개별 환경법보다 우월한 효력이 없는 선언적 성격이 강하며, 환경오염을 직접 규제하기 위한 법이 아니다.

ⓔ 환경관련 법률은 기존의 단일한 절충주의 입법방식을 탈피하고 복수주의를 채택하고 있다.

오답풀이 ▶

㉠ 형법상 법인의 범죄행위능력을 부인하는 것이 통설이나, 환경범죄의 경우에는 양벌규정으로 처벌한다.

ⓜ 오염물질의 배출행위로 인하여 사망·상해의 결과가 발생한 경우에는 인과관계가 있어야 하는데, 그 인과관계 입증이 어렵다. 특별조치법은 위험물질 배출행위와 위험발생 사이에 상당한 개연성이 있는 때에는 인과관계 추정을 인정하고 구체적인 인과관계 입증을 요하지 않도록 하고 있다.

ⓗ 결과적가중범, 과실범처벌을 도입하였다.

※ 환경범죄의 단속에 관한 특별조치법
　　㉠ 결과적가중범의 처벌
　　ⓛ 과실범 처벌
　　ⓒ 누범의 가중처벌
　　ⓔ 양벌규정
　　ⓜ 인과관계의 추정 : 불법배출과 발생위험 간의 상당한 개연성

6 핵심풀이 ▶

㉠ 현장 보존의 범위를 충분히 정한다.

오답풀이 ▶

ⓛ 현장감식활동의 진행에 따라 현장보존의 축소 또는 변경을 적절히 해야 한다.

ⓒ 경찰관이더라도 아무나 함부로 들어가서는 안된다.

ⓔ 범인의 출입구 및 도주로를 피하여 현장에 출입한다.

ⓜ 부상자의 구호 등 부득이한 이유가 있을 때는 현장을 변경할 수 있다. 이때는 사진, 도면, 기록 그 밖의 적당한 방법으로 그 원상을 보존하도록 노력하여야 한다.

ⓗ 현장출입시 덧신을 신고 통행판을 이용한다.

ⓢ 가족들로부터 사정청취는 사건과 관계없는 장소에서 하는 것이 좋다.

ⓞ 최초 현장에 임장한 경찰관은 현장보존에 주력한다. 현장감식은 감식반에서 실시한다.

7 핵심풀이 ❱

㉠ 형식적 의의의 수사는 수사의 수단과 방법의 선택문제이다. 범행의 수단과 방법은 실질적 의의의 수사와 관련이 있다.

㉢ 합법성과 합리성 모두 중요하다.

※ 형식적 의의와 실질적 의의

형식적 의의의 수사	실질적 의의의 수사
수사의 수단 · 방법(절차적 측면)	수사의 목적 · 내용(실체적 측면) – 범인, 범행동기, 범행의 수단 · 방법
합법성 중시 →예 묵비권과 변호인선임권 고지	합리성 중시
인권보장 · 공공복리 조화 추구	실체적 진실발견 추구
예 미국 아리조나주 피닉스 시에서 경찰이 한 용의자를 강간과 유괴혐의로 체포하여 조사하면서 묵비권과 변호인 선임권을 고지하지 않은 결과 결국 무죄판결을 선고받았다.	예 미국의 뉴욕시에서 연쇄살인 사건이 발생하자 FBI는 범죄심리분석관을 통하여 살인 사건의 공통점을 추적하였다.

* 수사의 수단 · 방법 → 형식적 의의
* 범행의 수단 · 방법 → 실질적 의의

8 핵심풀이 ❱

㉠ 고소가 없거나 취소된 경우에도 검사는 가정폭력범죄로서 사건의 성질 · 동기 및 결과, 행위자의 성행 등을 고려하여 이 법에 의한 보호처분에 처함이 상당하다고 인정할 때에는 가정보호사건으로 처리할 수 있다.

㉣ 피해자는 가정보호사건이 계속된 제1심 법원에 배상명령을 신청할 수 있다.

㉢ 비고란에 가정폭력사건이라고 표시한다.

오답풀이 ❱

㉡ 사법경찰관은 가정폭력범죄를 신속히 수사하여 사건을 검사에게 송치하여야 한다. 이 경우 사법경찰관은 가정보호사건으로 처리함이 상당한지 여부에 관한 의견을 제시할 수 있다.

㉢ 임시조치 제1호부터 제3호까지(① 피해자 또는 가정구성원의 주거 또는 점유하는 방실로부터의 퇴거 등 격리 ② 피해자 또는 가정구성원의 주거, 직장 등에서 100미터 이내의 접근금지 ③ 피해자 또는 가정구성원에 대한 전기통신을 이용한 접근금지)의 임시조치기간은 2개월(2회에 한하여 연장가능) 제4호 및 제5호(④ 의료기관 기타 요양소에의 위탁 ⑤ 국가경찰관서의 유치장 또는 구치소에의 유치)의 임시조치기간은 1개월(1회에 한하여 연장가능)을 초과할 수 없다.

㉧ **환경조사서** : 범죄의 원인 및 동기, 행위자의 성격, 행상, 경력, 교육정도, 가정상황 기타 환경 등을 상세히 조사하여 작성
응급조치보고서 : 가정폭력행위자의 성명, 주소, 생년월일, 직업, 피해자와의 관계, 범죄사실의 요지, 가정상황, 피해자와 신고자의 성명, 응급조치의 내용 등을 상세히 기재하여 작성

9 핵심풀이 **❯**

야바(YABA) - ㉠㉡㉢㉣

오답풀이 ❯

㉣ S정(카리소프로돌)에 대한 설명이다.

※ 야바(YABA)

㉠ 야바는 종래에 태국 등 동남아시아 지역에서 야마(YahMah : 원기나는 약)로 불리졌으나 최근 필로폰에 대한 경각심에서 야바(YABA : 미치게하는 약)로 호칭되고 있다.

㉡ 야바는 메스암페타민(필로폰)에 카페인이나 헤로인 또는 코데인 등을 섞은 합성약물로서 순도가 20~30% 정도로 낮지만 메스암페타민의 효과보다 더욱 강력한 각성제로 알려져 있다.

㉢ 대개 붉은 알약의 형태를 띠나 적갈색·오렌지색·흑색·녹색 등 여러 가지 색으로 제조되기도 한다.

㉣ 야바는 태국 등 동남아시아 지역에서 주로 생산되어 유흥업소종사자, 육체노동자, 운전기사 등을 중심으로 급속히 확산되고 있다.

㉤ 야바는 원재료가 화공약품인 관계로 양귀비의 작황에 좌우되는 헤로인과는 달리 안정적인 밀조가 가능하다.

10 핵심풀이 **❯**

「사건의 관할 및 관할사건수사에 관한 규칙」 제13조(수사촉탁 처리기한 등)

㉠ 수사촉탁의 처리기한은 다음과 같다.

- 피의자 조사 20일
- 고소인, 고발인, 참고인 등 조사 15일
- 소재수사, 사건기록 사본 송부 10일

㉡ ㉠의 처리기한 내에 촉탁사항에 대한 수사를 완료하지 못하는 경우에는 촉탁한 수사관과 협의하여 처리기한을 연장하고 수사 보고하여야 한다.

㉢ 경찰관서 수사부서의 장은 매월 1회 촉탁 받은 사건의 성실한 처리여부를 점검하여야 한다.

11 핵심풀이 ❯

② 사법경찰관(군사법경찰관을 포함)은 통신제한조치의 허가요건이 구비된 경우에는 검사에 대하여 각 피의자별 또는 각 피내사자별로 통신제한조치에 대한 허가를 신청하고, 검사는 법원에 대하여 그 허가를 청구할 수 있다.

오답풀이 ❯

① 수사목적의 통신제한조치 기간은 원칙적으로 2개월이며, 2개월의 범위내에서 연장 가능하다. 연장횟수는 제한이 없다(국가안보를 위한 통신제한조치 기간은 원칙적으로 4개월이며, 4개월의 범위 내에서 연장가능).

③ 수사목적의 통신제한조치는 이를 청구 또는 신청한 검사 · 사법경찰관이 집행하며, 국가안보를 위한 통신제한조치는 정보수사기관의 장이 집행한다.

④ 긴급통신제한조치 : 긴급시에는 법원의 허가 없이 할 수 있고, 36시간 내에 법원의 허가를 받아야 하며, 법원의 허가를 받지 못한 때에는 즉시 그 통신제한 조치를 중지하여야 한다.

12 핵심풀이 ❯

㉠ 반드시 원본을 제시해야 한다.

㉡ 체포한 시점으로부터 24시간 이내에 체포통지를 해야 한다.

㉢ 체포통지는 피의자의 동의가 있는 경우에도 반드시 통지해야 한다.

㉣ 현행범 체포 후 석방시에는 검사의 지휘를 받지 않는다.

13 핵심풀이 ❯

㉡ 수사선은 추리와 자료수집의 선이다.

㉣ 기존사실을 기초로 하여 미확정의 사실을 향해 많은 수사선을 방사함으로써 진전되는 것은 수사서에 대한 설명이다.

㉺ 수사선은 '범적〈결과〉을 보고 어떠한 범죄〈원인〉에서 비롯된 것이다'라는 원인을 캐는 것이다.

㉻ 수사선은 확정사실을 기초로 미확정사실을 향해 방사하는 추리와 자료수집의 선이다.

※ 범죄징표와 수사선

범죄징표	수사선
• '범행에서 징표로'의 이론적 지식체계	• '징표에서 범죄로'의 추리의 체계화
• 합리적 지식에 기초한 이론면	• 추리와 자료수집의 선(추리의 선○, 이론×)

14 핵심풀이 ▶

㉠ 간부의 현장관찰 – 사진촬영 – 채증감식 – 수법검토

㉡ 유류물

㉢ 유류품

㉣ 필요에 따라 몇 번이고 반복 실시한다.

㉤ 무형적 자료도 채취한다.

15 핵심풀이 ▶

㉡ 황금색에서 녹색으로 바뀌어 보인다.

㉣ 형광색이 나타나지 않았을 때 위 · 변조된 것이다.

※ 새 10,000원 권 위조방지

    ㉠ **홀로그램** : 은색의 원형 박막이 보는 각도에 따라 '한반도 지도', '태극과 액면숫자(10000)', '4괘'가 번갈아 나타남

    ㉡ **요판잠상 인쇄** : 앞면 중앙 하단의 무늬를 눈 위치에서 비스듬히 기울여 보면 숨겨져 있는 문자 'WON'이 나타남

    ㉢ **색변환잉크** : 뒷면 아래쪽의 액면숫자가 보는 각도에 따라 색깔이 황금색에서 녹색으로(* 천원권의 경우 녹색에서 청색으로)변함

※ 플라스틱 주민등록증의 위 · 변조 식별요령

    ㉠ 앞면 주민등록증 명칭을 감별기로 보면 형광색이 나타나는 것이 특징이다.

    ㉡ 앞면 사진 위 가운데 부분에 숨겨진 '민'자가 있는지 확인한다.

    ㉢ 홀로그램 큰 태극의 안쪽 테두리에 '대한민국KOREA'라는 원형의 미세문자띠가 있는지 확인한다.

    ㉣ 홀로그램 바탕에 21개, 사진에 8개의 크고 작은 태극문양이 있는지 확인한다.

16 핵심풀이 ▶

㉠ 외국인 범인이 국내에 있을 때 : 출국정지

㉢ 출국확인 되었을 때 재입국에 대비 : 입국시 통보

※ 출입국규제

대상	조치
외국인만 대상	출국정지, 입국금지
내국인만 대상	출국금지
내 · 외국인 대상	입국시 통보(출입국관리법상 명시규정은 없으나 범죄수사상 필요하다고 인정되는 특별사유가 있거나 인터폴과 협조목적 등으로 내 · 외국인 출입시 본국 · 제3국에 출입국사실을 통보해주는 업무)

17 핵심풀이 ▶

ⓑ 강력범과 일반형사범은 분리, 유치 대상자가 아니다.

오답풀이 ▶

㉠ 여성은 남성과 반드시 분리하여 유치하여야 한다.

ⓛⓒⓔⓜ 형사범과 구류 처분을 받은 자, 19세 이상의 사람과 19세 미만의 사람, 신체장애인 및 사건관련의 공범자 등은 유치실이 허용하는 범위 내에서 분리하여 유치하여야 하며, 신체장애인에 대하여는 신체장애를 고려한 처우를 하여야 한다.

18 핵심풀이 ▶

② 「검사의 사법경찰관리에 대한 수사지휘 및 사법경찰관리의 수사준칙에 관한 규정」 제35조에 따라 긴급체포한 피의자의 석방시 검사의 사전지휘제도가 폐지되었다. 다만, 체포영장에 의해 체포된 피의자는 기존과 같이 검사의 사전 석방지휘에 따라 석방하여야 한다.

오답풀이 ▶

① 긴급체포한 피의자의 석방시 검사의 사전지휘를 받지 않는다.

③ 체포한 현행범 피의자의 석방시 검사의 사전지휘를 받지 않는다.

④ 사법경찰관이 피의자를 긴급체포한 경우에는 즉시 검사의 승인을 얻어야 한다.

19 핵심풀이 ▶

㉠ 피조사자와 대면 전에 사건내용을 검토, 관계법령 및 판례 등을 연구해둔다.

ⓜ 사건의 내용, 상대방에 따라 조사관을 달리한다. 예컨대, 피조사자가 고급공무원일 때 조사관은 간부급으로, 추행사건일 때는 나이든 조사관, 전과자에 대해서는 경험이 풍부한 경찰관이 바람직하다.

오답풀이 ▶

ⓛ 피조사자에 대한 자료도 수집·활용한다.

ⓒ 미성년자간음, 준사기 등의 사건은 피의자의 연령조사를 최우선적으로 염두에 둔다.

ⓔ 피조사자의 직업 등에 따라 복장을 달리 하지 않고, 언제나 복장과 용모를 단정히 해야 한다.

ⓑ 임의성을 확보하기 위해서 경찰봉·목봉·죽도 등을 두지 말아야 한다.

20 핵심풀이 ▶

ⓛ 타액으로 혈액형판단, 남녀(성별)식별이 가능하다.

ⓔ 혈흔으로 혈액형, 성별, DNA분석 등이 가능하나, 연령추정은 불가능하다.

오답풀이 ▶

㉠ 타액, 모발, 혈흔, 치아로 혈액형판단뿐만 아니라 남녀구별(성별감정)도 가능하다.

ⓒ 모발, 치아는 연령감정, 혈액형감정, DNA감정, 성별감정 모두 가능하다.

ⓜ 치아는 지문이 없는 변사자 연령을 측정하는데 가장 좋다.

ⓗ 일반적으로 남성의 치아가 여성의 치아보다 크고 길다.

※ 증거물

㉠ 감정이 가능한 자료

혈액(형)감정이 가능한 것		혈액, 타액, 정액, 모발, 땀, 소변, 기타 인체배설물, 골격, 치아, 인체의 장기편 등(다만, 완전히 부패된 경우 혈액감정불가능)
DNA검사	일반적으로 가능한 것	혈액, 정액, 장기, 치아, 골격(뼈), 피부, 손톱, 발톱, 모근있는 두모 (* 대변×, 소변×, 모근없는 두모×, 타액×)
	불가능한 것	모근 없는 모발, 타액(단, 구강세포가 있는 경우는 가능), 대·소변 (단, 혈액이 혼합된 경우는 가능). 용혈된(파괴·분해된) 혈액, 부패·희석·오염된 혈흔(혈액)·정액(반), 오래 방치된 장기조직편 등은 불가능할 때가 많음
남녀구별(성별감정)이 가능한 것		타액, 혈흔(혈액), 모발, 치아 (* 대변×, 소변×)
연령감정이 가능한 것		모발, 치아 (* 혈흔×)

ⓛ 확인할 수 있는 사항

혈흔감정으로 확인할 수 있는 것	혈액형, 성별, DNA분석 (* 연령추정×)
모발을 이용하여 확인할 수 있는 것	사람과 동물털 검사, 발생부위, 연령검사, 성별검사, 이발 후 경과일수, 모발손상검사, 퍼머, 염색유무의 검사, 뽑은 모발, 자연탈락모의 검사, 혈액형 검사, 필로폰 및 MDMA(엑시터시)투약혐의자 (* 사망 후 경과시간×)
대변을 이용하여 확인할 수 있는 사항	혈액형 감별 (* DNA×, 연령검사×)

정답 및 해설

| 1 ③ | 2 ② | 3 ④ | 4 ① | 5 ③ | 6 ④ | 7 ③ | 8 ② | 9 ③ | 10 ③ |
| 11 ④ | 12 ④ | 13 ③ | 14 ① | 15 ② | 16 ① | 17 ③ | 18 ② | 19 ④ | 20 ③ |

1 핵심풀이 ▷

수사 · 공판절차의 특성비교

수사절차	공판절차
• 대상의 다양성과 불예측성(ⓜ)	• 예측가능성
• 탄력성, 기동성, 임기응변성(ⓙ)	• 사실성
• 법적 안정성보다는 합목적성이 강조	• 합목적성보다는 법적 안정성이 강조(ⓛ)
• 법률적 색체가 약함(ⓒ)	• 법률적 색체가 강함
• 당사자주의적 관념 희박	• 엄격한 당사자주의 구조(ⓔ)
• 유죄판결을 지향하는 활동	
• 진실발견을 위한 창조적 활동(ⓗ)	

* 범죄수사는 합법성보다 합목적성을 더 강조한다.(×) → 모두 중시

2 핵심풀이 ▷

㉠ 수사기관의 객관적 혐의는 없더라도 주관적 혐의만 있으면 수사가 가능하다.

㉡ 친고죄에서 고소장이 접수되지 않았다고 하더라도 고소장접수를 전제로 우선 수사를 할 수 있다는 것이 통설이므로 일단 현장에 출동하여 필요한 조치를 취한다.

오답풀이 ▷

㉢ 범죄로 인한 피해가 극히 경미한 사건에 대하여 범죄인지를 하는 것은 수사비례의 원칙에 의해서 범죄인지권의 남용으로 허용되지 않는다.

㉣ 친고죄에서 고소기간이 경과한 때는 고소의 가능성이 없으므로 허용되지 않는다.

• **수사개시조건** : 주관적 혐의(수사기관이 범죄혐의를 주관적으로 인정하는 경우 – 구체적 사실에 근거를 둔 혐의)

• **체포 구속조건** : 객관적 혐의(주관적 혐의가 객관적 증거에 의해 뒷받침되는 경우)

3 핵심풀이 ▶

④ 증거자료가 있는 경우 '있다', 없는 경우 '없다'라고 기재한다.

오답풀이 ▶

① 체포영장, 긴급체포, 현행범인체포에 의한 체포의 경우에 작성한다.
② 피의자 체포보고서는 피의자를 체포한 경찰관이 작성한다.
③ 적용법조는 포함되지 않는다.

4 핵심풀이 ▶

㉠ 수사관 자신이 범죄사실의 진상을 확인하고 심증을 형성하기 위한 과정을 하강과정이라 한다.
㉣ 하강과정 없는 상승과정은 있을 수 있지만 상승과정 없는 하강과정은 있을 수 없다.

※ 수사의 2과정

하강과정(제1단계)	상승과정(제2단계)
• 수사관 자신이 범죄사실의 진상을 확인하고 심증을 형성하기 위한 과정 • 자유자재 수사 • 용의자조사 • 전개적(연역적) 추리 : 하나→다수(가능성) 예 살인사건의 범행수법이 잔혹한 것으로 보아 면식범의 소행으로 보고 원한관계에 있는 A, B, C를 용의자로 선정	• 수사관의 확신적 판단을 검사 및 법관에게 형사절차에 따라 틀림없다는 심증을 가지도록 증명하기 위하여 증거수집·보전하는 과정 • 엄격한 증명 • 집중적(귀납적)추리 : 다수→하나(결론) 예 살인사건의 용의자 A, B, C에 대해 알리바이 수사를 통해 C를 진범으로 판단

원칙	• 일반범죄 : 하강과정→상승과정
예외	• 현행범인수사 : 하강과정×, 상승과정○ • 상승과정 없이 하강과정만 있는 수사도 있다.(×) • 하강과정 없이 상승과정만 있을 수 있다.(○)
	• 고소·고발 사건 : 수사의 중점은 상승과정

5 핵심풀이 ▶

㉠ 내사과정에서는 체포, 구속 등 대인적 강제처분은 허용되지 않는다. 그러나 압수, 수색, 검증 등 대물적 강제처분은 허용된다.
㉣ 사법경찰관은 내사과정에서 범죄혐의가 있다고 판단될 때에는 내사를 종결하고 범죄인지서를 작성하여 수사를 개시하여야 한다. 이 경우 지체없이 소속 경찰관서장에게 보고하여야 한다.
㉤ 범죄사건부에 접수(=입건)함으로써 용의자에서 피의자로 되는 동시에 수사대상이 된다.

오답풀이 ▶

㉡ 익명 또는 존재하지 않는 사람 명의의 신고·제보, 진정·탄원 및 투서로 그 내용상 수사단서로서의 가치가 없다고 인정될 때에는 내사하지 아니할 수 있다.
㉢ 첩보내사는 해당 범죄첩보의 사본을 첨부하고 내사착수보고서를 작성하여 소속 경찰관서 수사부서의 장에게 보고하고 지휘를 받아 내사에 착수한다.

6 핵심풀이 ▶

④는 해당하지 않는다.

※ **자동차관리법 제43조(자동차검사) 제1항**

자동차 소유자(㉠의 경우에는 신규등록 예정자를 말한다)는 해당 자동차에 대하여 다음 각 호의 구분에 따라 국토교통부령으로 정하는 바에 따라 국토교통부장관이 실시하는 검사를 받아야 한다. 〈개정 2015.8.11.〉

㉠ 신규검사 : 신규등록을 하려는 경우 실시하는 검사

㉡ 정기검사 : 신규등록 후 일정 기간마다 정기적으로 실시하는 검사

㉢ 튜닝검사 : 자동차를 튜닝한 경우에 실시하는 검사

㉣ 임시검사 : 이 법 또는 이 법에 따른 명령이나 자동차 소유자의 신청을 받아 비정기적으로 실시하는 검사

㉤ 수리검사 : 전손 처리 자동차를 수리한 후 운행하려는 경우에 실시하는 검사

7 핵심풀이 ▶

㉠ 직접 체험하고 관찰한 자를 선정하여 우선 실시한다.

㉡ 제외하지 않는다.

㉢ 상대자에게 편리한 시간을 선정하되, 사건직후가 효과적이다.

㉥ 탐문에 의해 얻어진 정보는 대소를 막론하고 수사간부에게 보고한다.

오답풀이 ▶

㉣ 가장 공정한 위치에 있는 사람을 우선 면접한다.

㉤ 이해관계인, 피의자의 가족, 친족 탐문시에는 수사관의 신분을 숨기는 것이 효과적이다.

※ **탐문방법**

직접탐문	신분명시	피해자의 가족
	신분은닉	• 피의자의 가족　• 이해관계 있는 자　• 피의자의 정부(情婦·夫) • 우범지역　• 전과자　• 독직범죄　• 선거사범 등
간접탐문		제3자 협력을 얻어 간접적으로 탐문을 하는 방법

8 핵심풀이 ▶

㉡ 사건발생시 – ㉢ 사건발생후 장물수배시 – ㉣ 피해자에게 피해품환부시 – ㉠ 사건송치시

9 핵심풀이 ▶

㉠ 통신제한조치는 범죄혐의가 있고 다른 방법으로는 범인 체포 등이 어려운 경우에 한하여 허가
할 수 있다.

㉡ 통신제한조치 허가신청은 피의자별 또는 피내사자별로 신청한다.

㉣ 통신제한조치를 통지할 경우 국가의 안전보장·공공의 안녕질서를 위태롭게 할 현저한 우려가
있는 때, 사람의 생명·신체에 중대한 위험을 초래할 염려가 현저한 때에는 그 사유가 해소될
때까지 통지를 유예(미루는 것)할 수 있다. 면제되는 것은 아니다.

㉤ 통신제한조치의 집행을 위탁하거나 집행에 관한 협조를 요청하는 자는 통신기관 등에 통신제
한조치허가서 또는 긴급감청서 등의 표지의 사본을 교부하여야 한다.

오답풀이 ▶

㉢ **국가안보를 위한 통신제한조치** : 통신의 일방·쌍방당사자가 내국인인 때→고등법원 수석부장판
사의 허가, 대한민국에 적대하는 국가, 반국가활동의 혐의가 있는 외국 기관·단체와 외국인
등→서면으로 대통령의 승인

㉥ 통신제한조치 집행사실 등의 통지는 반드시 서면으로 해야 하고, 구두 및 전화통지는 불가하다.

10 핵심풀이 ▶

㉤ 특정임무수행을 위한 비상설(임시)조직이다.

㉦ 범인 검거시 서류, 사건기록사본의 보존기간은 3년이다. 검거하지 못한 사건인 경우에는 공소
시효 완성 후 1년으로 한다.

㉧ 수사본부의 설치, 해체 및 수사본부장과 수사본부요원의 임명은 지방경찰청장이 행한다.

오답풀이 ▶

㉠ 수사본부설치 대상 중요사건
- 살인, 강도, 강간, 약취유인, 방화사건
- 피해자가 많은 업무상 과실치사상사건
- 조직폭력, 실종사건 중 중요하다고 인정되는 사건
- 국가중요시설물 파괴 및 인명피해가 발생한 테러사건 또는 테러가 예상되는 사건
- 기타 사회적 이목을 집중시키거나 중대한 영향을 미칠 우려가 있다고 인정되는 중요사건

㉡ 사건 발생지를 관할하는 경찰서 또는 지구대·파출소 등 지역경찰관서에 설치하는 것을 원칙
으로 한다.

㉢ **수사본부의 해산 사유** : 범인을 검거한 경우, 오랜기간 수사하였으나 사건해결 전망이 없는 경
우, 기타 특별수사를 계속할 필요가 없다고 판단되는 경우

㉣ 지방경찰청장은 군탈영병, 교도소·구치소·법정 탈주범 추적수사 등 수개의 국가기관이 관련
된 사건, 마약·총기·위폐·테러수사 등 관계기관간 정보교류·수사공조가 특히 필요한 사건
등 국가기관간 공조수사가 필요한 경우에는 관계기관과 합동수사본부를 설치·운용할 수 있다.

ⓑ 지방경찰청 사건관계 과장은 수사본부장이 될 수 있다.

본부장	부본부장
• 서울지방경찰청 수사부장, 경기지방경찰청 수사업무 담당부장, 기타 지방경찰청 차장	• 지방경찰청 주무과장 • 수사본부가 설치된 관할지 경찰서장
• 지방청 형사 · 수사과장 또는 사건관계 과장 • 사건관할지 경찰서장	• 지방경찰청 주무계장 • 관할지 경찰서 형사 · 수사과장

11 **핵심풀이 〉**

작성하지 않는 경우

• 즉결심판대상자(즉결심판에 불복하여 정식재판을 청구한 피고인) – ㉠
• 사법경찰관이 수리한 고소 · 고발사건에 대하여 혐의 없음, 죄가 안됨, 공소권 없음, 각하의 불기소 의견 및 참고중지 의견으로 송치하는 사건의 피의자 – ㉢
• 단순 물적 피해 교통사고를 야기한 피의자로서 피해자와 합의하였거나 종합보험 또는 공제조합에 가입하여 공소권없음으로 처리할 사건의 피의자 – ㉡
• 형사미성년자(만 14세 미만), 가정법원에 송치한 사건 – ㉣

오답풀이 〉

작성하는 경우 – ㉤

12 **핵심풀이 〉**

④ E – CRIS(전자수사자료표 시스템)는 입건된 피의자의 인적사항과 죄명 등을 기재하고 피의자의 지문을 입력하는 시스템이고, 기존 발생사건의 유류지문과의 일치 여부를 확인하는 시스템이 아니다.

13 핵심풀이 ▶

ⓛ 검시(檢屍)는 크게 검안과 부검으로 나눌 수 있다.

ⓒ 검시(檢屍)는 수사기관을 보조하여 의사가 행하는 검사이다.

ⓔ 검시(檢視)는 수사기관이 범죄혐의유무를 조사하는 처분이다.

ⓜ 검안은 사망을 확인하고 개인식별을 하기 위하여 시행되는 검사로 시체를 손괴함이 없이 외표 소견만을 검사하는 것을 원칙으로 한다.

※ **검시(檢視)와 검시(檢屍)**

검시 (檢視)	의의	수사기관의 범죄혐의유무 조사	
	사법검시	범죄에 기인되거나 관련있다고 생각되는 변사체에 대한 검사	
	행정검시	범죄와 관련이 없는 변사체 사인규명, 신원확인	
검시 (檢屍)	의의	수사기관을 보조하여 의사가 행하는 검사	
	검안	사망확인, 개인식별 – 외표검사(시체손괴×)	
	부검	사망확인, 사인규명 – 시체해부(시체손괴○)	
		병리해부	질병에 의해 사망한 경우
		행정해부	범죄와 관련되지 않은 경우(행려사망, 전염병, 재해사고)
		사법해부	범죄와 관련이 있거나 관련되었을 경우 – 법의부검

14 핵심풀이 ▶

① 떼인상처 … 자동차바퀴 등이 역과(몸 위를 깔고 넘어가는 것)할 때 회전하는 힘으로 피부와 피부밑 조직이 근막과 떨어지는 손상으로, 강간과는 관련이 없다.

※ **성범죄(강간 · 강제추행 등)로 인한 손상**

㉠ 성기 · 유방 등에 가해자에 의한 물린손상

㉡ 윤간사건에 있어서 손 · 발 등에 볼 수 있는 억압손상(상대방을 제어할 목적으로 외력을 가하여 형성된 상처)

㉢ 등부위 · 넓적다리의 개갠상처(찰과상)와 같은 저항손상

15 핵심풀이 ▶

ⓜ 현장감식순서 : 현장출입통제 → 간부의 현장 관찰 → 사진촬영 → 채증감식 → 수법검토

오답풀이 ▶

㉠ 반드시 제3자(피해자×, 피의자×)를 참여시킨 후 사진촬영을 한다.

㉡ 증명력판단의 근거가 된다.

㉢ 감식방법 중 수법감식은 자료감식에 해당된다.

㉣ 유형적 자료뿐만 아니라 무형적 자료(범죄수법 검토) 채취도 중요하다.

㉤ 범죄감식 중 폴리그래프사용(거짓말탐지기검사)은 기술감식의 일례이다.

㉥ 심리학 · 사회학 등의 사회과학도 범죄감식에 활용된다.

※ 범죄감식의 종류

기술감식	자료감식
과학적 지식 및 기술 → 일반적	조직적 자료와 시설
예 잠재지문 · 족흔적 채취, 화재감식, 사진촬영, 말소문자 검출, 심리생리검사(거짓말탐지기 검사), 혈흔, 모발 등의 채취 · 검사 · 감정, 필적감정, 성문감정, 말소문자 검출	예 지문제도(지문자료에 의한 신원 · 범죄경력 확인), 수법원지에 의한 감식(수법감식), 피의자 사진에 의한 범인추정, 족흔적 자료에 의한 용의자 추정

16 핵심풀이 ▶

㉣ 경찰서장은 유치인수와 그 성질 등을 고려하여 유치인보호에 필요한 인원의 유치인보호관을 유치장에 배치하여야 하고, 유치인보호관을 배치할 경우 유치인보호주무자의 의견을 물어 유치인 보호관으로서 적임자를 선발, 배치하여야 하며 초임자, 사고징계자, 근무능률저하자 기타 책임감 이 부족한 자를 배치하여서는 아니된다.

오답풀이 ▶

㉠ 유치에 대한 법적근거로 형의 집행 및 수용자의 처우에 관한 법률, 경찰관직무집행법, 피의자 유치 및 호송규칙, 유치상설계호주규칙, 호송경찰관출장소근무규칙 등이 있다. 사법경찰관리 집무규칙은 2011. 12. 30. 폐지되었고, 검사의 사법경찰관리에 대한 수사지휘 및 사법경찰 관 리의 수사준칙에 관한 규정에는 근거가 없다.

㉡ 경찰관서에서 유치장을 설치할 수 있는 근거는 경찰관직무집행법이다.

㉢ 피의자를 유치장에 입감시키거나 출감시킬 때에는 유치인보호주무자가 발부하는 피의자입(출) 감지휘서에 의하여야 하며 동시에 3명 이상의 피의자(여성 · 남성 불문)를 입감시킬 때에 경위 이상 경찰관이 입회하여 순차적으로 입감시켜야 한다.

㉣ 유치인보호관은 근무 중 계속하여 유치장 내부를 순회하여 사고방지에 노력하여야 하며 특이 사항을 발견하였을 때에는 응급조치를 하고, 즉시 유치인보호주무자에게 보고하여 필요한 조 치를 취하도록 하여야 한다.

㉤ 신체 등 검사는 동성의 유치인보호관이 실시하여야 한다. 다만, 여성유치인보호관이 없을 경 우에는 미리 지정하여 신체 등의 검사방법을 교양 받은 여성경찰관으로 하여금 대신하게 할 수 있다.

17 핵심풀이 〉

③ Casper의 부패법칙 … 공기 : 물 : 흙 속에서 시체의 부패비율이 1 : 2 : 8로 된다는 것

※ ㉠ 체온냉각 : 사망직후 시작, 16~17시간 이내 직장온도 측정

　㉡ 각막혼탁 : 12시간(시작), 24시간(현저), 48시간(완전불투명)

　㉢ 시체얼룩 : 사후 30분~1시간(시작), 12시간(전신)

　㉣ 시체굳음 : 2~4시간(턱), 12시간(전관절)

　㉤ 부패현상

　㉥ 위장내용물 : 식사직후 사망(전혀 소화되지 않음), 식후 2~4시간(소화가 어느정도 진행), 식후 4~5시간(위는 비어있고, 샘창자에 음식물 고형잔사 남아있음), 식후 6시간 후(위 · 샘창자 모두 빔)

　㉦ 입 · 코 · 눈 등에 파리 · 구더기 발생 : 24시간 내외

　㉧ 구더기가 번데기로 : 8일 내외

　㉨ 번데기가 선탈(허물을 벗음) : 3주 내외

　㉩ 굳음풀림

　　• 턱뼈관절 : 30시간 내외

　　• 팔 : 36시간 내외

　　• 다리 : 48시간 내외

18 핵심풀이 〉

② B는 자살을 방조한 책임을 지게 된다.

오답풀이 〉

① 혼인외 출생자가 생부를 살해한 경우 직계존속에 해당하지 않아 존속살해죄를 구성하지 않는다(대법원판결 1981.10.13).

③ 실황조사서는 객관적으로 기재하여야 하고 의견이 기재되어서는 안된다.

④ 살인은 수법범죄가 아니므로 수법원지를 작성하지 않는다.

19 핵심풀이 〉

「성폭력범죄의 처벌 등에 관한 특례법」 제30조(영상물의 촬영 · 보존 등)

㉠ 피해자가 19세 미만이거나 신체적인 또는 정신적인 장애로 사물을 변별하거나 의사를 결정할 능력이 미약한 경우에는 피해자의 진술 내용과 조사과정을 비디오녹화기 등 영상물 녹화장치로 촬영 · 보존하여야 한다(의무적 영상녹화).

㉡ 영상물 녹화는 피해자 또는 법정대리인이 이를 원하지 아니하는 의사를 표시한 경우에는 촬영을 하여서는 아니된다.

20 핵심풀이 ▶

③ 한외마약 : 마약성분이 미세하게 혼합되어 있으나 마약으로 다시 제조하거나 제제할 수 없고, 신체적 또는 정신적 의존성을 일으키지 아니하는 것으로 총리령이 정하는 것. 감기약 등에 활용되는 합법의약품이다.

오답풀이 ▶

① 아로바르비탈은 항정신성의약품으로 분류된다.
② 마리화나는 「마약류관리에 관한 법률」상 대마로 분류된다.
④ 대마초의 종자, 뿌리 및 성숙한 대마초의 줄기와 그 제품은 「마약류관리에 관한 법률」상 대마에서 제외된다. 즉 처벌대상이 아니다.

※ 마약의 종류

마약	천연마약	양귀비 · 아편 · 코카엽
	반합성마약	양귀비 · 아편 · 코카엽에서 추출되는 모든 알칼로이드로서 대통령령이 정하는 것(아세토르핀 등) – 헤로인, 하이드로모르핀, 벤질모르핀, 모르핀, 모르피놀, 옥시코돈 등
	합성마약	화학적 합성물(아세틸메사돌 등) – 페치딘계, 메사돈계, 프로폭시펜 등
	위3가지를 함유하는 혼합물질 · 혼합제제	(단, 한외마약은 제외) ※ 한외마약 … 코데놀, 코데날, 코데잘, 유코테, 후리코, 아티반, 세코날, 인산코데인말 등
항정신성 의약품		메스암페타민(히로뽕), 암페타민류, L.S.D, 페이요트, 사일로사이빈, 바르비탈염제류(안정제 – 아로바르비탈 등), 러미라(덱스트로메트로판), S정(카리소프로돌)
대마		대마초(마리화나) [칸나비스 사티바엘, Cannable sativa – L]
		대마수지
		대마초, 대마수지를 원료로 제조된 일체의 제품(단, 대마초의 종자 · 뿌리 및 성숙한 대마초의 줄기와 그제품은 제외)

정답 및 해설

1 ③	2 ④	3 ③	4 ③	5 ④	6 ③	7 ③	8 ①	9 ③	10 ①
11 ④	12 ④	13 ②	14 ①	15 ①	16 ②	17 ①	18 ④	19 ②	20 ②

1 핵심풀이 ▶

③ 수사의 법률적 내용은 범죄성립요건 충족검토 후에 소추조건·처벌조건을 검토한다.

오답풀이 ▶

① 사실적 실체면은 과거의 관념적 범죄사실의 재현이다.

② 수사를 개시할 때는 수사의 사실적 내용 파악이 선행되어야 한다. 수사의 사실적 실체면을 통하여 범인 및 범행에 대한 전모가 파악되고, 그 행위에 대하여 범죄가 성립되는지의 여부 및 그 범죄사실에 대하여 적용할 적정한 형벌법령을 탐색(법률적 평가 – 법률적 실체면)하게 된다.

④ 사실적 실체면은 범인의 행위에 대한 법률적 평가 이전에 범인 및 범행을 밝혀내는 것이다.

※ 범죄수사의 대상

수사의 사실적 내용(실체면) : 범인, 범죄행위	수사의 법률적 내용(실체면) : 범죄성부, 어떤 범죄
㉠ 수사요소의 충족 　• 4하원칙 : 주체(누가)·시간(언제)·장소(어디서)·행동결과(무엇을 했다) 　• 6하원칙 : 4하＋동기(왜)·수단(어떻게) 　• 8하원칙 : 6하＋공범(누구와)·객체(누구에게) ㉡ 행동의 필연성(예 범인이 왜 그 시간을 택했는지) ㉢ 사건의 형태성 : 사건의 전모 파악	㉠ 범죄성립의 요건 　• 구성요건 해당성 　• 위법성 　• 책임성 ㉡ 처벌조건 ㉢ 소추조건

2 핵심풀이 ▶

㉠ 범죄징표는 범죄에 수반하여 나타나는 내적·외적 현상을 말하고, 이 외적 현상(외적 징표)를 범적(범죄흔적)이라 한다. 범죄징표 ≠ 범적

㉡ 범죄징표는 범인 및 범죄사실(일시, 장소 등)의 발견을 위한 수사 자료로서의 기능을 하지만, 피해자의 특징을 파악하는 기능과는 거리가 있다.

ⓒ 범죄자의 성격은 고정불변성이 아니라 어느 정도 변동성이 있다.
ⓗ 친지에의 고백은 범행 후의 심리이다.

※ 보통심리

범행 동기	원한, 치정, 미신, 이욕
범행 결의(범행전 심리)	친지와의 상담, 불안, 초조, 흉기·용구 준비, 현장 사전답사, 알리바이공작
범행 심리	숙지·숙달된 기술선호, 목적 달성에 용이한 방법
범행후 심리	친지에의 고백, 특수한 꿈, 잠꼬대, 피해자에 대한 위로(장례식 참석), 자살, 도주, 증거인멸, 변명준비

오답풀이 ▶

ⓔ 혈액형은 개인의 동일성을 적극적으로 증명할 수는 없으나, 혈액형이 다른 경우에 소극적으로 동일인이 아님을 증명한다.
- 혈액형은 개인의 동일성을 적극적으로 증명할 수 있다.(×)
- 혈액형은 소극적으로 동일인임을 증명할 수 있다.(×)

ⓜ 물건의 이동을 중심으로 하는 수사는 도범 및 장물 수사이며, 이는 자연현상에 의한 징표에 해당한다.

※ 범죄징표의 형태

범인의 생물학적 특징에 의한 범죄징표	• 인상 : 피의자의 인상(얼굴모양·얼굴색·머리모양·머리색·눈모양·눈썹모양·콧날·귀모양·수면·입모양·입술 등)·피의자의 사진·몽타주사진·선면수사법 • 지문 • 혈액형 : 소극적 증명 기능 • 기타 신체적 특징(불구 등 신체적 특징·모발의 특징·치아의 형태·음성·동작의 특정 등)
범인의 심리적 특징에 의한 범죄징표	• 범인심리 • 범죄자의 인격(가정환경·친구관계·교육정도·직업관계·집단관계)과 성격(낙천성·과장성·기만성·우울성·열등의식·변덕성 등) • 보통심리(범행 동기·범행 겸의·범행 심리·범행후 심리) • 이상심리(성신병자·이상성격자의 심리)
범인의 사회관계에 의한 범죄징표	• 사회적 지문(성명·가족·주거·경력·직업 등) • 사회관계에 의한 범죄사실의 확정(범죄양식에 의한 범행방법의 수사·사회집단에 의한 범인수사·사회관계에 의한 범죄수사) • 사회적 파문(소문)
자연현상에 의한 범죄징표	• 일시의 확정(일력·일기·일출·일몰) • 물건의 특정(물건의 특징 – 품종·부속품명칭·규격·의복의 주름·구두뒤축의 마모상태, 물건의 이동)
문서에 의한 범죄징표	• 문서의 동일성(지질감정·사용잉크 감정·문자의 감정) • 필적감정

3 **핵심풀이 〉**

㉠ 공무원은 직무를 행함에 있어 범죄가 있다고 사료되는 때에는 고발하여야 한다.

㉡ 고소는 제1심 판결 선고 전까지 취소할 수 있으나, 고발은 제한이 없다.

㉢ 고소는 친고죄에서 범인을 알게 된 날로부터 6개월 등 고소할 수 있는 기간이 정해져 있으나, 고발은 그러한 제한이 없다.

㉤ 고소는 대리로 할 수 있으나, 고발은 대리로 할 수 없다.

오답풀이 〉

㉣ 친고죄에서는 고소가 소송조건이나, 그 이외의 경우 수사단서에 불과하다. 고발도 수사단서로서의 의미를 가지나, 예외적으로 소송조건이 되는 경우(예 조세범처벌법, 관세법, 출입국관리법 등)가 있다.

㉥ 고소는 취소한 후에 다시 고소할 수 없으나, 고발은 취소한 후에 다시 고발할 수 있다.

㉦ 고소·고발 사건은 접수한 날로부터 2개월 이내에 수사를 완료하여야 하고, 경찰관은 기간 내에 수사를 완료하지 못하였을 때에는 그 이유를 소속 경찰관서장에게 보고하고 수사기일 연장 지휘를 건의하여야 한다.

4 **핵심풀이 〉**

㉠ 경찰공무원이 입수한 모든 수사첩보는 범죄첩보분석시스템(CIAS)을 통하여 작성, 제출함을 원칙으로 한다.

㉣ 수집된 첩보는 수집관서에서 처리하는 것을 원칙으로 한다.

㉤ 평가 책임자는 첩보에 대해 범죄지, 피내사자 주소·거소 또는 현재지 중 어느 한 개의 관할권도 없는 경우에 이송할 수 있다.

㉥ 이송을 하는 첩보의 평가 및 처리는 이송 받은 관서의 평가 책임자가 담당한다.

오답풀이 〉

㉡ 수사 중 사건, 수사종결된 사건, 허위의 사실을 첩보로 제출해서는 안된다.

㉢ 범죄첩보분석시스템(CIAS)을 통하여 처리되어야 한다.

5 **핵심풀이 〉**

㉠ 정황증거가 된다.

㉡ 감수사는 과학수사의 일종이다.

㉢ 수사자료를 위한 수사(횡적 수사)이다.

㉣ 피해자, 그 가족, 피해가옥과 범인간의 관련성을 연고감이라 한다.

오답풀이 〉

㉤ 관계가 밀접한 농감, 관계가 희박한 박감으로 구별된다.

㉥ 지리감은 연고감에 비하여 수사대상도 많고 수사범위도 넓다.

㉦ 감유무수사를 한 후 관련성이 있는 감적격자를 상대로 수사를 한다.

6 핵심풀이 ▶

공소권 없음 – ㉠㉡㉥

죄안됨 – 위법성조각사유, 책임성조각사유〈㉣〉, 형법 각 본조 '처벌하지 아니한다' 규정(친족·동거 가족의 범인은닉, 증거인멸행위)〈㉢〉

오답풀이 ▶

혐의없음 – ㉢㉤

각하 – ㉦

구분		내용
협의의 불기소처분	혐의없음 (무혐의)	• 피의사실이 인정되지 않음 • 피의사실을 인정할 만한 증거가 없는 경우(증거불충분) • 피의사실이 범죄를 구성하지 않는 경우(구성요건해당성없음) • 피의자의 자백에 대한 보강증거가 없는 경우
	죄가 안됨	• 위법성조각사유(정당방위, 정당행위, 긴급피난, 자구행위, 피해자승낙) • 책임성조각사유(형사미성년자, 심신상실자, 강요된 행위) • 형법 각 본조에 '처벌하지 아니한다'고 규정된 경우(친족, 동거가족의 범인은닉, 증거인멸)
	공소권없음	• 소송조건의 결여(고소취소된 친고죄, 처벌불원의사있는 반의사불벌죄) • 형이 면제되는 경우(친족상도례) • 공소시효의 완성 • 피의자 사망, 법인의 해산 • 공소제기 된 사건과 동일사건 • 판결이 확정된 사건과 동일사건 혹은 포괄일죄 • 처벌규정의 폐지 • 사면
	각하	• 고소·고발사건에 대하여 혐의없음, 죄가 안됨, 공소권없음이 명백한 경우 • 동일사안에 대하여 이미 검사의 불기소처분이 존재하거나 혐의없음을 이유로 내사종결되어 다시 수사할 가치가 없을 때 • 고소·고발이 법률에 위반되는 경우 • 고소권한이 없는 자에 의한 고소 • 고소장·고발장만으로는 수사를 진행할 가치가 없다고 인정되는 경우
기소유예		범인의 연령, 성행(性行), 지능, 환경, 범행의 동기, 수단과 결과, 범행 후의 정상 등을 참작하여 공소제기를 하지 않음
기소중지		피의자의 소재불명으로 수사를 종결할 수 없는 경우에 그 소재판명시까지 하는 처분
참고인 중지		다음의 사유인 경우 그 소재판명시까지 하는 처분 • 고소인, 고발인의 소재불명(물론 고소제기 후 전혀 출석불응 등 사유라면 각하 사유가 될 수 있음) • 상피의자(같은 사건 다른피의자) 소재불명 • 참고인의 소재불명
공소보류		검사가 국가보안법의 죄를 범한 자에 대하여 정상참작하여 공소제기를 보류하는 깃

7

ㄱ 경찰관은 신문방해, 수사기밀 누설 등 수사에 현저한 지장을 줄 우려가 있다고 인정되는 경우 변호인 참여를 제한할 수 있다.

ㄴ 변호인이 상당한 시간내에 출석하지 아니하거나 변호인 사정으로 출석하지 않는 경우에는 변호인 참여 없이 피의자를 신문할 수 있다.

ㄹ 피의자신문 과정에서 참여 변호인이 신문내용을 촬영, 녹음, 기록하는 경우 제한을 받는다. 다만, 변호인이 기억환기용으로 간략히 메모를 하는 것은 제외한다.

※ **범죄수사규칙 제59조**(변호인의 피의자신문 등 참여)

ㄱ 경찰관은 피의자 또는 그 변호인·법정대리인·배우자·직계친족 또는 형제자매의 신청이 있는 경우에는 정당한 사유가 없는 한 변호인을 피의자의 신문과정에 참여하게 하여야 한다. 이 경우 정당한 사유란 변호인의 참여로 인하여 신문방해, 수사기밀 누설 등 수사에 현저한 지장을 줄 우려가 있다고 인정되는 경우를 말한다.

ㄴ 경찰관은 ㄱ의 경우에 피의자 또는 피의자가 선임한 변호인에게 신문 일시를 통보하여야 한다.

ㄷ 경찰관은 변호인의 참여 신청을 받은 경우에는 변호인과 신문 일시를 협의하고, 변호인이 참여할 수 있도록 상당한 시간을 주어야 한다. 다만 변호인이 상당한 시간 내에 출석하지 않거나 변호인 사정으로 출석하지 않는 경우에는 변호인의 참여 없이 피의자를 신문할 수 있다.

ㄹ 사법경찰관은 피의자신문 중이라도 변호인의 참여로 인하여 다음의 어느 하나의 사유가 발생하여 신문방해, 수사기밀 누설 등 수사에 현저한 지장을 초래한 경우에는 변호인의 참여를 제한할 수 있다.

- 사법경찰관의 승인 없이 부당하게 신문에 개입하거나 모욕적인 언동 등을 행하는 경우
- 피의자를 대신하여 답변하거나 특정한 답변 또는 진술 번복을 유도하는 경우
- 「형사소송법」 제243조의2 제3항의 취지에 반하여 부당하게 이의를 제기하는 경우
- 피의자 신문내용을 촬영, 녹음, 기록하는 경우. 다만, 기록의 경우 피의자에 대한 법적 조언을 위해 변호인이 기억환기용으로 간략히 메모를 하는 것은 제외한다.

ㅁ 경찰관은 신문에 참여한 변호인에게 신문 후 의견을 진술할 수 있는 기회를 주고 해당 의견을 조서에 기재하여야 한다. 다만, 신문 중이라도 부당한 신문방법에 대한 이의 제기나 조사 중인 경찰관의 승인을 받은 경우에도 의견 진술권을 줄 수 있다.

ㅂ 경찰관은 변호인의 의견이 기재된 피의자신문조서는 변호인에게 열람하게 한 후 변호인으로 하여금 그 조서에 기명날인 또는 서명하게 하여야 한다.

ㅅ 경찰관은 피의자신문조서 등에 변호인 참여 및 제한에 관한 사항을 기재하여야 한다.

8 핵심풀이 ▶

ⓛ 유인잠복감시는 가족이나 제3자 협력을 얻어 범인을 어떤 용무를 핑계로 잠복감시장소로 유인하는(꾀어내는) 방법이다.

오답풀이 ▶

㉠ 피해자의 집에 출현할 가능성은 거의 없다.
㉢ 미행과 잠복감시는 발생한 사건의 수사를 위한 것이고 예방목적이 아니다.
㉣ 잠복에는 잠복방법에 따라 내부잠복감시 · 외부잠복감시 · 유인잠복감시가 있다.
㉤ 외부잠복감시에는 원거리잠복감시와 근거리잠복감시가 있다.
㉥ 외부잠복감시가 기본이고, 내부잠복감시는 예외적으로 활용한다.

9 핵심풀이 ▶

㉠ 중하거나 공소시효 장기순으로 한다.
ⓛ 특별법 모두 교사, 방조를 표시한다.
㉤ 죄명 구분표시를 하지 않는다. 군형법위반 사건인 경우는 (   )하고 죄명 구분을 표시하지 않고 군형법 죄명표에 의해 범죄별로 표시한다. (예 초병살해○, 군형법위반(초병살해)×, 군형법위반×)

오답풀이 ▶

㉢ 죄명은 띄어쓰기 하지 않는다.
㉣ 특별법의 경우 교사 · 방조 표시, 미수인 경우 'ㅇㅇ법위반'으로 기재(예 도로교통법위반미수×)

10 핵심풀이 ▶

① 접사(contact shot)에서는 불규칙적인 성상 또는 분화구상을 보이며 상처의 직경은 탄환보다 크다.

※ **발사거리와 총알상처**

접사(밀착발사)	총알입구파열, 화약잔사분말침입. 상처구멍이 탄환직경보다 큼
근접사(0.5~1㎝발사)	상처가장자리 파열안됨. 소륜형성. 상처구멍이 탄환직경보다 작음
근사 (권총 약30~45㎝, 장총 1~2m발사)	그을음부착 → 거리측정가능(거리멀수록 커짐). 소륜형성. 폭연, 화약잔사분말 · 녹 · 기름성분 등 부착
원사(근사이상거리 발사)	상처구멍(오물고리, 까진고리)

11 핵심풀이 ▶

㉠ 지문은 만인부동(萬人不同), 종생불변(終生不變)의 특징을 가진다. 그러나 지문은 인간만이 가지고 있는 것이 아니라 원숭이나 침팬지도 갖고 있다.

㉡ 세상에 동일한 지문을 갖고 있는 사람은 단 한 사람도 없다. 일란성 쌍둥이의 경우에는 DNA지문은 동일하지만 지문은 다르다.

㉢ 세계적으로 가장 널리 사용되고 있는 분류법은 Henry식 분류법이다. 그러나 우리나라는 독일 Hamburg경찰청에 근무하던 Rosher가 창안한 Hamburg식(로셔식) 분류법을 활용하고 있다.

㉣ 넓은 의미의 지문에는 중절문, 기절문, 지간문, 장문, 족문 등이 포함된다.

12 핵심풀이 ▶

④ 간이검사 대상은 탈의막 안에서 속옷을 벗지 않고 실시한다.

오답풀이 ▶

① 신체검사는 유치인보호주무자가 피의자 입(출)감지휘서에 지정하는 방법으로 유치장내 신체검사실에서 실시하여야 한다.

②③ 신체검사의 종류 : 외표검사, 간이검사, 정밀검사

외표검사	죄질이 경미하고 동작과 언행에 특이사항이 없으며 위험물 등을 은닉하고 있지 않다고 판단되는 유치인(집회시위사범, 노약자 등)에 대하여는 신체 등의 외부를 눈으로 확인하고 손으로 가볍게 두드려 만져 검사한다(겉옷 착용. 육안, 촉수검사).
간이검사	일반적으로 유치인에 대하여는 탈의막 안에서 속옷은 벗지 않고 신체검사의를 착용(유치인의 의사에 따름)하도록 한 상태에서 위험물 등의 은닉여부를 검사한다(속옷 입음. 신체검사의 착용여부는 유치인의 의사에 따름).
정밀검사	살인, 강도, 절도, 강간, 방화, 마약류, 조직폭력 등 죄질이 중하거나 근무자 및 다른 유치인에 대한 위해 또는 자해할 우려가 있다고 판단되는 유치인에 대하여는 탈의막 안에서 속옷을 벗고 신체검사의로 갈아입도록 한 후 정밀하게 위험물 등의 은닉여부를 검사하여야 한다(속옷 벗음. 신체검사의 갈아입음).

13 핵심풀이 ▶

㉢ 초산은 용액은 자색으로 검출된다.

㉦ 지문자체의 특성에 의한 범죄수법은 알 수 없다.

※ 현장지문 채취방법

　㉠ 현재지문 채취방법

사진촬영	
전사판(젤라틴지)	
실리콘러버법(채형법)	부패변사체의 지문, 공구흔, 치흔
	실리콘러버＋경화제→대나무주걱으로 눌러→지문채취 ✕ (합성수지피막제액 도포후 지문채취)

ⓛ 잠재지문 채취방법

구분	내용	
고체법(분말법)	유리, 도자기, 가구류, 금속류, 프라스틱류, 병 등	
	분말(은색ㆍ흑색ㆍ적색)→사진촬영, 전사법 * 은색분말→어두운 색깔, 흑색분말→밝은색, 적색분말→황청색 * 쇄모법(붓) – 일반적, 롤법, 분사법(Spray)	
액체법	종이ㆍ나무 등(흡수성 다공질)	
	닌히드린용액법	땀속의 아미노산→전기다리미 가열(약 1분)→지문검출(자청색)→사진촬영(전사법×) (* DFO법 : 땀속의 아미노산)
	초산은용액법	땀속의 염분→태양광선(약 3~4분)→지문검출(자색)→사진촬영(전사법×)
옥도가스법 (아이오딘기체법) – 기체법	종이ㆍ나무ㆍ병ㆍ도자기 등	
	옥도가스→잠재지문(지방분)→다갈색 지문검출→사진촬영(전사법×)	
강력순간접착제법 (본드법) – 기체법	피혁류ㆍ플라스틱류ㆍ비닐류ㆍ과일류 등	
	유리시험관→본드(2~3g)증기→염분ㆍ지방분ㆍ단백질→백색의 지문검출→사진촬영, 분말도포후 전사법	
오스믹산 용액법 – 기체법	습기있는 지류, 장기간 경과된 지문, 화장지류, 과일류, 나뭇잎사귀 등	
	유리시험관→오스믹산 증기→분비물→흑색의 지문검출→사진촬영(전사법×)	
진공금속지문채취법	플라스틱류, 필름, 사진, 가죽, 비닐, 고무 등	
	진공금속지문채취기(VMD)이용→진공통→금ㆍ아연 증발→지문검출(오래된 지문도 현출가능)	
화염법	금속	
	병속의 벤젠ㆍ유지ㆍ양초의 매연→부착→지문검출→사진촬영ㆍ전사법	
사광선 이용법	오목이 명료한 먼지, 유지지문	
적외선 촬영법	먼지	
자외선 촬영법	유지, 형광촬영법→유지ㆍ형광제	
접착면에 유류된 지문채취시약	스티키사이드파우더, 어드헤이시브사이드파우더, 젠티안바이올렛, 크리스탈바이올렛, 에멀젼블랙, 테잎글로우 등 (* 아미도블랙×, DFO×)	
혈흔지문	아미도 블랙	
지류(종이)	DFO	
비닐(봉투)	• 강력순간접착제법(CA기체법) → 베이직 옐로 • SPR (* 물기 말리지 않아도 채취 가능, 이슬맞은 차량)	
감열ㆍ감압지	자석분말법, 아이오딘기체법(옥도가스법), 오스믹산, 질산은법 등 (* 스티키사이드파우더×, 크리스탈바이올렛×)	
젖은 지류	피지컬디벨로퍼(PD)	
복식검출법	광선이용→기체법→고체법→닌히드린법→초산은법	

14 핵심풀이 ▶

① 정부기관에서 공적용도로 사용하는 경우, 학원 등 영리를 목적으로 사용하는 경우는 복제·배포할 수 없다.

※ **컴퓨터프로그램 저작권이 제한되는 경우**(목적상 필요한 범위 안에서 공표된 컴퓨터프로그램을 복제 또는 배포할 수 있는 경우)〈저작권법 제101조의3 제1항〉

　㉠ 재판 또는 수사를 위하여 복제하는 경우

　㉡ 유아교육법, 초·중등교육법, 고등교육법에 따른 학교 및 다른 법률에 따라 설립된 교육기관(상급학교 입학을 위한 학력이 인정되거나 학위를 수여하는 교육기관에 한한다)에서 교육을 담당하는 자가 수업과정에 제공할 목적으로 복제 또는 배포하는 경우

　㉢ 초·중등교육법에 따른 학교 및 이에 준하는 학교의 교육목적을 위한 교과용 도서에 게재하기 위하여 복제하는 경우 (* 대학교×)

　㉣ 가정과 같은 한정된 장소에서 개인적인 목적(영리 목적인 경우 제외)으로 복제하는 경우

　㉤ 초·중등교육법, 고등교육법에 따른 학교 및 이에 준하는 학교의 입학시험 그 밖의 학식 및 기능에 관한 시험 또는 검정을 목적(영리를 목적으로 하는 경우 제외)으로 복제 또는 배포하는 경우

　㉥ 프로그램의 기초를 이루는 아이디어 및 원리를 확인하기 위하여 프로그램의 기능을 조사·연구·시험 목적으로 복제하는 경우(정당한 권한에 의하여 프로그램을 사용하는 자가 당해 프로그램을 이용중인 때에 한함)

15 핵심풀이 ▶

① 범행동기는 게임이나 단순한 유희, 지적 모험심의 추구, 정치적 목적이나 산업경쟁 등이다.

　오답풀이 ▶

② 행위자의 연령이 낮고 죄의식이 희박, 초범이 많다.
③ 단순한 조작실수는 과실에 의한 행위로서 사이버범죄로 보기 어렵다.
④ 명령의 반복수행으로 범행이 노출되는 경우가 많다.

16 핵심풀이 ▶

② '13세이용'는 등급분류에 해당하지 않는다.

※ 게임산업진흥에 관한 법률 제21조(등급분류) 제2항 … 게임물의 등급은 다음과 같다.

　㉠ 전체이용가 : 누구나 이용할 수 있는 게임물
　㉡ 12세이용가 : 12세 미만은 이용할 수 없는 게임물
　㉢ 15세이용가 : 15세 미만은 이용할 수 없는 게임물
　㉣ 청소년이용불가 : 청소년은 이용할 수 없는 게임물

17   핵심풀이 ▶

ⓒ 프로포폴은 흔히 수면마취제라고 불리는 정맥마취제로서 수면내시경 등에 사용되나, 환각제 대용으로 오·남용되는 사례가 있어서 향정신성의약품으로 관리하고 있다.

오답풀이 ▶

㉠ 모르핀은 생아편에서 화학적 처리를 통하여 추출된다.

㉡ 양귀비에서 흘러나오는 액즙은 백색이지만, 이것이 공기에 노출되어 산화되면 암갈색 또는 검은색을 띤다.

㉣ 필로폰은 통상 백색을 띠며, (염산)에페드린, 클로로포름, 지오닐을 교반, 용해하여 만든다.
  * 에페드린, 클로로포름, 지오닐의 혼합비율 – 2 : 1 : 1

㉤ 증거능력이 있다. 경찰관들이 피고인을 영장없이 불법연행한 상태에서 1차 채뇨가 이루어졌고, 그 후 압수영장에 기하여 2차 채뇨가 이루어지고 그 결과를 분석한 소변감정서 등이 증거로 제출된 사안에서, 1차 채뇨에 의한 증거는 증거능력이 없으나 2차 증거인 소변감정서 등은 증거능력이 인정된다고 판시하였다(대법원 2012도13611 판결).

㉥ 보존기간은 2년이다.

㉦ 무색무취이나 짠맛이 있다.

※ 보충정리

메스암페타민 (필로폰 · 히로뽕)	• 필로폰은 메스암페카민의 속칭으로서 1919년 피로회복제 Philopon에서 유래되었다. • 미국에서는 아이스(Ice), 필리핀에서는 샤부(Shabu), 대만에서는 아이타민이라고도 불린다. • 필로폰은 통상 백색을 띠나, 적갈색 · 오렌지 · 흑색 등 색깔이 착색된 정제형태의 필로폰이 태국 동남아 등지에서는 야바(YABA) 또는 야마(YahMah)로 통칭된다. • 처음에는 '술깨는 약'이나 '피로회복제' '체중조절약' 등을 가장하여 유통, 복용되는 경우가 많다. • 필로폰은 각성제로 분류될 수 있다. 식욕이 감퇴하고 환시, 환청을 경험한다. 같은 행동을 반복하며 말이 많아진다. 중추신경 흥분작용은 뇌에 작용하여 대뇌피질에만 작용하는 카페인보다 강하다. 피해망상 · 폭력성을 수반한다. • **투약방법** : 정맥혈관에 주사(1회 투약량은 약 0.02~0.05g 정도, 심한 중독인 경우 0.1g까지 사용), 음료수에 섞이 음용, 빨대이용 코로 흡입, 가열하여 연기를 낸 후 파이프이용 코로 흡입 등 (* 담배로 만들어서 흡연×)
GHB(물뽕)	• 무색무취로서 소다수 등 음료에 타서 복용하여 "물같은 히로뽕"이라는 뜻으로 일명 "물뽕"으로 불림 • 미국, 캐나다, 유럽 등지에서 성범죄용으로 악용되어 "데이트 강간약물(Date Rape Drug)"로도 불림 • 짠맛이 나는 액체, 근육강화 호르몬 분비효과가 있음 • 사용후 15분 후에 효과발현, 3시간 지속됨

18 핵심풀이 **〉**

ⓛ 처제를 강간한 경우 – 성폭력범죄의처벌등에관한특례법위반(친족관계에의한강간)

- 친족의 범위는 4촌 이내의 혈족·인척과 동거하는 친족으로 한다〈개정〉. 친족은 사실상의 관계(예 의붓아버지)에 의한 친족을 포함

  예 외삼촌(3촌 혈족), 시동생(2촌 인척), 의붓아버지(사실상 1촌 인척), 처형(2촌 인척), 처제(2촌 인척) 등

ⓔ 2명이 공동하여 강간한 경우 – 성폭력범죄의처벌등에관한특례법위반(특수강간)

- 흉기 기타 위험한 물건을 휴대하거나 2인 이상이 합동하여 강간의 죄를 범한 사람 – 성폭력범죄의처벌등에관한특례법위반(특수강간)

ⓜ 인터넷게시판에 음란동영상을 올려놓은 경우 – 정보통신망이용촉진및정보보호등에관한법률위반(음란물유포)

- 휴대전화로 음란전화를 하거나, 상대방에게 동영상을 보낸 경우 – 성폭력범죄의 처벌 등에 관한특례법위반(통신매체이용음란)

- 수영장 여자탈의실에 몰래카메라를 설치하여 여자의 나체를 촬영한 경우 – 성폭력범죄의처벌등에관한특례법위반(카메라등이용촬영)

ⓢ 지하철에서 여성을 강제추행한 경우 – 강제추행죄(형법)

- 지하철에서 여성을 추행한 경우 – 성폭력범죄의처벌등에관한특례법위반(공중밀집장소에서의추행)

ⓞ 형법상 강간의 죄를 범한 자가 살인을 한 경우 – 형법을 적용하지 않고 성폭력범죄의처벌등에관한특례법위반(강간등살인)을 적용

- 주거침입강간, 절도강간, 특수강간 등의 죄, 그 미수범의 죄, 형법상 강간의 죄를 범한 사람이 다른 사람을 살해한 때 – 성폭력범죄의처벌등에관한특례법위반(강간등살인)

오답풀이 〉

ⓖ 청소년(만 19세미만자. 단 그해 19세되는 자는 제외)인 15세 소녀를 강간한 경우 – 성폭력범죄의처벌등에관한특례법을 적용하지 않고 아동·청소년의 성보호에 관한 법률을 적용한다.

- 아동·청소년에 대한 강간·강제추행, 준강간·준강제추행, 위계위력에 의한 간음·추행 등 – 아동·청소년의성보호에관한법률위반(강간)을 적용한다. 단, 13세 미만인 경우는 법정형이 더 중한 성폭력범죄의처벌등에관한특례법위반(13세미만미성년자강간등)을 적용한다.

ⓒ 13세 미만 미성년자를 강간한 경우 – 아동·청소년의 성보호에 관한 법률을 적용하지 않고 성폭력 범죄의 처벌 등에 관한 특례법을 적용한다.

- 13세 미만의 미성년자에 대한 강간·강제추행, 준강간·준강제추행, 위계위력에 의한 간음·추행 등 – 성폭력범죄의처벌등에관한특례법위반(13세미만미성년자강간등)〈1차적용〉

- 13세미만의 부녀(미성년자)를 단순히 간음한 경우(피해자 동의불문, 폭행·협박불문, 위계·위력불문) – 미성년자의제강간(형법 제305조)

ⓗ 특수강간미수범(3인이 윤간하다 실패)이 상해를 입힌 경우 – 성폭력범죄의처벌등에관한특례법을 적용한다.

- 주거침입강간, 절도강간, 특수강간 등, 미수범의 죄를 범한 사람이 다른 사람을 상해하거나 상해에 이르게 한 때 – 성폭력범죄의처벌등에관한특례법위반(강간등상해·치상)

19

핵심풀이 ▶

② 대마초의 종자(씨), 뿌리 및 성숙한 대마초의 줄기는 '마약류관리에 관한 법률'의 규제 대상에 해당하지 않는다.

오답풀이 ▶

※ 단속대상 … 대마를 허가없이 재배하거나 수입, 수출하는 행위, 대마취급자가 아니면서 소지, 운반, 보관하는 행위
  ㉠ 대마초의 종자(씨), 뿌리 및 성숙한 대마초의 줄기 : 제외(처벌하지 않는다)
  ㉡ 종자(씨)의 껍질 : 단순소지는 처벌되지 않으나, 흡입시에는 처벌된다.

20

핵심풀이 ▶

㉢ 검사 또는 국가경찰공무원은 고발이 없더라도 신속·공정하게 단속·수사를 하여야 한다〈공직선거법 제9조〉.
㉣ 선거운동을 하거나 할 것을 표방한 노동조합 또는 단체는 그 명의 또는 그 대표의 명의로 공명선거추진활동을 할 수 없다〈공직선거법 제10조〉.

오답풀이 ▶

㉠ 대통령선거·국회의원선거·지방의회의원 및 지방자치단체의 장의 선거 모두 공직선거법이 적용한다.
㉡ 후보자의 가족이 설립하거나 운영하고 있는 단체는 그 명의 또는 그 대표의 명의로 공명선거추진활동을 할 수 없다〈공직선거법 제10조〉.
※ 공직선거법 제10조(사회단체 등의 공명선거추진활동) … 사회단체 등은 선거부정을 감시하는 등 공명선거추진활동을 할 수 있다. 다만, 다음의 어느 하나에 해당하는 단체는 그 명의 또는 그 대표의 명의로 공명선거추진활동을 할 수 없다.
  ㉠ 특별법에 의하여 설립된 국민운동단체로서 국가 또는 지방자치단체의 출연 또는 보조를 받는 단체(바르게살기운동협의회·새마을운동협의회·한국자유총연맹을 말한다)
  ㉡ 법령에 의하여 정치활동이나 공직선거에의 관여가 금지된 단체
  ㉢ 후보자(후보자가 되고자 하는 자를 포함한다), 후보자의 배우자와 후보자 또는 그 배우자의 직계존·비속과 형제자매나 후보자의 직계비속 및 형제자매의 배우자(후보자의 가족)가 설립하거나 운영하고 있는 단체
  ㉣ 특정 정당(창당준비위원회를 포함한다) 또는 후보자를 지원하기 위하여 설립된 단체
  ㉤ 선거운동을 하거나 할 것을 표방한 노동조합 또는 단체

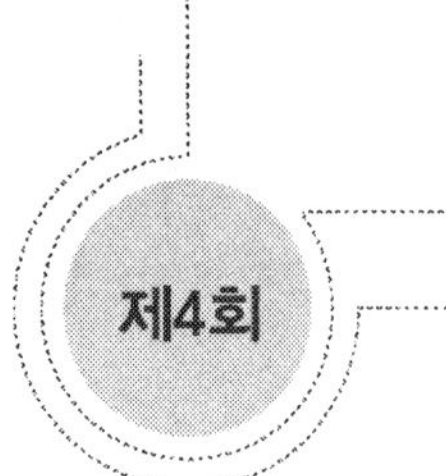

정답 및 해설

1 ②	2 ③	3 ④	4 ②	5 ①	6 ③	7 ③	8 ④	9 ③	10 ①
11 ③	12 ③	13 ④	14 ②	15 ①	16 ①	17 ②	18 ①	19 ④	20 ②

1 **핵심풀이 ▶**

㉠ 사법경찰관은 사건을 수리(＝입건＝범죄사건부 등재)하였다면, 혐의가 없는 경우에도 사건을 검찰에 송치하여야 한다.

㉡ 협의의 수사시기는 수사의 단서에서 공소제기시까지이다. 광의의 수사시기는 수사의 단서에서 확정판결시까지이다.

㉢ 범죄신고에 의해서 곧바로 수사가 개시되는 것이 아니라 범죄혐의가 있을 때 수사가 개시된다.

오답풀이 ▶

㉣ 첩보, 현행범체포, 변사자검시, 불심검문 등 사건을 인지하여 수사에 착수시 범죄인지서를 작성한다. (* 고소, 고발, 자수, 검사의 수사지휘의 경우 범죄인지서를 작성하지 않는다.)

2 **핵심풀이 ▶**

㉠ 범죄수사의 3대원칙(3S원칙)에는 신속착수의 원칙, 현장보존의 원칙, 민중(공중)협력의 원칙이 있다.

㉣ '범죄현장은 증거의 보고'라는 말은 현장보존의 원칙과 관련이 있다.

㉤ '불법선거범죄 신고포상금이 최고 5억원'과 관련이 있는 것은 민중(공중)협력의 원칙이다.

오답풀이 ▶

㉡ 사회에는 목격자나 전문자(전해 들은 사람) 등이 살고 있으므로 증거를 확보하기 위해서는 이들로부터 협력을 얻어내야 한다는 뜻에서 공중협력의 원칙과 관련이 있다.

㉢ 특히 강력범죄의 수사에 있어서 현장보존의 여부는 수사의 성패를 좌우하게 된다.

3

ㄱ 4하원칙 : 주체(누가) · 시간(언제) · 장소(어디서) · 행동·결과(무엇을 했다)
- 6하원칙 : 4하＋동기(왜) · 수단(어떻게)
- 8하원칙 : 6하＋공범(누구와) · 객체(누구에게)

ㄷ 특별사법경찰관의 참고인 조사는 수사라고 할 수 있다.

ㄹ 범죄수사는 범인검거와 증거수집 모두 중요하고 병행되어야 한다.

ㅁ 수집된 수사자료를 질서있게 전체적으로 집약하여 사건의 전모를 파악하였다면 이것을 사건의 형태성이라 한다.

ㅂ 강도사건에 있어 범인이 왜 그 시간을 택했는가, 그 시간이 행위의 어떤 점에 영향을 주었는가 등을 조사함으로써 범죄일시를 명확히 하는 것은 행위의 필연성이다.

ㄴ 과거 범행을 재현함에는 수사요소의 충족, 행위의 필연성, 사건의 형태성을 요구한다.

4

ㅅ 피고인으로부터 정식재판 청구가 없는 즉결심판사건은 사건번호를 기재하지 않는다.

ㅇㅈ 진정, 탄원, 민원, 범죄첩보, 내사지휘사건은 형사민원접수처리부에만 등재하여 별도로 기록 유지하고 별도로 사건번호를 부여하지 않는다.

※ **범죄수사규칙 제191조**(사건의 단위) ⋯ 다음에 해당하는 범죄사건은 1건으로 처리하여야 한다.

　ㄱ 1인이 범한 수죄

　ㄴ 수인이 공동으로 범한 죄

　ㄷ 수인이 동시에 동일장소에서 범한 죄

　ㄹ 범인 은닉죄, 증거인멸죄, 위증죄, 허위감정 · 통역죄 또는 장물에 관한 죄와 그 본범의 죄 (형사소송법 제11조 소정의 관련사건)

　ㅁ ㄱ부터 ㄹ까지의 사건이라도 이미 검찰청 또는 상당관서에 송치하거나 이송한 후에 접수한 사건

　ㅂ 불기소 처분이 있은 후 검사의 지휘에 따라 다시 수사를 개시한 사건

　ㅅ 검사로부터 수사지휘를 받은 사건(직수사건)

　ㅇ 다른 관서로부터 이송을 받은 사건

　ㅈ 검찰청에 송치하기 전의 맞고소 사건

　ㅊ 판사가 청구기각 결정을 한 즉결심판 청구 사건

　ㅋ 피고인으로부터 정식재판 청구가 있는 즉결심판 청구 사건

5 핵심풀이 ▶

ㄱ **시한성(한시성)** : 범죄첩보는 시간이 경과함에 따라 가치가 감소한다.

ㄴ **가치변화성** : 범죄첩보는 수사기관의 필요성에 따라 가치가 달라진다.

ㄷ **결합성** : 범죄첩보는 여러 첩보가 서로 결합되어 이루어진다.

ㄹ **결과지향성** : 범죄첩보는 수사 후 현출되는 결과가 있어야 한다.

ㅁ **혼합성** : 범죄첩보는 그 속에 하나의 원인과 결과를 내포하고 있다.

6 핵심풀이 ▶

ㄷ 경찰관직무집행법상 수사의 단서로는 불심검문이 있다.

ㄹ 형사소송법상 수사의 단서에는 고소, 고발, 자수, 변사체의 검시, 현행범인체포 등이 있다.

오답풀이 ▶

ㄱ 수사의 단서란 함은 수사를 개시할 수 있는 자료를 말하며, 수사기관의 체험에 의한 단서(직접인지)와 타인의 체험에 의한 단서(간접인지)가 있다.

ㄴ 수사기관의 체험에 의한 단서에는 변사체의 검시, 불심검문, 현행범인체포, 타사건 수사 중 범죄발견, 범죄첩보, 언론(신문, 방송)보도 · 풍설 등이 있다.

ㅁ 타인의 체험에 의한 단서에는 고소, 고발, 자수, 피해신고(투서, 밀고), 진정, 탄원 등이 있다.

7 핵심풀이 ▶

ㄴ 현장에서 멀리 떨어진 곳에서 범인이 단서가 될 자료를 무의식중에 남기는 경우가 있으므로 가능한 한 광범위한 관찰 실시한다.

ㄷ '자연적인 관찰'보다는 가능한 한 확대경이나 조명기구를 이용한 '완전한 관찰'을 하여 모순과 불합리점의 발견에 힘쓴다.

ㄹ 범행시와 동일한 조건하에서 관찰하여야 한다.

ㅁ 치밀하게 구석구석까지 반복하여 관찰한다.

오답풀이 ▶

ㄱ 범죄현장은 곧 증거의 보고라는 신념을 가지고 임장한다.

ㅂ 현장관찰은 수사지휘관의 통제하에 움직인다.

8 핵심풀이 ▶

㉠ 기억을 환기하기 쉬운 순서로 질문한다. 사건의 원인, 동기, 준비행위, 실행행위, 사후행위의 순으로 질문한다.

㉡ 조사의 중점이 무엇인지 피의자가 감지하지 못하도록 한다.

㉢ 피의자혐의를 밝히기 위하여 죄의식을 가볍게 한다.

㉣ 범죄혐의가 확실한 경우 피의자의 혐의를 밝힐 수 있는 상황증거의 일부를 지적한다. 범죄혐의가 불확실한 경우는 간접적으로 접근한다.

㉤ 통역을 통하여 작성된 조서에는 진술자(피신문자), 작성자(사법경찰관), 통역인, 보조인이 기명날인 또는 서명을 한다.

9 핵심풀이 ▶

③ 공범 – 상상적 경합범 – 누범 – 경합범 – 필요적 몰수

※ **형법총칙 규정**

　㉠ **적용법조 기재** … 형법총칙 규정은 공범, 교사범, 종범, 누범, 경합범(상상적 경합범, 실체적 경합범), 필요적 몰수는 기재 (* 공범 – 상상적 경합범 – 누범 – 경합범 – 필요적 몰수 순)

　㉡ **적용법조 불기재** … 형법총칙규정 중 임의적 몰수, 추징, 간접정범(제34조), 총칙상 미수, 형의 가중, 감경규정, 벌금 등 임시조치법은 기재하지 않는다.

10 핵심풀이 ▶

① 2개 이상의 흉기에 의한 손상이 발견되고, 흉기가 시체에서 멀리 떨어져 있는 경우는 타살이 많다.

※ **손상사에 있어서 자 · 타살 감별**

기준	자살	타살
사용흉기	거의 하나, 몸 가까이서 발견	2개 이상의 흉기, 시체에서 멀리 떨어져 빌건
손상의 부위	자위로 가능한 부위, 목, 가슴, 복부 등 급소가 보통. 늘쓰는 손의 반대쪽에 기점	신체의 어느 부위에도 가능, 특히 목덜미, 뒷머리, 등어리 등에 손상
손상의 수	손상의 수는 작으며 특히, 치명상의 숫자는 1~2개에 불과	중 · 치명상의 숫자가 여러개인 경우가 많음
손상의 방향	손상이 비교적 집중, 상호 평행한 방향	손상들이 불규칙, 여러 방향
손상의 형태	날이 있는 도구를 사용, 절창, 자창이 많음	예기뿐만 아니라 둔기의 사용도 빈번, 절창, 자창 외에 좌상, 열창, 할창 등 다양
주저흔, 방어흔	잘 쓰이는 손에 혈액이 부착, 창상 주변에 주저흔이 발견	손, 손가락, 팔뚝에 방어창상이 있는 경우가 많음
착의와의 관계	옷을 걷어 올리고 직접 피부에 상해를 하므로 옷에는 손상의 흔적이 거의 없음	옷을 입은 채로 상해를 입게 되므로 옷에도 손상이 있음

11 핵심풀이 ▶

ⓔ 현장지문 또는 준현장지문 중에서 관계자의 지문을 제외하고 남은 지문을 유류지문이라고 한다.

ⓜ 범죄현장이외의 장소(침입로, 도주로, 영업소 등)에서 채취한 지문은 준현장지문이다.

ⓗ 탄력성이 없는 물체(먼지, 점토, 페인트 등)에 남겨진 지문을 현상지문이라 한다.

※ 지문의 종류와 채취방법

종류			의의
현장지문	현재지문	의의	• 가공을 하지 않고도 육안으로 식별되는 지문
		정상 지문	• 손 끝에 묻은 혈액 · 잉크 · 먼지 등이 손가락에 묻은 후 피사체에 인상 된 지문. 무인했을 때의 지문과 동일
		역지문	• 먼지 쌓인 물체. 연한 점토. 마르지 않은 도장면. 선의 고랑과 이랑이 반대로 현출
	잠재지문		• 인상된 그대로의 상태로는 육안으로 식별되지 않고 이화학적 가공을 하여야 비 로소 가시(可視)상태로 되는 지문
준현장지문			• 범죄현장 이외의 장소(침입로, 도주로, 영업소 등)에서 채취한 지문
관계자지문			• 현장지문 또는 준현장지문 중에서 피해자, 가족, 수사관 등 관계자의 지문
유류지문			• 현장지문 또는 준현장지문 중에서 관계자지문에 해당되지 않는 지문→범인의 지문으로 추정

12 핵심풀이 ▶

유전자(DNA) 분석법은 피해자의 질액과 정액이 혼합된 경우에도 가능하다. DNA는 사람마다 천차만별이나 일란성 쌍둥이만은 동일하다. 곧 1개의 DNA시료를 사용했을 때 두 사람이 똑같을 확률은 약 3억분의 1이하이다.

13 핵심풀이 ▶

※ 공조수사의 종류

ㄱ **평상공조** : 평소 예견가능한 일반적 공조 – 수배 · 통보 · 조회 · 촉탁 등

ㄴ **비상공조** : 중요특이사건 발생 등 특수한 경우의 공조 – 사본부운영, 합동수사, 수사비상배치 등

ㄷ **횡적공조**

• 대내적 : 부서상호간, 동료상호간 수사공조

• 대외적 : 특별사법경찰관리와의 수사협조, 국제형사기구와의 형사공조

ㄹ **종적공조** : 상하급부서간, 상하급자간 상명하복관계 ㉖ "가장 신참 형사의 말도 존중하라"

ㅁ **자료공조** : 자료 수집과 조회제도 – 공조제도의 총아(이상향)

ㅂ **활동공조** : 현재제기된 당면문제에 대한 공조수사활동 – 수사비상배치, 불심검문, 미행, 잠복 등

14 핵심풀이 ▶

범죄수법 공조자료 관리규칙상 조회
ⓛ 공조제보
ⓒ 피해통보표의 중요장물조회
ⓔ 수법 및 여죄, 장물조회

오답풀이 ▶

※ 지문 및 수사자료표 등에 관한 규칙상 조회
   ㉠ **범죄경력조회** : 범죄경력(수사자료표 중 벌금 이상의 형의 선고, 면제 및 선고유예 등의 사항에 관한 자료)조회를 말한다.
   ㉡ **수사경력조회** : 수사경력(벌금 이상의 형과 함께 부과된 몰수, 추징, 사회봉사명령, 수강명령 등의 선고 또는 처분)조회를 말한다.
   ㉢ **특기사항조회** : 수사 또는 유치중에 도주, 자해기도, 흉기저항 등의 전력에 관하여 수사자료표 및 전산입력된 특기사항자료를 열람·대조확인하는 방법으로 하는 조회
   ㉣ **신원확인조회** : 신원을 확인할 필요가 있는 피의자, 변사자 등에 대하여 주민등록증발급신청서, AFIS, E-CRIS 등에 의해 신원을 확인하는 조회
※ 범죄수사자료 조회규칙상 조회
   ㉠ **범죄경력조회, 지명수배·통보조회** : 대상자의 성별, 성명, 생년월일(주민등록번호), 본적, 주소 등 인적사항으로 조회하여 지문번호 등을 대조 확인
   ㉡ **장물조회** : 범죄정보관리시스템 활용
   ㉢ **신원확인조회** : 신원불상 변사자, 동일인 여부, 인적사항 불확실한 자 등의 신원확인-십지지문 채취 조회 또는 지문자동검색시스템 단말기(AFIS NET) 활용
   ㉣ **수법조회** : 수사종합검색시스템 활용
   ㉤ **여죄조회** : 범죄정보관리시스템 활용
   ㉥ **수배차량조회** : 온라인조회 단말기 활용
   ㉦ **긴급사실조회** : 경찰전화로 직접 실시 원칙

15 핵심풀이 ▶

사실발견에 필요한 때에는 대질하게 할 수 있다. 그러나 대질조사가 필요하지 않다고 판단된다면 대질조사를 실시하지 않는다.
※ **형사소송법**〈제245조〉 … 검사 또는 사법경찰관이 사실을 발견함에 필요한 때에는 피의자와 다른 피의자 또는 피의자 아닌 자와 대질하게 할 수 있다.

16 핵심풀이 ▶

① B는 애초부터 같이 자살할 마음이 있었다면 자살방조죄의 책임을 지고, B가 자살할 마음이 없었다면 위계에 의한 살인죄의 책임을 진다.

17 **핵심풀이 ▶**

② 영장신청→영장청구→구인을 위한 구속영장(구인장) 발부→영장실질심사→구금을 위한 구속영장 발부→영장제시 및 집행→범죄사실 등 고지→구속영장 집행원부 기재→구속 통지

※ **영장에 의한 구속절차**

사전 (구속)영장	구속영장 신청서 및 신청부 작성→영장신청→영장청구→구인을 위한 구속영장 발부→영장실질심사→구금을 위한 구속영장 발부→영장제시 및 집행→범죄사실 등 고지→구속영장 집행원부 기재→구속 통지(24시간내)
체포영장, 긴급체포, 현행범인체포에 따른 구속영장	구속영장 신청서·신청부 작성→영장신청(체포후 36시간내)→영장청구(체포후 48시간내)→구속영장심사(지체 없이)→영장발부→영장제시 및 집행→범죄사실 등 고지→구속영장 집행원부 기재→구속통지(24시간내)

18 **핵심풀이 ▶**

엑스터시(XTC, MDMA) – ⓛⓜ

오답풀이 ▶

S정(카리소프로돌) – ㉠㉢㉣

※ **엑스터시(XTC, MDMA)**

　　㉠ 1949년 독일에서 식욕 감퇴제로 개발(식욕촉진제×)

　　ⓛ 기분이 좋아지는 약, 포옹마약(Hug Drug), 클럽마약, 도리도리 등으로 지칭

　　ⓒ 복용자는 테크노, 라이브, 파티장 등에서 막대사탕을 물고 있거나 물을 자주 마시는 등의 행위를 함

19 **핵심풀이 ▶**

④ 선거일 현재 계속하여 60일 이상 해당 지방자치단체의 관할구역 안에 주민등록이 되어 있는 주민으로서 25세 이상의 국민은 그 지방의회의원 및 지방자치단체의 장의 피선거권이 있다〈공직선거법 제16조 제3항〉.

※ **선거권과 피선거권**

선거권	19세 이상의 국민은 대통령 및 국회의원의 선거권이 있다.
피선거권	• **대통령** : 선거일 현재 5년 이상 국내에 거주하고 있는 40세 이상의 국민 • **국회의원** : 25세 이상의 국민 • **지방의회의원 및 지방자치단체의 장** : 선거일 현재 계속하여 60일 이상 해당 지방자치단체의 관할구역 안에 주민등록이 되어 있는 주민으로서 25세 이상의 국민

ⓒ 동정적인 신문 전략이 가장 효과적이다.

ⓜ 약 5분간 혼자 있게 한다.

※ REID 9단계 신문기법(경찰청 2007. 10. 발행 피의자신문기법 중)

ⓐ 의의 : 수사관이 유죄라고 판단한 용의자에 대한 신문 과정에 사용되는 전략과 기법

ⓑ 범죄자의 일반적 유형

- 감정적 범죄자
- 범죄 후 상당한 죄책감, 정신적 고통, 양심 의 가책을 경험한다.
- 동정적인 신문 전략이 가장 효과적이다.

- 비감정적 범죄자
- 범죄 후 양심의 가책을 느끼지 않는다.
- 범죄의 사실적 분석(factual-analysis)전략과 기법이 가장 효과적이다.

ⓒ 사전준비

- 9단계 신문기법을 적용하기 전에 용의자에게 진술거부권을 고지하고 용의자의 진술거부권 등 권리포기를 끌어내야 한다.
- 신문 시작 전 용의자가 조사실에 약 5분간 혼자 있게 한다.
- 조사실 입실 전 수사관은 사건 증거 서류철 또는 그와 유사한 서류 등을 준비하고 소지하여야 한다.
- 신문을 시작할 때, 그리고 용의자와의 최초 면담에 이어지는 다양한 단계 중 적절한 시기에 수사관은 증거자료를 시각적으로 증명해야 한다.
- 수사관이 조사실에 입실할 때 용의자에게 신중하고 확신에 찬 모습을 보여줘야 한다.

ⓓ 9단계 신문방법

- 1단계 : 수사관은 용의자를 단도직입적으로 유죄 단정적인 태도로 대한다.
- 2단계 : 수사관은 신문의 화제를 제시한다.
- 3단계 : 수사관은 용의자 범죄사실의 초기의 부인을 다룬다.
- 4단계 : 수사관은 용의자의 반론을 압도한다.
- 5단계 : 수시관은 용의자의 주의를 끌고 신뢰감을 보여준다.
- 6단계 : 수사관은 용의자의 소극적인 상태를 알아차린다.
- 7단계 : 수사관은 용의자에게 선택적 질문을 하여 그가 답변을 선택하게 한다.
- 8단계 : 수사관은 용의자로 하여금 범죄사실에 대해서 상세하여 설명하게 한다.
- 9단계 : 수사관은 용의자의 구두 자백을 서류화하여 기록한다.

정답 및 해설

1 ①	2 ③	3 ④	4 ③	5 ②	6 ②	7 ①	8 ②	9 ②	10 ②
11 ③	12 ③	13 ③	14 ④	15 ④	16 ②	17 ②	18 ③	19 ②	20 ③

1

핵심풀이 ▶

내사 결과 '혐의없음'에 해당하여 입건의 필요가 없는 경우 취하는 조치는 내사종결이다.

※ 내사종결처리

내사종결	혐의없음, 죄가안됨, 공소권없음 등에 해당. 입건의 필요가 없는 경우 (* 내사과정에서 범죄혐의가 없는 경우뿐만 아니라 범죄혐의가 인정되는 경우도 내사를 종결한다.)
내사중지	피내사자·참고인 등 소재불명. 사유해소시까지 내사를 계속할 수 없는 경우
내사병합	동일·유사 내용의 내사사건, 경합범으로 다른 사건과 병합처리필요가 있는 경우
내사이첩	관할이 없거나 범죄특성·병합처리 등을 고려하여 다른 경찰관서·수사기관에서 내사할 필요가 있는 경우
공람종결 (진정내사)	• 3회 이상 반복 진정하여 2회 이상 그 처리결과를 통지한 진정과 같은 내용 • 무기명 또는 가명 • 단순한 풍문이나 인신공격적인 내용 • 완결된 사건 또는 재판에 불복하는 내용 • 민사소송·행정소송에 관한 사항

2

핵심풀이 ▶

㉠ 기초자료는 평소 수집하는 자료이다.

㉡ 죄를 범할 우려가 있는 자의 동향(우범자 동향)은 기초자료에 해당한다.

㉣ 수사성패의 교훈, 새로운 범행수법 등은 참고자료가 된다.

오답풀이 ▶

㉢ 참고자료는 수사과정의 반성·분석·검토를 통하여 얻어진 자료로 사후의 수사에 활용된다.

㉢ 수사자료는 공판에서 범죄사실의 진위를 밝히는 증명자료(증거자료)가 된다.

3 핵심풀이 ▶

㉠ 변사자 검시의 주체는 검사이고 사법경찰관은 검사의 지휘에 의해 검시를 대행할 수 있을 뿐이다.

㉡ 부검여부는 유족의 의사와 상관없이 범죄혐의가 있다고 판단되면 시행한다.

㉢ 긴급을 요하여 영장없이 검증(사후영장)을 하는 경우 검증조서와 감정서만을 작성하고 검시조서의 작성을 생략할 수 있다.

㉣ 시체검안서는 의사가 작성한다.

㉤ 검시결과 사망이 범죄로 인한 것임이 명백히 인정될 때에는 검사의 지휘를 받아 시체를 신속히 유가족에게 인도한다.

㉥ 형사소송법에 규정되어 있다.

4 핵심풀이 ▶

③ 지방경찰청장 및 경찰서장은 사건의 관할이 분명하지 아니하여 관할에 의문이 있는 경우에는 각각 바로 위 상급경찰관서의 장(*검사×)에게 서면으로 사건의 관할에 관한 지휘건의를 할 수 있다.

※ 사건의 관할 및 관할사건수사에 관한 규칙

　㉠ 제7조(사건관할의 유무에 따른 조치)
　　• 경찰관은 사건의 관할 여부를 불문하고 이를 접수하여야 한다.
　　• 경찰관은 사건의 관할이 인정되면 다른 경찰관서에 이송하지 않고 수사하여야 한다.
　　• 사건을 접수한 관서는 일체의 관할이 없다고 판단되는 경우에는 사건의 관할이 있는 관서에 이송하여야 한다.
　　• 사건의 이송은 원칙적으로 범죄지를 관할하는 관서에 우선적으로 하여야 한다. 다만, 범죄지가 분명하지 않거나 사건의 특성상 범죄지에 대한 수사가 실익이 없어 범죄지를 관할하는 관서에 이송하는 것이 불합리한 경우에는 피의자의 주소·거소 또는 현재지를 관할하는 관서로 이송할 수 있다.

　㉡ 제8조(사건의 관할에 대한 지휘건의)
　　• 지방경찰청장 및 경찰서장은 사건의 관할이 분명하지 아니하여 관할에 의문이 있는 경우에는 각각 바로 위 상급경찰관서의 장에게 서면으로 사건의 관할에 관한 지휘건의를 할 수 있다.
　　• 지휘건의를 받은 상급경찰관서의 장은 신속하게 사건의 관할에 대하여 지휘하여야 한다. 이 지휘에 관한 업무는 해당사건의 수사지휘를 담당하는 상급부서에서 수행한다.
　　• 지휘건의를 받은 사건이 상급경찰관서 내 다수 부서에 관련되어 있고 각 부서 간 의견이 다른 경우에는 해당 상급경찰관서의 장이 이를 조정한다.

　㉢ 제9조(동일 법원관할 내의 사건관할) : 이송대상 경찰관서가 동일한 법원의 관할에 속하는 경우에는 사건을 이송하지 아니하고 수사할 수 있다.

5 핵심풀이 ▶

ⓒ 수사주무과장은 사건송치기록 검토 후 수법원지 작성누락여부 등을 검토한다.

ⓗ 수법원지 1매를 작성하여 지방경찰청장을 거쳐 경찰청장에게 송부한다.

ⓢ 범인조회에 활용한다.

오답풀이 ▶

㉠ 수법범죄피의자를 검거시(검거한 경우) 작성한다. 피의자조사송치 경찰관이 사건송치시 작성함에 주의한다.

㉡ 불구속된 피의자도 재범의 우려가 있는 경우 작성한다.

㉣ 수법원지는 해당범인을 수사하거나 조사 송치하는 경찰공무원이 직접 작성하고, 작성자가 날인해야 하며, 범죄사건부 해당란에 그 작성여부를 표시해야 한다.

㉤ 성별, 수법 소분류별, 생년월일 순으로 보관한다.

6 핵심풀이 ▶

② 상처각은 양측이 모두 예리하며, 상처바닥은 상처구멍의 길이에 비하여 대체로 짧다.

※ 예기(銳器)에 의한 손상

벤상처(절창)	• 면도칼, 나이프, 도자기, 유리면의 파편 등의 날이 있는 흉기에 의해 조직의 연결이 끊어진 손상 • 상처바닥(창저)이 상처구멍의 길이보다 대체로 짧음 • 벤상처의 창구는 방추형이거나 직선상 • 벤상처는 피부까짐이나 잠식상(潛蝕狀)을 보지 못하므로 찢긴상처와는 감별이 가능
찔린상처(자창)	• 칼, 주사침, 얼음송곳, 젓가락, 드라이버, 송곳, 바늘, 못, 가위 등 선단에 첨예하고 가늘고 긴 흉기에 의해 찔려서 생긴 손상 • 찔린 상처의 특징은 피부에 형성된 상처가장자리의 길이보다 체내로 들어간 상처벽의 길이가 깊 • 찔린 입구주변에서 멍을 볼수 있다면 이는 흉기를 잡고 있던 손 또는 주먹에 의하여 발생되었을 가능성이 높음 • 찔린 입구의 주변에서 피부막출혈이나 피부까짐을 보면 이는 날이 전부 피부에 삽입되어 인기(刃器)의 손잡이나 손, 주먹 등에 의하여 발생한 것으로 볼 수 있음
큰칼상처(할창)	• 도끼, 낫, 식도 등 중량이 있고 날이 있는 흉기로 내려쳤을 때 생기는 손상 • 벤상처와 찢긴상처의 특징이 혼합된 양상의 손상 • 대부분 타살

7 **핵심풀이 ▶**

㉤ 체포 시 진술거부권은 고지하지 않아도 된다.

오답풀이 ▶

㉠ 음주운전(혈중알코올농도가 0.05% 이상)이 아니다.

㉡ 공문서부정행사는 긴급체포 대상이 아니다. 음주운전 중에서 혈중알콜농도가 0.2% 이상일 때 긴급체포가 가능하다.

※ **도로교통법 제148조의2** … 음주측정거부, 음주운전(혈중알코올농도가 0.2% 이상)은 긴급체포가 가능(3년이하의 징역)하다.

㉢ 현행범 석방시에는 검사의 지휘가 필요 없다.

㉣ 체포 없이 구속할 수 있다.

※ 긴급체포대상이 되지 않는 범죄(법정형이 장기 3년 이상 되지 않는 죄) … 실화, 도박, 공문서부정행사, 간통, 폭행, 과실치사상, 명예훼손, 청소년보호법(청소년에게 주류 · 담배판매, 청소년유해업소출입, 청소년유해매체물 표시 및 포장을 하지 않는 자 등), 도로교통법(무면허, 업무상과실재물손괴 등), 사문서부정행사, 점유이탈물횡령, 업무상과실장물취득 · 알선, 동의낙태, 도주, 공중밀집장소추행, 업무상위력등추행, 성적 목적을 위한 공공장소 침입행위, 통신매체이용음란 등

※ 긴급체포대상 범죄 … 장물취득, 업무상과실치사, 부동의낙태, 방화, 업무상 실화, 식품위생법위반, 청소년유해업소 고용, 허위사실유포 명예훼손, 출판물에 의한 명예훼손, 상습도박, 도박개장죄, 도로교통법(음주운전, 음주측정거부), 카메라등이용촬영 등

8 **핵심풀이 ▶**

② 목맴은 끈자국이 대개 끈졸림사보다 높고, 주로 뒤통부 부위의 위쪽을 통과하나, 끈졸림사는 뒤통수부위 혹은 그 아래쪽을 통과한다.

※ 목맴 · 끈졸림사 사체의 특징

	목맴	끈졸림사
끈자국의 성상	• 비스듬히 위쪽으로 향해 있다. • 목 앞부분에서 현저, 뒷면에서는 결여되어 있다. • 현저한 부위는 끈매듭의 반대쪽이다. • 서로 엇갈린 현상을 보이지 않는다. • 위치는 대개 끈졸림사보다 높고 뒤통수(후두부위)의 위쪽을 통과 – 방패(갑상)연골의 위쪽 혹은 목뿔뼈(설골)골절	• 수평으로 되어 있다. • 평등하게 목 주위를 두르고 있다. • 현저한 부위는 끈매듭이 있는 곳이다. • 서로 엇갈린 현상을 보인다. • 위치는 일반적으로 목맴보다 낮고 후두부위 혹은 그 아래쪽을 통과한다. 따라서 방패연골 또는 그 아래에 있다.
눈꺼풀(결막)의 점출혈	• 결막에 점출혈이 적고 얼굴은 창백, 발등은 암적색이다.	• 결막에 점출혈이 많고 얼굴은 일반적으로 암적색으로 부종상을 보인다.
자 · 타살	• 거의 대부분 자살	• 거의 대부분 타살

9 핵심풀이 ▶

㉠ 고압적인 태도는 효과가 없다.

㉡ 피해통보표를 확인한다.

오답풀이 ▶

㉢ 증거를 약간 제시하고 급소를 찌르는 방법으로 체념시키는 조사방법도 필요하다.

㉣ 서로 불신감을 갖도록 한다.

㉤ 먼저 조사한 피조사자의 진술이 정당하다고 생각하기 쉬우므로 선입감을 경계해야 한다.

※ 전과자 조사요령

　　㉠ 인간성의 약점을 찔러 부모, 처자 등의 가정문제부터 시작하여 피조사자의 기분을 풀어준다.

　　㉡ 인정에 굶주린 자가 많으므로 온정을 베풀고 인간미 있는 조사를 하면 갈등되어 마음을 돌리는 경우가 있다.

　　㉢ 설득만으로는 불충분한 경우가 많으므로 증거를 약간 제시하고 급소를 찌르는 방법으로 체념시키는 조사방법도 필요하다.

　　㉣ 자신 없는 질문은 조사관의 약점만 드러내는 것이므로 피해야 한다.

　　㉤ 고압적 태도는 반항심을 불러일으킬 뿐 효과가 없다.

　　㉥ 여죄가 없다고 단정하고, 수법자료(피해통보표) 기타 제자료의 검토를 게을리해서는 안된다.

　　㉦ 냉정 · 침착하게 다루어야 한다.

　　㉧ 피조사자가 은어를 사용하면 조사관도 은어를 사용한다.

10 핵심풀이 ▶

② 손해배상액이 경감될 수 있다. 실화(失火)의 경우 경과실의 경우에도 「민법」 제750조(고의 또는 과실로 인한 위법행위로 타인에게 손해를 가한 자는 그 손해를 배상할 책임이 있다)에 따른 손해배상책임을 지도록 하는 한편, 실화가 중대한 과실에 의한 것이 아닌 경우 그로 인한 손해의 배상의무자는 법원에 손해배상액의 경감을 청구할 수 있다.

11 핵심풀이 ▶

ⓁⒸⓂⒽⓈⓄⓏ 둔기 손상

오답풀이 ▶

ⒼⒺ 예기 손상

ⓩ **두줄출혈** : 회초리, 지팡이, 혁대, 대나무자, 알루미늄관, 채찍 등과 같이 어느 정도 폭이 있으면 비교적 가벼운 물체로 가격하였을 때 외력이 가하여진 양측에 생기는 출혈

※ **둔기(鈍器)에 의한 손상**

　　Ⓖ 타박상(좌상, 피부밑출혈, 찰과상)

　　Ⓛ 피부까짐(표피박탈)

　　Ⓒ 내장파열

　　Ⓔ 골절

　　Ⓜ **찢은상처(좌창)** : 견고한 둔체가 인체에 작용하여 좌멸된 손상을 형성한 것으로 차량에 받치거나 구타당했을 때 생성된 손상

　　Ⓗ **찢긴상처(열창)** : 둔체가 신체를 강타하여 그 부위의 피부가 극도로 긴장되어 탄력성의 한계를 넘어 피부가 외력방향에 따라 파열된 손상

12 핵심풀이 ▶

ⓐⓒⓕ 유치인보호주무자

오답풀이 ▶

ⓑ 경찰서장

ⓓ 경찰서장

ⓔ 유치인보호관

ⓖ 유치인보호관

13

㉠ 목맴시체인 경우 끈자국에서는 일반적으로 피부밑출혈을 볼 수 없고, 끈자국 가장자리에 피부밑출혈·피부까짐이 있다.

㉣ 살해 후 투수된(물에 던져진) 경우에는 익사에 발생하는 외부소견(거품덩이, 이물장악)을 볼 수 없다.

㉤ 폐와 위장내에 플랑크톤이 없으면 타살로 추정되나, 폐와 위장내에 플랑크톤이 있는 경우에는 살해 투수된 때에도 수압에 의해 플랑크톤이 들어갈 수 있으므로 이 때는 자살·타살로 단정할 수 없다. 그러나 장기(간장, 비장, 신장) 및 폐장 등 몸 깊숙한 곳에서 플랑크톤이 발견되었다면 이를 자살로 추정할 수 있다.

㉥ 투사자세는 활력반응이 아니므로 이러한 자세를 취한다 하여 반드시 화재사로 사망하였다고 단정할 수 없다.

오답풀이 ❯

㉡ 시체얼룩은 시체의 하부인 손·발 끝에 생기기 때문에 피부밑출혈이 수족에 있는 경우에도 관찰하기 어렵다.

㉢ 목맴의 경우 타살에서는 거의 대부분 한 번 감으며 여러번 감는 경우는 드물다.

㉦ 가열로 피부와 피하조직이 균열 또는 파열되어 벤상처 또는 찢긴 상처와 유사한 소견을 보인다.

※ 소사체

　㉠ 사후에 열이 계속적으로 가해져서 근육이 응고 수축되면 열경직이 강하게 일어나 팔다리의 관절은 반쯤 굴곡된 채 고정된다. 마치 권투하려는 자세와 비슷하다 하여 권투가 자세 또는 투사형 자세라 한다.

　㉡ 투사자세는 활력반응이 아니므로 이러한 자세를 취한다 하여 반드시 화재사로 사망하였다고 단정할 수 없다.

　㉢ 소사체는 사인이 소사인 것을 비롯하여 다른 원인으로 사망한 후 탄 시체도 포함한다.

　㉣ 가열로 피부와 피하조직이 균열 또는 파열되어 벤상처 또는 찢긴 상처와 유사한 소견을 보인다.

14

㉠ 우범자 편입 대상자가 소재불명일 경우 먼저 우범자로 편입하고 행방불명 처리하여야 한다.

㉢ 전입 통보를 받은 경찰서장은 지체없이 소재를 확인하여 우범자로 편입한다.

㉤ 지구대 담당자는 첩보수집 대상자에 대해서 3개월에 1회이상 범죄관련 여부에 대한 첩보를 수집하여 경찰서로 보고하여야 한다.

㉦ 우범자가 사망하여 삭제된 때에는 전산입력카드를 폐기하고, 전출하거나 사망 이외의 사유로 삭제 결정된 자는 당해 카드에 일자와 사유를 명기하여 별도 보관한다.

15 핵심풀이 ▶

④ 활동공조 : 수사긴급(비상)배치(㉠), 불심검문, 미행, 잠복(㉢), 현장긴급출동 등

오답풀이 ▶

① 평상공조 : 수배, 통보, 조회(㉡), 촉탁 등
② 비상공조 : 수사긴급배치(㉠), 수사본부 설치 · 운영, 특별사법경찰관리 등과의 합동수사(㉣) 등
③ 종적공조 : 상 · 하급관서, 상 · 하급부서, 상 · 하급자 상호간 상명하복관계(㉤) 등

16 핵심풀이 ▶

㉡ 체포 또는 구속이 불법 · 부당하게 이루어진 경우는 체포구속적부심사를 청구할 수 있다.
㉤ 체포구속적부심사청구권은 피의자에만 인정한다.

오답풀이 ▶

㉠ 체포영장신청서(청구서) 기재사항 : 피의자의 성명, 주민등록번호, 7일을 넘는 유효기간을 필요로
   할 때 그 취지 및 사유, 수통의 영장을 청구하는 때에는 그 취지 및 사유 등
㉢ 체포영장에 의한 체포의 요건
 • 객관적 범죄혐의가 있을 것
 • 정당한 이유 없이 출석요구에 불응하거나 불응할 우려가 있는 경우
㉣ 다액 50만원 이하의 벌금, 구류, 과료에 해당하는 사건의 경우 체포영장에 의한 체포의 요건(경미
   사건 특칙)
 • 객관적 범죄혐의가 있을 것
 • 일정한 주거가 없는 경우(주거부정) 또는 정당한 이유없이 출석요구에 불응한 경우(불응할
   우려×)

17 핵심풀이 ▶

피의자의 얼굴 등 공개 : 피의자가 죄를 범하였다고 믿을 만한 충분한 증거가 있고(㉠), 국민의 알
권리 보장(㉡), 피의자의 재범 방지(㉢) 및 범죄예방 등 오로지 공공의 이익을 위하여 필요할 때
※ 성폭력범죄의 처벌 등에 관한 특례법 제25조(피의자의 얼굴 등 공개) … 검사와 사법경찰관은 성
   폭력범죄의 피의자가 죄를 범하였다고 믿을 만한 충분한 증거가 있고, 국민의 알권리 보장,
   피의자의 재범 방지 및 범죄예방 등 오로지 공공의 이익을 위하여 필요할 때에는 얼굴, 성명
   및 나이 등 피의자의 신상에 관한 정보를 공개할 수 있다. 다만, 피의자가 청소년보호법 제2
   조 제1호의 청소년에 해당하는 경우에는 공개하지 아니한다.

18 **핵심풀이 〉**

③ 강간행위 후에 범의를 일으켜 그 부녀의 재물을 강취하는 경우 강도죄와 강간죄의 실체적 경합범이 성립한다.

오답풀이 〉

강간행위의 종료 전(그 실행행위의 계속 중)에 강도의 행위를 한 경우 강도강간죄를 구성한다.
강도죄와 강간죄 모두 비친고죄이다.

19 **핵심풀이 〉**

DNA신원확인정보 … 개인식별을 목적으로 DNA 감식을 통하여 얻어지는 정보로서 일련의 숫자 혹은 부호의 조합으로 표기된 것
※ 디옥시리보 핵산(DNA) … 생물의 생명현상에 대한 정보를 포함한 화학물질을 지칭하는 것

20 **핵심풀이 〉**

사이버범죄의 유형(경찰에서의 구분)
㉠ **사이버테러형범죄**(정보통신망 자체를 공격대상으로 하는 불법행위) : 해킹, 바이러스 유포, 메일 폭탄, DOS공격(Denial of Service : 공격대상 컴퓨터에 큰 부하를 발생시켜 아무런 서비스를 하지 못하게 하는 것) 등 전자기적 침해장비를 이용한 컴퓨터시스템과 정보통신망 공격행위
㉡ **일반적인 사이버범죄**(사이버 공간을 이용한 일반적인 불법행위) : 사이버 도박, 사이버 스토킹과 성폭력, 사이버 명예훼손과 협박, 전자상거래 사기, 개인정보 유출, 인터넷 포르노사이트의 운영, 소프트웨어 저작권 침해, PC방을 중심으로 나타나는 원조교제나 미성년자에의 음란물 사이트 열람행위 등

정답 및 해설

| 1 ② | 2 ② | 3 ③ | 4 ① | 5 ① | 6 ① | 7 ③ | 8 ③ | 9 ② | 10 ② |
| 11 ③ | 12 ③ | 13 ④ | 14 ② | 15 ④ | 16 ③ | 17 ④ | 18 ② | 19 ③ | 20 ③ |

1 핵심풀이 ▶

㉠ 공소제기 후 피고인의 구속은 법원에서 판사가 한다.

㉢ 수사의 궁극적 목적은 유죄판결이다.

㉣ 민사상 피해회복은 민사소송의 목적이다.

※ **수사의 목적**

　　㉠ 피의사건의 진상파악

　　㉡ 기소 · 불기소의 결정

　　㉢ 공소의 제기 · 유지 : 1차적 목적

　　㉣ 유죄판결 : 궁극적 목적

　　㉤ **형사소송법의 목적실현** : (절차면)공공복리 · 인권보장의 조화, (실체면)실체적 진실발견

2 핵심풀이 ▶

㉠ 체포 · 구속을 위한 범죄혐의는 객관적 혐의를 말하며, 이는 증거에 의해 뒷받침되어야 한다.

㉢ 탄핵주의 소송구조에서 수사의 조건이 강조된다. 수사권의 발동과 행사를 제한하는 법리로서 등장한 것이 수사조건론이다.

오답풀이 ▶

㉡ 수사개시를 위한 범죄혐의는 수사기관이 범죄혐의를 주관적으로 인정하는 경우(주관적 혐의)를 말하며, 구체적 사실에 근거를 둔 혐의일 것을 요한다.

㉢ 범의유발형 함정수사는 수사의 상당성(신의칙)에 반하기 때문에 허용되지 않는다.

㉣ 현행 형소법은 피의자신문, 참고인조사 등 임의수사에서 '수사에 필요한 때', 피의자체포, 피의자구속 등 강제수사에서는 '체포의 필요성', '구속의 필요성', '압수 · 수색 · 검증의 필요성' 등 수사의 필요성을 수사의 조건으로 명시하고 있다.

3 핵심풀이 ▶

③ 내사사건의 종결처리는 수사기관의 내부적 사건처리에 불과하므로, 처리결과에 불만있는 진정인은 따로 고소 · 고발할 수 있다.

오답풀이 ▶

① 피의자신문조서를 작성하였더라도 입건하지 않고 즉심회부를 할 수 있다.

② 사건을 수리한 후 혐의가 없는 경우에도 사건을 검찰에 송치(불기소의견)하여야 한다.

④ 범죄인지서작성으로 피의자가 되는 것이 아니라 범죄사건부에 사건번호를 부여함으로써 피의자가 된다.

4 핵심풀이 ▶

범죄수사상 준수원칙이란 수사관이 범죄수사를 함에 있어서 일반적으로 지켜야 할 원칙이다.

※ 범죄수사상 준수원칙

　　㉠ **선증후포의 원칙**(선증거수집 후체포의 원칙) : 합리수사의 기본, 임의수사원칙

　　㉡ 법령준수의 원칙

　　㉢ 민사관계 불간섭의 원칙

　　㉣ **종합수사의 원칙** : 모든 정보 · 자료 종합, 모든 지식 · 기술 활용

5 핵심풀이 ▶

㉣ 강간치상죄는 친고죄가 아니므로 고소를 취소한 경우도 기소의견으로 송치한다. 친고죄에서 고소를 취소한 경우라면 공소권없음으로 송치한다(＊강간죄, 강간치상죄 – 비친고죄).

㉤ 농아자는 책임성조각사유가 아니다. 따라서 농아자가 절도를 한 경우 기소의견으로 송치한다.

오답풀이 ▶

㉠ 폭행은 반의사불벌죄이므로 처벌을 희망하지 않는 경우 공소권없음으로 송치한다.

㉡ 범죄사실을 인정할 자료가 없는 경우 혐의없음으로 송치한다.

㉢ 정당방위가 인정되는 경우 죄가안됨으로 송치한다.

6 핵심풀이 ▶

① 시체얼룩은 사후 30분~1시간 후 시작하여, 7~10시간이 되면 이중성(양측성)시체얼룩, 10시간(12시간)후에 침윤성 시체얼룩이 나타난다.

오답풀이 ▶

② Nysten의 법칙 : ‘턱(2~4시간) – 어깨 – 발목 · 팔목 – 손가락 · 발가락(12시간)’

③ 부패의 3대 조건

④ 백골화는 뼈만 남는 상태로, 소아는 사후 4~5년, 성인사체는 7~10년 후 완전 백골화된다.

7 핵심풀이 ▶

㉠ 신뢰관계인을 동석하게 할 수 있다.

㉡ 조사의 긴급성, 동석의 필요성 등이 현저히 존재하는 때에 한하여 예외적으로 동석조사 이후에 자료를 제출받아 기록에 편철할 수 있다.

㉢ 신청서 작성에 시간적 여유가 없는 경우 등에 있어서는 신청서를 작성하게 하지 않고, 수사보고서나 조서에 그 취지를 기재하는 것으로 갈음할 수 있다.

※ 형사소송법 제244조의5(장애인 등 특별히 보호를 요하는 자에 대한 특칙) … 검사 또는 사법경찰관은 피의자를 신문하는 경우 다음의 어느 하나에 해당하는 때에는 직권 또는 피의자·법정대리인의 신청에 따라 피의자와 신뢰관계에 있는 자를 동석하게 할 수 있다.

    ㉠ 피의자가 신체적 또는 정신적 장애로 사물을 변별하거나 의사를 결정·전달할 능력이 미약한 때

    ㉡ 피의자의 연령·성별·국적 등의 사정을 고려하여 그 심리적 안정의 도모와 원활한 의사소통을 위하여 필요한 경우

※ 범죄수사규칙 제61조(피의자의 신뢰관계자 동석)

    ㉠ 「형사소송법」 제244조의5 규정에 따라 피의자와 동석할 수 있는 신뢰관계에 있는 자는 피의자의 직계친족, 형제자매, 배우자, 가족, 동거인, 보호시설 또는 교육시설의 보호 또는 교육담당자 등 피의자의 심리적 안정과 원활한 의사소통에 도움을 줄 수 있는 자를 말한다.

    ㉡ 사법경찰관은 피의자 또는 법정대리인이 ㉠에 기재된 자에 대한 동석 신청을 한 때에는 신청인으로부터 동석 신청서 및 피의자와의 관계를 소명할 수 있는 자료를 제출받아 기록에 편철하여야 한다. 다만, 신청서 작성에 시간적 여유가 없는 경우 등에 있어서는 신청서를 작성하게 하지 않고, 수사보고서나 조서에 그 취지를 기재하는 것으로 갈음할 수 있으며, 대상자와 피의자와의 관계를 소명할 서류를 동석 신청시에 제출받지 못하는 경우에는 조사의 긴급성, 동석의 필요성 등이 현저히 존재하는 때에 한하여 예외적으로 동석조사 이후에 자료를 제출받아 기록에 편철할 수 있다.

    ㉢ 사법경찰관은 ㉡에 의한 신청이 없더라도 동석의 필요성이 있다고 인정되는 때에 있어서는 피의자와의 신뢰관계 유무를 확인한 후 직권으로 신뢰관계자를 동석하게 할 수 있다. 다만, 이러한 취지를 수사보고서나 조서에 기재하여야 한다.

    ㉣ 사법경찰관은 수사기밀 누설이나 신문방해 등을 통해 수사에 부당한 지장을 초래할 우려가 있다고 인정할 만한 상당한 이유가 존재하는 때에는 동석을 거부할 수 있다.

    ㉤ 사법경찰관은 동석자가 수사기밀 누설이나 신문방해 등을 통해 부당하게 수사의 진행을 방해하는 경우에는 신문 도중에 동석을 중지시킬 수 있다.

8 핵심풀이 ▶

현행범인에서 범죄의 '실행 중'의 의미는 범죄실행에 착수하여 종료하지 못한 상태를 말한다. 따라서 미수범에 대한 처벌규정이 있는 범죄는 기수에 이르지 않아도 현행범인으로 처벌할 수 있으나, 낙태죄와 같이 미수범에 대한 처벌규정이 없는 범죄는 기수에 이르지 않은 시점에서 현행범인으로 처벌할 수 없다. 현장에서 더 이상 범죄행위가 진행되지 않도록 예방조치를 하는 것 외에 체포행위를 해서는 안된다.

9 핵심풀이 ▶

ⓛ 현장에서 유류된 피묻은 옷, 찢어진 남방의 일부 : 범인에 관련된 사항으로, 범인의 성별, 연령, 직업, 체격, 혈액형 등을 알 수 있는 경우가 있으나 공범의 유무는 판단하기 어렵다.

ⓜ 목적물의 선정방법(ⓔ 부피있는 의복보다 간편하고 값진 귀금속을 선정한 경우) : 전과 또는 상습성의 유무를 판단할 수 있다.

오답풀이 ▶

범인의 숫자 및 공범의 유무 판단자료 … 발자국 · 흉기 · 유류품의 종별과 수, 침입방법 · 장물의 운반방법 등으로 미루어 한 명의 범인으로는 불가능한 경우

- **범행동기에 관련된 사항** : 신체적 피해상황(흉기의 종류 · 성질 · 공격부위 · 회수 · 정도), 우발적인가 계획적인가, 피해품의 유무, 피해품의 목록(종별 · 수량 · 특징 · 가격)
- **범행방법에 관련된 사항** : 침입구 · 도주로의 상황(동일 · 교묘), 범행용구의 사용상황 및 흔적(창상의 상황), 목적물의 특이성(고가품 · 현금), 특수한 행동의 유무(대변 · 흡연 · 음주), 피해품의 운반상항, 도주로의 상황
- **범인에 관련된 사항**(전과 · 상습성의 유무) : 교묘한 범행수법(젖은 수건으로 유리창파괴), 목적물의 선정방법(현금 · 고가품), 물색기타의 방법(아래서랍부터 열어봄 · 전화선절단)

10 핵심풀이 ▶

ⓡ 수법범죄란 범죄수법자료를 활용하여 범죄수사를 실행할 수 있는 범죄를 말하며, 수법범죄로는 강도 · 절도 · 사기 · 공갈 · 위조 · 변조 · 약취유인 · 방화 · 강간(성폭력) · 장물 등이 해당한다.

ⓢ 수법범죄 피의자 중 불구속 피의자는 재범의 우려가 있으면 작성하고, 재범의 우려가 없다고 인정되는 자에 대하여는 작성하지 아니할 수 있다.

오답풀이 ▶

㉠ 범죄수법의 특성으로는 관행성과 필존성이 있으며 '완전범죄는 있을 수 없다.'는 수법의 필존성에 대한 내용이다.

ⓛ 미검이면서 당해 피의자의 신원이 밝혀지지 않은 경우에 작성하고, 당해 피의자의 신원이 밝혀진 경우에는 작성하지 않는다.

ⓒ 수법원지는 검거된 수법범죄피의자에 대하여 작성한다. 범인이 성명불상자로 미검인 경우에는 수법원지를 작성하지 않고, 공범자들 중 일부라도 검거된 경우에만 수법원지를 작성한다.

ⓜ 수사자료표는 범죄수법 자료가 아니다.

ⓗ 범죄수법으로 범인이 초범인지 전과자인지 여부를 확인할 수 있으나, 범죄경력을 확인할 수 없다. 범죄경력 확인은 범죄경력조회를 통해서 할 수 있다.

ⓞ 피해자 주소 · 성명을 알 수 있는 것은 피해통보표이다.

11 핵심풀이 ▶

선홍색 : ⓒ 청산가리중독사, ⓔ 일산화탄소중독사, ⓜ 저체온사

오답풀이 ▶

암적색 : ㉠ 끈졸림사, ㉡ 손졸림사

녹갈색 : ㉰ 황화수소 중독사

※ 정리

    ㉠ 익사 · 저체온사, 일산화탄소 · 청산가리(사이안산)중독 : 선홍색

    ㉡ 염소산칼륨중독 · 아질산소다 중독사 : 황(암)갈색

    ㉢ 황화수소가스중독 : 녹갈색

    ㉣ 일반적 : 암적색

12 핵심풀이 ▶

ⓒ 강도상해 교사범은 합의부 관할 사건에 해당하는 교사범으로서 국민참여재판의 대상사건에 포함된다.

ⓔ 사건에 관한 증인 · 감정인 · 피해자의 대리인 등은 제척사유에 해당되어 당해사건의 배심원으로 선정될 수 없다.

※ 국민의 형사재판 참여에 관한 법률

    ㉠ 제5조(대상사건)

      • 다음에 정하는 사건을 국민참여재판의 대상사건으로 한다.

        –「법원조직법」 제32조 제1항(제2호 및 제5호는 제외한다)에 따른 합의부 관할 사건

        –제1호에 해당하는 사건의 미수죄 · 교사죄 · 방조죄 · 예비죄 · 음모죄에 해당하는 사건

        –제1호 또는 제2호에 해당하는 사건과 「형사소송법」 제11조에 따른 관련 사건으로서 병합하여 심리하는 사건

      • 피고인이 국민참여재판을 원하지 아니하거나 제9조 제1항에 따른 배제결정이 있는 경우는 국민참여재판을 하지 아니한다.

    ㉡ 제19조(제척사유) : 다음 각 호의 어느 하나에 해당하는 사람은 당해 사건의 배심원으로 선정될 수 없다.

      • 피해자

      • 피고인 또는 피해자의 친족이나 이러한 관계에 있었던 사람

      • 피고인 또는 피해자의 법정대리인

      • 사건에 관한 증인 · 감정인 · 피해자의 대리인

      • 사건에 관한 피고인의 대리인 · 변호인 · 보조인

      • 사건에 관한 검사 또는 사법경찰관의 직무를 행한 사람

      • 사건에 관하여 전심 재판 또는 그 기초가 되는 조사 · 심리에 관여한 사람

13 핵심풀이 ❯

① 땀

② 땀

③ 타액

④ 신발밑창은 땀 채취가 가능하나, 신발 바닥면은 땀 채취가 불가능하다.

14 핵심풀이 ❯

㉠㉢㉣㉽ 갑호

오답풀이 ❯

※ 수사긴급배치 종별 · 경력동원기준

구분	갑호	을호
대상범죄	㉠ **살인사건** • 강도 · 강간 · 약취 · 유인 · 방화살인(* 존속살인×) • 2명 이상 집단살인 및 연쇄살인 ㉡ **강도사건**: 인질강도 · 해상강도 · 금융기관 및 5천만원 이상 다액강도 · 총기 · 폭발물소지 강도 · 연쇄강도 ㉢ **방화사건** • 관공서 · 산업시설 · 시장 · 열차 · 항공기 · 대형선박 등의 방화 • 연쇄방화 · 중요한 범죄은닉목적 방화 • 보험금 취득목적 등 계획적인 방화 ㉣ **기타 중요사건**: 총기 · 대량의 탄약 및 폭발물 절도 · 조직폭력사건 · 약취유인 또는 인질강도 · 구인 또는 구속피의자 도주	㉠ **다음사건 중 갑호 이외의 사건** • 살인 · 강도 · 방화 • 중요상해치사 • 1억원 이상 다액 절도 • 관공서 및 중요시설 절도 • 국보급 문화재 절도 ㉡ 기타 경찰서장이 중요하다고 판단하여 긴급배치가 필요하다고 인정하는 사건
경력동원기준	형사(수사)요원 · 지구대 · 파출소 · 검문소 요원의 가동경력 : 100%	• 형사(수사)요원의 가동경력 : 100% • 지구대 · 파출소 · 검문소 요원의 가동경력 : 50%

15 핵심풀이 ❯

㉡ 직업은 조사당시의 직업을 기재하여야 한다.

㉢ 실주거지를 기재하여야 한다.

㉺ 이의를 제기하였던 부분은 삭제하지 않고 읽을 수 있도록 남겨 둔다.

㉻ 정상참작사유가 된다.

㉠ 경찰관은 피의자를 조사할 때에는 수사과정확인서에 따라 수사과정을 기록하고 이를 조서의 끝부분에 편철하여 조서와 함께 간인함으로써 조서의 일부로 하거나, 수사과정확인서로 작성하여 기록에 편철하여야 한다.

㉣ 피의자를 신문하기 전에 반드시 구두로 진술거부권 및 변호인 조력권을 고지해야 하고, 그 행사여부 및 답변을 조서에 기재해야 한다.

16 핵심풀이 ▶

㉠ 물린손상은 대부분 피부밑출혈을 동반하는 반월상(반달모양)의 피부까짐으로 나타나는데 가해 당시와 체포 당시는 발치 및 치료 등으로 인하여 달라질 수 있으므로, 반드시 법치의사에게 감정을 의뢰해야 한다.

㉢ 총알 입구만 있고 사출구가 없다면 맹관총상으로 볼 수 있다.

㉣ 그을음 부착의 형태는 거리가 멀어질수록 직경이 커지고 밀집도가 감소한다.

㉤ 공기총인 경우 그을음 부착을 볼 수 없으므로 발사거리를 추정할 수 없다.

※ 교통사고에 의한 손상

보행자	• 제1차 충격손상(범퍼손상) : 차체의 외부구조에 충격 • 제2차 충격손상 : 차의 외부구조에 재차 충격 • 제3차 충격손상(뒤집힌손상) : 지면·지상구조물에 충격
운전자, 보행자	채찍질손상 : 갑작스런 가속·감속 – 목부위손상

※ 총알상처의 종류

관통총상	총알입구·사출구·사창관이 모두 있는 경우
맹관총상	총알입구와 사창관만 있고 탄환이 체내에 남아있는 경우
찰과총상	체표만 찰과
반도총상	탄환의 속도가 떨어져 피부를 뚫지 못하고 피부까짐이나 피부밑출혈만 형성
회선총상	골격에 맞았으니 천공 못함

17 핵심풀이 ▶

사후경과시간 = 37℃ – 20.4℃ / 0.83 × 0.7 = 14시간

18 핵심풀이 ▶

② 페이요트(메스카린)는 환각제이다.

※ 효능에 의한 분류

억제제(안정제)	헤로인 등 아편계열의 마약, 바르비탈제류(아로바르비탈)
각성제(흥분제)	메스암페타민(히로뽕), 암페타민류, 펜플루라민, 엑스터시, 러미라, S정, GHB
환각제	L.S.D, 페이요트, 싸이로시빈

19 핵심풀이 ❯

③ 체포한 경찰관이 작성한다.

오답풀이 ❯

경찰관은 피의자를 체포, 긴급체포, 현행범인으로 체포하였을 때에는 체포일시 및 장소, 피의자 인적사항, 범죄사실, 체포경위, 증거자료유무 등을 기재한 피의자 체포보고서를 작성하여 소속관 서장에게 보고하여야 한다〈범죄수사규칙 제84조〉.

※ 체포보고서 종류

    ㉠ 피의자 체포보고서

    ㉡ 현행범인 체포보고서 및 현행범인 인수보고서

    ㉢ 피의자긴급체포보고서

20 핵심풀이 ❯

③ 투입조작… 일부 은닉·변경된 자료나 허구의 자료 등을 컴퓨터에 입력시켜 잘못된 산출물을 초래케 하는 방법

(＊산출물조작… 정당하게 처리, 산출된 산출물의 내용을 변경시키는 방법)

※ 구체적 침해 유형

컴퓨터 파괴행위	㉠ 컴퓨터 자체에 대한 물리적 가해행위 ㉡ 컴퓨터 자료에 대한 논리적 가해행위 : 프로그램 파괴, 자료접근 방해행위 예 컴퓨터에 있는 자료나 프로그램을 삭제 및 변경시키는 행위, 주컴퓨터의 비밀번호를 변경하거나 바이러스를 감염시키는 행위, 스팸메일에 의해 통신서비스를 마비시키는 행위

컴퓨터부정조작	투입조작	일부 은닉·변경된 자료나 허구의 자료 등을 컴퓨터에 입력시켜 잘못된 산출을 초래케하는 방법
	프로그램 조작	기존의 프로그램을 변경하거나 기존의 프로그램과 전혀 다른 새로운 프로그램을 작성, 투입하는 방법
	console 조작	console이란 컴퓨터 체계의 시동, 정지, 운영상태의 감시, 그리고 정보처리내용과 방법의 변경 및 수정에 사용되는 것을 말하며, 이러한 console을 부당하게 조작하여 프로그램의 지시나 처리될 기억정보를 변경시키는 방법
	산출물 조작	정당하게 처리, 산출된 산출물의 내용을 변경시키는 방법

컴퓨터 스파이	㉠ 자료유출과 불법복제 ㉡ 프로그램이나 자료를 권한없이 획득, 사용, 누설하는 행위 ㉢ 스카벤징, 비동기성침범, 부정접속, 도청 등 예 • 천리안을 이용하여 데이콤에 가입된 청와대의 비밀번호와 ID를 알아낸 뒤 경제수석비서관 명의로 시중은행에게 자료를 요구하였다. • 반도체회사 연구원들이 64메가 D램 3세대 회로도 자료를 중국의 회사에 넘겨주었다.
컴퓨터의 무단사용	권한이 없는 자가 타인의 컴퓨터를 무단으로 사용하는 것

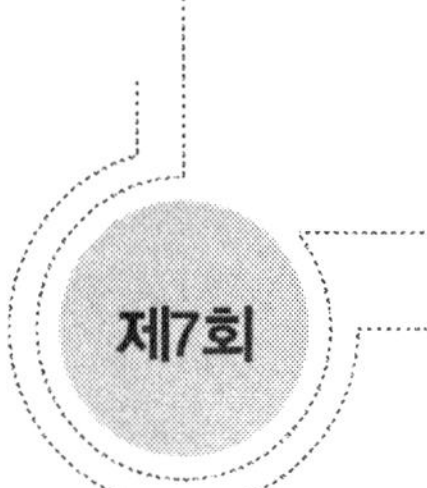

정답 및 해설

| 1 ① | 2 ② | 3 ① | 4 ③ | 5 ③ | 6 ④ | 7 ① | 8 ② | 9 ③ | 10 ① |
| 11 ④ | 12 ② | 13 ④ | 14 ④ | 15 ② | 16 ③ | 17 ③ | 18 ② | 19 ② | 20 ③ |

1 핵심풀이 ❯

① 3회 이상 반복 진정하여 2회 이상 그 처리결과를 통지한 것과 같은 내용인 경우

※ 진정내사사건(첩보내사×) 처리시 공람종결 할 수 있는 사유

   ㉠ 3회 이상 반복 진정하여 2회 이상 그 처리결과를 통지한 것과 같은 내용

   ㉡ 무기명 또는 가명

   ㉢ 단순한 풍문이나 인신공격적인 내용

   ㉣ 완결된 사건 또는 재판에 불복하는 내용

   ㉤ 민사소송·행정소송에 관한 사항

2 핵심풀이 ❯

㉤ 수사의 상당성(비례성)은 임의수사보다는 특히 강제수사의 경우에 강조된다.

㉥ 수사비례의 원칙은 임의수사, 강제수사 모두 적용된다.

오답풀이 ❯

㉠ 수사의 조건은 수사권의 발동과 수사실행의 조건으로, 수사의 필요성과 상당성이 요구된다.

㉡ 수사의 일반적 조건에는 수사의 필요성과 상당성이 있고, 수사는 필요성과 상당성이 있는 경
우에 한하여 허용된다.

㉢ 친고죄에서 고소가 없더라도 고소가능성이 있는 경우 원칙적으로 수사(임의수사, 강제수사)는
가능하다고 본다(제한적 허용설 ; 통설, 판례).

㉣ 수사개시시 요구되는 혐의는 주관적 혐의이다.

3 핵심풀이 ❯

DNA감식시료 채취대상 … 방화, 살인, 약취, 유인, 강간, 강제추행, 절도, 강도 등(감금치상×)

4

핵심풀이 ▶

ⓛ 증거자료는 기초자료를 포함하지 않는다.

ⓗ 수사자료는 단순한 참고자료가 아니고 증거자료, 사실의 소명자료, 수사목적의 달성을 위한 자료가 된다.

※ **수사자료의 가치** … 증명자료, 참고자료, 소명자료

오답풀이 ▶

ⓘ 수사자료는 수사활동에 도움이 되는 모든 자료로 범죄수사의 주요 대상이 된다.

ⓒ 수사과정에서 범인 및 범죄사실을 명백히 하는데 이용되는 자료이다.

ⓔ 공판에서 증거자료로 이용된다.

ⓜ 증거자료는 특정의 구체적 사건자료에 국한되나, 수사자료는 특정의 구체적 사건자료에 국한 되지 않고 평소에 수집되는 기초자료까지 포함한다.

- **증거자료** : 특정의 구체적 사건자료에 국한
- **수사자료** : 특정의 구체적 사건자료＋기초자료

5

핵심풀이 ▶

ⓘ 피해자가 사망한 때 형제·자매는 피해자의 명시한 의사에 반해 고소할 수 없다.

ⓛ 피해자의 법정대리인은 독립하여 고소할 수 있다.

ⓒ 피해자의 법정대리인의 친족이 피의자일 때 피해자의 친족은 독립하여 고소할 수 있다.

오답풀이 ▶

ⓔ 사자의 명예 훼손에 대해서는 그 자손이 고소할 수 있다.

ⓜ 고소할 자가 없는 경우 이해관계인의 신청으로 검사가 지정하는 자는 고소할 수 있다.

6

핵심풀이 ▶

ⓘⓛⓒ 각하

오답풀이 ▶

ⓔ 실무상 병합처리
ⓜⓗ 각하의견은 고소·고발사건에 한함

7

핵심풀이 ▶

① 자료접근의 방해는 컴퓨터파괴에 해당한다.

※ **컴퓨터 파괴행위**

ⓘ 컴퓨터자체에 대한 물리적 가해행위
ⓛ **컴퓨터자료에 대한 논리적 가해행위** : 프로그램파괴, 자료접근 방해행위(자료조작×)

8 핵심풀이 ▶

ⓛ 체포현장에서의 압수 · 수색 · 검증

ⓔ 긴급체포된 자가 소유 · 소지 · 보관하는 물건에 대한 압수 : 긴급체포에 따라 체포된 자가 소유 · 소지 또는 보관하는 물건에 대하여 긴급히 압수할 필요가 있는 경우에는 체포한 때부터 24시간 이내에 한하여 영장 없이 압수 · 수색 또는 검증을 할 수 있다.

※ 압수 · 수색시 영장주의 예외

유류물 · 임의제출물의 압수	예 살인 피의자 갑이 도주하면서 떨어뜨린 물건을 지나가던 행인 을이 발견하여 경찰서에 제출하는 경우	사후영장 불요
구속 · 체포목적 피의자 수색	예 살인 피의자 갑이 친구 을의 집에 숨어 있다는 첩보를 입수하여 체포영장에 의한 체포를 하기 위해서 친구 을의 집을 수색하는 경우	
체포현장(체포영장, 긴급체포, 현행범인)에서의 압수 · 수색 · 검증 (예 살인 피의자 갑을 긴급체포하면서 그 현장에서 갑이 소지하고 있는 장물을 압수하는 경우)	압수한 물건을 계속 압수할 필요가 있는 경우에는 지체 없이 압수수색영장을 청구하여야 하고, 청구한 압수수색영장을 발부받지 못한 때에는 압수한 물건을 즉시 반환하여야 한다.	사후영장 필요
긴급체포된 자가 소지, 소유, 보관하는 물건에 대한 압수 · 수색 · 검증(24시간내) (예 피의자 갑을 긴급체포한 후 갑이 범행 당시 사용했던 흉기를 갑의 집을 수색하여 압수하는 경우)		
범행 중 또는 범행직후의 범죄장소에서의 압수 · 수색 · 검증	사람이 호프집에서 살해되었다는 신고를 받고 현장에 출동하여 호프집에 대해서 압수 수색을 하는 경우 사후영장 필요, 사후에 압수수색영장을 발부받지 못하면 즉시 환부 예 '도둑이 들었다' 112신고를 받고 현장에 출동시	
피고인 구속현장에서 압수 · 수색 · 검증		사후영장 불요

9 핵심풀이 ▶

십지지문채취 대상(별지 제2호 서식)

㉠ 주민등록증 미발급자 및 외국인으로서 지문자료가 없어 신원확인이 불가능한 경우

ⓛ 주민조회시 지문가치번호가 없거나 00000 – 00000인 경우

ⓒ E-CRIS로 동일인 여부가 판명되지 않은 경우

ⓔ 손상 · 절단 등으로 지문가치번호를 정정할 필요가 있는 경우

10 핵심풀이 ▶

① A : 범죄혐의가 인정되고, 일정한 주거가 없는 경우(주거부정) 또는 정당한 이유없이 출석요구에 불응한 경우(불응할 우려×) – ㉠㉡(또는 ㉢)

B : 범죄혐의가 인정되고, 주거가 분명하지 아니한 때 – ㉠㉡

C : 범죄혐의가 인정되고, 주거가 일정하지 않은 경우 – ㉠㉡

※ **경미사건 특칙**(다액 50만원 이하의 벌금, 구류, 과료에 해당하는 사건의 경우 체포·구속의 요건)

체포영장에 의한 체포	현행범 체포	긴급체포	구속
• 일정한 주거가 없는 경우 • 정당한 이유없이 수사기관의 출석요구에 불응한 경우	• 주거가 분명하지 아니한 때	• 특칙없음	• 주거가 일정하지 않은 경우

11 핵심풀이 ▶

㉡ 사체를 인도하였을 때에는 인수자로부터 사체 및 소지금품 인수서를 받는다.

오답풀이 ▶

㉠ 사법경찰관은 사체를 인수할 자가 없거나 그 신원이 판명되지 않은 때에는 사체현존지의 시장·군수·구청장에게 인도하여야 한다.

㉢ 변사체는 후일을 위하여 매장함을 원칙으로 한다.

㉣ 사법경찰관은 「가족관계의 등록 등에 관한 법률」에 의하여 사망자의 등록기준지가 분명하지 않거나 사망자를 인식할 수 없을 때에는 지체없이 사망지(역)의 구·시·읍·면의 장에서 사망의 통보(검시조서를 첨부하여 사망통지서 송부)하여야 한다.

㉤ 변사사건의 수배는 긴급사건 수배요령에 준하여 행하고, 신원이 판명되지 않는 경우 변사자수배카드를 작성 관리한다.

12 핵심풀이 ▶

긴급체포대상 – ㉡ 청소년유해업소 고용, ㉣ 장물취득

※ **긴급체포대상이 되지 않는 범죄**(법정형이 장기 3년 이상 되지 않는 죄) ⋯ 실화, 도박, 공문서부정행사, 간통, 폭행, 과실치사상, 명예훼손, 청소년보호법(청소년에게 주류·담배판매, 청소년유해업소출입, 청소년유해매체물 표시 및 포장을 하지 않는 자 등), 도로교통법(무면허, 업무상과실재물손괴 등), 사문서부정행사, 점유이탈물횡령, 업무상과실장물취득·알선, 동의낙태, 도주, 공중밀집장소추행, 업무상위력등추행, 통신매체이용음란 등

※ **긴급체포대상 범죄** ⋯ 장물취득, 업무상과실치사, 부동의낙태, 현주건조물 등 방화, 식품위생법위반, 청소년유해업소 고용, 허위사실유포 명예훼손, 도박개장죄, 도로교통법(음주운전; 혈중알코올농도 0.2%이상, 음주측정거부), 카메라등이용촬영 등

13 핵심풀이 ▷

ⓒ 자필란은 반드시 범인이 자필로 기재하게 하므로 필적대조가 가능하다.

ⓤ 범인조회는 현장임장 경찰관이 수사종합검색시스템(CRIFIS)을 활용 수법원지를 대상으로 조회하고, 여죄 및 장물조회는 범인검거 조사하는 경찰관이 형사사법정보시스템(KICS)을 활용 피해통보표를 대상으로 조회한다.

ⓗ 수법원지와 피해통보표의 공통점은 범죄사건부에 작성여부를 기재한다는 점이다.

ⓢ 수법원지는 피작성자가 사망, 80세 이상, 원지작성 후 10년 경과하였을 때 삭제 폐기하고(단, 전산자료 미삭제), 동일한 원지가 2매 이상 중복시 1매를 제외한 자료를 삭제 폐기한다.

오답풀이 ▷

ⓖ 범죄수법은 무형의 유류물이다.

ⓛ 공범관계는 미검거 공범까지 기재한다.

ⓔ 피해통보표에 수록·입력된 피해품은 장물수배로 본다.

ⓞ 검거, 사망, 전산입력 후 10년이 경과했을 때 삭제한다.

14 핵심풀이 ▷

④ 타살

오답풀이 ▷

①②③ 자살

※ 자·타살 구별

자살	타살
• 근친자의 기일을 택하는 경우가 있다. • 자살자가 좋아하던 장소·관광지·명소·고적지 등을 선택하는 경우가 있다. • 흉기는 반드시 몸 주변에 있다. • 유아는 자살하지 않는다. • 내의를 갈아입기도 하고 깨끗한 옷으로 갈아입든지 몸단장이나 화장을 하는 경우가 많고 목욕도 한다. • 본인의 유서·일지·편지 등에 사정을 부탁하든지 사죄하는 경우가 많다. • 착의를 정돈하고 침착하고 평화스럽게 죽어져 있다. 그러나 목을 매어 질식사한 경우는 윗몸매가 흐트러져 있는 것이 보통이다. • 착의에 새로운 파손은 거의 있을 수 없다. • 병중인 경우를 제외하고 잠옷차림의 자살은 거의 없다.	• 일시에는 관계가 없다. • 장소에는 관계가 없다. • 시정된 경우 자물쇠는 내부에 없고 외부로부터 시정되어 있는 일이 있다. • 유서 등을 위장하는 경우가 있다. • 착의가 심하게 흐트러져 있고 특히 여성의 경우 치맛자락이 흐트러져 있을 때가 많다. • 잠옷 바람의 경우는 타살이 많다.

15 핵심풀이 ▶

ⓜ 비누, 간장, 물은 양성반응을 나타내지 않는다.

ⓢ 턱뼈관절은 30시간 내외, 팔은 36시간 내외, 다리는 48시간 내외이다.

오답풀이 ▶

㉠ 죽음을 증명하는 증명서로 사망전 48시간 이내 진료한 사실(＝진료한 사실이 있는지 48시간 이내 사망)이 있고 사인을 명백히 설명할 수 있을 때 발행된다.

㉡ 착의 겉으로부터 창상이 없는 경우가 많다.

㉢ 입·코·눈 등에 파리·구더기 발생하는 것은 24시간 내외이다.

㉣ 공기속이 가장 빠르고 흙 속에서는 가장 느리다.

  ※ Casper의 부패법칙 … 공기 : 수중 : 지중 = 1주 : 2주 : 8주

㉤ 몽타쥬 작성 전에는 열람하게 하지 않는다.

㉥ 닦아내고 촬영해야 한다.

16 핵심풀이 ▶

③ 참고인 등의 비용은 진술을 종료한 때, 검안·부검 및 감정에 대한 감정서를 제출한 때, 운구·안치가 종료된 때, 진술·문서의 통역·번역을 마친 때에 지체 없이 지급하여야 한다.

※ **참고인 등에 대한 비용 지급 규칙**

  ㉠ 제3조(참고인 등 비용) : 다음 각 호의 비용을 참고인 등의 비용으로 한다.
  - 사법경찰관으로부터 출석을 요구받고 지정된 장소에 출석한 자 중 피의자·고소인·법령상 신고의무자를 제외한 제3자에게 지급할 여비, 숙박료, 식비 〈개정 2015.3.26.〉
  - 사법경찰관으로부터 사체의 검안·부검, 사체의 운구·안치, 감정 및 통역·번역을 위촉받은 자에게 지급할 검안비, 부검비, 운구비, 안치비, 감정료 및 통역·번역료와 여비, 숙박료, 식비

  ㉡ 제4조(여비·숙박료·식비) : 참고인등의 여비, 숙박료, 식비는 예산의 범위 안에서 사법경찰관이 상당하다고 인정하는 실비를 지급할 수 있다.

  ㉢ 제5조(검안·부검·운구·안치비 및 감정·통역·번역료) : 사체의 검안·부검, 사체의 운구·안치, 감정 및 통역·번역을 위촉받은 자에 대한 비용은 편성된 예산의 범위 내에서 지급할 수 있다.

  ㉣ 제6조(지급하지 아니할 수 있는 경우) : 다음 각 호의 어느 하나에 해당하는 경우에는 참고인 등에 대한 비용을 지급하지 아니한다.
  - 참고인이 허위진술을 하였다고 인정할 만한 상당한 이유가 있거나 진술을 거부하였을 때
  - 허위의 검안 또는 감정 등을 하였다고 인정할 만한 상당한 이유가 있거나 검안 또는 감정 등을 거부하였을 때
  - 의사 또는 감정인 자신의 귀책사유로 검안이나 감정 등의 목적을 달성하지 못하였을 때

  ㉤ 제7조(참고인등 비용의 지급)
  - 참고인 등의 비용은 제6조의 경우를 제외하고는 진술을 종료한 때, 검안·부검 및 감정에 대한 감정서를 제출한 때, 운구·안치가 종료된 때, 진술·문서의 통역·번역을 마친 때에 지체 없이 지급하여야 한다. 다만, 부득이한 사유가 있을 때에는 그러하지 아니하다.
  - 참고인 등 비용의 청구 및 지급은 별지 서식에 따르되 비용을 지급하였을 때에는 수령인의 기명·날인을 받아야 한다.
  - 참고인 등 비용은 그 지급원인이 발생한 날로부터 2월 이내에 청구하여야 한다.

17 핵심풀이 ▶

ⓛ 고소사건 등을 A기관에서 접수, 취급하다가 B기관으로 이송한 경우 검거통계원표, 피의자통계 원표는 종국적으로 처리, 송치하는 기관에서 작성하고, 발생통계원표는 처음 접수한 A기관에 서 작성한다.

ⓒ 공범사건에 대한 검거통계원표는 공범 중 일부를 먼저 검거하였을 때 작성하고, 미체포자를 후일 모두 검거하더라도 작성하지 않는다.

ⓔ 경범죄처벌법위반사건으로 판사의 송치명령을 받아 관할 검찰청에 송치하는 경우에는 원표를 작성한다.

ⓗ 군사법원 관할의 범죄는 경찰에서 취급하지 않고 군 수사기관으로 이송하고 있는 바, 각 원표 의 작성은 경찰에서 작성하지 않고 이송 받은 군 수사기관에서 작성한다.

18 핵심풀이 ▶

ⓔ 친고죄 조항이 삭제되었다. 단, 법 시행 전에 행하여진 업무상 위력 등에 의한 추행, 공중 밀 집 장소에서의 추행, 통신매체를 이용한 음란행위에 대해서는 친고죄 조항을 적용한다.

ⓜ 등록정보의 공개는 여성가족부장관이 집행한다. 법무부장관은 등록정보의 공개에 필요한 정보 를 여성가족부장관에게 송부하여야 한다.

오답풀이 ▶

ⓖ 업무상 위력 등에 의한 추행, 공중 밀집 장소에서의 추행, 성적 목적을 위한 공공장소 침입행 위, 통신매체를 이용한 음란행위는 미수를 처벌하지 않는다. 카메라 등을 이용한 촬영 등은 미수 처벌한다.

ⓛ 10년 연장된다.

ⓒ 미성년자에 대한 성폭력범죄의 공소시효는 성폭력범죄로 피해를 당한 미성년자가 성년에 달한 날부터 진행한다. 단, 강간 등 살인, 「아동·청소년의 성보호에 관한 법률」 제10조 제1항의 죄(강간등 살인) 등은 공소시효를 적용하지 않는 성폭력범죄도 있다.

19 핵심풀이 ▶

ⓜ 백지수표 금액란이 부당보충된 경우, 보충권 범위 내에서는 발행인이 부정수표 단속법 위반죄의 죄책을 지나, 보충권을 넘어서는 금액에 대하여까지 죄책을 물을 수 없다(대판 2011도7185). 예컨대, A는 B로부터 돈을 빌리면서 담보로 백지수표를 제공했으나 돈을 모두 갚은 후 B가 임의로 백지수표를 사용하여 부도가 났을 때 A에게 부정수표단속법의 죄책을 물을 수 없다.

ⓗ 공범 사이에서의 위조유가증권 교부행위는 그들 이외의 자에게 행사함으로써 범죄를 실현하기 위한 전단계의 행위에 불과한 것으로서 위조유가증권은 아직 범인들의 수중에 있다고 볼 것이지 행사되었다고 볼 수는 없다(대판 2010.12.9, 2010도12553).

※ **부정수표단속법상 범죄**

    ㉠ **부정수표 발행 작성행위** : 가설인 명의의 수표, 금융기관과 수표계약 없이 발행한 수표, 거래정지 처분 이후에 발행한 수표 등

    ㉡ **위조 · 변조행위** : 수표를 위조 · 변조한 경우에는 형법으로 처벌하지 않고, 특별법인 부정수표단속법위반으로 처벌

    ㉢ **수표의 부도**(예금부족, 거래정지처분, 수표계약 해제 · 해지로 지급 안된 경우) : 부도수표를 회수하거나, 회수하지 못했다하더라도 수표소지인이 처벌을 원하지 않으면 공소를 제기할 수 없다. 즉, 반의사불벌죄이다.

    ㉣ **허위신고행위**

    ㉤ **금융기관의 고발의무** : 금융기관 종사자가 직무상 부정수표 · 위조 · 변조된 수표를 발견한 때에는 48시간 이내에, 부도수표를 발견한 때에는 30일 이내에 고발하여야 한다.

20 핵심풀이 ▶

③ 가해자와 피해간의 장소적 관련성은 어느 정도 있다.

※ **인과관계 입증이 어려운 이유**

    ㉠ 가해자가 익명의 다수인이다.

    ㉡ 가해 행위가 누적적 · 복합적이다.

    ㉢ 가해자와 피해간의 인적 관련성이 희박하다.

    ㉣ 행위로부터 결과발생까지의 기간이 길다.

정답 및 해설

1 ②	2 ①	3 ④	4 ①	5 ②	6 ①	7 ④	8 ①	9 ④	10 ②
11 ②	12 ①	13 ②	14 ②	15 ②	16 ③	17 ③	18 ③	19 ②	20 ③

1 핵심풀이 ▶

사법경찰관은 피의자 기타인의 유류한 물건이나 소유자, 소지자 또는 보관자가 임의로 제출한 물건을 영장없이 압수할 수 있다. 일단 압수되면 그 효과에 있어서는 영장에 의한 압수와 동일하다 (반환 안됨).

2 핵심풀이 ▶

ⓒ 상대적 알리바이

※ 알리바이 태양

　ⓐ **절대적 알리바이** : 범행시각에 범죄현장이외 다른 장소에 있었다는 사실이 증명되는 경우

　ⓑ **상대적 알리바이** : 범행전후시각에 범행현장 이외 다른 장소에 있던 것이 증명되는 경우 그 시간까지는 도저히 범행현장에는 도달하지 못할 것이라고 인정되는 경우

　ⓒ **위장 알리바이** : 사전에 계획적으로 자기의 존재를 확실히 인상깊게 해놓고 그 사이에 극히 단시간내에 범죄를 감행하는 경우

　ⓓ **청탁 알리바이** : 범행사실을 은폐하기 위하여 가족, 동료, 친지에게 시간과 장소를 약속 또는 청탁해 놓는 경우

3 핵심풀이 ❯

④는 청소년의 출입이 가능한 장소이다.

※ 청소년 출입·고용금지업소〈청소년 보호법 제2조〉
  ㉠ 「게임산업진흥에 관한 법률」에 따른 일반게임제공업 및 복합유통게임제공업 중 대통령령으로 정하는 것
  ㉡ 「사행행위 등 규제 및 처벌 특례법」에 따른 사행행위영업
  ㉢ 「식품위생법」에 따른 식품접객업 중 대통령령으로 정하는 것
  ㉣ 「영화 및 비디오물의 진흥에 관한 법률」 제2조 제16호에 따른 비디오물감상실업·제한관람가비디오물소극장업 및 복합영상물제공업
  ㉤ 「음악산업진흥에 관한 법률」에 따른 노래연습장업 중 대통령령으로 정하는 것
  ㉥ 「체육시설의 설치·이용에 관한 법률」에 따른 무도학원업 및 무도장업
  ㉦ 전기통신설비를 갖추고 불특정한 사람들 사이의 음성대화 또는 화상대화를 매개하는 것을 주된 목적으로 하는 영업. 다만, 「전기통신사업법」 등 다른 법률에 따라 통신을 매개하는 영업은 제외한다.
  ㉧ 불특정한 사람 사이의 신체적인 접촉 또는 은밀한 부분의 노출 등 성적 행위가 이루어지거나 이와 유사한 행위가 이루어질 우려가 있는 서비스를 제공하는 영업으로서 청소년보호위원회가 결정하고 여성가족부장관이 고시한 것
  ㉨ 청소년유해매체물 및 청소년유해약물등을 제작·생산·유통하는 영업 등 청소년의 출입과 고용이 청소년에게 유해하다고 인정되는 영업으로서 대통령령으로 정하는 기준에 따라 청소년보호위원회가 결정하고 여성가족부장관이 고시한 것
  ㉩ 「한국마사회법」 제6조 제2항에 따른 장외발매소(경마가 개최되는 날에 한정한다)
  ㉪ 「경륜·경정법」 제9조 제2항에 따른 장외매장(경륜·경정이 개최되는 날에 한정한다)

4 핵심풀이 ❯

㉡ 공소권 없음
㉢ 기소의견

오답풀이 ❯

㉠ 책임조각사유가 있는 경우 죄가 안됨
㉣ 공소시효 완성된 경우 공소권 없음
㉤ 친족상도례(형면제사유)인 경우 공소권 없음
㉥ 피의자 자백 이외 보강증거가 없는 경우 혐의 없음
㉦ 피의자인 법인이 해산된 경우 공소권 없음

5 핵심풀이 ❯

② 비대면성 : 사이버공간에서 범죄자와 피해자와의 대면없이 접촉함으로써 피해자와 가해자가 누구인지 알 수 없는 경우가 대부분이다.

6 핵심풀이 ❯

① 참고인으로부터 서면진술을 받을 때에는 자필로 작성할 것을 권고하여야 하며 수사담당 조사관이 대서하지 아니하도록 한다.

오답풀이 ❯

② 참고인의 진술이라도 임의로 된 것이 아니거나, 그 서류의 작성 또는 내용인 진술이 임의로 되었다는 것이 증명된 것이 아니면 증거로 할 수 없다(대판 1983.9.13).

③ 참고인 조사시 진술거부권을 고지할 필요가 없다.

④ 참고인이 허위진술을 하였다고 인정할 만한 상당한 이유가 있거나 진술을 거부하였을 때는 여비를 지급하지 아니한다.

7 핵심풀이 ❯

㉠ 실황조사서는 적법한 절차와 방식에 따라 작성된 것으로서 공판준비 또는 공판기일에서의 작성자의 진술에 따라 그 성립의 진정함이 증명된 때에는 증거로 할 수 있다. 그러나 실황조사서에 기재된 피의자 진술은 공판준비 또는 공판기일에 피의자였던 피고인이나 변호인이 그 내용을 인정한 때에 한하여 증거능력이 인정된다.

  ※ 화재사건 실황조사시 현장모양은 아래에서 위로 관찰 기재한다. 현장의 모양은 '외부로부터 내부로, 전체로부터 부분으로, 상태에서 변태로, 동종에서 이종으로, 위에서 아래로(단, 화재사건은 아래에서 위로)' 관찰 기재한다.

㉣ 자백의 임의성과는 관련이 없다.

㉤ 실황조사의 참여인은 각 참여인의 주거, 직업, 직업, 성명, 연령 외에 참여인이 어떠한 자격으로 참여했는가를 명백히 해 두어야 한다. 예컨대 범행 목격자, 피의자, 피해자, 주거자라고 자격을 표현한다.

㉥ 피의자 성명과 피의사건명은 실황조사시를 표준으로 해서 표시한다. 예컨대 실황조사시 피의자불명이었으나, 그 후 성명을 알게 된 경우에 소급하여 기재하지 말고 '성명불상자'라고 기재한다.

오답풀이 ❯

㉡ 작성목적 : 범인 및 증거발견, 범인의 도주 경로를 명백히 하는 자료, 범죄사실의 입증자료, 자백시 진위를 명백히 하는 자료

㉢ 실황조사한 수사관이 직접 한다.(○), 사건담당수사관이 한다.(×), 피의자가 직접 한다.(×)

8 핵심풀이 ❯

① 연탄가스 흡입사건 : 심장혈, 폐

오답풀이 ❯

② 유해성 중금속류의 만성중독, 즉 비소 및 수은 등 중독사건 : 모발, 손톱

③ 교통사고 : 음주운전자의 유동혈액(냉장고보관)

④ 환경오염사건 : 폐수인 경우 4ℓ 정도 채취

9 핵심풀이 ▶

④ 형의 시효 또는 치료감호의 시효가 완성되면 그 집행이 면제된다.

※ 「성폭력범죄자의 성충동 약물치료에 관한 법률」 제21조(치료명령의 시효) … 치료명령을 받은 사람은 그 판결이 확정된 후 집행을 받지 아니하고 함께 선고된 피고사건의 형의 시효 또는 치료감호의 시효가 완성되면 그 집행이 면제된다.

10 핵심풀이 ▶

ⓛ 입회인을 확보하지 못한 경우에는 그 상황을 사진촬영하여야 한다.

ⓗ 현장지문에는 범인의 지문, 범인 이외의 관계자 지문 등이 포함되어 있다.

11 핵심풀이 ▶

② 사실상 혼인관계에 있거나 있었던 사람, 사실상의 양친자관계 있거나 있었던 사람은 가정구성원에 포함된다.

오답풀이 ▶

① '가정폭력'이라 함은 가정구성원 사이의 신체적, 정신적 또는 재산상 피해를 수반하는 행위를 말한다.

③ 약취유인은 가정폭력범죄에 해당하지 않는다.

④ 정당한 사유가 없으면 즉시 수사기관에 신고하여야 한다.

※ **가정구성원**
  ㉠ 배우자(사실상 혼인관계에 있는 사람을 포함) 또는 배우자였던 사람
  ㉡ 자기 또는 배우자와 직계존비속관계(사실상의 양친자관계를 포함)에 있거나 있었던 사람
  ㉢ 계부모와 자녀의 관계 또는 적모(嫡母)와 서자(庶子)의 관계에 있거나 있었던 사람
  ㉣ 동거하는 친족

※ **가정폭력범죄의 처벌 등에 관한 특례법 제4조(신고의무 등)**
  ㉠ 누구든지 가정폭력범죄를 알게 된 경우에는 수사기관에 신고할 수 있다.
  ㉡ 다음에 해당하는 사람이 직무를 수행하면서 가정폭력범죄를 알게 된 경우에는 정당한 사유가 없으면 즉시 수사기관에 신고하여야 한다.
  • 아동의 교육과 보호를 담당하는 기관의 종사자와 그 기관장
  • 아동, 60세 이상의 노인, 그 밖에 정상적인 판단 능력이 결여된 사람의 치료 등을 담당하는 의료인 및 의료기관의 장
  • 「노인복지법」에 따른 노인복지시설, 「아동복지법」에 따른 아동복지시설, 「장애인복지법」에 따른 장애인복지시설의 종사자와 그 기관장
  • 「다문화가족지원법」에 따른 다문화가족지원센터의 전문인력과 그 장
  • 「결혼중개업의 관리에 관한 법률」에 따른 국제결혼중개업자와 그 종사자
  • 「소방기본법」에 따른 구조대 · 구급대의 대원
  • 「사회복지사업법」에 따른 사회복지 전담공무원
  • 「건강가정기본법」에 따른 건강가정지원센터의 종사자와 그 센터의 장
  ㉢ 상담소 등에 근무하는 상담원과 그 기관장은 피해자 또는 피해자의 법정대리인 등과의 상담을 통하여 가정폭력범죄를 알게 된 경우에는 가정폭력피해자의 명시적인 반대의견이 없으면 즉시 신고하여야 한다.

12 핵심풀이 ▶

ⓛ 전산망에 보관된 타인의 정보 누설 : 정보통신망 이용촉진 및 정보보호 등에 관한 법률

※ 수사전산자료를 수사목적 외 사용 누설한 경우 처벌 법규

　　㉠ 형의 실효 등에 관한 법률 : 수사자료표에 의한 개인범죄경력조회 누설

　　㉡ 공공기관의 개인정보보호에 관한 법률 : 주민등록지, 주민번호 등 직무상 알게 된 개인비밀 누설

　　㉢ 정보통신망 이용촉진 및 정보보호 등에 관한 법률 : 전산망에 보관된 타인의 정보 누설

13 핵심풀이 ▶

② 유치인보호주무자는 피의자를 유치하는 과정에 위험물 등을 소지하고 있을 때에는 그 물건을 유치기간 중 보관하여야 한다. 다만 보관하는 것이 부적당한 물건은 유치인에게 알린 후 폐기하거나 유치인으로 하여금 가족 등 자신이 지정하는 사람에게 보내게 할 수 있다.

오답풀이 ▶

① 여성유치인은 친권이 있는 18개월 이내의 유아에 대해 경찰서장의 허가를 받아 대동할 수 있다.

③ 경찰서 청문감사관은 매일 일과시작 후 신속히 유치장내 진정함을 확인하여 진정서가 있을 경우 지체 없이 국가인권위원회에 등기우편으로 송부하여야 한다.

④ 체포 · 구속인명부에는 체포 · 구속 및 석방 사항, 죄명, 인상 착의, 체포 · 구속된 자의 인적사항, 범죄경력 및 가족관계 등을 기록하되 주민등록번호를 대조하는 등 본인 여부를 반드시 확인하고 기록하여야 한다. 범죄사실, 적용법조는 기록사항이 아니다.

14 핵심풀이 ▶

② 절도는 강력범수사팀의 대상사건이다.

오답풀이 ▶

①③ 점유이탈물횡령

④ 횡령 : 지능범수사팀의 대상사건(사기, 횡령, 배임)

15 핵심풀이 ▶

㉣ 이 규정(범죄수사규칙 제177조)은 삭제되었다(시행 2004. 1. 1.).

㉤ 지명수배자를 검거한 경우 원칙적으로 수배관서의 사법경찰관이 24시간 이내에 체포 또는 구속의 통지를 하여야 한다.

16 핵심풀이 ▶

③ 수질 및 수생태계 보전에 관한 법률은 상수원보호구역 안에서 '상수원을 오염시킬 위험이 있는 행위'는 처벌하고 있으므로 물고기를 잡았는가와 관계없이 처벌된다.

17 핵심풀이 ▶

③ 친족상도례 규정은 범인과 피해물건의 소유자 및 점유자 모두 사이에 친족관계가 있는 경우에만 적용된다. 제시문에서는 A, B, C 모두 사이에 친족관계가 있지 않으므로 적용되지 않는다. 따라서 B의 처벌의사 유무와 관계없이 수사가 가능하다.

18 핵심풀이 ▶

③ 축산목장의 관리자가 업주의 지시에 따라 3, 4명의 노무자를 데리고 축사청소 등 단순노무에 종사하고 경영문제에 관여를 하지 않았다면 환경범죄의 행위자(공모, 가담, 방조)로 볼 수 없다(대판 1990.12.11).

오답풀이 ▶

① 환경형법상의 범죄행위는 환경오염행위(환경오염물질의 배출행위)가 중심이 되고, 자연활동, 사업활동 기타 사람의 활동 자체는 처벌·단속의 대상이 아니다.
② 환경범죄는 인위적 활동성, 침해의 간접성, 침해주체의 불명확성 등을 특징으로 한다.
④ 수질환경보전법(제38조)에 규정된 처벌대상은 사업자의 신분을 가진 자이므로 허가·신고없이 배출시설·방지시설을 운영한 자는 사업자로 볼 수 없다(대판 1997. 5. 28).
※ 환경범죄의 특성
　　㉠ 인위적 활동성(* 자연적 재해×)
　　㉡ 침해의 간접성
　　㉢ 침해의 완만성
　　㉣ 원인 및 정도의 불명확성
　　㉤ 침해의 상규성
　　㉥ 침해 주체의 불명확성(* 침해주체의 명확성×)
　　㉦ 침해의 전파성, 복잡성, 경합성
　　㉧ 힘의 불균형성(* 힘의 균형성×)

19 핵심풀이 >

② 타인 명의의 수표변조는 부정수표단속법위반, 부정수표단속법에는 위·변조수표행사처벌규정이 없으므로 형법상 변조유가증권행사죄가 성립

오답풀이 >

① 자기명의일 때는 위조가 아니다. 절도, 사기, 부정수표단속법위반으로 처벌된다.

③ 절도, 사기, 부정수표단속법위반, 위조유가증권행사죄가 성립

④ 거래정지처분 이후에 수표를 발행했을 때 부정수표단속법으로 처벌된다. 거래정지처분 이후에 수표를 발행했는지 여부는 수표에 기재된 발행일이 아니라 실제발행일을 수사하여 판단해야 한다.

20 핵심풀이 >

③ 냄새가 없다.

오답풀이 >

L.S.D는 무색·무취·무미하며, 통상 분말로 제조되나 정제, 캅셀제, 액제 형태로도 밀거래되고 극소량으로도 효과가 강력하게 나타나기 때문에 미량을 유당·각설탕·과자·빵 등에 첨가시켜 먹거나 우편·종이 등의 표면에 묻혔다가 뜯어 먹어서 입에 넣는 방법으로 사용한다.

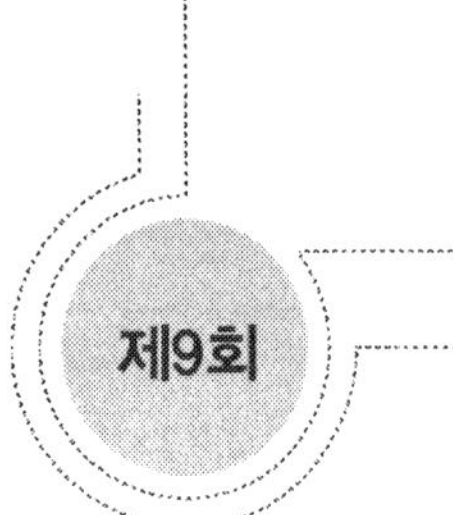

정답 및 해설

1 ②	2 ④	3 ②	4 ④	5 ①	6 ④	7 ②	8 ③	9 ④	10 ①
11 ③	12 ④	13 ④	14 ④	15 ③	16 ③	17 ③	18 ③	19 ③	20 ④

1 핵심풀이 ❯

수사수단의 2방향 … 횡적수사, 종적수사

㉠ 횡적수사 – ㉣㉥㉧

㉡ 종적수사 – ㉢㉤㉦

오답풀이 ❯

※ 수사수단의 2방향

	횡적수사	종적수사
의의	• 자료수집을 위한 수사 • 폭을 넓혀나가는 수사(광범위한 자료수집)	• 자료수집에 의한 수사 • 깊이 파고드는 수사
장점	사건의 신중한 판단 및 수사의 확실성	신속한 범인검거
단점	시간과 노력에 비해 비경제적	한정된 자료로 그르칠 가능성
방법	현장관찰, 탐문수사, 행적수사, 잠복감시, 미행, 수색, 감수사	유류품수사, 장물수사, 수법수사, 인상특징수사, 수배수사

2 핵심풀이 ❯

통신제한조치 청구사건의 관할법원은 그 통신제한조치를 받을 통신당사자의 쌍방 또는 일방의 주소지·소재지, 범죄지 또는 통신당사자와 공범관계에 있는 자의 주소지·소재지를 관할하는 지방법원 또는 지원(보통군사법원을 포함)으로 한다.

④ 수사관서(J경찰서)를 관할하는 법원은 관할 법원이 아니다.

오답풀이 ❯

①②③ 통신당사자의 쌍방 또는 일방(피의자 S, S의 부모, 애인 L)의 주소지·소재지를 관할하는 법원은 관할 법원이 된다.

3 핵심풀이 ▶

ⓒ 대륙법계에서는 함정수사에 있어 피교사자는 당연히 범죄가 성립한다고 보았다.

ⓒ 영미법계에서는 함정수사를 기회제공형의 경우 피교사자의 범죄성립을 인정한다.

ⓜ 우리나라 통설과 판례는 기회공여형 함정수사는 문제가 되지 아니하나 범의유발형은 수사의 상당성을 침해한 것으로 위법이라고 본다.

오답풀이 ▶

ⓐ 함정수사란 수사기관이 신분을 숨기고 범죄를 교사한 후 그 실행을 기다렸다가 범인을 체포하는 수사방법으로, 수사의 상당성(신의칙)과 관련하여 적법성이 문제되고 있다.

ⓔ 영미법계에서는 함정수사를 범의유발형의 경우 공공정책의 위반이라는 이유로 피교사자에 대한 피교사자에 대한 무죄의 항변사유로 인정한다. 즉 무죄가 된다.

ⓗ 기회제공형의 경우 증거능력은 인정하나, 범의유발형 함정수사의 경우는 위법수집증거배제의 법칙에 따라 증거능력은 부정된다.

4 핵심풀이 ▶

ⓐ 수사의 기본이념은 실체적 진실발견과 기본적 인권 보장이다.

ⓒ **현행법상 수사의 지도원리** : 실체적 진실주의, 적정 절차의 법리, 무죄추정의 법리, 필요최소한도의 법리

ⓒ 실정법상 수사의 기본원칙에는 제출인 환부의 원칙이 있다.

• **실정법상 수사의 기본원칙(수사지도원리의 제도적 표현)** : 임의 수사의 원칙, 수사비례의 원칙(수사권발동의 필요최소한도＋균형성), 수사비공개의 원칙(수사밀행의 원칙), 자기부죄강요금지의 원칙, 강제수사 법정주의, 영장주의, 제출인 환부의 원칙

ⓔ 자기부죄강요금지의 원칙은 헌법상 원칙이다.

ⓜ 지구대 박순경이 동네 슈퍼마켓에서 200원짜리 껌 1개를 훔친 중학생을 슈퍼주인이 만류하는데도 절도혐의로 입건한 것은 수사비례의 원칙에 반한다.

5 핵심풀이 ▶

ⓜ 범인불명으로 발생건수를 확정할 수 없을 때에는 피해신고 또는 범죄의 인지수에 의하여 건수를 계상한다.

오답풀이 ▶

ⓐ 피의자가 절도죄와 사기죄로 입건된 경우 피의자통계원표는 중한 죄인 사기죄에 대하여 1매 작성한다.

ⓒ 수인 1죄의 경우에는 발생통계원표와 검거통계원표 각 1매와, 피의자통계원표는 수매를 작성한다.

ⓒ 주거 침입하여 절도를 한 경우 범죄건수는 절도 1건으로 한다.

ⓔ 상상적 경합의 경우 범죄건수는 그 중 중한 1건으로 한다.

ⓗ 특가법일 경우 포괄1건으로 보지 않고 범죄통계원표는 수매 작성한다.

6

㉠ 법원에 대하여 진정서를 제출하는 것은 고소라 할 수 없다.

㉡ 친고죄에 대하여 고소할 자가 없는 경우 이해관계인의 신청이 있으면 검사는 10일 이내에 고소권자를 지정해야 한다.

㉢ 청소년에 대한 강간 등은 비친고죄로서 고소기간에 제한이 없다.

㉣ 강간죄는 성폭력범죄로서 형법 제296조, 제306조, 성폭력범죄의 처벌 등에 관한 특례법 제19조 친고죄 조항이 삭제됐다.

※「형법」상 추행·간음 목적 약취·유인죄, 약취·유인·매매·이송된 자의 수수·은닉죄, 결혼 목적 약취·유인죄, 강간죄, 강제추행죄, 준강간죄, 준강제추행죄, 위계위력간음·추행죄, 업무상위력 등에 의한 간음죄, 13세 미만 미성년자 간음·추행죄와「성폭력범죄의 처벌 등에 관한 특례법」상의 업무상 위력 등에 의한 추행죄, 공중 밀집 장소 추행죄, 통신매체 이용 음란죄가 비친고죄로 전환됐다.

오답풀이 ▶

㉺ 성폭력범죄, 가정폭력범죄 : 자기 또는 배우자의 직계존속이라도 고소할 수 있다.

7 **핵심풀이 ▶**

㉢ 경찰이 고물상과 전당포업자에 대하여 해당 장물의 발견을 의뢰하는 것은 장물수배이고, 장물로 인정되는 물건을 발견했을 때 그 피해자의 발견을 의뢰하는 것은 장물조회이다.

㉣ 장물여부의 조회는 형사사법정보시스템(KICS)을 활용하여 피해통보표의 피해품, 고유번호, 품명 등으로 조회한다. 긴급시 경비전화로 할 수 있다.

㉻ 일반수사에는 고물상, 전당포, 귀금속가공업자 등에 대한 수사, 피해자확인 등이 있다.

오답풀이 ▶

㉠ 장물아비대상 수사는 평소 준비해야 할 사항이 아니라, 장물수사의 실행 중 일반수사에 해당한다.

㉡ 피해품을 발견하기 위해 장물수배를 한다.

㉺ 피해통보표는 전산입력 후 10년 경과시 폐기한다.

㉼ 장물아비에 대한 수사는 일반수사이다.

㉽ 피해통보표는 장물발견 후 작성되는 서류가 아니라, 수법범죄 범인 미검거, 범인불명일 때 현장임장경찰관이 작성한다.

※ **장물수사의 실행**

일반수사	• 전당포, 고물상, 귀금속가공업자에 대한 조사 • 장물아비수사 • 피해자확인
특별수사	• **특정장물의 수사** : 특별중요장물수배서·중요장물수배서 등 • **범인상대의 장물수사** : 범인거소에서 발견된 물품의 장물여부수사, 절도범인의 소지물품, 주택, 숙박업소 등의 수사 등

8 핵심풀이 ▶

통신자료 – ㉡

통신제한조치 – ㉢㉣

오답풀이 ▶

통신사실확인자료 – ㉠㉢㉣

※ 정리

    ㉠ 핸드폰의 전파추적(호추적)을 통한 실시간 위치추적 : 통신사실확인자료(감청×)

    ㉡ 타인간의 상면대화 내용의 녹음이 필요한 경우 : 통신제한조치(압수수색영장×)

    ㉢ PC통신, 인터넷 전자우편, 비공개모임(Closed User Group)의 게시내용 지득 · 채록 : 감청

    ㉣ 전화(컴퓨터통신포함) 등 가입자의 대금결재(요금납부) 방법에 있어서의 자동이체계좌번호를 알고자하는 경우 : 압수수색영장(감청×)

9 핵심풀이 ▶

㉠ 경기지방경찰청 광주경찰서 관내에서 발생한 강도사건의 긴급배치를 인접 서울지방경찰청 전 지역에 긴급배치를 실시 할 때 발령권자는 경기지방경찰청장이다.

㉡ 발령권자는 긴급배치발령시 지체없이 긴급배치실시부에 의거 차상급기관의 장에게 보고한다.

㉢ 긴급배치 비상해제시는 6시간 이내에 해제일시 및 사유, 단속실적 등을 차상급기관의 장에서 보고한다.

㉢ 긴급배치의 발령권자는 경찰청장, 지방경찰청장, 경찰서장이다.

오답풀이 ▶

㉣ 범인의 성명 · 주거 · 연고지 등이 판명되어 조속히 체포할 수 있다고 판단될 때 긴급배치를 생략할 수 있다.

㉤ 갑호배치시 형사(수사)요원, 지구대 · 검문소요원의 가동경력 100%를 동원하고, 을호배치시 형사(수사)요원은 가동경력 100%, 지구대 · 검문소요원은 가동경력 50%를 동원한다.

※ 긴급배치의 생략 · 해제사유

긴급배치의 생략사유	긴급배치의 해제사유
• 사건발생 후 상당기간이 경과하여 범인을 체포할 수 없다고 인정될 때 • 범인의 인상착의가 확인되지 아니하거나 사건내용이 애매하여 긴급배치에 필요한 자료를 얻지 못할 때 • 범인의 성명 · 주거 · 연고지 등이 판명되어 조속히 체포할 수 있다고 판단될 때 • 기타 사건의 성질상 긴급배치가 필요하지 않다고 인정될 때	• 범인을 체포하였을 때 • 허위신고 또는 중요사건에 해당하지 않음이 판명되었을 때 • 긴급배치를 계속한다 하더라도 효과가 없다고 인정될 때

10 핵심풀이 ▶

① 증류수에 무수탄산나트륨를 붓는 순서로 교반하여야 한다.

※ **혈흔 검사**

혈흔예비시험	루미놀시험	육안으로 혈흔이 발견되지 않거나 희미한 혈흔의 경우 : 형광 • 루미놀 1g, 무수탄산나트륨 50g, 30%과산화수소 150ml를 증류수 1,000ml에 차례로 혼합(4℃의 냉장고에 보관하면 약 1주일 정도 사용이 가능) • 루미놀 시약을 만들어 분무기에 넣어 증거물에 분무 • 혈흔의 혈색소가 루미놀 시약과 접촉되면 청백색의 형광
	무색 마라카이트 그린시험	육안으로 혈흔모양이 발견시 : 초록색 • 무색 마카라이트 록 1g, 빙초산 100ml, 증류수 150ml를 혼합하여 용해시킨 다음 3%의 과산화수소를 4:1 용량으로 혼합(4℃의 냉장고에 보관하면 약 1주일 사용이 가능) • 증거물을 채취하여 백색 종이 위에 놓고 무색 마카라이트 록 시약을 떨군다. • 혈흔이라면 혈색소의 작용을 과산화수소수에 의해 산화되어 초록색
	벤지딘시험	
혈흔확인시험		• 혈흔예비시험에서 혈흔양성반응을 나타낸 부위에 헤모그로모겐 결정체(hemochromogen crystal)시험을 실시하여 혈흔을 확인 • 붉은 색깔의 국화꽃술 모양의 결정체가 현미경에서 관찰 • 혈액이 200배 이상 희석되면 검출이 곤란
인혈증명시험		사람 혈액을 토끼에 면역주사해서 만든 항사람면역혈청 이용
혈액형 검사		ABO식 혈액 검사를 실시, 이 검사만으로 누구의 혈액인지 구분되지 않을 때에는 MN식, Rh식 등 검사를 추가로 실시

11 핵심풀이 ▶

③ 다른 지문채취법에 비해 지문현출 시간이 길다.

12 핵심풀이 ▶

㉠ 보호자나 교사를 참여케 한다.

㉡ 공범자의 조사는 '범정이 경한 자, 성격이 약한 자, 순진한 자, 다변자, 감격성이 강한 자'의 순으로 조사하는 것이 효과적이다.

㉢ 대질의 시기가 빠르면 좋지 않다.

㉣ 범정이 경한자(종범)부터 조사한다.

㉤ 일부 증거 제시로 급소를 찌르는 수사를 한다.

㉥ 은어를 사용하지 말아야 한다.

오답풀이 ▶

㉦ 조사관도 상응한 은어를 사용한다.

13 핵심풀이 ▶

ⓒ 형법총칙규정 중 임의적 몰수, 추징, 간접정범(제34조), 총칙상 미수, 형의 가중, 감경규정,
벌금등임시조치법은 기재하지 않는다.

ⓔ 교사범은 기재한다. 형법총칙 규정은 공범, 교사범, 종범, 누범, 경합범(상상적 경합범, 실체
적 경합범), 필요적 몰수는 기재한다.

ⓜ 적용법조가 여러 개 있을 경우 특별법, 형법각칙본조, 형법총칙 순으로 기재한다.

ⓢ 조문이 2항 이상으로 나누어져 있을 때에는 원칙적으로 항(項)을 기재하여야 한다.

오답풀이 ▶

ⓖ 처벌규정, 금지규정이 별도인 경우는 처벌규정, 금지규정 순으로 모두 기재한다.

ⓛ 같은 조문(항)은 같은 피의자에 대하여 중복 기재하지 않는다. 예 사문서 위조 2건, 위조문서
행사인 경우 – 형법 제231조, 제234조

ⓗ 처벌규정 – 금지규정 – 공범, 상상적 경합, 누범, 실체적 경합범, 필요적 몰수 – 소년범 순으로
기재한다.

14 핵심풀이 ▶

④ 보충시킬 의사가 있다면 유효하다(판례, 법).

오답풀이 ▶

① 유령회사이다.

② 지급장소는 필요적 기재사항이 아니다.

③ 수표는 일람출급증권이므로 만기가 없다.

※ 약속어음의 필요적 기재사항

　　ⓖ 약속어음임을 표시하는 문자

　　ⓛ 일정금액을 지급할 뜻의 무조건적인 약속

　　ⓒ 만기

　　ⓔ 지급지

　　ⓜ 발행일과 발행지

　　ⓗ 지급을 받을 자 또는 지급을 받을 자를 지시할 자의 명칭

　　ⓢ 발행인의 기명날인 또는 서명

15 핵심풀이 ▶

③ DFO는 지류(종이)에 남겨진 지문채취방법이다.

오답풀이 ▶

접착면에 유류된 **지문채취시약** ··· 스티키사이드파우더, 어드헤이시브사이드파우더, 젠티안바이올렛,
크리스탈바이올렛, 에멀견블랙, 테잎글로우 등

16 핵심풀이 ▶

③ 자료보관 대상자

※ 우범자의 구분

첩보수집 대상자	자료보관 대상자
• 범죄단체의 조직원 또는 불시에 조직화가 우려되는 조직성폭력배 중 범죄사실 등으로 보아 죄를 범할 우려가 있는 자 • 살인으로 실형(금고형 이상)을 받고 출소한 자 중 그 성격, 상습성, 환경 등으로 보아 재범의 우려가 있는 자 • 방화로 실형을 받고 출소한 자 중 그 성격, 상습성, 환경 등으로 보아 재범의 우려가 있는 자 • 강간·강제추행의 죄로 13세 미만 아동을 대상으로 죄를 범하여 실형을 받고 출소하였거나 19세 미만 청소년 또는 성인을 대상으로 죄를 범하여 2회 이상 실형을 받고 출소한 자 중 그 성격, 상습성, 환경 등으로 보아 재범의 우려가 있는 자 • 강도·절도·마약류 관련 범죄로 3회 이상 금고형 이상의 실형을 받고 출소한 자 중 그 성격, 상습성, 환경 등으로 보아 재범의 우려가 있는 자	• 첩보수집 대상자 중 기간만료 또는 심사위원회의 심사를 통해 첩보수집의 필요가 없다고 판단되는 자 • 살인·방화로 실형을 받고 출소한 사람 중 범행동기, 범죄사실 등 심사결과 자료보관만으로 족하다고 판단되는 자 • 강간·강제추행의 죄로 19세 미만 청소년 또는 성인을 대상으로 죄를 범하여 실형을 받고 출소한 사람 중 첩보수집 대상자에 해당되지 아니하는 자 • 강도·절도·마약류 관련 범죄로 실형을 받고 출소한 사람 중 첩보수집 대상자에 해당되지 아니하는 자

17 핵심풀이 ▶

③ 기소중지 의견으로 송치하는 사건으로서 피의자 미검거인 경우에는 검거통계원표는 작성하지 않으나 피의자통계원표는 나타난 자료만에 의하여 작성하되 확인되지 않아 입력할 수 없는 항목은 입력없이 그대로 놓아 둔다.

18 핵심풀이 ▶

③ 혈흔이 아니라도 루미놀 시약에 반응할 수 있다.

※ 블루스타 시약…루미놀 시약 대신에 블루스타 시약을 사용할 수 있다. 블루스타 시약을 이용한 잠재혈흔 검출방법은 한번 분무 후에 루미놀 시약에 비하여 형광을 발하는 시간이 조금더 길고 혈흔의 유무 및 감정물에서의 혈흔의 부착위치 관찰이 용이하며 개인식별을 위한 DNA 감정 등에 방해점이 없는 유의한 결과를 얻을 수 있다는 장점이 있다.

19 핵심풀이 ▶

③ 주로 사업자를 환경보전의무의 주체(환경범죄의 주체)로 예정하고 있으나, 보충적으로 일반인도 환경오염의 주체(환경범죄의 주체)가 된다〈수질 및 수생태계 보전에 관한 법률 제15조〉.

20 핵심풀이 ▶

④ 소의 도축과정에서 나오는 내장, 분뇨 등을 공공수역에 투기한 행위는 수질 및 수생태계 보전에 관한 법률로 처벌할 수 있으나, 소의 도축과정에서 나오는 내장, 분뇨 등을 길가에 투기한 행위는 폐기물관리법이 적용된다.

※ 수질 및 수생태계 보전에 관한 **법률로 처벌할 수 있는 행위**(단속대상)

　　㉠ 석유화학제품 조업 중 배출된 폐유를 하수구에 버린 행위

　　㉡ 도축장의 폐수 배출 방지시설을 정상운영하지 아니한 행위

　　㉢ 약품공장의 폐수를 방지시설을 통하지 아니하고 방류한 경우

　　㉣ 소의 도축과정에서 나오는 내장, 분뇨 등을 공공수역에 투기한 행위

　　㉤ 정상적으로 산출된 슬러지를 소각 · 매몰하지 않고 하천에 버리는 행위

　　㉥ **하천 · 호소에서 자동차를 세차하는 행위** : 과태료부과

　　* 무허가 축산폐수(가축분뇨)처리는 가축분뇨의 관리 및 이용에 관한 법률을 적용한다.

제10회

정답 및 해설

정답및해설

제10회 모의고사

1 ①	2 ②	3 ④	4 ④	5 ④	6 ③	7 ④	8 ③	9 ①	10 ②
11 ④	12 ④	13 ①	14 ②	15 ②	16 ③	17 ③	18 ①	19 ④	20 ④

1

핵심풀이

범의유발형 함정수사는 신의칙(상당성)에 반하기 때문에 허용되지 않는다.

2

핵심풀이

② 판례는 반의사불벌죄인 경우 공범자 사이에 고소불가분의 원칙이 적용되지 않는다고 본다. 따라서 명예훼손죄는 반의사불벌죄로서 고소불가분의 원칙이 적용되지 않기에 B만 처벌된다.

3

핵심풀이

㉣ 피내사자에 대한 체포 · 구속 등 대인적 강제처분은 허용되지 않는다.

㉥ 피내사자에 대한 임의조사 형식의 참고인조사(진술거부권, 변호인접견교통권 인정)를 할 수 있으나, 진술거부권 고지 의무는 없다.

오답풀이

㉠㉢ 피내사자에 신원관련 조회, 부동산 보유상황 조사, 출입국금지조치, 주변 참고인조사, 감시, 미행, 사진촬영 등을 할 수 있다.

㉡㉦ 피내사자에 대한 압수 · 수색 · 검증 등 대물적 강제처분, 통신제한조치, 통신사실확인자료제공은 허용된다.

㉤ 피내사자에게도 변호인접견교통권을 인정한다(대법원 판례).

4 핵심풀이 ▶

범죄통계원표를 작성해야 하는 경우 – ㉢㉤㉥㉦

※ 통계원표 작성대상

　㉠ 작성하는 경우

　　• 기소의견 – ㉦

　　• 협의의 불기소의견(혐의없음, 죄안됨, 공소권없음) – ㉢㉤㉥

　㉡ 작성하지 않는 경우

　　• 고소·고발 각하의견 송치시 – ㉠㉡㉣

　　• 군사법원관할사건

　　• 경범죄처벌법위반사건(판사의 송치명령을 받아 관할 검찰청에 송치하지 않는 경우) – ㉧

　　• 관세법위반 및 조세범처벌법위반(통고처분에 그치고 검찰에 고발하지 않은 사건) – ㉨

5 핵심풀이 ▶

통신제한조치의 대상범죄 – ㉠㉣㉤㉧

※ 통신제한조치의 대상범죄

대상범죄가 아닌 것	대상범죄
외국국기·국장모독, 존속협박, 미성년자간음, 간통, 자동차등불법사용, 상해, 상해치사, 폭행치사, 사기, 공무집행방해, 장물취득, 폭처법위반(상해, 폭행), 관세법위반, 직무유기, 주거침입, 폭행·가혹행위죄 등	약취유인 및 인신매매, 폭처법위반(공갈, 협박), 경매·입찰방해, 수뢰, 집합명령위반, 자살교사·방조, 미성년자의제강간, 공갈, 폭처법위반(단체 등의 구성·활동), 총포·도검·화약류 단속법위반 일부범죄 등

6 핵심풀이 ▶

③ 사건의 관할 및 관할사건수사에 관한 규칙 제6조(사건관할이 불분명한 경우의 관할지정) … 다음의 사건 중 범죄지나 피의자가 불명확한 경우에는 특별한 사정이 없는 한 사건을 최초로 접수한 관서를 사건의 관할관서로 한다.

　㉠ 전화, 인터넷 등 정보통신매체를 이용한 범죄

　㉡ 지하철, 버스 등 대중교통수단 이동 중에 발생한 범죄

　㉢ 그 밖에 경찰청장이 정하는 범죄

오답풀이 ▶

① 사건의 관할은 범죄지, 피의자의 주소·거소 또는 현재지를 관할하는 경찰서를 기준으로 한다.

② 사건관할이 다른 수개의 사건에 관련된 때에는 1개의 사건에 관하여 관할이 있는 경찰관서는 다른 사건까지 병합하여 수사 할 수 있다.

④ 외국에서 발생한 범죄의 경우에도 사건을 최초로 접수한 관서를 사건의 관할관서로 한다. 다만, 사건접수 단계부터 피의자가 내국인으로 특정된 경우에는 피의자의 주소·거소 또는 현재지를 관할하는 경찰서를 관할관서로 한다.

7 **핵심풀이 ▶**

④ 자료발견시의 현황을 사진촬영(제3자의 참여), 실황조사서 · 검증조서 작성 등에 의해 객관화하는 것은 증명력을 높이기 위함이다.

오답풀이 ▶

①②③ 자료발견자의 발견경위를 청취, 기록해두고, 수사자료에 손댄 자, 목격자 · 주위 통행자를 조사, 인적사항을 기록하는 것은 수사사료의 증거가치에 대한 추후 시비에 대비하기 위해서이다.

8 **핵심풀이 ▶**

압수 · 수색영장의 절차 : 영장신청 – 영장제시(ⓒ) – 영장집행(ⓛ) – 압수증명서교부(㉠) – 압수조서 · 압수목록작성(ⓔ)

9 **핵심풀이 ▶**

지리감 – ㉠ⓞ

오답풀이 ▶

연고감 – ⓛⓒⓔⓜⓑⓢ

※ 감의 판단자료

연고감	• 침입구나 도주구가 낯선 사람으로서는 도저히 알 수 없는 곳일 때(처음 방문한 자나 타인이 잘 알 수 없는 장소로 침입한 경우) • 시정장치(특수자물쇠)를 여는 특수방법을 알고 있을 때 • 가족수, 수입상황 또는 가옥의 내부구조 등을 미리 알고 있는 때 • 일견 돈이 없을 것 같은 집을 노렸을 경우 • 임시수입(보너스)을 노렸을 경우 • 위장공작 등 발각방지를 위한 교묘한 수단을 썼을 때 • 피해자의 동의 없이는 갈 수 없을 만한 장소에서 발생한 때 • 피해자가 접대한 흔적이 있을 때(방석, 커피 잔, 범인의 숙박흔적 등) • 보자기로 피해자 얼굴을 덮거나, 이불로 시체를 덮어놓는 등 시체에 대한 정중한 예의를 갖추었을 때 • 사체 분산이나 사체 매몰(면식자에 의한 범행)된 경우
지리감	• 침입 · 도주경로가 상세한 상황에 놓여 있을 때(침입로 · 도주로를 상세히 알고 있을 때) • 교통기관의 이용상황검토(그 지방의 교통기관의 발착시간 등을 사전에 알고 이용한 경우) • 피해자 선택상황(정기적으로 통행하는 자를 피해자로 선택한 경우) • 범죄발생장소가 특정 사람만이 다니는 도로변인 경우, 동굴에 은신한 것으로 보이는 경우

10 핵심풀이 ▶

⑪ 인영감정시 원본을 수집하는 것을 절대원칙으로 하며, 대조인영은 가능한 실인도 함께 송부하고, 불가능할 경우 증거물과 동일한 용지에 지면조건을 다르게 하여 최소한 30개의 날인을 하여 그 용지를 송부해야 한다.

오답풀이 ▶

㉠ 시필을 수집하는 경우 받아 적을 내용을 수사관이 직접 낭독해주고 용의자가 꼭 그 내용을 복창하면서(입으로 따라 말하면서) 적도록 하여야 하며, 기재조건을 변경해서(서서, 앉아서, 엎드려서, 누워서 등) 받아야 한다.
㉡ 반드시 작성일자와 작성자의 서명을 쓰도록 한다.　.
㉢ 용의자에게 보여주지 않는다.
㉣ 어떤 기호나 표시를 해서는 안된다.

11 핵심풀이 ▶

생체시료로서 소변을 채취할 경우 채취시간
㉠ 생아편, 모르핀, 대마 : 72시간 이내
㉡ 페치딘, 메사돈, L.S.D : 48시간 이내
㉢ 헤로인 : 40시간 이내
㉣ 메스칼린 : 24시간 이내

12 핵심풀이 ▶

㉠ 힘을 빼도록 한다.
㉢ 공기 중에서 지문이 물속보다 더 길다.
㉣ 현장에는 대체로 잠재지문이 더 많다.
㉥ 닌히드린용액법, 초산은용액법, 옥도가스법은 전사법을 쓸 수 없고, 강력순간접착제법은 전사법을 쓸 수 있다.

13 핵심풀이 ▶

① 뚜렷한 목적보다는 부주의·호기심 등 가해이유나 동기가 불분명하고 우발적 범행이 많다.
※ 학교폭력의 특징
　㉠ 불분명한 가해동기 : 가해이유·동기가 불분명하고 우발적 범행
　㉡ 정서적·심리적 폭력의 증대
　㉢ 폭력의 조직화·집단화
　㉣ 피해자이 미온저 대처, 불법행위를 은폐하는 학교측이 태도

14 핵심풀이 ▶

② 폭행과 절도에 대하여는 발생통계원표와 검거통계원표를 각 1건씩 작성하고, 피의자통계원표는 4명의 피의자에 대하여는 폭행죄로 각 1건씩, 1명의 폭행 및 절도 피의자에 대하여는 중한 절도죄로 1건만 각 작성한다.

15 핵심풀이 ▶

② 추징금 2천만원 이상을 납부하지 아니한 자

※ **출국의 금지**〈출입국관리법 제4조 제1항〉… 법무부장관은 다음 어느 하나에 해당하는 국민에 대하여는 6개월 이내의 기간을 정하여 출국을 금지할 수 있다.

   ㉠ 형사재판에 계속(係屬) 중인 사람

   ㉡ 징역형이나 금고형의 집행이 끝나지 아니한 사람

   ㉢ 벌금 1천만원 이상 또는 추징금 2천만원 이상을 내지 아니한 사람

   ㉣ 5천만원 이상의 국세·관세 또는 지방세를 정당한 사유 없이 그 납부기한까지 내지 아니한 사람

   ㉤ 대한민국의 이익이나 공공의 안전 또는 경제질서를 해칠 우려가 있어 그 출국이 적당하지 아니하다고 법무부령으로 정하는 사람(2억원 이상의 국세를 포탈한 혐의로 세무조사를 받고 있는 사람, 20억원 이상의 허위 세금계산서 또는 계산서를 발행한 혐의로 세무조사를 받고 있는 사람, 3천만원 이상의 공금횡령 또는 금품수수 등의 혐의로 감사원의 감사를 받고 있는 사람 등)

16 핵심풀이 ▶

③ 폐수라 함은 물에 액체성 또는 고체성의 수질오염물질이 혼입되어 그대로 사용할 수 없는 물을 말한다.

※ **용어정리**〈수질 및 수생태계 보전에 관한 법률 제2조〉

   ㉠ **폐수** : 물에 액체성 또는 고체성의 수질오염물질이 혼입되어 그대로 사용할 수 없는 물

   ㉡ **수질오염물질** : 수질오염의 요인이 되는 물질로서 환경부령으로 정하는 것

   ㉢ **특정수질유해물질** : 사람의 건강, 재산이나 동·식물의 생육에 직접 또는 간접으로 위해를 우려가 있는 수질오염물질로서 환경부령으로 정하는 것

   ㉣ **공공수역** : 하천·호소·항만·연안해역 그 밖에 공공용에 사용되는 수역과 이에 접속하여 공공용에 사용되는 환경부령이 정하는 수로

   ㉤ **폐수배출시설** : 수질오염물질을 배출하는 시설물·기계·기구 그밖의 물체로서 환경부령이 정하는 것

   ㉥ **점오염원** : 폐수배출시설, 하수발생시설, 축사 등으로서 관거·수로 등을 통하여 일정한 지점으로 수질오염물질을 배출하는 배출원

   ㉦ **비점오염원** : 도시, 도로, 농지, 산지, 공사장 등으로서 불특정 장소에서 불특정하게 수질오염물질을 배출하는 배출원

17 핵심풀이 ▶

③ 피해자의 법정대리인이 가정폭력행위자인 경우 또는 가정폭력행위자와 공동으로 가정폭력범죄를 범한 경우에는 피해자의 친족이 고소할 수 있다.

오답풀이 ▶

① 이 법은 가정폭력범죄의 형사처벌 절차에 관한 특례를 정하고 가정폭력범죄를 범한 사람에 대하여 환경의 조정과 성행(性行)의 교정을 위한 보호처분을 함으로써 가정폭력범죄로 파괴된 가정의 평화와 안정을 회복하고 건강한 가정을 가꾸며 피해자와 가족구성원의 인권을 보호함을 목적으로 한다.

② 가정폭력행위자가 자기 또는 배우자의 직계존속인 경우에도 고소할 수 있다.

④ 검사는 10일 이내에 고소할 수 있는 자를 지정하여야 한다.

18 핵심풀이 ▶

① 모두 회수하였으므로 공소권 없음을 사유로 불기소의견으로 종결

※ 처리방법

    ㉠ 회수 : 공소권 없음

    ㉡ 발행일자 미기재, 제시기일 경과 : 혐의 없음

    ㉢ 여러 사유가 경합일 때는 형식판단 우선

    ㉣ 적용순서 : 각하 → 공소권 없음 → 죄안됨 → 혐의 없음

19 핵심풀이 ▶

④는 ①②③ 위반시 법원에 청구할 수 있는 임시조치이다.

※ 판사의 임시조치

    ㉠ 1호 : 피해자 또는 가정구성원의 주거 또는 점유하는 방실(房室)로부터의 퇴거 등 격리

    ㉡ 2호 : 피해자 또는 가정구성원의 주거, 직장 등에서 100미터 이내의 접근 금지

    ㉢ 3호 : 전기통신을 이용한 접근 금지

    ㉣ 4호 : 의료기관이나 그 밖의 요양소에의 위탁 – 법원의 조치

    ㉤ 5호 : 경찰관서의 유치장 또는 구치소에의 유치 – ㉠㉡㉢위반시

   * 4호 조치(법원의 조치)를 제외하고는 1호, 2호, 3호, 5호 조치는 사법경찰관이 신청할 수 있는 임시조치이다.

   * 경찰에서 행할 수 있는 긴급임시조치는 1호, 2호, 3호 조치이다.

   * 제1호부터 제3호까지의 임시조치기간은 2개월(2회에 한하여 연장가능), 제4호 및 제5호의 임시조치기간은 1개월(1회에 한하여 연장가능)을 초과할 수 없다.

20 핵심풀이 ▶

피의자에게 지명통보된 사실과 범죄개요, 통보관서 등을 고지하고, 지명통보 사실 통지서를 교부하고 귀가조치한다.

※ **지명통보자 소재발견시 조치**〈범죄수사규칙 제180조〉

    ㉠ 경찰관은 지명통보자의 소재를 발견한 때에는 피의자에게 지명통보된 사실과 범죄개요, 통보관서 등을 고지하고 발견일자부터 1개월 이내에 통보관서에 출석하겠다는 내용과 정당한 사유 없이 출석하지 않을 경우 지명수배되어 체포될 수 있다는 내용이 기재된 지명통보 사실 통지서를 피의자에게 교부하고 형사사법정보시스템에서 지명통보자 소재발견 보고서를 작성한 후 사건인계서를 작성하여 통보관서에 인계하여야 한다.

    ㉡ 경찰관은 소재발견한 지명통보자에 대하여 지명통보가 여러 건인 경우에는 각 건마다 지명통보 사실 통지서를 작성하여 교부하고 지명통보자 소재발견 보고서를 작성하여야 한다.

    ㉢ 지명통보자소재발견보고서를 송부받은 통보관서의 사건담당 경찰관은 즉시 지명통보된 피의자에게 피의자가 출석하기로 확인한 일자에 출석하거나 사건이송신청서를 제출하라는 취지의 출석요구서를 발송하여야 한다.

    ㉣ 경찰관은 지명통보된 피의자가 정당한 이유없이 약속한 출석하지 않거나 출석요구에 응하지 아니하는 때에는 제173조부터 제176조까지의 규정에 따른다. 이 경우 체포영장청구기록에 지명통보자 소재발견보고서, 지명통보사실 통지서, 출석요구서 사본 등 지명통보된 피의자가 본인이 약속한 일자에 정당한 이유 없이 출석하지 않았다는 취지의 증명자료를 첨부하여야 한다.

정답 및 해설

| 1 ② | 2 ③ | 3 ③ | 4 ③ | 5 ③ | 6 ③ | 7 ④ | 8 ① | 9 ② | 10 ① |
| 11 ② | 12 ② | 13 ② | 14 ③ | 15 ① | 16 ② | 17 ④ | 18 ③ | 19 ② | 20 ④ |

1

핵심풀이 ▶

㉠ 경찰관은 사건의 관할 여부를 불문하고 이를 접수하여야 한다.

㉢ 사건을 접수한 관서는 일체의 관할이 없다고 판단되는 경우에는 원칙적으로 범죄지를 관할하는 관서에 우선적으로 이송하여야 한다. 다만, 범죄지가 분명하지 않거나 사건의 특성상 범죄지에 대한 수사가 실익이 없어 범죄지를 관할하는 관서에 이송하는 것이 불합리한 경우에는 피의자의 주소·거소 또는 현재지를 관할하는 관서로 이송할 수 있다.

㉤ 이송대상 경찰관서가 동일한 법원의 관할에 속하는 경우에는 사건을 이송하지 아니하고 수사할 수 있다.

㉧ 수사촉탁의 처리기한은 피의자조사 20일, 고소인·고발인·참고인 등 조사 15일이다.

오답풀이 ▶

㉡ 경찰관은 사건의 관할 및 관할사건수사에 관한 규칙(제5조와 제6조)에 따라 사건의 관할이 인정되면 다른 경찰관서에 이송하지 않고 수사하여야 한다.

㉣ 지방경찰청장 및 경찰서장은 각각 바로 위 상급경찰관서의 장에게 사건의 관할에 관한 심의건의를 할 수 있다.

㉥ 두 개 이상의 경찰관서에 접수된 사건에 대하여 병합수사의 필요성이 있는 경우에는 해당 경찰관서장 상호간에 협의하여 관할관서를 정할 수 있다.

※ 사건의 관할 및 관할사건수사에 관한 규칙 제11조(수사촉탁) … 수사 중 다른 경찰관서에 소재하는 수사대상에 대하여 수사를 촉탁할 수 있다. 다만, 피의자 조사는 현장진출이 곤란한 경우에 한한다.

※ 사건의 관할 및 관할사건수사에 관한 규칙 제13조(수사촉탁 처리기한 등) … 수사촉탁의 처리기한은 다음과 같다.

　㉠ 피의자 조사 20일(1개월×)

　㉡ 고소인, 고발인, 참고인 등 조사 15일

　㉢ 소재수사, 사건기록 사본 송부 10일

2 핵심풀이 ▶

③ 폭력조직계보를 파악하고 그 동향을 관찰·수집하는 것은 조직 폭력사건 현장에서 하는 것이 아니라 사전수집(평소수집)이다.

오답풀이 ▶

① 사전수집(평소수집)
② 사건현장의 자료수집
④ 사후수집

※ 수사자료 수집시기

사전수집(평소수집)	자료조사에 의한 수집(지문, 족적, 필적, 사진, 범죄수법, 은어 등), 우범자 동향 조사 파악(명단, 두목, 부하 등 조직관계), 영업소임검에 의한 수집(전당포, 고물상, 극장, 여인숙 등)
사건현장의 자료수집	구체적인 범죄사건이 발생했을 경우 현장 관찰 조사에 의하여 수집(족적, 지문, 유류물품, 목격자 등 유형·무형의 자료)
사후수집	사건을 검찰에 송치한 후에도 관계자 언동 등 새로운 자료수집

3 핵심풀이 ▶

ⓒ 불심검문은 피의자신문이 아니므로 진술거부권을 고지할 필요는 없다.
ⓔ 상대방에게 꺼내보이게 한다(상대방 승낙을 얻어야 함).
ⓜ 동행을 요구할 때는 경찰관의 신분을 표시하는 증표제시와 소속, 성명, 목적, 이유, 동행장소 등을 고지해야 한다.

오답풀이 ▶

ⓐ 불심검문은 수사처분이 아니라 수사의 단서에 해당된다.
ⓓ 답변을 강제할 수 없고, 신분증제시를 거부한다고 임의동행할 것을 요구할 수 없다.
　※ **임의동행 요구사유** … 그 장소에서 질문하는 것이 본인에게 불리하거나 교통의 방해가 된다고 인정되는 때
ⓗ 외부 호주머니에서 내부 호주머니 순으로 신체를 수색한다.
ⓢ 임의동행은 상대방의 동의를 요하며, 경찰관의 동행요구를 거절할 수 있다.
ⓞ 임의동행시 당해인을 6시간 동안 경찰관서에 머물게 할 수 있을 뿐 구금할 수는 없다.
ⓩ 경찰관서에 머물게 할 수 있는 시간 = 14:00+6:00 = 20:00

4 핵심풀이 ▶

컴퓨터 파괴행위
ⓐ 컴퓨터자체에 대한 물리적 가해행위
ⓑ 컴퓨터자료에 대한 논리적 가해행위 : 프로그램파괴, 자료접근 방해행위

5 핵심풀이 ▶

③ 동일피의자에 대하여 동일장소에서의 무허가영업행위에 대해서는 검사의 약식명령청구(공소제기)가 있었으나 약식명령이 확정(확정판결)되기 전이면 불기소의견(공소권없음)으로 송치하고, 기타의 경우는 기소의견 송치한다.

※ **영업범 사건처리** … 무허가 영업(영업범)에 있어서 단속(1차단속)이 있었는데 계속적으로 무허가 영업을 하다가 다시 단속(2차단속)된 무허가 영업의 사건처리

    ㉠ 1차 단속에 대해 법원의 약식명령이 확정되기 전에 2차 단속이 있는 경우

      • 1차 단속에 대해 아직 검사의 약식명령의 청구(공소제기)가 있기 전 : 기소의견(병합처리)

      • 1차 단속에 대해 검사의 약식명령 청구가 있으나 아직 약식명령이 확정되기 전 : 공소권없음 의견

      • 1차 단속에 대해 법원의 약식명령 발부가 있거나 약식명령이 확정(확정판결) : 공소권없음 의견(기판력의 영향)

    ㉡ 1차 단속에 대해 법원의 약식명령이 확정된 이후에 2차 단속이 있는 경우 : 기소의견(별건처리)

6 핵심풀이 ▶

㉡ 시체체온의 하강도에 의한 방법이 더 정확하다.

㉢ 식후 6시간 이후 사망한 것으로 추정할 수 있다.

㉤ 시체의 체온이 주위의 온도와 같아졌을 때는 곧창자온도에 의한 사망경과시간 추정은 어렵다.

㉥ 헨스게표가 모리츠공식보다 여러 가지 변수를 더 상세히 반영한다.

※ 헨스게표를 사용하기 위해서는 주변온도, 변사자체중, 체중보정을 위한 변수(변사자의 착의상태, 공기흐름의 유무, 물에 젖었는지 유무) 등을 정확히 파악하여야 한다.

오답풀이 ▶

• 거인양외관(사천왕현상 : 피하조직 및 근육에 부패가스가 많이 축척되어 얼굴의 안구, 눈꺼풀, 입술 등이 부풀어 올라 거대해지는 현상) : 사망 3~5일 경과후 발생

• 모리츠공식 : 변사자의 곧창자온도에 의한 사후경과시간 추정

• 헨스게표 : 변사자의 곧창자온도에 의한 사후경과시간 추정. 모리츠공식보나 여러가시 변수(주변온도 · 변사자체중 등)를 더 상세히 반영

• 사망한지 얼마 안되는 시체 : 모리츠공식, 헨스게표, 전기자극

• 부패 등 후기시체현상이 나타나는 시체 : 시체곤충이용

7 핵심풀이 ▶

일반적으로 DNA검사가 가능한 경우 … 혈흔, 정액, 장기, 뼈, 치아, 손톱 (* 모근없는 두모×, 타액×, 대변 · 소변×)

8 **핵심풀이 ▶**

예비조사(화재의 발생시간 확인, 피해상황 파악, 이재(罹災)관계자의 보험·부채관계 파악 등) →
본조사(현장의 개관, 화원부에 대한 조사, 발화부·출화부에 대한 조사, 점하부에 대한 조사 등)

9 **핵심풀이 ▶**

고발이 있어야 수사할 수 있는 것 – ㉠㉣

※ **고발이 소송조건인 경우** … 조세범 처벌법, 관세법, 출입국관리법, 물가안정에 관한 법률, 독점
규제 및 공정거래에 관한 법률, 하도급거래 공정화에 관한 법률, 표시·광고의 공정화에 관한
법률, 전투경찰대설치법 등

오답풀이 ▶

식품위생법, 자동차관리법, 무역법, 조세범처벌절차법, 외국인투자촉진법, 농지법, 담배사업법, 인삼산업
법, 특정범죄가중처벌 등에 관한 법률위반 등 : 고발없이 수사가능

10 **핵심풀이 ▶**

㉠ 경증으로서 호송에 큰 지장이 없고 당일로 호송을 마칠 수 있을 때에는 호송관이 적절한 응급
조치를 취하고 호송을 계속하여야 한다.

㉢ 인수관서는 질병의 상태를 호송관서 및 인수관서에 통지하고 질병이 치유된 때에는 호송관서
에 통지함과 동시에 치료한 경찰관서에서 지체 없이 호송하여야 한다.

㉣ 진찰한 결과 24시간 이내에 치유될 수 있다고 진단되었을 때에는 치료후 호송관서의 호송관이
호송을 계속하게 하여야 한다.

㉤ 2012.7.16. 삭제됨

㉥ 피호송자 발병·사망시 비용은 각각 그 교부를 받은 관서가 부담하여야 한다.

오답풀이 ▶

㉡ 중증으로서 호송을 계속하거나 곤란하다고 인정될 때에 피호송자 및 그 서류와 금품을 발병지
에서 가까운 경찰관서에 인도하여야 한다. 인수한 경찰관서는 즉시 질병을 치료하여야 한다.

11 **핵심풀이 ▶**

족윤적검색시스템(FTIS) … 경찰종합전산망을 이용한 자료공유를 통해 범죄현장에서 채취한 현장
족흔적(신발흔적), 윤흔적(타이어흔적)을 신속히 검색하여 신속한 범인검거 및 용의자 확인 및 동
일범 검색·여죄여부 검색에 활용하는 시스템이다.

* FTIS … 신발, 타이어 검색

　AFIS … 지문검색

12 핵심풀이 ▶

②는 화재사에서 볼 수 있는 사후변화현상이다.

※ 저체온사

    ㉠ 저체온사는 주위 온도가 0℃ 이하에서 발생하는 것이 아니라, 일반적으로 5℃ 이하면 발생할 수 있다. 체온이 0℃ 이하일 경우 사망하는 것이 아니라 심부체온이 30℃ 이하가 되면 사망한다.

    ㉡ 주위온도가 낮을 때는 생전에 결합된 혈중의 산화헤모글로빈(O_2 Hb)이 잘 해리되지 않으므로 시체얼룩은 선홍색을 띤다.

    ㉢ 흔히 해매거나 넘어지므로 얼굴이나 팔다리, 특히 다리에서 피부까짐이나 타박상과 같은 경미한 손상을 많이 본다.

    ㉣ 호흡기능의 마비로 인해 종말성 환각 또는 열감 때문에 스스로 옷을 벗으며 때로는 나체가 되어, 여자의 경우 강간당한 것처럼 보일 수 있다.

13 핵심풀이 ▶

㉠㉡㉢㉣ 성매매 피해여성으로 처벌되지 않는다.

오답풀이 ▶

㉤ 성매매로 처벌될 수 있다.

※ 성매매알선 등 행위의 처벌에 관한 법률상 성매매피해자〈제2조 제1항 제4호〉

    ㉠ 위계·위력 그 밖에 이에 준하는 방법으로 성매매를 강요당한 사람

    ㉡ 업무·고용 그 밖의 관계로 인하여 보호 또는 감독하는 사람에 의하여 마약류관리에 관한 법률 제2조에 따른 마약·향정신성의약품 또는 대마(마약 등)에 중독되어 성매매를 한 사람

    ㉢ 청소년, 사물을 변별하거나 의사를 결정할 능력이 없거나 미약한 사람 또는 대통령령으로 정하는 중대한 장애가 있는 사람으로서 성매매를 하도록 알선·유인된 사람

    ㉣ 성매매 목적의 인신매매를 당한 사람

14 핵심풀이 ▶

③ 공표권은 저작인격권이다.

※ 저작권의 구분

저작인격권	• 공표권 • 성명표시권 • 동일성유지권 * 저작자의 명예를 훼손하는 방법으로 그 저작물을 이용하는 행위 : 저작인격권의 침해
저작재산권	• 복제권 • 공연권 • 공중송신권 • 전시권 • 배포권 • 대여권 • 2차적 저작물 작성권
저작인접권	실연자·음반제작자 및 방송사업자의 권리(복제권, 실연방송권, 전송권 등)

15 **핵심풀이 〉**

ⓜ 긴급사건수배시 경찰서장은 무전·모사전송(FAX) 등의 방법으로 직접 또는 지방경찰청장을 경유하여 행하여야 한다.

오답풀이 〉

㉠ 평상공조란 예견가능한 일반적인 공조로서 수배, 통보, 조회, 촉탁 등이 있다.

㉡ 공조수사자료 중 장물수사자료는 개인식별자료이다.

㉢ 긴급사건수배는 사건의 종류·경중불문한다.

㉣ 긴급사건수배는 피의자의 성명이 명백함을 요하지 않으며, 도주중인 범인이 체포가능한 상태에 있는지 여부도 관련이 없다.

ⓑ 수배의 범위는 정확한 사건판단하에 적절한 범위로 선정한다.

※ **공조수사자료**

　㉠ **개인식별** : 지문자료, 수배자료, 장물수사자료, 수법자료

　㉡ **통계자료** : 발생통계원표, 검거통계원표, 피의자통계원표

　㉢ **구증자료** : 현장사진기록

　㉣ **수사교훈참고자료** : 중요사건발생검거카드, 우범자카드

16 **핵심풀이 〉**

㉡ 사용자 인적사항 등 통신자료 확인은 법원의 허가없이 가능하다.

※ **통신제한조치·통신사실확인자료·통신자료의 비교**

통신제한조치	• 우편물 개봉(검열), 전기통신 내용 지득·송수신 방해(감청) • 대상 범죄 : 법원허가 • 긴급시 법원허가없이 긴급통신제한조치 가능 : 36시간내 허가 • 사후 감청대상자에게 통지〈30일이내 서면통지〉: 기소중지결정 제외
통신사실확인자료	• 가입자의 전기통신내역(일시·발착신번호·사용도수), 컴퓨터 통신·인터넷 접속기록(로그기록), 발신기지국위치·접속지추적자료 • 모든범죄 : 법원허가 • 긴급시 법원허가없이 자료 제공요청가능 : 법원허가 받지 못한 경우 지체없이 제공받은 자료 폐기해야 함 • 사후 대상자에게 통지〈30일이내〉: 기소중지결정 제외
통신자료	• 가입자 인적사항(H.P. 성명·주민번호·주소 등) • 경찰서장 협조공문으로 요청

오답풀이 〉

㉠ 인터넷 로그기록은 통신사실확인자료이므로 법원의 허가를 받아야 한다.

㉢ 통신사실확인자료제공 요청은 법원의 허가를 받아야 한다.

㉣ 통신사실확인자료를 받은 경우 대상자에게 사후통지를 해야 한다.

ⓜ 통화내용 확인은 통신제한조치이나, 통화내역은 통신사실확인자료이다.

ⓑ 통신자료 대상자에 대해서도 사후통지의무가 없다.

17 핵심풀이 ▶

④ 서면심사가 원칙인 약식절차에서는 전문법칙(제310조의2)과 그 예외(제311조 이하) 규정이 적용되지 않는다.

오답풀이 ▶

① 형사소송법 제312조 제3항
② 형사소송법 제312조 제3항 규정에서 '그 내용을 인정할 때'라 함은 진술한 내용이 실제 사실과 부합한다는 것을 의미하므로, 경찰 작성 피의자신문조서의 진술 내용을 인정하지 않는 경우 피의자신문조서의 증거능력을 부정하여야 한다(대판 2010도5040).
③ 대판 2010도3359

18 핵심풀이 ▶

③ 연쇄살인 또는 5건 이상의 연쇄강간 사건

19 핵심풀이 ▶

② 특허권 – 특허출원일 후 20년
※ 존속기간
　　㉠ 특허권 : 특허출원일 후 20년
　　㉡ 실용신안권 : 등록출원일 후 10년
　　㉢ 디자인권 : 등록출원일부터 20년
　　㉣ 상표권 : 설정등록일부터 10년(10년씩 갱신가능)

20 핵심풀이 ▶

㉠㉢ 위법성조각사유나 책임성조각사유 등으로 범죄불성립(죄안됨)이 명백한 경우는 현행범인으로 체포할 수 없다. ㉠은 위법성조각사유이고, ㉢는 책임성조각사유(형사미성년자)이다.
㉡ 공소권없음(친족상도례)이 명백한 경우는 현행범인으로 체포할 수 없다.
㉤ 운전면허없이 원동기장치자전거(125cc 이하의 이륜자동차)를 운전한 사람은 30만원 이하의 벌금이나 구류형으로 벌한다〈도로교통법 제154조 2호〉. 50만원 이하의 벌금, 구류이므로 주거가 분명하지 아니한 때에 한하여 현행범인으로 체포할 수 있다.
㉥ 경범죄처벌법위반 피의자인 경우 주거가 분명하지 아니한 때에 한하여 현행범인으로 체포할 수 있다. 자신의 집 앞에서 소란을 피우는 피의자 H는 주거가 분명하지 아니한 경우가 아니므로 현행범인으로 체포할 수 없다.

ⓔ 친고죄인 경우 피해자가 범행현장에서 처벌을 원하지 않는다는 의사표시를 분명히 하는 등 고소의 가능성이 없는 것이 명백한 경우를 제외하고는 고소가 있기 전이라도 현행범인으로 체포할 수 있다.

ⓜ 아들 E가 형사미성년자라는 말이 없으므로 현행범인으로 체포할 수 있다고 봐야 한다.

ⓢ 국회의원의 불체포특권은 현행범인인 경우에는 적용되지 않는다.

※ 현행범인 체포 요건

　ⓐ 고유의미의 현행범인 : 범죄의 실행 중, 실행직후인 자

　ⓑ 준현행범인

　　• 범인으로 호창되어 추적되고 있는 자

　　• 장물·흉기 기타 물건을 소지하고 있는 자

　　• 누구임을 물음에 대하여 도망하려 하는 자

　ⓒ 경미범죄 특칙 : 다액 50만원 이하의 벌금, 구류·과료에 해당하는 죄의 현행범인인 경우 주거가 분명하지 아니한 때에 한하여 현행범인으로 체포할 수 있음

정답 및 해설

1 ②	2 ②	3 ①	4 ④	5 ③	6 ④	7 ②	8 ①	9 ③	10 ①
11 ①	12 ②	13 ③	14 ②	15 ①	16 ②	17 ③	18 ③	19 ④	20 ②

1 핵심풀이 ▶

ⓔ 살인사건에서 범행동기를 추정하는데 필요한 수사는 연고감 수사이다.

ⓗ 효과적인 지리감 수사를 위해서는 평소 관내의 범행전력자, 거동수상자의 전입 관내 우범자 동향 등의 실태를 파악해 두어야 한다.

오답풀이 ▶

㉠ 범인의 사투리(억양)는 지리감 수사와 관련이 있고, 범인의 언동은 연고감 수사와 관련이 있다.

㉡ 거래관계로 출입한 자는 연고감 수사대상자이다.

㉢ 범행지 부근에 친족, 지인이 있어 내왕한 일이 있는 자는 지리감 수사대상자이다.

㉣ 피해자 등에 대한 수사시 신중한 접근이 요구되는 것은 연고감 수사이나, 수사담당구역을 정하여 책임있는 수사를 실시하여야 하는 것은 지리감 수사이다.

㉥ 방화사건에서 동기를 추정하는데 필요한 수사기법은 지리감 수사이다.

※ 감적격자 수사대상자

연고감 적격자	• 가족, 친지, 동거인, 고용인, 우인, 지인, 진동거인 등 • 본적지, 전거주지 등의 관계로 내왕이 있는 자 • 직장관계로 출입한 자 • 외판원, 전기, 수도 등 각종 수금원 • 신문, 우유 등 배달인 • 거래, 대차관계로 출입한 자 • 공사 등에 종사했던 목수, 전공 • 피해자의 일기장 · 메모 · 우편물 · 명함 등에 의해 파악된 자 • 위의 자들과 면식 · 교제자
지리감 적격자	• 범행지부근에 거주하는자, 하였던 자 • 범행지부근에 통근 · 통학하는자, 하였던 자 • 범행지부근에 친족, 지인이 있어 내왕한 일이 있는 자 • 범행지부근 공사장에서 일한 자 • 범행지부근에 행상, 수금, 배달, 운동 등으로 내왕이 있는 자 • 범행지부근에서 범죄전력이 있는 자

2 핵심풀이 ▶

ⓛ 경찰서장이 발부한다.

ⓔ 수사본부 설치 사건 이외의 중요사건은 청색용지의 중요장물수배서가 발부된다. 보통장물수배서는 백색용지이다.

ⓜ 장물수배서의 종류에는 특별중요장물수배서, 중요장물수배서, 보통장물수배서가 있다.

오답풀이 ▶

ⓘ 수사본부 설치 사건은 홍색용지의 특별중요장물수배서가 발부된다.

ⓒ 수사본부 설치 사건 이외의 중요사건은 청색용지의 중요장물수배서가 발부된다.

3 핵심풀이 ▶

ⓔ 아미도 블랙은 혈흔지문 채취용 시약이다.

4 핵심풀이 ▶

경찰청 · 지방경찰청의 수사대상〈사건의 관할 및 관할사건수사에 관한 규칙 제14조, 제15조〉

경찰청	지방경찰청
• 수사관할이 수개의 지방경찰청에 속하는 사건 • 고위공직자 또는 경찰관이 연루된 비위 사건으로 해당관서에서 수사하게 되면 수사의 공정성이 의심받을 우려가 있는 경우 • 경찰청장이 수사본부 또는 특별수사본부를 설치하여 지정하는 사건 • 그 밖에 사회적 이목이 집중되거나 파장이 큰 사건으로 경찰청장이 특별히 지정하는 사건	• 사이버사건 • 대출사기, 보이스 피싱 등 관할이 불명확하거나, 다수의 경찰서 관할지역에서 발생한 사건 • 해당 경찰서에서 수사하기가 부적합한 경찰관 비위 사건 • 그 밖에 지방경찰청장이 지정하는 사건

5 핵심풀이 ▶

ⓘ 사법경찰관 명의로 긴급체포서를 작성한다.

ⓒ 긴급체포 후 구속이 필요한 경우에는 지체없이(48시간 이내) 구속영장을 청구해야 한다.

ⓔ 긴급체포한 피의자를 석방한 때에는 석방보고서를 작성하여 지체없이 검사에게 보고하여야 한다.

ⓜ 열람, 등사할 수는 있다.

오답풀이 ▶

ⓛ 사법경찰관은 긴급체포 후 12시간 내에 검사에게 긴급체포승인건의를 하여야 한다. 다만, 기소중지된 피의자를 당해 수사관서가 위치하는 특별시, 광역시, 도 이외의 지역에서 긴급체포한 경우에는 24시간 내에 긴급체포승인건의를 할 수 있다. 긴급체포에 대한 승인건의는 서면(긴급체포승인건의서)로 하여야 한다. 다만, 긴급을 요하는 경우에는 긴급체포한 사유와 체포를 계속하여야 할 사유를 상세히 기재하여 팩스 또는 형사사법정보시스템(KICS)을 이용하여 긴급체포에 대한 승인건의를 할 수 있다.

6 핵심풀이 ▶

④ 불기소처분은 일사부재리의 원칙이 적용되지 않는다.

오답풀이 ▶

① 사법경찰관이 사건을 검찰에 송치함으로써 경찰의 수사는 일단 종결되는 것으로 본다.
② 수사의 종결권자는 원칙적으로 검사이다. 다만 20만 원 이하의 벌금, 구류, 과료에 처할 범죄사건으로서 즉결심판에 의하여 처리될 경미사건은 경찰서장이 주체가 된다.
③ 사법경찰관의 공소제기 후 보강수사는 검사의 지휘를 받는다.

7 핵심풀이 ▶

ⓒ 교사가 교장실에 들어가 불과 약 5분동안 식칼을 휘두르며 교장을 협박하는 등의 소란을 피운 후 40여분 경과 후에 경찰관이 출동하여 교장실이 아닌 서무실에서 체포하는 것은 적법한 현행범인의 체포에 해당되지 않는다(대판 1991.9.24).
ⓜ 피의자가 범죄의 실행중이거나 실행직후인 현행범인인 때에는 범행과의 시간적 접착성과 범행의 명백성이 인정되는 상황을, 준현행범인인 때에는 범행과의 관련성이 강하게 인정되는 상황을 현행범인체포서 또는 인수서에 구체적으로 기재하여야 한다.

오답풀이 ▶

ⓖ '실행중' : 실행에 착수하여 종료하지 못한 상태
  '실행직후' : 실행행위를 종료한 직후(결과발생의 유무불문, 실행행위를 전부 종료불문)
ⓛ 경찰관 甲이 서울 성동구 사근동 ○○여고 앞길에서 피의자A가 피해자B의 자동차를 발로 차고 B에게 폭행을 가했다는 112신고를 받고 출동하여 범행현장에 인접한 △△여고 운동장에서 사건발생 10분만에 A를 체포한 경우 현행범인 체포에 해당한다(대판 1993.8.13).
ⓔ 형사소송법 제213조(체포된 현행범인의 인도) 제2항 : 사법경찰관리가 현행범인의 인도를 받은 때에는 체포자의 성명, 주거, 체포의 사유를 물어야 하고 필요한 때에는 체포자에 대하여 경찰관서에 동행함을 요구할 수 있다.

8 핵심풀이 ▶

① 희미하게 유류된 흙먼지 족흔적은 치오시안산염에 의해 적갈색으로 발색시켜 재취할 수 있다.

9 핵심풀이 ▶

적용범죄〈제2조〉… 형법의 상해, 존속상해, 폭행, 존속폭행, 체포, 감금, 존속체포, 존속감금, 협박, 존속협박, 주거침입, 퇴거불응, 강요, 공갈, 재물손괴에 해당하는 범죄(살인×, 강도×, 절도×, 사기×, 모욕×)

10 핵심풀이 ❯

사체에 나타나는 변화과정 ··· 사체냉각 → 사체건조 → 혈액침전 · 시체얼룩 → 시체굳음 → 자가용해 →
부패

※ **사체현상**(사람이 죽은 후 나타나는 현상)

사체의 초기현상	체온의 냉각	• 주위의 대기온도와 같아지거나 수분이 증발하면서 주위의 기온보다 더 낮아짐 • 체온은 항문에 검온기(檢溫器:길이30㎝)를 삽입하여 곧창자(직장)내 온도측정: 30분 · 1시간 단위 3회 측정 • 습도 낮을수록(건조), 통풍 잘될수록, 어린이 · 노인일수록, 남자가, 마른사람 이 빨리 하강, 남자가 여자보다, 마른사람이 비만인 사람보다, 소아 · 노인이 젊은 사람보다, 만성소모성 질환자는 건강자보다 체온하강의 속도가 빠름
	사체건조	• 피부에 대한 수분보충이 정지되어 몸의 표면은 습윤성을 잃고 건조:피부 · 입 술 · 항문 등 외부에 노출된 부위의 피혁상화(皮革狀)
	각막의 혼탁	• 사후 12시간 전후 흐려져서 24시간이 되면 현저하게 흐려지고 48시간이 되면 불투명
	시체얼룩 (시반)	• 적혈구의 자체중량에 의한 혈액침전현상으로 사체하부의 피부가 암적갈색으로 변화(시체얼룩를 통해 사망당시의 사체상황 파악가능) • 사후 30분~1시간후 : 시작 • 사후 4~5시간내 : 체위변경시 시체얼룩의 이동 • 사후 7~10시간 : 이중성(양측성)시체얼룩 • 사후 10시간(12시간) : 침윤성시체얼룩
	시체굳음 (시강, 경직)	• 원인 : ATP생성중단 • 사후에 일시 이완되었다가 시간이 경과하면서 점차 경직됨 : 사후 2~4시간후 턱 관절에서 경직시작하여 사후 12시간 정도면 전신에 미침(Nysten의 법칙) 　　* 턱 – 어깨 – 발목 · 팔목 – 손가락 · 발가락
사체의 후기현상	자가용해	• 사후에는 미생물의 관여없이도 세포 가운데의 자가효소에 의하여 분해가 일어나 세포구성성분은 분해되어 변성되고 세포간 결합의 붕괴로 조직은 연화됨
	부패	• 부패균의 작용에 의해 일어나는 질소화합물의 분해 ※ 부패의 3대 조건 　　㉠ 공기의 유통이 좋고 　　㉡ 온도는 20~30℃ 　　㉢ 습도는 60~66% 최적 • 공기 : 수중 : 지중 = 1주 : 2주 : 8주(Casper의 부패법칙)
	미라화	• 고온건조지대에서 사체의 건조가 부패분해보다 빠를 때 생기는 사체의 후기현상
	시체밀랍	• 화학적 분해에 의해 고체형태의 지방산 혹은 그 화합물로 변화한 상태, 비정형 적 부패형태로 수중 또는 수분이 많은 지중(地中)에서 형성
	백골화	• 뼈만 남는 상태, 소아 사후 4~5년, 성인사체는 7~10년 후 완전 백골화

※ **활력반응**(생활반응 : 살아있을 때 나타나는 현상) ··· 출혈 · 응혈(굳은피) · 가피(딱지)형성 · 피
부밑출혈 등

11 핵심풀이 **》**

㉠ 경찰관은 피의자 또는 피의자 아닌 자(참고인)의 진술은 영상녹화 할 수 있다.

㉢ 피의자 아닌 자(참고인)의 진술을 영상녹화하는 경우 참고인의 동의가 있어야 하나, 피의자의 진술을 영상녹화하는 경우 피의자에게 사전고지로 족하다.

- **참고인진술의 영상녹화** : 서면동의
- **피의자진술의 영상녹화** : 사전고지

㉣ 피의자 신문을 영상녹화하는 경우 사법경찰리 등의 참여자는 조사실 내에 위치하여야 한다.

㉤ 영상녹화물(CD, DVD 등) 2개를 제작하고 영상녹화물 표면에 사건번호, 죄명, 진술자 성명 등 사건정보를 기재하여야 한다.

오답풀이 **》**

㉡ 경찰관은 조사과정을 영상녹화할 때에는 그 조사의 시작부터 조서에 기명날인 또는 서명을 마치는 시점까지의 모든 과정을 영상녹화하여야 한다.

㉥ 제작된 영상녹화물 중 하나는 피조사자의 기명날인 또는 서명을 받아 조사받는 사람 또는 변호인의 면전에서 봉인하여 보관하고, 나머지 하나는 수사기록에 편철하는데, 경찰관은 피조사자의 기명날인 또는 서명을 받을 수 없는 경우에는 기명날인 또는 서명란에 그 취지를 기재하고 직접 기명날인 또는 서명한다.

㉦ 경찰관은 원본을 봉인하기 전에 진술자 또는 변호인이 녹화물의 시청을 요구하는 때에는 영상녹화물을 재생하여 시청하게 하여야 한다. 이 경우 진술자 또는 변호인이 녹화된 내용에 대하여 이의를 진술하는 때에는 그 취지를 기재한 서면을 사건 기록에 편철하여야 한다.

12 핵심풀이 **》**

② 보복범죄방지 심의위원회 위원장은 경찰서장으로 하고, 부위원장은 해당 기능 과장으로 한다.

※ **특정범죄신고자 등 보호법**

㉠ 제2조(정의) 제2호 : "특정범죄"란 다음의 어느 하나에 해당하는 범죄를 말한다.

- 「특정강력범죄의 처벌에 관한 특례법」 제2조의 범죄
- 「마약류 불법거래 방지에 관한 특례법」 제2조 제2항의 범죄
- 「폭력행위 등 처벌에 관한 법률」 제4조 및 「특정범죄 가중처벌 등에 관한 법률」 제5조의8의 단체 구성원의 그 단체의 활동과 관련된 범죄
- 「국제형사재판소 관할 범죄의 처벌 등에 관한 법률」 제8조부터 제16조까지의 죄
- 「특정범죄 가중처벌 등에 관한 법률」 제5조의9의 죄

㉡ 제13조의2(신변안전조치의 종류)

- 일정 기간 동안의 특정시설에서의 보호
- 일정 기간 동안의 신변경호
- 참고인 또는 증인으로 출석·귀가 시 동행
- 대상자의 주거에 대한 주기적 순찰이나 폐쇄회로 텔레비전의 설치 등 주거에 대한 보호
- 그 밖에 신변안전에 필요하다고 인정되어 대통령령으로 정하는 조치

13 핵심풀이 〉

ⓒ 도주한 자에 관한 호송관계서류 및 금품은 호송관서에 보관하여야 한다.

ⓜ 신고 관서(인도를 받은 경찰관서)는 즉시 호송관서와 인수관서에 사망일시, 원인 등을 통지하고, 서류와 금품은 호송관서에 송부한다.

ⓢ 통지 받을 가족이 없거나, 통지를 받은 가족이 통지를 받은 날부터 3일 내에 그 시신을 인수하지 않으면 구, 시, 읍, 면장에게 가매장을 하도록 의뢰하여야 한다.

오답풀이 〉

㉠ 피호송자 도주시 즉시 사고발생지 관할 경찰서에 신고하고 도주 피의자 수배 및 수사에 필요한 사항을 알려주어야 하며, 소속장에게 전화, 전보 기타 신속한 방법으로 보고하여 그 지휘를 받아야 한다. 이 경우에 즉시 보고할 수 없는 때에는 신고 관서에 보고를 의뢰할 수 있다.

㉡ 호송관서의 장은 도주 보고받은 즉시 상급감독관서 및 관할검찰청에 즉보하는 동시에 인수관서에 통지하고, 사고발생지 관할 경찰서장에게 수사를 의뢰하여야 한다.

㉣ 피호송자 즉시 사망시 관할 경찰관서에 신고하고 시체와 서류 및 영치금품은 신고관서에 인도하여야 한다. 다만, 부득이한 경우에는 다른 도착지의 관할 경찰관서에 인도할 수 있다.

㉢ 호송관서의 장은 통지받은 즉시 상급 감독관서 및 관할 검찰청에 보고하는 동시에 사망자의 유족 또는 연고자에게 이를 통지하여야 한다.

14 핵심풀이 〉

② 피해자의 동의를 요하지 않는다.

※ **가정폭력범죄에 대한 응급조치**〈가정폭력범죄의 처벌 등에 관한 특례법 제5조〉 … 진행 중인 가정폭력범죄에 대하여 신고를 받은 사법경찰관리는 즉시 현장에 나가서 다음의 조치를 하여야 한다.
　㉠ 폭력행위의 제지, 가정폭력행위자 · 피해자의 분리 및 범죄수사
　㉡ 피해자를 가정폭력 관련 상담소 또는 보호시설로 인도(피해자가 동의한 경우만 해당한다)
　㉢ 긴급치료가 필요한 피해자를 의료기관으로 인도
　㉣ 폭력행위 재발 시 임시조치를 신청할 수 있음을 통보

15 핵심풀이 〉

① 자살로 추정되는 익사체 시신에서 신분증 등이 나오더라도 다른 사람의 것일 수 있으므로 시신의 지문을 확인하여 신원확인을 한다.

16 핵심풀이 〉

② 공무원에 대한 폭행, 협박 또는 위계의 방법으로 공무원이 직무상 수행하는 공무를 방해하는 경우에 공무집행방해로 처벌할 수 있고 업무방해죄로 의율할 수 없다고 하여, 업무에 공무가 포함되지 않는다고 하였다(대법원 판례).

17 핵심풀이 ▶

㉠ 채취대상자가 동의하는 경우에는 영장 없이 채취할 수 있다. 이 경우 미리 채취대상자에게 채취를 거부할 수 있음을 고지하고 서면(구두×)으로 동의를 받아야 한다.

㉡ 데이터베이스 수록 후 지체없이 폐기하여야 한다.

㉣ 서면으로 동의를 받아야 한다.

오답풀이 ▶

㉢ 성폭력 피해자로부터는 구두 동의를 받고 채취할 수 있다.

※ 보충정리

㉠ 생물의 생명현상에 대한 정보를 포함한 화학물질을 지칭하는 것 : 디옥시리보 핵산(DNA)

㉡ 개인식별을 목적으로 DNA 감식을 통하여 얻어지는 정보로서 일련의 숫자 혹은 부호의 조합으로 표기된 것을 말하는 것 : DNA신원확인정보

㉢ **검찰총장** : 수형인 등으로부터 채취한 DNA감식시료로부터 취득한 DNA신원확인정보에 관한 사무를 총괄

㉣ **경찰청장** : 구속된 피의자, 범죄현장 등에서 채취한 DNA감식시료로부터 취득한 DNA신원확인정보에 관한 사무를 총괄

㉤ **DNA감식시료 채취대상** : 방화, 살인, 약취, 유인, 강간, 강제추행, 절도, 강도 등(감금×)

㉥ 경찰청장과 검찰총장은 인권침해 방지를 위하여 DNA신원확인정보의 데이터베이스를 서로 연계하여 운영할 수 있다.

㉦ 수형인으로부터도 DNA신원확인정보 시료를 채취할 수 있다.

㉧ 검사 또는 사법경찰관은 대상범죄를 범하여 구속피의자 등으로부터 DNA감식시료를 채취할 수 있다.

㉨ 범죄현장 등에서 DNA감식시료를 채취할 수 있다.

㉩ **범죄현장 등에서 채취한 DNA감식시료**

- 범죄현장에서 발견된 것
- 범죄의 피해자 신체의 내·외부에서 발견된 것
- 범죄의 피해자가 피해 당시 작용하거나 소지하고 있던 물건에서 발견된 것
- 범죄의 실행과 관련된 사람의 신체나 물건의 내·외부 또는 범죄의 실행과 관련된 장소에서 발견된 것

㉪ 살인사건 현장바닥에서 발견된 혈흔은 국립과학수사연구원에 의뢰하기 위하여 사진촬영 후 채취한다.

18 핵심풀이 ▶

ⓛ 기후·생태계변화유발물질이란 기후 온난화 등으로 생태계의 변화를 가져올 수 있는 기체상 물질로서 환경부령으로 정한 것을 말한다.

ⓒ 검댕이란 연소시 발생하는 유리탄소가 응결하여 입자지름이 1미크론 이상이 되는 입자상 물질이다.

※ 대기환경보전법상 용어

    ㉠ **대기오염물질** : 대기 중에 존재하는 물질 중 심사·평가 결과 대기오염의 원인으로 인정된 가스·입자상물질로서 환경부령으로 정하는 것

    ㉡ **유해성대기감시물질** : 대기오염물질 중 심사·평가 결과 사람의 건강이나 동식물의 생육(生育)에 위해를 끼칠 수 있어 지속적인 측정이나 감시·관찰 등이 필요하다고 인정된 물질로서 환경부령으로 정하는 것

    ㉢ **기후·생태계 변화유발물질** : 지구 온난화 등으로 생태계의 변화를 가져올 수 있는 기체상(氣體狀)물질(* 모든물질×)로서 온실가스와 환경부령으로 정하는 것

    ㉣ **온실가스** : 적외선복사열을 흡수하거나 다시 방출하여 온실효과를 유발하는 대기 중 가스상태 물질로서 이산화탄소, 메탄, 이산화질소, 수소불화질소, 과불화탄소, 육불화황을 말함

    ㉤ **가스** : 물질이 연소·합성·분해될 때에 발생, 물리적 성질로 인하여 발생하는 기체상물질

    ㉥ **입자상물질**(粒子狀物質) : 물질이 파쇄·선별·퇴적·이적(移積)될 때, 그 밖에 기계적으로 처리되거나 연소·합성·분해될 때에 발생하는 고체상(固體狀) 또는 액체상(液體狀)의 미세한 물질

    ㉦ **먼지** : 대기 중에 떠다니거나 흩날려 내려오는 입자상물질

    ㉧ **매연** : 연소할 때에 생기는 유리(遊離)탄소가 주가 되는 미세한 입자상물질

    ㉨ **검댕** : 연소할때에 생기는 유리(遊離)탄소가 응결하여 입자의 지름이 1미크론 이상이 되는 입자상물질

    ㉩ **특정대기유해물질** : 유해성대기감시물질 중 심사·평가 결과 저농도에서도 장기적인 섭취나 노출에 의하여 사람의 건강이나 동식물의 생육에 직접 또는 간접으로 위해를 끼칠 수 있어 대기 배출에 대한 관리가 필요하다고 인정된 물질로서 환경부령으로 정하는 것

    ㉪ **대기오염방지시설** : 대기오염물질배출시설로부터 나오는 대기오염물질을 연소조절에 의한 방법 등으로 없애거나 줄이는 시설로서 환경부령으로 정하는 것

* 대기환경보전법에서는 '대기오염'의 정의를 규정하고 있지 않다.

* **악취** : 황화수소, 메르캅탄류, 아민류 그 밖에 자극성이 있는 물질이 사람의 후각을 자극하여 불쾌감과 혐오감을 주는 냄새〈악취방지법 제2조〉

19 **핵심풀이** ❱

㉠ 수사자료표는 E-CRIS를 이용, 전자문서로 작성함을 원칙으로 한다. 다만 입원, 교도소 수감, 해상 또는 원격지 소재 등 불가피한 사유로 피의자가 경찰관서에 출석하여 조사받을 수 없는 경우에는 종이 수사자료표를 이용 작성하되 이를 지체없이 작성관서 과학수사계(팀)로 송부하여야 한다.

㉡ 피의자의 신원이 확인된 경우에는 별지 제1호 서식(오른손 엄지손가락 지문채취)에 따라 수사자료표를 작성한다. 다만 주민등록증 미발급자 및 외국인으로서 지문자료가 없어 신원확인이 불가능한 경우, E-CRIS로 동일인 여부가 판명되지 않은 경우, 주민조회시 지문가치번호가 없거나 00000-00000인 경우, 손상·절단 등으로 지문가치번호를 정정할 필요가 있는 경우에는 별지 제2호 서식(십지지문채취)으로 작성하되 주민등록번호가 부여되지 않은 내국인 남자는 '생년월일-1000000', 여자는 '생년월일-2000000', 외국인 남자는 '생년월일-5000000', 여자는 '생년월일-6000000'으로 작성한다.

㉣ **수사경력자료** : 수사자료표 중 벌금 미만의 형의 선고 및 검사의 불기소처분에 관한 자료 등 범죄경력자료를 제외한 나머지 자료를 말하며, 이는 전과기록에 해당하지 않는다.

　※ **범죄경력자료** … 수사자료표 중 다음에 해당하는 사항에 관한 자료
　　㉠ 벌금 이상의 형의 선고, 면제 및 선고유예
　　㉡ 보호감호, 치료감호, 보호관찰
　　㉢ 선고유예의 실효
　　㉣ 집행유예의 취소
　　㉤ 벌금 이상의 형과 함께 부과된 몰수, 추징, 사회봉사명령, 수강명령 등의 선고 또는 처분

㉤ 수사자료표를 폐기할 수 있는 경우는 검사의 불기소처분과 함께 수사자료표를 폐기하도록 통보받은 경우 등이다.

　※ **수사자료표의 폐기**〈지문 및 수사자료표 등에 관한 규칙 제16조〉
　　㉠ **중복 기재** : 중복 기재된 수사자료표를 정리한 경우
　　㉡ **사망** : 주민조회상 사망자로 분류된 경우
　　㉢ **검사의 불기소처분과 함께 수사자료표를 폐기하도록 통보** : 사법경찰관이 수리한 고소·고발 사건에 대하여 기소의견으로 송치한 후 검찰청으로부터 혐의없음, 공소권없음, 죄가안됨, 각하의 불기소처분결과 및 참고인중지 처분결과와 함께 수사자료표를 폐기하도록 통보받은 경우
　　㉣ **별도 보존·관리** : 수사자료표의 원본을 마이크로필름 또는 전산자료의 형태로 별도 보존·관리하는 경우

20 핵심풀이 ▶

ⓒ 부정경쟁방지법이 적용된다.

ⓜ 부정경쟁방지법이 적용된다.

ⓢ 타인의 등록상표가 표시된 지정상품과 유사한 상품을 양도·인도하기 위해 소지하는 행위로서 상표법이 적용된다.

ⓞ 특허를 허위 또는 혼동하기 쉽게 표시한 자는 특허법위반(허위표시)이 되어 특허법에 의해 처벌된다.

※ 정리

ⓐ 유사상표를 부착한 용품을 판매하는 행위, 기업의 임직원이었던 자가 기업비밀을 침해하거나 첨단기술을 유출하는 행위, 저명한 미등록상표를 무단사용하는 행위, 상품의 원산지허위표시 행위
: 부정경쟁방지법(부정경쟁방지 및 영업비밀보호에 관한 법률)

ⓑ 농수산물의 원산지허위표시 판매행위 : 농수산물의 원산지표시에 관한 법률

ⓒ 유전자변형농산물 불표시 : 농수산물품질관리법

정답 및 해설

| 1 ③ | 2 ① | 3 ③ | 4 ① | 5 ③ | 6 ④ | 7 ① | 8 ③ | 9 ③ | 10 ④ |
| 11 ④ | 12 ③ | 13 ③ | 14 ② | 15 ③ | 16 ④ | 17 ③ | 18 ③ | 19 ③ | 20 ① |

1

핵심풀이 ▶

⑩ 참고인조사 과정에서 범죄사실을 신고하고 처벌의사를 표시한 경우 고소로 볼 수 있다.

오답풀이 ▶

㉠ 법대로 처벌하되 관대한 처분을 바란다는 취지로 처벌의사를 철회한 것으로 볼 것이 아니다.

㉡ 주관적 불가분의 원칙이 적용되지 않아서 丙에 대하여는 효력이 없다.

㉢ 법원에 진정서를 제출한 경우 유효한 고소로 볼 수 없다.

㉣ 범죄사실은 특정될 수 있으면 족하고, 피고인의 성명·연령, 일시·장소·방법 등을 구체적으로 특정하지 않아도 유효한 고소가 된다.

2

핵심풀이 ▶

① 자살인 경우 총기가 사자의 손 주변에 있다.

※ **총창사**

자살	타살
• 접사(接射 : 부위에 대고 쏘는 것)가 보통	• 근사(가까이서 쏘는 것)·원사가 보통
• 창상은 대개 급소부위	• 창상의 부위는 급소에 한하지 않음
• 총기가 사자의 손 주변에 있음 • 사자의 손·옷소매 등에 화약잔재가 묻어 있음	• 사자 이외의 물체에도 탄흔이 남음

3 핵심풀이 ▶

③ 「검사의 사법경찰관리에 대한 수사지휘 및 사법경찰관리의 수사준칙에 관한 규정」 제76조

오답풀이 ▶

① 긴급체포 피의자를 석방할 때와 영장재신청시 검사의 사전지휘를 받도록 하는 규정은 폐지되었다.
② 검사의 위법·부당한 지휘에 대한 재지휘건의권이 있다(신설).
④ 5,000만 원 이상 고소·고발사건은 송치 전 지휘 사건이 아니다.

※ 「검사의 사법경찰관리에 대한 수사지휘 및 사법경찰관리의 수사준칙에 관한 규정」
- ㉠ 제76조(중요 범죄의 입건) : 사법경찰관은 대공(對共)·선거(정당 관련 범죄를 포함)·노동·집단행동·출입국·테러 및 이에 준하는 공안 관련 범죄에 대하여 수사를 개시한 때에는 검사에게 지휘를 건의하고 입건 여부에 대한 검사의 의견에 따라야 한다.
- ㉡ 제77조(송치 전 지휘 등) : 사법경찰관은 다음의 어느 하나에 해당하는 범죄에 대해서는 사건 송치 전에 검사의 구체적 지휘를 받아야 한다.
  - 제76조〈대공(對共)·선거(정당 관련 범죄를 포함)·노동·집단행동·출입국·테러 및 이에 준하는 공안 관련 범죄〉에 따라 입건 지휘를 받은 사건
  - 「폭력행위 등 처벌에 관한 법률」상 범죄를 목적으로 한 단체 등의 구성·활동·이용·지원 사건
  - 사건관계인의 이의 제기 등의 사유로 사건관계인의 인권 보호, 수사의 투명성을 위해 사건 송치 전에 지휘가 필요하다고 인정되는 사건

4 핵심풀이 ▶

㉢ 첩보제출자와 사건해결자(검거자)는 동등하게 특별승진·포상한다.
㉣ 평가 책임자는 제출자에게 사실확인을 요구할 수 있다.

오답풀이 ▶

㉠ 정보원과의 만남은 수사관련시설에서는 안 된다.
㉡ 평가 책임자는 제출된 첩보에 대하여 비공개를 원칙으로 하되, 범죄예방 및 검거 등 수사목적상 첩보 내용을 공유할 필요가 있다고 인정할 경우 CIAS상에서 공유하게 할 수 있다.
㉤ 수사첩보에는 범죄첩보와 정책첩보가 있고, 범죄첩보는 다시 범죄내사첩보, 범죄동향첩보, 기획첩보로 나뉜다.
㉥ 수사첩보의 보존기간은 2년이고, 수사첩보 전산관리대장의 보존기간은 10년이다.
㉦ 상대방의 면전에서 필기를 하는 것은 삼간다.
㉧ 2개 이상 경찰서와 연관된 중요 사건 첩보 등 지방청 단위에서 처리해야 할 첩보를 중보라 하며 5점을 부여한다.

※ 범죄첩보의 성적 평가기준〈수사첩보 수집 및 처리 규칙 제11조〉

특보(10점)	• 전국단위 기획수사에 활용될 수 있는 첩보 • 2개 이상의 지방청과 연관된 중요 사건 첩보 등 경찰청에서 처리해야 할 첩보
중보(5점)	2개 이상 경찰서와 연관된 중요 사건 첩보 등 지방청 단위에서 처리해야 할 첩보
통보(2점)	경찰서 단위에서 내사할 가치가 있는 첩보
기록(1점)	내사할 정도는 아니나 추후 활용할 가치가 있는 첩보
참고(0점)	단순히 수사업무에 참고가 될 뿐 사용가치가 적은 첩보

5 핵심풀이 ▶

㉠ 실질심사 청구 불문 실시

㉢ 사전 구속영장이 청구된 경우

㉣ 검사와 변호인은 출석하여 의견진술

※ 형사소송법 제201조의2(구속영장 청구와 피의자 심문)

　㉠ 영장에 의한 체포·긴급체포·현행범인의 체포에 따라 체포된 피의자에 대하여 구속영장(사후 구속영장)을 청구받은 판사는 지체 없이(* 피의자 등의 신청×·법원의 재량×) 피의자를 심문하여야 한다. 이 경우 특별한 사정이 없는 한 구속영장이 청구된 날의 다음날까지 심문하여야 한다.

　㉡ ㉠ 외의 피의자에 대하여 구속영장(사전 구속영장)을 청구받은 판사는 피의자가 죄를 범하였다고 의심할 만한 이유가 있는 경우에 구인을 위한 구속영장을 발부하여 피의자를 구인한 후 심문하여야 한다. 다만, 피의자가 도망하는 등의 사유로 심문할 수 없는 경우에는 그러하지 아니하다.

　㉢ ㉠ 또는 ㉡에 따라 피의자를 심문하는 경우 법원사무관 등은 심문의 요지 등을 조서로 작성하여야 한다.

6 핵심풀이 ▶

㉠ **체포영장에 의한 체포**(경미사건) : 다액 50만원 이하의 벌금, 구류·과료에 해당하는 사건에 관하여는 피의자가 일정한 주거가 없는 경우 또는 정당한 이유없이 출석요구에 불응한 경우(불응할 우려×)

　• 도로교통법 제154조(벌칙) 30만원 이하의 벌금이나 구류 : 원동기장치자전거면허를 받지 아니하고 원동기장치자전거를 운전(125cc무면허)한 사람

㉡ **현행범인으로 체포할 수 없는 경우** : 범죄불성립이 명백한 경우(위법성조각사유, 책임성조각사유), 공소권없음이 명백한 경우

㉢ **공문서부정행사** : 긴급체포대상이 아님

㉤ 수사기관에 의하여 구속되었다가 석방된 자는 다른 중요한 증거를 발견한 경우를 제외하고는 동일 범죄사실로 다시 구속하지 못한다.

㉥ 체포·구속적부심에 의해 석방된 피의자는 도망하거나 죄증인멸한 경우를 제외하고는 동일한 범죄사실에 관하여 재차 체포·구속하지 못한다.

오답풀이 ▶

㉣ 긴급체포 후 구속영장을 청구하지 아니하거나 발부받지 못하여 석방한 경우에는 피의자를 영장없이는 동일한 범죄사실에 관하여 다시 긴급체포하지 못한다. 체포영장을 발부받은 경우에는 동일한 범죄사실로 다시 체포 할 수 있다.

7

핵심풀이 ▶

㉠ 20~50m 후방에서 용의자를 놓치기 않을 정도로 거리를 유지한다.
[illegible]ㅂ 교차로 등 교통이 혼잡한 곳에서는 대상차량을 놓칠 수 있으므로 거리를 좁히는 것이 좋다.

오답풀이 ▶

㉡ 보폭을 넓혀서 접근한다.
㉢ 먼저 승차하지 않는다.
㉣ 2명이 공동미행을 할 경우 1명은 길 모퉁이 등 이용, 1명은 맞은 편 보도를 이용한다.
㉤ 특별한 경우를 제외하고는 교통신호위반을 해서 안되며, 교통사고를 일으키는 일이 없도록 주
　의하여야 한다.
㉥ 대상자동차의 눈에 띄지 않게 대상차량보다 선행하면서 후사경을 이용하여 감시할 수 있다.
㉦ 적당한 장소에서 U자형으로 회전한다.
㉧ 일정한 속도를 유지한다.

8

핵심풀이 ▶

㉠ 감식수사란 현장감식에 의해 수사자료를 발견하고 수집된 수사자료를 과학적으로 분석하여 행
　하는 수사를 의미한다.
㉡ 과학수사란 범인을 발견하고 증거를 수집하여 사안의 진상을 밝히는 수사활동에 과학적 지
　식 · 기술과 감식시설 · 장비 · 기자재 등을 최대한 활용하는 수사를 가리킨다.
㉤ 현장감식 활동의 진행에 따라 현장보존의 범위를 축소 또는 변경을 적절히 하여야 한다.

9

핵심풀이 ▶

㉠ 범인의 것으로 추정한다.
㉡ 범인의 성명 · 지문으로 직접 범인을 추정할 수 있다. 그러나 혈액형, 치아 등으로는 직접 범
　인을 추정할 수 없다.
㉣ 성냥, 라이터 등 쉽게 구할 수 있는 것도 유류품에서 제외되지 않는다.

오답풀이 ▶

㉢ 범행현장 주변에서 발견된 것이 범인의 유류품으로 확인되었더라도 과학적인 감정을 의뢰할
　수 있다.
㉤ 유류품에서 제외하지 않고 이면수사를 한다.

10 핵심풀이 ▶

석고채취법에 의한 족흔적 채취는 석고채취를 설치(ⓔ) → 석고와 물 혼합(⊙) → 석고액 주입(ⓒ)
→ 보강재주입(ⓐ) → 석고배면에 사건명 · 채취장소 · 연월일시 기록(ⓜ) → 석고제거 후 건조(ⓗ) →
석고에 묻은 흙 등의 불순물제거(ⓛ)순서로 이루어진다.

11 핵심풀이 ▶

④ 전체법은 암시 · 유도가 되지 않아 자연스러운 답변을 얻을 수 있으나 답변의 정리가 어렵다.

※ 탐문요령 … ① 목적을 알린다. ② 상대방에게 적합한 언어를 사용한다. ③ 암시 · 유도되지 않
도록 한다.

⊙ 전체법 · 일문일답법

전체법	일문일답법
추상적으로 질문하고 상대자는 자유롭게 대답하는 방법	질문자가 듣고싶은 점을 구체적으로 질문하는 방법
• 무엇인가 수상한 점은 없었습니까? • 무엇을 했습니까?	• 그 곳에 간 시간은 언제입니까? • 누구하고 같이 있었습니까?
질문자의 유도가 없으므로 자연스런 답변을 얻을 수 있다.	의문점을 명확히 할 수 있다.
답변의 정리가 어렵다.	• 질문 이외의 정보를 얻기가 어렵다. • 질문에 따라서는 암시 · 유도의 염려가 있다.

ⓛ 자유응답법 · 선택응답법

자유응답법	선택응답법
질문에 대하여 자유롭게 대답하는 방법	질문자가 미리 준비한 몇 개의 답변 중에서 하나를 선택해서 답변하게 하는 방법
• 어디 가는 버스였습니까? • 언제 · 어디서 · 무엇(의문사)수반	• 그 버스는 청량리행이었습니까? 아니면 인천행이었습니까?
• 예기치 않은 중요한 자료를 얻을 수 있다. • 암시나 유도의 염려가 적다.	• 유도신문의 염려가 있다. • 조사관이 알고 있는 사항 이외에는 다른 사항을 청취하지 못할 염려가 있다.

ⓒ 긍정문 · 부정문

부정문	긍정문
부정어를 가지고 질문하는 방법	긍정어를 가지고 확인하는 방향으로 질문하는 방법
甲은 아니겠지요?	그는 甲이었지요?
암시 · 유도가 되고 정답을 얻기가 매우 어렵다.	

12 핵심풀이 ❭

공통점이라 볼 수 없는 것 – 차이점(ⓁⒸⓇ), 미행 · 잠복과 관계없음(ⓩ)

오답풀이 ❭

공통점 – ㉠㉢㉧㉦㉨㉩

13 핵심풀이 ❭

③ 혈액이 묻은 손가락으로 물체를 만졌을 때 착색된 부분이 융선이라면 이는 정상지문이다.

14 핵심풀이 ❭

Ⓡ 사건접수 후 24시간 이내에 관할 지방검찰청에 SOFA사건을 발생보고 하여야 한다.

ⓗ 외교특권향유자의 경우 '공소권없음' 의견으로 송치한다. 그러나 피의자신문조서는 작성하지 않는다.

오답풀이 ❭

㉠ 외국인피의자 : 출국정지 (* 출국금지는 내국인범죄에 대한 조치사항)

ⓛ 지체 없이 자국의 주한 영사와의 면담을 원하는지의 여부에 대하여 문의한다.

• 면담을 원하는 경우 : 전화 통보하여 면담을 주선한다.

• 면담을 원하지 않을 경우 : 진술서에 명기, 영사관의 접견신청에 응할 필요가 없다.

　※ 일반외국인을 체포한 경우에는 해당국 영사에 체포통보한다. 다만, 영사관계에 관한 비엔나협약체약국의 국민이라 하더라도 우리나라와 영사관계가 없는 국가의 외국인 피의자에 대해서는 통보할 필요가 없다.

ⓒ 속지주의 원칙에 따라 우리 형사소송절차에 따라 처리함이 원칙이다.

15 핵심풀이 ▶

③ 인체조직의 경우 시료의 양은 최소 5g 이상이 필요하다.

※ 증거물 채취 · 운반

　㉠ 일반적으로 DNA검사가 가능한 경우 : 혈흔, 정액, 장기, 뼈, 치아, 손톱 (* 모근없는 두모×, 타액×, 대변 · 소변×)

　㉡ 혈흔과 정액반은 건조된 상태에서 냉장고에 보존했을 경우 1~2년 경과한 후에도 DNA분석이 가능하다.

　㉢ 부패 · 희석 · 오염된 혈흔, 혈액, 정액(반) 및 오래 방치된 장기조직편 등에서는 DNA분석이 불가능한 때가 많다.

　㉣ 유동혈액은 항응고제(抗凝固濟)인 EDTA가 들어 있는 시험관에 채혈하여 서늘한 곳에 보존하면서 운반한다.

　㉤ 여름철의 경우 부패되기 쉬운 혈액 및 정액은 빠른 시간내에 면천조각(또는 거즈)에 전사하여 그늘에서 완전히 건조시킨 다음 종이봉투에 넣어 운반한다.

　㉥ 모발은 특히 뿌리세포가 다치지 않도록 주의를 기울여 채취, 운반(스카치테이프로 모근부위를 붙이지 말 것) 한다.

　㉦ 혈흔예비시험에 사용되는 루미놀 시약을 너무 많이 분무하면 유전자형 분석에 장애가 되므로 루미놀 시약은 최소량을 분무하는 것이 바람직하다.

　㉧ DNA지문 분석에 필요한 시료의 양
　　• 신선혈흔 및 정액반 : 1cm × 1cm(DNA증폭실험의 경우)
　　• 모근세포 : 최소한 3개 이상
　　• 혈액 : 2ml 이상
　　• 인체조직의 경우 : 중량 5g 이상

16 핵심풀이 ▶

④ 횡령에는 친족상도례가 적용된다.

오답풀이 ▶

① 부동산도 횡령의 객체가 될 수 있다.

② 횡령죄는 오직 재물만을 행위의 객체로 한다. 그러나 사기죄의 객체는 재물 또는 재산상 이익이다.

③ 수금사원이 수금 이전에 영득의사를 가지고 있었다면 사기가 되고, 수금 후 회사로 돌아오는 중에 생겼다면 횡령이다.

17 핵심풀이 ❱

③ 몽타쥬 작성장소에 목격자를 대동하는 것을 원칙으로 하며 작성이 끝날 때까지 사건담당자가 참여한다.

18 핵심풀이 ❱

③ 코카인은 코로 흡입하는 방법을 사용하기 때문에 코에 천공이 생길 수 있다.

※ 코카인(Cocaine)

    ㉠ 코카인은 주로 남미 안데스산맥에서 자생하는 코카관목의 잎에서 추출된 알칼로이드를 농축·결정시킨 마약이다.

    ㉡ 코카인은 효과가 강력하여 소량의 사용으로도 위험성이 높아 주로 미세한 분말을 코로 흡입하며 코의 점막을 통해 흡수된 코카인은 15~40분 정도의 각성 및 가벼운 도취감을 느끼게 해준다.

    ㉢ 코카인은 코로 흡입하는 방법을 사용하기 때문에 코에 천공이 생길 수 있으며 코카인 남용자들이 피부 속에 기생충이나 뱀이 기어다니는 듯한 환촉현상(Cokebugs)으로 피부를 마구 긁어 온몸에 상처투성이가 되기도 하며 결국 궤양성 증상으로 발전한다.

    ㉣ 코카인은 강력한 중추신경계 흥분제로 각성효과가 뛰어난 운동선수들이 경기력 향상을 위하여 많이 복용한다.

    ㉤ 코카인의 최대 소비국가는 미국으로 알려져 있다.

    ㉥ 최근에는 반죽형태로된 프리베이스(Free Base)가 증가하고 있다.

19 핵심풀이 ❱

③ 중점관리대상 변사사건 - ㉠㉢㉣

20 핵심풀이 ▶

㉠ 중요지명피의자 종합수배이다.

> ※ **중요지명피의자 종합수배** … 강력범, 중요폭력 및 도범, 기타 중요범죄의 피의자로서, 지명수배·통보를 한 후 6월이 경과하여도 검거하지 못한 중요지명피의자에 대하여 6월과 12월 연 2회에 걸쳐 중요지명 피의자종합수배 전단지를 작성하여 전국에 공개수배한다.

㉑ 긴급체포한 지명수배자를 석방한 경우에는 영장을 발부받지 않고 동일한 범죄사실에 관하여 다시 지명수배하지 못한다. 긴급체포한 지명수배자가 석방 후 재차 출석에 불응하는 경우 체포영장을 발부받아 전국에 지명수배하고 피의자소재발견시까지 재차 기소중지하는 것이 가능하다.

오답풀이 ▶

㉦ 사기·횡령·배임죄 및 부정수표단속법 제2조에 정한 죄의 혐의를 받는 자로서 초범이고 그 피해액이 500만원 이하에 해당하는 자는 지명통보 대상이다.

㉢ 지명통보된 피의자가 정당한 이유없이 확인한 일자에 출석하지 아니하거나 사건이송신청을 하지 아니한 때에는 체포영장에 의한 지명수배를 한다.

㉣ 장물수배는 보통장물수배표에 의하고, 긴급한 경우에 경비전화에 의할 수 있다.

㉤ 지명통보가 여러 건일 때는 각 건마다 지명통보자 소재발견보고서를 작성하여야 한다.

※ **지명수배·지명통보 대상**〈지명수배 등에 관한 규칙 제4조〉

지명수배	• 법정형이 사형·무기 또는 장기 3년 이상의 징역이나 금고에 해당하는 죄를 범하였다고 의심할 만한 상당한 이유가 있어 체포영장 또는 구속영장이 발부된 자. 다만, 수사상 필요한 경우에는 체포영장 또는 구속영장을 발부받지 아니한 자를 포함한다. • 지명통보의 대상인 자로 지명수배의 필요가 있어 체포영장 또는 구속영장이 발부된 자 • 긴급사건 수배에 있어서 피의자의 성명 등을 명백히 하여 체포를 의뢰한 경우
지명통보	• 법정형이 장기 3년 미만의 징역 또는 금고, 벌금에 해당하는 죄를 범하였다고 의심할만한 상당한 이유가 있고, 수사기관의 출석요구에 응하지 아니하며 소재 수사결과 소재불명 된 자 • 법정형이 장기 3년 이상의 징역이나 금고에 해당하는 죄를 범하였다고 의심되더라도 사안이 경미하거나 기록상 혐의를 인정키 어려운 자로서 출석요구에 불응하고 소재가 불명인 자 • 사기, 횡령, 배임죄 및 부정수표단속법 제2조에 정한 죄의 혐의를 받은 자로서 초범이고 그 피해액이 500만원 이하에 해당하는 자 • 구속영장을 청구하지 아니하거나 발부받지 못하여 긴급체포 되었다가 석방된 지명수배자

정답 및 해설

| 1 ① | 2 ④ | 3 ④ | 4 ④ | 5 ② | 6 ② | 7 ③ | 8 ② | 9 ① | 10 ③ |
| 11 ③ | 12 ③ | 13 ② | 14 ② | 15 ③ | 16 ④ | 17 ① | 18 ③ | 19 ③ | 20 ④ |

1 핵심풀이 ❱

㉠ 범인의 생물학적 특징에 해당하는 사례는 없다.

오답풀이 ❱

㉡ 범인의 심리학적 특징에 의한 징표 – ⓒⓕ
㉢ 범인의 사회적 제반법칙에 의한 징표 – ⓐⓑⓔ
㉣ 자연현상에 의한 징표 – ⓓ

2 핵심풀이 ❱

④ 화상이나 외상이 있던 부분의 피부는 비교적 건조가 빠르다.

3 핵심풀이 ❱

④ 사법경찰관은 내사종결권이 있다.

오답풀이 ❱

① 참고인이 소재불명일 경우 취하는 조치는 내사중지이다.
② 피내사자가 소재불명일 경우 취하는 조치는 내사중지이다.
③ 진정내사의 내용이 민사소송 또는 행정소송에 관한 사항인 경우 공람종결 할 수 있다.

4　핵심풀이 ▶

㉠ 공무소안에서의 압수·수색은 책임자를 참여하게 하여야 한다.

㉡ 타인의 주거 등에서의 압수·수색은 주거주·간수자 또는 이에 준하는 자를 참여시켜야 한다.

㉢ 압수·수색영장 집행시 검사, 피의자 또는 변호인은 참여할 수 있다.

㉣ 도박 기타 풍속을 해하는 행위에 상용된다고 인정되는 장소(예 비밀도박장)는 야간집행이 가능하다.

㉤ 여자의 신체에 대한 수색을 할 때에는 성년의 여자를 참여시켜야 한다.

※ 압수수색영장의 제한

　㉠ **우편물의 제한** : 피고인(피의자)이 발송한 것이나 피고인(피의자)에 대하여 발송된 것 외에는 피고사건과 관계가 있다고 인정할 수 있는 것

　㉡ **공무상비밀의 제한** : 그 소속공무소 또는 해당 감독관공서의 승낙이 있어야 함

　㉢ **업무상비밀의 제한** : 타인비밀에 관한 것은 압수거부 가능함. 예외) 본인승낙 또는 중대한 공익상 필요

　㉣ **군사상 비밀의 제한** : 책임자의 승낙

　㉤ **공무소 등의 제한** : 책임자에게 참여할 것을 통지

　㉥ **주거지 등의 제한** : 주거주, 간수자 또는 이에 준하는 자를 참여(참여 못하는 경우는 인거인 또는 지방자치단체의 직원을 참여)시켜야 함

　㉦ **여자의 신체수색 제한** : 여자의 신체수색은 성년 여자 참여, 여자의 신체검사는 의사나 성년 여자 참여

　㉧ **야간집행의 제한** : 영장에 별도 기재 필요하나 다음 사항은 예외로 함

　　• 도박 기타 풍속을 해하는 행위에 상용된다고 인정하는 장소

　　• 여관·음식점 기타 야간에 공중이 출입할 수 있는 장소(공개된 시간 내에 한함)

5　핵심풀이 ▶

협의의 유류품(범인의 흉기, 신발, 의류, 휴지+물흔, 차량흔, 도구흔 등)의 수집 시 착안해야 할 사항 – ㉠㉡㉣

오답풀이 ▶

유류물(분변, 타액, 정액, 지문, 장문, 족문 등 신체적 소산물)의 수집 시 착안해야 할 사항 – ㉢㉤㉥

6 핵심풀이 ▶

㉠ 자수시기는 범죄발각 전후 불문한다.

㉡ 타인을 시켜서도 자수할 수 있다.

오답풀이 ▶

㉢ 타인을 시켜서도 자수할 수 있으나 제3자에게 자수의사를 전달하여 달라고 한 것만으로는 자수라고 할 수 없다.

㉣ 자수대리는 허용되지 않는다.

㉤ 형법은 자수에 대하여 그 형을 감경 또는 면제할수 있도록 규정(임의적 감면)하고 있다.

㉥ 범인이 수사기관에 대하여 자발적으로 자기의 범죄사실을 신고하여 소추를 구하는 의사표시가 자수(自首)이고, 반의사불벌죄의 경우에 피해자에게 자신의 범죄사실을 고백하는 것은 자복(自服)이다.

7 핵심풀이 ▶

수법범죄 – ㉠ 컴퓨터등이용사기, ㉡ 강도, ㉢ 카메라 등 이용촬영, ㉣ 강제추행

※ **수법범죄** … 강도, 절도, 사기(특가법, 컴퓨터 등 이용사기), 위조·변조(통화, 유가증권, 우표, 인지, 인장, 문서), 약취·유인, 공갈, 방화, 강간(강제추행, 업무상위력 등에 의한 간음, 카메라 등 이용촬영 등 성폭력범죄), 위 범죄 중 가중처벌되어 특별법에 위반하는 죄, 장물〈불구속인 경우도 필히 수법원지 작성〉 (살인×, 배임×, 횡령×, 간통×, 폭력×)

8 핵심풀이 ▶

㉡ 압수·수색을 집행한 경우 압수물이 있을 때에는 압수증명서를 작성 교부한다. 그러나 수색은 했으나 압수물이 없을 때에는 압수물이 없다는 취지의 수색증명서를 교부한다.

㉢ 피의자신문조서·진술조서·검증조서·실황조사서에 압수취지를 기재, 압수조서에 갈음할 수 있다. 즉 별도로 압수조서를 작성하지 않아도 된다.

㉪ 피의자신문조서·진술조서·검증조서·실황조사서 등은 압수조서에 갈음할 수 있으나, 진술서·수사보고서·범죄인지보고서 등은 압수조서를 갈음할 수 없다.

오답풀이 ▶

㉠ 이미 발부받은 영장은 반드시 집행 전에 제시하여야 한다. (* 영장없이 압수·수색을 할 수 있는 경우가 있다고 해서 틀린 지문으로 오해하기 쉬움에 주의한다.)

㉣ 압수와 수색을 동시에 한 경우에는 수색조서만을 작성하여, 수색조서로 압수조서를 대신할 수 있다.

㉤ 소유자가 소유권을 포기한다는 의사가 있을 경우 소유권포기서를 제출받아 압수조서에 첨부하고 압수목록에도 기재하여야 한다.

㉥ 임의제출물을 압수한 경우도 영장에 의한 압수시와 마찬가지로 압수조서와 압수목록을 작성하여야 한다.

9 핵심풀이 ▶

㉠ 초동수사는 사건발생시 초기 범인의 체포·증거확보를 위한 긴급수사활동으로, 초동수사의 제1목적은 범인의 체포이다.

㉥ 가능한 한 신고자 또는 현장에 대하여 알고 있는 자(지리감·연고감 있는 자)와 동행한다.

오답풀이 ▶

㉡ 알리바이 수사는 초동수사에 포함되지 않는다.

㉢ 신속한 사건청취를 제1로 하고, 사건의 진부규명은 제2로 한다.

㉣ 출동 중에도 거동수상자 등의 발견에 노력하고, 발견시 불심검문을 반드시 실시한다.

㉤ 현장으로 출발하기 전에 보고하고 출발하고, 현장도착 후에도 현장상황을 수시로 보고한다.

㉦ 1인 근무시는 상세한 것을 듣기전에 그대로 주무부서에 보고한다.

㉧ 제2보 이하 즉보는 범인의 추적·체포·수배를 위하여 필요한 사항 및 피해자상황을 우선적으로 파악하여 보고한다.

10 핵심풀이 ▶

㉠ 면수기입은 의견서와 기타서류에만 한다.

㉤ 2장 이상일 때에 1 - 1, 1 - 2, 1 - 3의 방법은 의견서에만 해당된다.

㉥ 송치인이 직접 간인하여야 한다.

오답풀이 ▶

㉡㉢ 편철순서 : 송치서류는 '사건송치서 → 압수물총목록 → 기록목록 → 의견서 → 기타서류'의 순으로 하고, 기타 서류는 접수 또는 작성순으로 한다.

㉣ 통신제한조치를 집행한 사건의 송치 시에는 수사기록표지 증거품 란에 "통신제한조치"라고 표기하고 통신제한조치 집행으로 취득한 물건은 담당 사법경찰관리가 직접 압수물송치에 준하여 송치하여야 한다.

㉦ 의견서 작성 : 사법경찰관이 한다.

[유제]다음 보기의 수사서류를 편철할 경우 편철순서는?	
㉠ 기록목록	㉡ 압수물총목록
㉢ 8월 15일자 피의자신문조서	㉣ 사건송치서
㉤ 의견서	㉥ 8월 16일자 참고인진술조서

〈정답〉 ㉣ → ㉡ → ㉠ → ㉤ → ㉢ → ㉥

11 핵심풀이 ▶

타액(타액반)의 감정순서 … 자외선검사 → 타액확인시험〈전분소화효소(아밀라제) 검출〉 → 사람 타액 증명시험 → 혈액형검사

12 핵심풀이 〉

③ 와상문에서 추적선이 우측각 위로(내측) 흘러 융선의 수가 7개인 경우 분류 번호는 7를 부여한다.

※ 지문의 분류번호 및 융선수 계산방법

궁상문	분류번호는 "1"로 부여
제상문	㉠ 갑종제상문의 분류 : 갑종제상문의 분류번호는 "2"로 부여 ㉡ 을종제상문의 분류 : 을종제상문의 내단과 외단사이의 가상직선에 닿는 융선을 계산 분류한다. 다만, 내단과 외단은 융선 수 계산에서 제외하고 분류번호는 ㉢과 같이 부여한다. ㉢ 내단과 외단 사이의 융선 수 : 7개 이하 – "3", 8~11개 – "4", 12~14개 – "5", 15개 이상 – "6"
와상문	㉠ 와상문은 우측표준점과 추적선의 종점간의 가상직전 또는 수직선에 닿는 융선을 계산 분류한다. 다만, 우측표준점과 추적선의 종점은 융선 수 계산에서 제외한다. ㉡ 추적선의 종점과 표준점 사이의 융선 수 • 추적선이 우측표준각 내측으로 흐르고 4개 이상 – "7" • 추적선이 우측표준각 내측 또는 외측으로 흐르고 3개 이하 – "8" • 추적선이 우측표준각 외측으로 흐르고 4개 이상 – "9"
변태문	궁상문, 제상문, 와상문 외의 변형된 지문으로서 문형의 형태만으로 분류하고 분류번호는 9에다 · 을 찍는다.
기타	㉠ 지두(손가락 말절부분) 절단시 : 지두가 절단되었거나 기타 사유로 지문을 채취하지 못한 경우는 분류번호를 "0"으로 부여한다. ㉡ 손상지문 : 0에다 · 을 찍는다. ㉢ 육손가락은 간지로 분류하여 간지가 불명인 경우는 지지로 분류하고 지지가 불명인 때에는 변태문으로 분류한다.

13 핵심풀이 〉

㉣ 활력반응(생활반응)은 생존동안 나타나는 현상(죽은후에는 나타나지 않음)으로, 출혈 · 응혈(굳은피) · 가피(딱지)형성 · 피부밑출혈 등이 있다.

㉑ 끈졸림사 끈자국의 위치는 일반적으로 목맴보다 낮고 후두부위 혹은 그 아래쪽을 통과한다. 따라서 방패연골 또는 그 아래에 있다. 손톱자국은 끈졸림사, 손졸림사 모두에 나타날 수 있음에 주의한다.

오답풀이 〉

㉠ 주위의 대기와 같은 온도가 되는데, 수분이 증발할 때 열을 빼앗기 때문에 주위의 기온보다 더 낮아지는 경우도 있다.

㉡ 시체얼룩은 죽은 다음에 나타는 사체현상(생존에는 나타나지 않음)이다.

㉢ 사후 48시간이 되면 불투명하게 된다.

㉤ 경직의 지속시간이 길다.

㉥ 손상은 피부의 연속성이 파괴되었는가에 따라 열린손상인 창(創)과 닫힌손상인 상(傷)으로 나뉜다.

14 핵심풀이 ▶

ⓛ 피의자가 수인이어서 피의자 전원을 표시할 수 없을 때에는 '별지기재와 같음'이라 기재하고 송치서 다음 장에 별지를 첨부한다.

ⓔ 별명이나 이명도 한자 외에 별도로 기재한다. 예 홍길동(洪吉童)(별명 : 번개돌이)

ⓜ 실제 구속일자를 기재한다.

오답풀이 ▶

ⓐ 사람마다 1, 2, 3 …으로 기재(성명 앞 구속, 불구속, 미체포, 수감중으로 구분기재)

ⓒ 법인명 다음에 괄호하여 대표자 성명을 기재한다. 예 ○○주식회사(대표이사 홍길동)

ⓑ 죄명이 여러 개인 경우 가, 나, 다로 기재한다.

15 핵심풀이 ▶

③ 사체검안서는 의사가 작성한다.

사망진단서	죽음을 증명하는 증명서 : 사망전 48시간이내 진료한 사실+사인명백시 발행함
사체검안서	사망진단서를 발부할 수 없는 조건하에서 죽음을 증명 : 의사
사산증명서	산전관리, 진료중이던 임부가 임신 4개월 이상 된 태아를 사산하였을 때에 발부하는 문서 : 의사 또는 조산원
사태증명서	산전관리, 진료 사실이 없는 임부가 사산한 경우 태아의 죽음을 증명하는 문서

16 핵심풀이 ▶

'폭력행위 등 처벌에 관한 법률' 제4조에 규정된 '단체'는 일정한 범죄를 한다는 공동 목적하에 이루어진 계속적인 결합체로서 그 단체의 구성원이 수괴·간부 및 단순가입자로 구분될 수 있어야 하고, 그 위계에 상응하는 단체를 주도할 수 있는 최소한도의 통솔체제를 갖추고 있어야 한다(판례). 본죄는 범죄단체를 조직하거나 이에 가입함으로써 즉시 성립하고 그와 동시에 완성되는 즉시범으로서, 그 후 목적한 범죄를 실행하였는지 여부는 본 죄의 성립에 영향이 없다.

17 핵심풀이 ▶

① 헌법재판소는 '유치장내 수용자에 대한 신체검사는 구 행형법(제68조)에 의하여 경찰서 유치장이 미결수용실에 준한다는 규정과 같은 법(제10조) 규정에 근거하여 이루어진 것이다.'라 하고 있다(헌재 2002.7.18).

②③④ 공직선거 및 선거부정방지법위반으로 경찰서 유치장내 유치된 여자피의자들에 대해 변호인 접견 후 재수용시 옷을 전부 벗긴 상태에서 앉았다가 일어서기를 반복하는 방법으로 한 신체검사는 위법이다. 위 방법은 유치인들에게 모욕감과 수치심을 안겨준 행위로서 헌법 제10조 인간의 존엄성과 가치 및 제12조 신체의 자유를 침해한 것이다. 피의자가 흉기를 신체의 은밀한 부위에 은닉한 채 유치장에 입소할 가능성이 있으며, 외부로부터의 관찰 등으로 위 물품을 도저히 찾아내기 어렵다고 볼만한 사정이 있는 경우에는 옷을 전부 벗긴 채 행하는 정밀신체수색은 위법이라고 볼 수 없다. 물론 이 경우에도 수용자에 대한 기본권 침해의 여지를 최소화하는 방법으로 실시되어야 한다(대판 2001다51466).

※ 접견교통권에 관한 판례

  ⊙ 피의자의 변호인과의 접견교통권은 다른 기본권과 마찬가지로 국가안전보장 · 질서유지 · 공공복리에 위험을 가져올 우려가 있는 경우에는 제한될 수 있다.(×) – 어떠한 명분으로도 제한할 수 없다(헌재 1992.1.28).

  ⓛ 변호인의 접견교통권은 헌법상 권리는 아니나 피의자의 인권보장과 방어준비를 위하여 필수불가결한 권리이므로 법령, 법원의 결정, 수사기관의 처분 등으로 제한할 수 없다.(×) – 법원의 결정, 수사기관의 처분으로 제한할 수 없으나, 법령으로 제한할 수 있다(대판 1990.2.13).

  ⓒ 피의자의 비변호인과 접견교통권은 도망 또는 죄증을 인멸할 우려가 있다고 인정할 만한 상당한 이유가 있는 때에는 제한될 수 있다.(○) – 법원 · 수사기관의 결정으로 제한할 수 있다(단, 수사기관의 결정은 이설 있음).

  ⓔ 유치장에 수용된 피의자에 대한 변호인의 수진권행사에 수사기관이 추천하는 의사의 참여를 요구하는 것은 변호인의 수진권을 침해하는 위법한 처분이다.(×) – 법령상의 제한으로 위법한 처분

※ 유치장내 화장실 설치와 관련된 판례(헌재 2001.7.19)

  ⊙ 경찰서 유치장내 화장실 설치는 유치장설계표준규칙(경찰청 예규)에 따른다.

  ⓛ 헌법재판소는 유치실내에 화장실을 설치하고 어느 정도 그 내부를 관찰할 수 있는 구조로 설치하는 것은 그 타당성을 인정할 수 있다고 하였다(타당성이 없다고 하였다×).

  ⓒ 유치인에게 차폐시설이 불충분하여 사용과정에서 신체부위가 경찰관들에게 관찰될 수 있고 냄새가 유출되는 유치실내 화장실을 사용하도록 강제할 수 없다.

  ⓔ 헌법재판소는 ⓒ에 대해 비인도적 · 굴욕적일 뿐만 아니라 헌법 제10조 인간의 존엄과 가치로부터 유래하는 인격권을 침해하는 것이라며 위헌결정을 내렸다.

18

ⓒ '야간에' 타인의 주거침입한 경우 폭력행위 등 처벌에 관한 법률로 처벌하지 않고 형법이 적용된다(형법상 주거침입죄).

ⓒ 집단적 폭행·협박, 흉기휴대 폭행·협박 등 특수폭력범죄의 가중처벌 규정 및 상습특수폭력범죄의 가중처벌 규정(폭력행위 등 처벌에 관한 법률 제3조 제1항 및 제3항)은 삭제되었다〈개정 2016.1.6.〉. 형법상 특수협박죄(제284조)가 적용된다.

ⓔ 상습폭행 등 상습폭력범죄의 가중처벌 규정(폭력행위 등 처벌에 관한 법률 제2조 제1항)은 삭제되었다〈개정 2016.1.6.〉. 형법상 상습폭행죄(제264조)가 적용된다.

오답풀이 ▶

ⓖ '폭력행위 등 처벌에 관한 법률' 제2조 제2항 2명 이상이 공동하여 다음의 죄를 범한 사람은 형법 각 해당 조항에서 정한 형의 2분의 1까지 가중한다.

- 「형법」 제260조 제1항(폭행), 제283조 제1항(협박), 제319조(주거침입, 퇴거불응) 또는 제366조(재물손괴 등)의 죄
- 형법 제260조 제2항(존속폭행), 제276조 제1항(체포, 감금), 제283조 제2항(존속협박) 또는 제324조 제1항(강요)의 죄
- 「형법」 제257조 제1항(상해)·제2항(존속상해), 제276조 제2항(존속체포, 존속감금) 또는 제350조(공갈)의 죄

19

③ 체포 후 신병을 미군 당국에 인도하기 전에 예비수사를 할 수 있으며, 예비수사는 피의자의 신분확인, 증거조사 등 공소제기에 필요한 초동수사를 포함하며 일정한 제약은 없다.

※ 미군피의자 처리요령

　ⓖ 기초사실조사 및 예비수사

　　• 기초사실 조사 : 소속·계급·성명·생년월일·범죄사실 등
　　• 체포 후 신병을 미고 당국에 인도하기 전에 예비수사 : 피의자의 신분확인, 증거조사 등 공소제기에 필요한 초동수사를 포함(일정한 제약없음).

　ⓒ 미군당국에 통고

　ⓒ SOFA사건 발생보고 : 사건접수 후 24시간 이내에 관할 지방검찰청에 보고

　ⓔ 신병인도(한미행정협정에 의거) : 미군당국의 신병인도 요청이 있으면 신병을 인도해야 한다(구속대상인 경우도 미군당국의 신병인도 요청이 있으면 일단 신병을 인도). 다만, 살인·죄질이 나쁜 강간을 저지른 미군피의자를 현행범으로 체포하였을 경우 미군당국에 신병 인도하지 않고 계속 구금이 가능(나머지 범죄도 증거인멸·도주·피해자 및 증인에 대한 가해가능성이 있을 경우 계속구금권행사)하다.

20

ⓖⓒⓒⓔⓞ 모두 선거운동으로 보지 아니한다〈공직선거법 제58조〉.

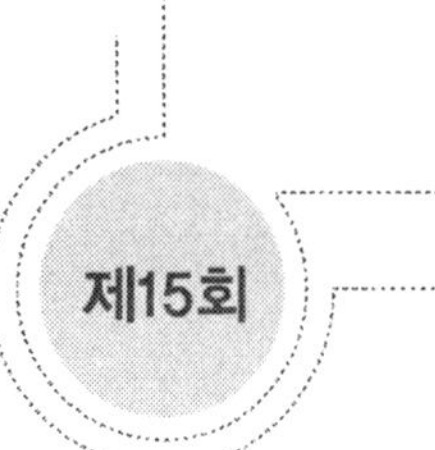

정답 및 해설

| 1 ③ | 2 ② | 3 ② | 4 ④ | 5 ① | 6 ① | 7 ③ | 8 ③ | 9 ④ | 10 ③ |
| 11 ② | 12 ④ | 13 ② | 14 ② | 15 ② | 16 ② | 17 ① | 18 ① | 19 ③ | 20 ③ |

1   핵심풀이 ▶

경찰수사사건 등의 공보에 관한 규칙 제5조(예외적인 공개) - ㉠, ㉡, ㉢, ㉣

※ 경찰수사사건 등의 공보에 관한 규칙

㉠ 제4조(수사사건 등의 공개금지) : 사건관계자의 명예, 사생활 등 인권을 보호하고 수사내용의 보안을 유지하기 위하여, 수사사건 등은 그 내용을 공표하거나 그 밖의 방법으로 공개해서는 아니 된다.

㉡ 제5조(예외적인 공개) : 다음 각 호의 어느 하나에 해당하는 경우에는 수사사건 등의 내용을 공개할 수 있다.

• 범죄유형과 수법을 국민들에게 알려 유사한 범죄의 재발을 방지할 필요가 있는 경우

• 오보 또는 추측성 보도로 인하여 사건관계자의 권익이 침해되었거나, 침해될 우려가 있는 경우

• 신속한 범인의 검거 등 인적·물적 증거의 확보를 위하여 국민들에게 수사사건 등의 내용을 알려 협조를 구할 필요가 있는 경우

• 그 밖에 공공의 안전에 대한 급박한 위협이나 그 대응조치에 관하여 국민들에게 즉시 알릴 필요가 있는 경우

2 핵심풀이 ▶

검사의 사전 지휘를 받는 것
ⓛ 압수물을 환부 또는 가환부하고자 할 때
ⓜ 압수물을 위탁보관시킬 때

검사의 사전 지휘를 받지 않는 것	검사의 사전 지휘를 받는 것
• 행정검시 • 실황조사서 작성 • 현행범인 체포 후 석방하고자 할 때, 긴급체포피의자를 석방하고자 할 때 • 압수물의 자청보관 • 사건을 다른 관청으로 이송할 때 • 내사종결처분	• 사법검시 • 검증 • 영장체포, 구속 피의자를 석방하고자 할 때 • 압수물의 환부, 가환부 • 압수물의 타인보관(위탁보관) • 압수물의 대가보관 또는 폐기처분 • 압수물의 피해자환부 • 송치후 수사속행 • 송치후 여죄수사(발견)

3 핵심풀이 ▶

② 호송관서의 장은 호송수단과 호송하고자 하는 피호송자의 죄질, 형량, 범죄경력, 성격, 체력, 사회적 지위, 인원, 호송거리, 도로사정, 기상 등을 고려하여 호송관 수를 결정하여야 한다. 다만, 호송인원은 어떠한 경우라도 2명 이상 지정하여야 하며, 조건부순경 또는 의무경찰만으로 지명할 수 없다.

오답풀이 ▶

① 호송관은 호송관서를 출발하기 전에 반드시 피호송자에게 수갑을 채우고 포승으로 포박하여야 한다. 다만, 구류선고 및 감치명령을 받은 자와 고령자, 장애인 및 환자 중 주거와 신분이 확실하고 도주의 우려가 없는 자에 대하여는 수갑(포승)을 채우지 않도록 한다.

③ 호송관서의 장은 호송관이 5인 이상이 되는 호송일 때에는 다음의 지휘감독관을 지정하여야 한다.
  • 호송관 5인 이상 10인 이내일 때에는 경사 1인
  • 호송관이 11인 이상일 때에는 경위 1인

④ 피호송자를 직접 검거, 수사한 경찰관은 호송관으로 지명할 수 있다.

※ **호송관 결격사유**〈피의자 유치 및 호송 규칙 제48조 제1항〉
  ㉠ 피호송자와 친족 또는 가족 등의 특수한 신분관계가 있거나 있었던 자
  ㉡ 신체 및 건강상태가 호송업무를 감당하기 곤란하다고 인정되는 자
  ㉢ 기타 호송근무에 적합하지 않다고 인정되는 자
  (예 피호송자인 A와 동서지간인 경찰관, 지난 주 맹장수술을 받고 퇴원하여 출근한 지 3일 된 경찰관, 비리문제로 징계위원회에 곧 회부될 경찰관 등은 호송관으로 지명할 수 없다.)

4 핵심풀이 ▶

④ 밑선을 추적한다.

※ **추적선의 추적방법**

　　㉠ 추적선은 좌측간의 밑의 선을 시발점으로 해서 우측각 쪽으로 추적

　　㉡ 추적선이 중단되었을 때에는 바로 밑선을 추적

　　㉢ 추적선이 융선 굵기만큼 단절되었을 때에는 그대로 추적

　　㉣ 추적 중 1개의 선이 2개로 갈라졌을 때에는 굵은 선을 추적하고, 갈라진 두 개의 선의 굵기가 같을 때에는 밑선을 추적

5 핵심풀이 ▶

㉢ 사자(死者)명예훼손죄는 친고죄이므로, 친고죄 1인에 대한 고소의 효력은 다른 공범자에게도 효력이 있다(주관적불가분의 원칙이 적용되는 경우).

오답풀이 ▶

㉠ 피해자가 다른 경우 피해자 1인이 한 고소의 효력은 다른 피해자의 범죄사실에는 미치지 않는다(객관적불가분의 원칙이 적용되지 않는 경우).

㉡ 을(B)과 삼촌 병은 동거하지 않는 친족관계이기 때문에 친족상도례가 적용되므로, 을(신분자)에 대해서는 고소가 있어야 처벌할 수 있고, 갑(비신분자)과 병은 친족관계가 없기 때문에 친족상도례가 적용되지 않는다. 비신분자에 대한 고소의 효력은 신분관계에 있는 공범에게 미치지 아니한다. 따라서 갑(A)만 처벌된다(주관적불가분의 원칙이 적용되지 않는 경우).

6 핵심풀이 ▶

㉢ 갑이 같은 동네에 사는 장애인인 乙(20세, 남)를 폭행하여 강간한 경우 : 성폭력범죄의처벌등에관한특례법위반(장애인강간)

　　* 장애인과 13세 미만인 자에 대한 강간죄의 객체를 '여자'에서 '사람'으로 변경함 [개정시행 2013.12.19.]

㉤ 13세 미만 미성년자를 단순히 간음한 경우 : 미성년자의제강간죄

성폭력범죄의처벌등에관한특례법 제7조(13세 미만의 미성년자에 대한 강간, 강제추행 등)에서는 13세 미만의 사람에 대한 강간, 강제추행, 위계·위력에 의한 간음 등을 처벌하고 있으므로, 단순히 간음한 경우는 「형법」상 미성년자의제강간죄로 처벌된다.

7 핵심풀이 ▶

③ 초산은용액법 : 땀속의 염분 → 태양광선(약 3~4분) → 지문검출(자색) → 사진촬영(전사법×)

오답풀이 ▶

① 을종제상문 중 내단과 외단사이의 가상의 직선에 접촉된 융선의 수가 12~14개인 경우 지문의 분류기호는 〈5〉번이다.

② 와상문 중 추적선이 우측각 내측으로 흘러서 종점과 우표준점 사이의 이등분선상에 접촉된 융선의 수가 4개 이상이면 지문의 분류기호가 〈7〉번이다.

④ 복식검출법에 의해 지문을 검출할 경우 광선이용 → 기체법 → 고체법 → 닌히드린법 → 초산은법의 순서에 의한다.

8 핵심풀이 ▶

㉠ 복안법에 의한 몽타주사진에 의한 선면 : 변사체 신원확인

㉢ 사진 등에 의한 선면

㉣ 사진 등에 의한 식별 : 수사관이 주체가 된다.

오답풀이 ▶

㉡ 실물에 의한 선면으로는 피의자를 포함한 여러 사람을 보이는 Line – up과 피의자만을 보이는 Show – up이 있다.

㉤ 실물에 의한 선면은 범행당시(목격당시)와 같은 명암·환경 등 동일조건하에서 실시하며, 비슷한 표정·차림의 여러사람을 관찰·식별하도록 한다.

㉥ 용의자와의 직접대면이나 단독선면은 금한다. 피의자식별실 등을 통해서 용의자 모르게 선면한다.

※ 선면수사 방법

선면 수사 방법	범인발견	• 실물에 의한 선면 • 사진 등에 의한 선면 • 사진(몽타주·초상화) 등에 의한 식별 : 미행잠복시(수사관이 주체) • 인상서에 의한 선면
	변사체 신원확인	• 신원불명의 변사체 안면사진 • 백골사체 : 복안법(몽타주사진)
실물에 의한 선면	Line – up(복수면접)	피해자·목격자에게 피의자를 포함한 여러 사람을 보이는 방법
	Show – up(단독면접, 대질)	피해자·목격자에게 피의자만을 보이는 방법
	• 동일조건(같은 명암·환경)하에서 실시 • 비슷한 표정·차림의 여러사람을 관찰·식별 • 용의자 모르게 선면 *직접선면×, 접촉×	

9 **핵심풀이** ❯

④ 찔린입구의 주변에서 피부밑출혈이나 피부까짐을 보면 날이 전부 삽입되었다는 것을 의미한다.

10 **핵심풀이** ❯

③ 무허가배출행위 단속 후에도 계속 배출행위에 대하여는 상태범으로 보아 별도의 범죄로 처벌한다(대판 1992. 2. 28).

오답풀이 ❯

① 옳은 내용이다.
② 여러 종류의 오염물질을 배출한 경우 어느 한 부분의 허가를 받았다면 나머지 허가받지 아니한 나머지 부분에 대해서는 무허가로 처벌할 수 있다(대판 1984. 9. 25).
④ 무허가로 배출시설을 설치 자체가 단속대상이다.

11 **핵심풀이** ❯

㉠ 피의자 유치 및 호송 규칙 제7조 제1항 : 피의자를 유치장에 입감시키거나 출감시킬 때에는 유치인보호주무자가 발부하는 피의자입(출)감지휘서에 의하여야 하며 동시에 3명 이상의 피의자를 입감시킬 때에는 경위 이상 경찰관이 입회하여 순차적으로 입감시켜야 한다.
㉢ 피의자 유치 및 호송 규칙 제12조 제2항 : 경찰서장은 여성유치인이 친권이 있는 18개월 이내의 유아의 대동(對同)을 신청한 때에는 다음의 어느 하나에 해당하는 사유가 없다고 인정되는 경우 이를 허가하여야 한다. 이 경우 유아의 양육에 필요한 설비와 물품의 제공, 그 밖에 양육을 위하여 필요한 조치를 하여야 한다.
  • 유아가 질병 · 부상, 그 밖의 사유로 유치장에서 생활하는 것이 적당하지 않은 경우
  • 유치인이 질병 · 부상, 그 밖의 사유로 유아를 양육하는 것이 적당하지 않은 경우
  • 유치장에 감염병이 유행하거나 그 밖의 사정으로 유아의 대동이 적당하지 않은 경우
㉺ 흉기검사나 위험물 등의 임치는 조사, 접견 기타의 사유로 출감하였던 피의자가 다시 입감할 때에도 행해진다.

오답풀이 ❯

㉡ 여성유치인은 친권이 있는 18개월 이내의 유아에 대해 경찰서장의 허가를 받아 대동할 수 있다. 경찰서장은 유아의 대동을 허가하지 않은 경우에는 「형의 집행 및 수용자의 처우에 관한 법률 시행령」 규정에 따라 해당 유치인의 의사를 고려하여 유아보호에 적당하다고 인정하는 개인 또는 법인에게 그 유아를 보낼 수 있다. 다만, 적당한 개인 또는 법인이 없는 경우에는 경찰서 소재지 관할 시장 · 군수 또는 구청장에게 보내서 보호하게 하여야 한다.
㉣ 위험물 또는 휴대금품을 보관할 때에는 「범죄수사규칙」 별지서식에 의한 임치증명서를 교부하고 임치 및 급식상황표에 명확히 기재하여야 한다.

12 핵심풀이 ▶

④ 처분의 통보를 받거나 처분을 한 날로부터 30일 이내에 대상자에게 서면으로 통지해야 한다.

오답풀이 ▶

① 긴급사유가 있는 경우 법원의 허가없이 가능하다.
② 사법경찰관이 긴급통신제한조치를 할 경우에는 미리 검사의 지휘를 받아야 한다.
③ 긴급통신제한조치를 집행한 때부터 36시간 이내에 법원의 허가를 받아야 한다.

13 핵심풀이 ▶

ⓛ 연소의 상승성으로 발화부(화재의 시작이 된 부위)는 출화부(불이 타오른 장소)의 아래쪽에 있는 경우가 많다.

ⓗ 최초의 불이 발생한 집을 화원가옥이라 한다. 화원가옥이 단층이면 인접가옥(소실가옥)은 2층이 먼저 연소되게 된다.

※ 발화부와 출화부 확인시 착안점

　　ⓐ 탄화심도 : 발화부에 가까울수록 탄화정도가 깊다.

　　ⓛ 연소의 상승성 : 화염은 일반적으로 수직가연물을 따라 상승하고, 역삼각형(V자형)으로 연소한다. – 아래쪽에 발화부

　　ⓒ 도괴상황 : 기둥·벽·가구류는 연소도가 높은 방향, 발화부를 향하여 무너지는 경향이 있다.

　　ⓔ 균열흔 : 발화부에 가까울수록 가늘어진다.

　　ⓜ 연소된 목재색 : 발화부에 가까울수록 흰색을 띤다.

　　ⓗ 연소흔 : 출화부 부근에 훈소흔(무염연소흔적)이 있으면 발화부로 판단할 수 있다.

　　ⓢ 용융흔 : 유리·거울·금속 등의 용해상태로 확인할 수 있다.

　　ⓞ 기타 : 박탈흔·변색흔·주염흔·주연흔 등

14 핵심풀이 ▶

ⓛ 폭력행위 등 처벌에 관한 법률 제7조
ⓔ 성폭력범죄의 처벌 등에 관한 특례법 제12조

오답풀이 ▶

ⓐ 운행 중인 운전자를 폭행한 자는 「특정범죄가중처벌등에관한법률위반(운전자폭행등)」으로 가중처벌한다.

ⓒ 폭행죄, 명예훼손죄, 협박죄는 반의사불벌죄이나, 모욕죄는 친고죄이다.

ⓜ 비친고죄이다.

15

ⓒ 염소 등 화공약품저장탱크 관리소홀로 인한 대량누출(생명신체에 위해초래)사고는 환경범죄 등의 단속 및 가중처벌에 관한 법률(* 대기환경보전법×)을 적용하여 처벌한다.

ⓑ 개선명령에 불응한 자는 대기환경보전법위반으로 처벌할 수 있으나, 운행차의 개선명령 자체가 당연무효인 경우에는 대기환경보전법위반으로 처벌할 수 없다(대판 1996. 2. 13).

ⓐ 유독물 제조시설은 유해화학물질관리법의 적용대상이다.

㉠ 옳음

ⓒ 자동차매연은 대기오염의 주요원인이 된다고 할 수 있으며 자동차 매연단속은 차고지에서 회차 즉시 하는 것이 바람직하다.

ⓔ 대판 1996. 12. 23

ⓜ 대판 1993. 9. 10

ⓞ 악취는 악취방지법에 규정된 용어이나, 악취 발생물질의 무단 소각행위는 대기환경보전법으로 처벌할 수 있다.

16

ⓒⓔ 반의사불벌죄이다.

※ **부정수표 단속법 제2조(부정수표 발행인의 형사책임)**

㉠ 다음의 어느 하나에 해당하는 부정수표를 발행하거나 작성한 자는 5년 이하의 징역 또는 수표금액의 10배 이하의 벌금에 처한다.
- 가공인물의 명의로 발행한 수표
- 금융기관(우체국을 포함한다. 이하 같다)과의 수표계약 없이 발행하거나 금융기관으로부터 거래정지처분을 받은 후에 발행한 수표
- 금융기관에 등록된 것과 다른 서명 또는 기명날인으로 발행한 수표

ⓛ 수표를 발행하거나 작성한 자가 수표를 발행한 후에 예금부족, 거래정지처분이나 수표계약의 해제 또는 해지로 인하여 제시기일에 지급되지 아니하게 한 경우에도 ㉠과 같다.

ⓒ 과실로 ㉠과 ⓛ의 죄를 범한 자는 3년 이하의 금고 또는 수표금액의 5배 이하의 벌금에 처한다.

ⓔ ⓛ과 ⓒ의 죄는 수표를 발행하거나 작성한 자가 그 수표를 회수한 경우 또는 회수하지 못하였더라도 수표 소지인의 명시적 의사에 반하는 경우 공소를 제기할 수 없다.

17

① 아동·청소년의 성보호에 관한 법률상 대상 청소년은 형사 처벌되지 않는다.

대상청소년은 성매매처벌법위반으로 입건하여 송치하지만 아동·청소년성보호법에 의해 형사처벌은 되지 않는다.

18 핵심풀이 ▶

① 대통령선거 : 3억원

※ **기탁금**〈공직선거법 제56조〉

    ㉠ 대통령선거는 3억원

    ㉡ 국회의원선거는 1천500만원

    ㉢ 시·도의회의원선거는 300만원

    ㉣ 시·도지사선거는 5천만원

    ㉤ 자치구·시·군의 장 선거는 1천만원

    ㉥ 자치구·시·군의원선거는 200만원

19 핵심풀이 ▶

③ 성폭력범죄는 규정이 없다.

※ **특정범죄가중처벌 등에 관한 법률에서 규정하고 있는 공무원범죄** … 뇌물, 알선수재, 체포·감금·독직폭행·가혹행위, 공무상비밀누설, 국고 등 손실, 특수직무유기 등(* 성폭력 ×, 선거방해죄 ×)

20 핵심풀이 ▶

㉢ 폐식용유는 생활폐기물에 해당한다.

㉤ 동물의 사체도 폐기물에 해당한다. 그러나 발열성 실험을 마친 '살아 있는 토끼'는 위생상 또는 감정상 식용에 적합한 것이 아니어서 사용가치가 없더라도 폐기물에 해당되지 않는다(대판 1992. 2. 14).

㉥ 사업활동에 필요하지 아니하게 되어 재활용업체에 매각(예 폐타이어를 재생타이어업체에 매각)할 경우 폐기물에 해당한다.

㉦ 생활폐기물 배출자가 생활환경 보존상 상당한 방법으로 스스로 처리한 경우에는 폐기물관리법으로 처벌하지 않는다.

오답풀이 ▶

㉠ 폐기물관리법상 폐기물은 크게 생활폐기물과 사업장폐기물로 구분하고, 사업장폐기물 중에 지정폐기물 등이 있다.

㉡ 폐기물관리법에 규정되어 있는 '사업장폐기물'이란 용어의 뜻이다.

㉣ 지정폐기물은 사업장폐기물 중에서 대통령령으로 정하는 폐기물(폐유·폐산과 의료폐기물 등)이다.

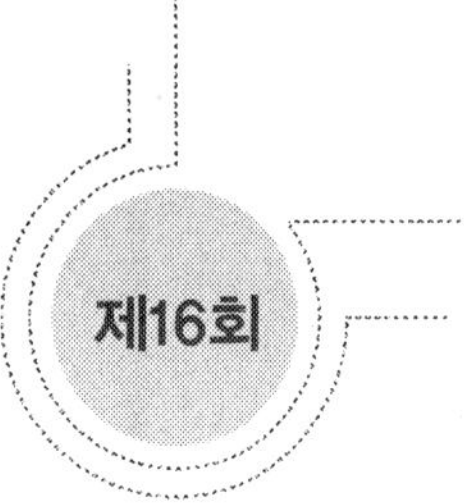

정답 및 해설

| 1 ② | 2 ③ | 3 ④ | 4 ③ | 5 ② | 6 ② | 7 ② | 8 ② | 9 ② | 10 ② |
| 11 ④ | 12 ④ | 13 ④ | 14 ③ | 15 ① | 16 ④ | 17 ④ | 18 ① | 19 ③ | 20 ④ |

1 **핵심풀이 〉**

ⓒ 과거에 취급한 동 종류의 사건의 해결책을 참작하여 결론을 추리할 수 있다.

ⓢ 추리의 요소는 범죄의 사실적 내용을 이루는 범인과 범죄사실이다.

오답풀이 〉

㉠ 추리의 방법에는 일정한 정형이 없다.

ⓒ 하나의 사실로써 다수의 결론을 추론하는 것은 연역적 추리(전개적 추리)이다. 다수의 사실로써 하나의 결론을 추론하는 것은 귀납적 추리(집중적 추리)이다.

㉣ '형사 Q는 살인사건의 범행수법이 잔혹한 것으로 보아 면식범의 수행으로 보고 피해자 A와 원한관계가 있는 B, C, D를 용의자로 선정하였다'면 이러한 추리방법을 연역적 추리(전개적 추리)라 한다.

ⓜ 추리수사는 듣는 수사와 보는 수사의 보충적 수단이 된다.

ⓑ 해산보다 목격자 등 확보가 우선이다.

ⓞ 추리에 앞서 수사자료를 완전히 수집하여 감식 · 검토하여야 한다(수사자료 완전수집의 원칙 → 수사자료 감식검토의 원칙 → 적정추리의 원칙).

2 **핵심풀이 〉**

ⓒ 수사기관이 사건을 수리하여 수사를 개시하는 경우 용의자에서 피의자가 된다.

ⓒⓔ 고소 · 고발 · 자수, 현행범인체포인 경우 피의자 신분이 된다.

오답풀이 〉

㉠ 내사단계에 있는 자를 용의자라 한다.

ⓜ 범죄인지서 작성시 피의자 신분이 되는 것이 아니다.

3 핵심풀이 ▶

ⓒ 감식자료 : 지문, 혈액형, 유전자

ⓒ 사건자료 : 탐문, 미행

ⓒ 참고자료 : 수사성패의 교훈

ⓒ 무형의 사건자료 : 유류물품

ⓒ 유형의 사건자료 : 수법, 구술, 냄새

※ 수사자료의 종류

기초자료	감식자료	사건자료	참고자료
구체적 사건수사와 관계 없이 평소에 수사활동을 통하여 수집된 자료 – 범죄와 관련된 사회적 통계, 우범자첩보수집	과학적 지식과 기술을 이용하여 범인의 발견, 범죄의 증명에 활용되는 자료 – 지문, 혈액형, 유전자, 수법감식자료	구체적 사건수사와 관련하여 수집되는 자료 • 무형의 사건자료 – 수법, 구술, 냄새 • 유형의 사건자료 – 유류물품 • 내탐에 의한 자료 – 탐문, 미행	수사과정의 반성, 분석, 검토를 통하여 얻어진 자료 – 수사성패의 교훈, 새로운 범죄수법

4 핵심풀이 ▶

수법원지작성 대상범죄와 우범자첩보수집 대상범죄에 공통적으로 해당되는 범죄는 강도, 절도, 강간, 강제추행이다.

ⓒ 수법범죄 : 사기, 강도, 절도, 공갈, 약취유인, 위변조, 방화, 강간(성폭력 – 강제추행, 카메라등 이용촬영 등), 장물〈구속불문〉

ⓒ 우범자첩보수집 대상범죄 : 살인, 방화, 강도, 절도, 강간, 강제추행, 마약

5 핵심풀이 ▶

② 외국인에 대하여 피의자신문을 하는 경우 통역을 통하여 피의자신문조서를 작성한다. 통역인에 대하여는 별도로 참고인진술조서를 작성한다.

오답풀이 ▶

① 임의수사 방법이다(거부가능).

③ 통역인에 대한 참고인 진술조서에 가족 · 재산관계는 기재하지 않는다.

④ 통역으로 피의자시문조서 · 참고인진술조서 등을 작성하고, 말미에 진술자 · 통역인 공동으로 서명하여야 한다.

6 핵신풀이 ▶

② 대마수지(해쉬쉬)는 대마초보다 10배가량 효과가 높고, 흡입 시 마취성이 있어 혼수상태에 빠질 수 있다.

7

핵심풀이 ▶

㉣ 피호송자 2인 이상 5인까지를 호송할 때에는 포박한 피호송자를 1보 거리로 세로줄을 지어 연결 포승하고 그 뒤에서 호송관 1인은 피호송자의 1보 뒤, 좌 또는 우측 1보의 위치에서 손으로 포승을 잡고, 다른 호송관은 피호송자열 좌우에 위치하여 피호송자열과 1보 내지 2보 거리를 항상 유지하면서 호송하여야 한다.

㉥ 호송이란 즉결인, 형사피고인, 피의자 또는 구류인 등을 다른 수용소나 검찰청, 법원, 교도소 또는 경찰서로 인계 혹은 연행하기 위하여 이동하면서 간수하는 것을 말한다.

오답풀이 ▶

㉠ 호송관서를 출발하기 전에 호송주무관의 지휘에 따라 포박하기 전 신체검사를 해야 한다. 여자인 경우 여경이 하거나 성년의 여자가 참여한다.

㉡ 화물자동차 등 복개(뚜껑)가 없는 차량에 의하여 호송할 때에는 호송관은 적재함 가장자리에 위치하며, 피호송자의 도주 기타의 사고를 방지하여야 한다.

㉢ 호송관은 피호송자가 2인 이상일 때에는 피호송자마다 포박한 후 호송수단에 따라 2인내지 5인을 1조로 하여 상호 연결시켜 포승하여야 한다.

㉤ 피호송자를 특정 장소에 호송하여 필요한 용무를 마치고 다시 발송관서 또는 호송관서로 호송하는 것을 왕복호송이라 한다.

※ **호송의 종류**〈피의자 유치 및 호송 규칙 제46조〉

호송내용	이감호송	피호송자의 수용장소를 다른 곳으로 이동하거나 특정 관서에 인계하기 위한 호송
	왕복호송	피호송자를 특정 장소에 호송하여 필요한 용무를 마치고 다시 발송관서 또는 호송관서로 호송
	집단호송	한번에 다수의 피호송자를 호송
	비상호송	전시 · 사변 또는 이에 준하는 국가비상사태나 천재 · 지변에 있어서 피호송자를 다른 곳에 수용하기 위한 호송
호송수단	도보, 차량, 열차, 선박, 항공기 호송	

8

핵심풀이 ▶

㉠ 범죄피해 구조금을 지급 제한 사유였던 피해자의 생계유지 곤란, 가해자의 불명, 무자력의 사유 등의 요건은 개정 범죄피해자보호법에는 삭제되었다.

㉤ 구조금 지급에 관한 사항을 심의 · 결정하기 위하여 각 지방검찰청에 범죄피해구조심의회(지구심의회)를 두고 법무부에 범죄피해구조본부심의회를 둔다.

※ **범죄피해자 구조제도** … 타인의 범죄행위로 인하여 생명 · 신체에 피해(재산상의 손해×)를 받은 사람에게 국가가 일정 한도의 구조금을 지급하는 제도이다(범죄피해자보호법).
지구심의회는 설치된 지방검찰청 관할 구역(지청이 있는 경우에는 지청의 관할 구역을 포함한다)의 구조금 지급에 관한 사항을 심의 · 결정한다.

9 핵심풀이 ▶

㉠ 목소리를 가성으로 위장한 경우도 성문감정이 가능하다.

㉡ 자연스러운 대화를 여러번 녹음하는 방법이 좋다.

㉣ 동의하에 실시된 허언탐지기(거짓말탐지기) 검사결과는 공소사실 존부에 관한 정황증거가 된다.

㉤ 거짓말탐지기 검사법은 혈압·맥박의 변화, 전류에 대한 피부저항도의 변화, 호흡운동의 변화 등을 이용하여 진술의 진위발견에 응용하는 방법이다.

※ 성문감정

감정의뢰시 유의사항	• 복사본은 의뢰기관이 보관하고 반드시 원본을 감정 의뢰한다. • 녹음테이프를 복사할 때는 복사방지탭을 먼저 제거한 후 복사하고 가능하면 고속복사는 피하는 것이 좋다. • 녹음된 테이프를 감정 의뢰할 때에는 녹음에 사용한 녹음기, 녹음방지 등 녹음에 사용된 기기 및 방법을 명시하고, 녹음 내용을 기록한 녹취서를 작성하여 동봉한다. • 소음이나 주변음이 녹음되어 있고 확인된 정보가 있으면 이것들에 대한 정보도 제공한다.
감정의뢰 사항	• 두 가지 음성이 동일한 사람의 음성인지 여부 • 여러 음성 중 주인공의 음성과 동일한 사람의 음성이 있는지의 여부 • 여러 음성이 몇 사람의 음성인지 여부 • 음성의 주인공에 대한 성별, 연령, 언어영향권 등에 관한 추정 • 녹음테이프의 인위적 편집 여부 • 기타 기계음 및 주변음의 분석, 녹취서 내용확인, 음질개선 등 (* 음성이 누구의 음성인지 여부×)

10 핵심풀이 ▶

㉠ 보복범죄는 특정범죄 가중처벌 등에 관한 법률로 처벌된다.

㉤ 학교폭력예방 및 대책에 관한 법률 제21조(비밀누설금지 등) 제1항 : 이 법에 따라 학교폭력의 예방 및 대책과 관련된 업무를 수행하거나 수행하였던 자는 그 직무로 인하여 알게 된 비밀 또는 가해학생·피해학생 및 신고자·고발자와 관련된 자료를 누설하여서는 아니 된다.

오답풀이 ▶

㉡ 정보통신망 이용촉진 및 정보보호에 관한 법률에서 사이버 스토킹을 처벌하고 있으며, 성폭력범죄의처벌및피해자보호등에관한법률에서 통신매체이용음란행위를 처벌하고 있다.

㉢ 학교폭력사건에 대한 특칙을 규정하고 있지 않다. 소년사건, 성폭력사건, 가정폭력사건, 외국인 등 관련범죄, 다중범죄에 대한 특칙을 규정하고 있다.

㉣ 성매매는 해당되지 않는다.

㉥ 소외 '왕따'인 집단따돌림도 학교폭력에 해당된다.

11 핵심풀이 ❯

을종제상문 : 우수의 지문을 찍었을 때 삼각도가 좌측에 형성된다.

※ 지문의 종류

궁상문	활(弓)모양의 지문		
제상문	말(馬)발굽모양의 제상선으로 형성되고 융선이 흐르는 반대측에 섬모양의 삼각도가 1개 있는 지문		
	종류	갑종제상문	• 좌수의 지문을 찍었을 때 삼각도가 좌측에 형성 • 우수의 지문을 찍었을 때 삼각도가 우측에 형성
		을종제상문	• 좌수의 지문을 찍었을 때 삼각도가 우측에 형성 • 우수의 지문을 찍었을 때 삼각도가 좌측에 형성
와상문	와상선, 환상선, 이중제상선, 제상선 기타 융선이 독립 또는 혼합하여 형성(상부곡선과 반곡선)되고 2개 이상의 삼각도가 있는 지문		
변태문	궁상문, 제상문, 와상문에 속하지 않는 지문		

12 핵심풀이 ❯

ⓛ 청산가리(사이안산) 음독사인 경우 시체주변에 썩은 복숭아 냄새가 난다.

ⓒ 청산가리(사이안산)중독, 일산화탄소(CO) 중독인 경우 시체얼룩이 선홍색(빨간색)을 띤다. 그러나 손톱은 청산가리(사이안산)중독인 경우 청자색, 일산화탄소(CO) 중독인 경우 선홍색을 띤다.

ⓔ 액화석유가스(프로판가스, LP가스) 중독사인 경우 질식사의 일반적인 소견을 보일 뿐 특이적인 증상은 없다.

ⓑ 액상(액체상태)에서 프로판가스(액화석유가스:LPG) 접촉시 화상 또는 동상의 위험이 있고, 질식성 장애를 일으키게 된다.

ⓢ 메칠알코올을 마시면 처음에는 시력장애 및 실명(失明)하게 되고 혈중농도가 짙어지면 사망하게 된다.

오답풀이 ❯

ⓞ 무기산(황산, 염산, 질산 등)은 강한 부식성을 가지고 있어 마시면 거의 즉시 입안, 식도 및 위의 점막이 부식되어(응괴현상) 격심한 통증이 일어나며 오심 및 구토가 따른다. 수시간~24시간내 사망한다. 무기산은 자살 용도로 쓰이며 타살례는 거의 없다.

ⓜ 식도 및 위점막은 부식으로 백색의 가피(딱지)를 형성한다.

13 핵심풀이 ❯

④ 자신의 허위의 경력을 기재한 이력서는 위조불성립. 다만, 허무인·사망자 명의의 문서를 위조한 경우는 죄가 성립한다(대법원 2002도18).

오답풀이 ❯

①②③ – 별도의 위조성립

14 핵심풀이 ▶

③ 피해자의 신원과 사생활 비밀 누설 금지는 성폭력범죄의 처벌 등에 관한 특례법상의 내용이다.

※ **특정범죄신고자 등 보호법 제13조의2**(신변안전조치의 종류)

    ㉠ 일정 기간 동안의 특정시설에서의 보호

    ㉡ 일정 기간 동안의 신변경호

    ㉢ 참고인 또는 증인으로 출석·귀가 시 동행

    ㉣ 대상자의 주거에 대한 주기적 순찰이나 폐쇄회로 텔레비전의 설치 등 주거에 대한 보호

    ㉤ 그 밖에 신변안전에 필요하다고 인정되어 대통령령으로 정하는 조치

15 핵심풀이 ▶

① 위치추적 전자장치 부착대상 특정범죄란 성폭력범죄, 미성년자 대상 유괴범죄, 살인범죄 및 강도범죄를 말한다.

※ **특정 범죄자에 대한 보호관찰 및 전자장치 부착 등에 관한 법률**(전자장치부착법)

    ㉠ **대상 특정범죄**(제2조) : 성폭력범죄, 미성년자 대상 유괴범죄, 살인범죄 및 강도범죄

    ㉡ **적용 범위**(제4조) : 만 19세 미만의 자에 대하여 부착명령을 선고한 때에는 19세에 이르기까지 이 법에 따른 전자장치를 부착할 수 없다.

    ㉢ **전자장치 부착명령의 청구**(제5조)

      • 검사는 부착명령을 법원에 청구할 수 있다.

      • 부착명령의 청구는 공소가 제기된 특정범죄사건의 항소심 변론종결 시까지 하여야 한다.

    ㉣ **부착명령의 판결**(제9조)

      • 법원은 부착명령 청구가 이유 있다고 인정하는 때에는 법이 정한 기간의 범위(1년~30년) 내에서 부착기간을 정하여 판결로 부착명령을 선고하여야 한다. 다만, 19세 미만의 사람에 대하여 특정범죄를 저지른 경우에는 부착기간 하한을 2배로 한다.

      • 부착명령을 선고받은 사람은 부착기간 동안 보호관찰을 받는다.

      • 부착명령 청구사건의 판결은 특정범죄사건의 판결과 동시에 선고하여야 한다.

      • 부착명령의 선고는 특정범죄사건의 양형에 유리하게 참작되어서는 아니된다.

    ㉤ **부착명령의 집행**(제13조)

      • 부착명령은 특정범죄사건에 대한 형의 집행이 종료되거나 면제·가석방되는 날 또는 치료감호의 집행이 종료·가종료되는 날 석방 직전에 피부착명령자의 신체에 전자장치를 부착함으로써 집행한다.

      • 피부착자가 전자장치를 그의 신체로부터 분리하거나 손상하는 등 그 효용을 해한 기간은 그 전자장치 부착기간에 산입하지 아니한다.

    ㉥ **보호관찰명령의 청구**(제21조의2) : 검사는 성폭력범죄를 다시 범할 위험성이 있다고 인정되는 사람 등에 대하여 형의 집행이 종료한 때부터 보호관찰명령을 법원에 청구할 수 있다.

16 핵심풀이 ▶

국회의원선거의 선거일 : 임기만료일전 50일 이후 첫번째 수요일

※ 선거기간 및 선거일

선거기간	선거일
• 대통령(후보자등록마감일의 다음날로부터 선거일까지) : 23일 • 국회의원선거와 지방자치단체의 의회의원 및 장(후보자등록마감일 후 6일부터 선거일까지) : 14일	• 대통령선거 : 임기만료일전 70일 이후 첫번째 수요일 • 국회의원선거 : 임기만료일전 50일 이후 첫번째 수요일 • 지방자치단체의 의회의원 및 장의 선거 : 임기만료일전 30일 이후 첫번째 수요일

17 핵심풀이 ▶

폐기물관리법이 적용되지 않는 경우〈폐기물관리법 제3조〉

㉠ 「원자력안전법」에 따른 방사성 물질과 이로 인하여 오염된 물질

㉡ 용기에 들어있지 아니한 기체상태의 물질

㉢ 「수질 및 수생태계 보전에 관한 법률」에 따른 수질 오염 방지시설에 유입되거나 공공 수역(水域)으로 배출되는 폐수

  * 산업폐기물로 하천의 둔치(공공수역)를 조성한 경우에는 수질 및 수생태계보전에 관한 법률 적용

㉣ 「가축분뇨의 관리 및 이용에 관한 법률」에 따른 가축분뇨

㉤ 「하수도법」에 따른 하수·분뇨

㉥ 「가축전염병예방법」이 적용되는 가축의 사체, 오염 물건, 수입금지물건 및 검역불합격품

㉦ 「수산생물질병 관리법」이 적용되는 수산동물의 사체, 오염된 시설 또는 물건, 수입금지물건 및 검역 불합격품

㉧ 「군수관리법」에 따라 폐기되는 탄약

㉨ 「동물보호법」에 따른 동물장묘업의 등록을 한 자가 설치·운영하는 동물장묘시설에서 처리되는 동물의 사체

* 폐기물의 '해역배출' : 해양환경관리법 적용

[유제] 다음 중 폐기물관리법이 적용되지 않는 것은?

㉠ 지정폐기물을 배출하는 사업장
㉡ 폐기물을 1일 평균 300킬로그램 이상 배출하는 사업장
㉢ 「원자력안전법」에 의한 방사성 물질
㉣ 생활폐기물
㉤ 폐기물의 해역배출
㉥ 산업집적활성화 및 공장설립에 관한 법률에 규정한 공장으로서 배출시설을 설치·운영하는 사업장에서 발생되는 폐기물
㉦ 산업폐기물로 하천의 둔치를 조성한 경우

〈정답〉 ㉢㉤㉦

18 핵심풀이 ▶

ㄱ 검증(험증)적 수사의 원칙 : 여러 가지 추측 중에 관연 어떤 추측이 정당한 것인가를 가리기 위해서는 그들 추측 하나하나를 모든 각도에서 검토하여야 한다.

• 수사자료 완전수집의 원칙 : 관련된 수사자료를 완전히 누락없이 수집하여야 한다는 것이다.

※ 수사실행의 5원칙(범죄수사의 기본원칙)

    ㄱ 수사자료 완전수집의 원칙(제1단계) : 수사의 기본방법의 제1의 조건

    ㄴ 수사자료 감식 · 검토의 원칙(제2단계) : 과학적 지식 · 시설활용

    ㄷ 적정(적절) 추리의 원칙(제3단계) : 가상의 추측 · 판단 → 직감 · 상상 · 경험 · 실례 등

    ㄹ 검증(험증)적 수사의 원칙(제4단계) : 추리 하나하나 검토 → ① 수사사항의 결정 ② 수사방법의 검토 ③ 수사의 실행

    ㅁ 사실판단 증명의 원칙(제5단계) : ① 일정형식 ② 이유와 근거

19 핵심풀이 ▶

③ 해당 언론보도가 있음을 안 날부터 3개월 이내에 정정보도를 청구할 수 있다. 다만, 해당 언론보도 등이 있은 후 6개월이 지났을 때에는 청구할 수 없다.

※ 언론중재 및 피해구제 등에 관한 법률 제14조 제1항(정정보도 청구의 요건) ⋯ 사실적 주장에 관한 언론보도 등이 진실하지 아니함으로 인하여 피해를 입은 자는 해당 언론보도 등이 있음을 안 날부터 3개월 이내에 언론사, 인터넷뉴스서비스사업자 및 인터넷 멀티미디어 방송사업자에게 그 언론보도 등의 내용에 관한 정정보도를 청구할 수 있다. 다만, 해당 언론보도 등이 있은 후 6개월이 지났을 때에는 그러하지 아니하다.

20 핵심풀이 ▶

④ 경찰공무원비리 신고사건의 경우 보상금 지급대상은 경찰내부에 신고한 경우로 한정한다. 언론제보, 고소 · 고발 등 형사처벌을 목적으로 수사기관에 접수하는 경우와 내부첩보 등으로 기히 조사진행중인 사건에 대한 신고는 보상금 지급에서 제외한다.

※ 범죄신고자등 보호 및 보상에 관한 규칙 제3조(범죄신고자 등에 대한 신변안전조치)

    ㄱ 경찰공무원은 범죄신고자 등이 피의자 기타의 사람으로부터 생명 · 신체에 해를 받거나 받을 염려가 있다고 인정되는 때에는 직권 또는 범죄신고자 등의 신청에 의하여 범죄신고자 등의 신변안전에 필요한 조치를 취할 수 있다.

    ㄴ ㄱ의 규정에 의한 신변안전조치의 종류는 다음 각 호의 1과 같다.

    • 일정기간동안의 특정시설에서의 보호

    • 일정기간동안의 신변경호

    • 참고인 또는 증인으로 출석 · 귀가시 동행

    • 범죄신고자 등의 주거에 대한 주기적 순찰

    • 기타 신변안전에 필요하다고 인정되는 조치

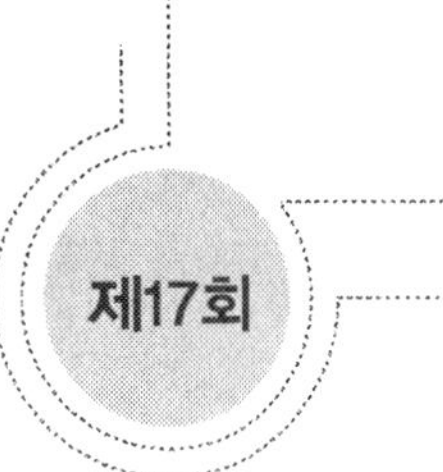

정답 및 해설

1 ②	2 ②	3 ③	4 ②	5 ④	6 ③	7 ④	8 ①	9 ③	10 ④
11 ③	12 ③	13 ③	14 ④	15 ①	16 ①	17 ②	18 ③	19 ③	20 ④

1 핵심풀이 ▶

헌법상원칙 … 자기부죄강요금지의 원칙, 강제수사 법정주의, 영장주의

② 필요최소한도의 법리는 수사의 지도 원리이다.

※ 수사의 지도 원리
- ㉠ 실체적 진실주의
- ㉡ 무죄추정의 법리
- ㉢ 필요최소한도의 법리
- ㉣ 적정절차의 법리

2 핵심풀이 ▶

'범죄는 인간의 행동이다'라는 말은 인간의 '생물학적 · 심리학적 징표'에 관한 흔적을 말하며, 개인의 특징에 관한 수사선에 해당한다. – ㉡ 인상 ㉣ 언어 ㉺ 습관

※ 수사선의 종류

개인의 특징에 관한 수사선 → 범죄는 인간의 행동이다.	• 인상 · 지문 · 혈액형 · 성별 등 • 성격 · 습관(습벽) · 범행 후의 행동 · 가정환경 · 수법 등
사회관계에 관한 수사선 → 범죄는 인간의 사회적 행동이다.	• 주거 및 배회처, 성명 · 직업 · 비행경력 · 혼인관계 · 교우관계 • 행동방식 · 상거래절차 · 수법 • 사회적 배경 · 동기 · 소문 · 풍설 · 인심
자연과학에 관한 수사선 → 범죄는 물건 기타의 자연현상을 수반한다.	• 물건의 특징 • 물건의 이동 • 현장관찰 • 문서 • 자연현상

3 핵심풀이 ▶

③ 피의자 B에 대하여는 체포영장을 발부받아 체포하는 것이 가능하고, 참고인 C에 대하여는 임의수사인 경우로 출석의 의무가 없으므로 출석에 불응한다는 이유로 강제조치가 불가능하다.

4 핵심풀이 ▶

ⓒ 보통심리일 때는 수사관이 '내가 범인이라면' 범인의 입장에서 추리가 가능하지만 이상심리일 경우 추리하기가 어렵다.

ⓔ 사회적 지문의 요소로는 범인의 성명, 가족, 주거, 경력, 직업 등이 있다.

오답풀이 ▶

ⓐ 범죄심리에는 정상인의 심리과정인 보통심리와 정신병자, 이상성격자의 심리인 이상심리가 있다.

ⓑ 범행 후 범인은 일반적으로 공포심으로 자살, 변명 준비, 도주 등 이상심리적 징표를 남긴다.
 * 주의할 것은 여기서 이상심리적 징표는 '이상심리'가 아니다. 범행 후 범인은 일반적으로 남기는 자살, 변명 준비, 도주 등의 징표는 정상인의 보통심리다.

ⓜ 범행 당시 표현되는 인간으로서의 심리적 태도를 범죄자의 인격이라 한다.

5 핵심풀이 ▶

ⓔ 변호인 이외의 자와의 접견시 접견의 장소는 유치장 이외의 지정된 장소이다.

ⓜ 비변호인이 접견할 경우에는 유치인보호주무자가 지정한 경찰관이 입회하되, 도주 및 증거인멸의 우려가 없다고 인정되는 때에는 경찰관이 입회하지 않을 수 있다. 다만, 당해사건의 변호인 또는 변호인이 되려는 자가 접견하는 경우에는 경찰관이 입회하여서는 아니된다.

ⓗ 평일에는 09:00∼21:00까지로 한다. 다만, 원거리에서 온 접견 희망자 등 특별한 경우에는 경찰서장의 허가를 받아 22:00까지 연장할 수 있다.

ⓢ 토요일 및 일요일과 공휴일은 09:00∼20:00까지로 한다.

오답풀이 ▶

ⓐ 피의자, 피고인의 변호인과의 접견교통권은 어떠한 명분으로도 제한할 수 없다(헌재 1992.1.28).

ⓑ 미결수용자와 변호인 또는 변호인 되려는 자와의 접견에는 교도관이 참여하거나 그 내용을 청취 또는 녹취하지 못하도록 금지되어 있다.

ⓒ 변호인 이외의 자와의 접견시간은 1회에 30분 이내로, 접견횟수는 1일 3회 이내로 하여 접수 순서에 따라 접견자의 수를 고려 균등하게 시간을 배분하여야 한다. 다만, 변호인과의 접견은 제한이 없다.

6 핵심풀이 ▶

③ 사기죄의 공소시효 10년이 경과한 사건으로, 실무상 범죄수사규칙 제42조에 의하여 고소인 조사 없이 반려 조치한다.

7 핵심풀이 〉

④ 농업협동조합의 상근임원인 D가 후보자의 배우자인 경우에는 그러하지 아니하다. 곧 선거운동을 할 수 있다.

※ **공직선거법 제60조**(선거운동을 할 수 없는 자) ⋯ 다음의 어느 하나에 해당하는 사람은 선거운동을 할 수 없다. 다만, ㉠에 해당하는 사람이 예비후보자·후보자의 배우자인 경우와 ㉣~㉧의 규정에 해당하는 사람이 예비후보자·후보자의 배우자이거나 후보자의 직계존비속인 경우에는 그러하지 아니하다.

㉠ 대한민국 국민이 아닌 자. 다만, 제15조 제2항 제3호에 따른 외국인이 해당 선거에서 선거운동을 하는 경우에는 그러하지 아니하다.

㉡ 미성년자(19세 미만의 자)

㉢ 선거권이 없는 자

㉣ 국가공무원과 지방공무원(다만, 정당의 당원이 될 수 있는 공무원은 제외)

㉤ 각급선거관리위원회위원 또는 교육위원회의 교육위원, 농업협동조합·수산업협동조합·산림조합·엽연초생산협동조합의 상근 임원 등

㉥ 향토예비군 중대장급 이상의 간부

㉦ 통·리·반의 장 및 읍·면·동주민자치센터에 설치된 주민자치위원회 위원

㉧ 국가 또는 지방자치단체의 출연 또는 보조를 받는 단체(바르게살기운동협의회·새마을운동협의회·한국자유총연맹을 말한다)의 상근 임·직원 및 이들 단체 등의 대표자

㉨ 선상투표신고를 한 선원이 승선하고 있는 선박의 선장

8 핵심풀이 〉

㉣ 체포시부터 48시간 내에 검사가 법원에 구속영장청구한다. 따라서 2015.8.6 10:00 이전에 법원에 영장이 청구되어야 하고, 일단 법원에 영장이 청구되면 영장의 발부 및 기각 여부 확정시까지 피의자를 석방하지 않는다.

오답풀이 〉

㉠ 12시간 내에 긴급체포승인건의(당해 수사관서가 위치하는 특별시, 광역시, 도 이외의 지역에서 긴급체포한 경우에는 24시간 내)한다. 따라서 24시간 내인 2015.8.5 10:00 이전에 긴급체포승인건의를 한다.

㉡ 24시간 내에 서면으로 체포통지한다. 따라서 24시간 내인 2015.8.5 10:00 이전에 피의자의 가족에게 체포통지를 한다.

㉢ 36시간 내에 검사에게 구속영장신청한다. 따라서 36시간 내인 2015.8.5 22:00 이전에 검사에게 구속영장을 신청한다.

㉤ 영장이 기각되었을 경우는 48시간 이전이라도 피의자를 즉시 석방하여야 한다.

9 핵심풀이 〉

③은 컴퓨터 등 사용사기죄가 성립한다(대판 2003.1.10).

10 **핵심풀이 ❯**

ⓛ 수사기관 종사자는 신고자의 보좌인이 될 수 없다.

ⓒ 재산에 대한 피해도 해당한다.

ⓔ 범죄신고 등을 함으로써 그와 관련된 자신의 범죄가 발견된 경우 그 범죄 신고자 등에 대해서는 형을 감면할 수 있다.

ⓢ 제9조(신원관리카드의 열람) 제1항 : 법원은 다른 사건의 재판상 필요한 경우에는 검사에게 신원관리카드의 열람을 요청할 수 있다. 이 경우 요청을 받은 검사는 범죄신고자 등이나 그 친족등이 보복을 당할 우려가 있는 경우 외에는 그 열람을 허용하여야 한다.

오답풀이 ❯

ⓣ 검사 또는 사법경찰관은 범죄신고자 등이나 그 친족 등이 보복을 당할 우려가 있는 경우에는 그 취지를 조서 등에 기재하고, 범죄신고자 등의 성명 · 연령 · 주소 · 직업 등 신원을 알 수 있는 사항을 기재하지 아니한다.

ⓜ 제4조(국가의 책무) 제1항 : 국가는 범죄신고자등을 보호하고, 이들에 대한 보복범죄를 예방하기 위한 법적 · 제도적 장치를 마련하고, 필요한 재원을 조달하여야 한다.(강행법규)

ⓗ 친족도 보호대상이다. 특정범죄에 관한 신고 · 진정 · 고소 · 고발 등 수사단서의 제공, 진술 또는 증언 기타 자료제출행위 및 범인검거를 위한 제보 또는 검거활동을 한 사람 모두 보호대상이다.

11 **핵심풀이 ❯**

③ 범인이 범행현장에 있을 것을 요하지 않는다.

※ **범행중 또는 범행직후 범죄장소에서의 압수 · 수색 · 검증** (예 '도둑이 들었다' 112신고를 받고 현장에 출동시. 사람이 호프집에서 살해되었다는 신고를 받고 현장에 출동하여 호프집에 대해서 압수 수색을 하는 경우)

　ⓣ 긴급을 요할시 영장없이 압수 · 수색 · 검증을 할 수 있다.

　ⓛ 사후에 지체없이 압수 · 수색영상을 발부 받아야 한다.

　ⓒ 피의자의 체포 · 구속을 전제로 하지 않는다.

　ⓔ 피의자가 현장에 있을 것을 요하지 않는다.

12 **핵심풀이 ❯**

③ 3도 화상은 조직이 응고성 괴사에 빠지며 외견상 건조하고 회백색을 띠며 물집을 형성하지 않는다.

오답풀이 ❯

화상의 4단계

1도 화상	2도 화상	3도 화상	4도 화상
• 물집× • 홍반	• 물집○ • 홍반(붉은색 반점)	• 물집× • 조직괴사(회백색)	• 피부 · 조직 탄화 • 액체로 인한 화상×

13 핵심풀이 ❱

③ 내성 : 사용약물의 양이 증가하는 현상이 있다.

오답풀이 ❱

WHO의 마약류 정의 … ① 의존성, ② 금단현상, ③ 내성, ④ 사회에도 해를 줌

14 핵심풀이 ❱

④ 농업협동조합의 상근임원

※ 후보자가 되려는 사람으로서 선거일 전 90일까지 그 직을 그만두어야 하는 사람〈공직선거법 제53조〉

　　㉠ 국가공무원과 지방공무원. 다만, 정무직공무원은 제외

　　㉡ 각급선거관리위원회위원 또는 교육위원회의 교육위원

　　㉢ 다른 법령의 규정에 의하여 공무원의 신분을 가진 자

　　㉣ 정부투자기관(한국은행을 포함한다)의 상근 임원

　　㉤ 농업협동조합·수산업협동조합·산림조합·엽연초생산협동조합의 상근 임원과 이들 조합의 중앙회장

　　㉥ 지방공사와 지방공단의 상근 임원

　　㉦ 「정당법」에 의하여 정당의 당원이 될 수 없는 사립학교교원

　　㉧ 대통령령으로 정하는 언론인

　　㉨ 특별법에 의하여 설립된 국민운동단체로서 국가 또는 지방자치단체의 출연 또는 보조를 받는 단체(바르게살기운동협의회·새마을운동협의회·한국자유총연맹을 말하며, 시·도조직 및 구·시·군조직을 포함한다)의 대표자

15 핵심풀이 ❱

㉣ 학교폭력 특별관리대상 지정×

※ 경찰청 실시 학교폭력 대응방안 … 학교담당경찰관 지정, 학교폭력근절대책협의회 설치 운영, 학교 주변 안전구역 설정, 학교폭력 신고센터 설치, 사이버경찰청에서 학교폭력 신고접수, 학교폭력 위험지역 지정 등

16 핵심풀이 ❱

① 개인정보보호법

※ 개인정보보호법 제70조(벌칙) … 공공기관의 개인정보 처리업무를 방해할 목적으로 공공기관에서 처리하고 있는 개인정보를 변경하거나 말소하여 공공기관의 업무 수행의 중단·마비 등 심각한 지장을 초래한 자는 10년 이하의 징역 또는 1억원 이하의 벌금에 처한다.

17 핵심풀이 ▶

㉠ 위폐사건은 공개수사가 원칙이다.
㉡ FAX로 송부하면 지문이 상실되기 쉽다.
㉢ 다리미로 열처리를 한다.

18 핵심풀이 ▶

③ 농산물 원산지허위표시 판매행위 : 농수산물의 원산지표시에 관한 법률
※ 농산물 유통 관련 범죄 규제법률
    ㉠ 농산물 매점매석 행위 : 물가안정에 관한 법률
    ㉡ 농산물(수산물, 축산물) 원산지 허위표시 판매행위 : 농수산물의 원산지 표시에 관한 법률(과실범 처벌규정 없음)
    ㉢ 유전자변형농산물(콩, 옥수수, 콩나물, 감자) 허위표시 판매행위 : 농수산물 품질관리법
    ㉣ 무허가 농산물 중개행위 : 농수산물 유통 및 가격안정에 관한 법률
    ㉤ 담합으로 인한 비정상적 가격조절행위 : 독점규제 및 공정거래에 관한 법률

19 핵심풀이 ▶

③ 가축분뇨를 공공수역에 버리는 경우에는 수질 및 수생태계보전에 관한 법률을 적용하고, 길거리에다 버리는 경우, 무허가축산폐수의 처리는 가축분뇨의 관리 및 이용에 관한 법률을 적용한다.

오답풀이 ▶

① 방사성물질에 의한 토양오염 및 방지에 관해서는 토양환경보전법의 적용대상이 아니다.
② 선박으로부터 해양에 폐기물을 배출하는 경우, 바다에서 선박충돌로 인하여 기름이 유출되는 경우 처벌 법규는 해양환경관리법이다.
④ 자연소음ㆍ진동, 선박소음은 소음ㆍ진동관리법의 규제대상이 아니다.
    ※ 소음ㆍ진동관리법이 규제대상 … 공장 및 건설 소음ㆍ진동, 교통 및 생활 소음ㆍ진동, 항공기 소음

20 핵심풀이 ▶

㉠ 등록된 상표만 상표법에 의하여 보호를 받는다. 상호는 상법, 부정경쟁방지법에 의하여 보호를 받는다.
㉡ 상표권은 출원순위에 따라 인정되는 것이 원칙이며, 각 상품마다 등록하여야 한다.
㉢ 상표권의 효력은 속지주의 원칙에 따라 국내에만 효력 인정된다.
㉣ 국내에서 외국 브랜드를 사용할 수 없고 이를 사용하면 상표법위반의 책임을 진다.
㉥ 상표만 등록하고 정당한 사유없이 3년이상 국내에서 사용하지 않은 경우에는 취소심판의 대상이 되나, 취소되기 전까지는 보호된다.
㉦ 부정경쟁방지법(산업스파이에 대한 처벌)은 비친고죄이므로, 고소가 취소되더라도 계속 수사하여야 한다.

정답 및 해설

| 1 ③ | 2 ① | 3 ④ | 4 ④ | 5 ④ | 6 ② | 7 ② | 8 ① | 9 ② | 10 ③ |
| 11 ③ | 12 ① | 13 ③ | 14 ③ | 15 ④ | 16 ② | 17 ③ | 18 ② | 19 ③ | 20 ② |

1 핵심풀이 〉

㉠ 형사소송법상 피의자의 진술거부권 보장은 자기부죄강요금지의 원칙의 형사소송법상 제도적 표현이다.

㉡ 실정법상 수사의 기본원칙인 임의수사의 원칙은 수사의 지도원리인 무죄추정의 법리 또는 필요최소한도의 법리의 제도적 표현이다.

2 핵심풀이 〉

유류품 수사의 착안점

㉠ **동일성** : 유류품과 범행과의 관계 – 물건의 존재경과, 특징·상황·진술 합치, 흉기와 상해부위 일치

㉡ **관련성** : 유류품과 범인과의 관계 – 동종의 물건 소유·휴대, 유류품에 존재하는 사용 버릇

㉢ **기회성** : 유류품과 범행현장과의 관계 – 범인이 현장에 갈 수 있었을 것, 유류의 기회가 있었을 것, 범인이 범행시각에 근접한 현장 및 부근에 있었을 것

㉣ **완전성** : 유류품과 범행시와의 관계 – 범행시와 같은 성질을 가지고 있었을 것

3 핵심풀이 〉

④ 진술녹화실은 포함되지 않는다. 유치장설계표준규칙(제10조~제20조)에는 유치실, 화장실, 접견실, 샤워실, 임시유치실, 상담치료실, 운동실, 신체검사실 등을 규정하고 있다.

4 핵심풀이 ▶

㉠ 범죄혐의자의 현장부(존)재증명으로, 정황증거는 물론 직접증거까지도 물어뜨릴 힘을 갖고 있다.

㉡ 수사기관은 알리바이를 파괴(알리바이가 위장된 것임을 입증)해야 한다.

㉢ 우발적 범죄인 경우는 알리바이가 공작될 가능성이 적다. 계획적 범죄인 경우는 알리바이의 위장이나 청탁이 필연적이다.

㉣ 교묘한 행위가 가해질수록, 여러 사람이 가담할수록 오히려 공작이 간파되기 쉽다.

㉤ 사람의 기억은 틀릴 수도 있다.

㉥ 알리바이 수사시 착안점으로 기억의 문제, 기회의 문제, 시간과 장소의 문제가 있다.

5 핵심풀이 ▶

㉠ 운전자의 운전상태를 파악할 수 없다.

㉡ 치흔은 해당되나, 지문은 해당되지 않는다.

  ※ **넓은 의미의 족흔적** … 족적(보행흔적 : 협의의 족흔적)＋타이어흔, 도구흔(공구흔), 치흔, 장갑흔, 자동차 등의 접촉시 생기는 찰과흔, 유리, 고무, 나무 기타 물건의 절단면에서 생기는 줄흔, 우마의 족흔 등(지문×, 인영×, 탄흔×, 필적×, 혈흔×)

㉢ 땀 · 기름 등에 의해 인상된 족흔적은 분말도포하여 현출시킨 후 젤라틴전사법을 사용한다.

㉣ 우선 사진촬영을 먼저 한다.

㉤ 수중에 있는 족흔적은 난로연통을 절단하여 건조분말을 투입하는 방법으로 채취할 수 있다.

  오답풀이 ▶

㉥ 치오시안산염법은 토사, 진흙 등의 철분이 함유되어 있는 물체에 의해 종이, 헝겊, 나무판 또는 장판 위에 희미하게 유류된 족흔적을 치오시안염용액을 분무하여 적갈색으로 현출하게 하는 방법(희미한 흙먼지흔검출법)으로, 치오시안산염과 반을 일으키는 철제용기를 사용하지 않고, 유리제(폴리에틸렌제)용기를 사용하는 것이 좋다.

6 핵심풀이 ▶

간이서식 사용대상 – ㉡㉤

※ **간이서식 사용대상**(단, 구속사건은 사용안함)

  ㉠ 교통(업무상과실치사상, 도로교통법위반사건)

  ㉡ 폭력(폭력행위등처벌에관한법률위반, 폭행, 폭행치상, 상해의 개연 · 미연사건)

  ㉢ 절도

  ㉣ 향군

  ㉤ 도박

7 **핵심풀이 ▶**

㉠ 호송관은 호송근무를 할 때에는 분사기를 휴대하여야 한다. 호송관서의 장은 특별한 사유가 있는 경우 호송관이 총기를 휴대하도록 할 수 있다.

㉡ 피호송자를 포박한 수갑 또는 포승은 질병의 치료, 용변 및 식사할 때에 한쪽 수갑만을 필요한 시간동안 풀어주는 것을 제외하고는 호송이 끝날 때까지 변경하거나 풀어 주어서는 아니 된다.

㉣ 피호송자는 흡연행위를 하게 하여서는 아니 된다.

오답풀이 ▶

㉢ 옳은 내용이다.

㉤ 금전, 유가증권은 호송관서에서 인수관서에 직접 송부한다. 다만 소액의 금전, 유가증권 또는 당일로 호송을 마칠 수 있을 때에는 호송관에게 탁송할 수 있다. 물품은 호송관에게 탁송한다. 다만, 위험한 물품 또는 호송관이 휴대하기에 부적당한 발송관서에서 인수관서에 직접 송부할 수 있다.

㉥ 송치하는 금품을 호송관에게 탁송할 때에는 호송관서에 보관책임이 있고, 그렇지 아니한 때에는 송부한 관서에 그 책임이 있다.

8 **핵심풀이 ▶**

㉥ 배상명령은 가정폭력범죄의 처벌 등에 관한 특례법상 피해자가 가정보호사건이 계속된 제1심 법원에 신청하는 것이다.

※ 특정범죄신고자 등 보호법의 주요내용

  ㉠ 불이익처우의 금지(제5조)

  ㉡ 보좌인 지정(제6조)

  ㉢ 인적 사항의 기재생략(제7조)

  ㉣ 인적 사항의 공개금지(제8조)

  ㉤ 신원관리카드의 열람(제9조)

  ㉥ 영상물촬영(제10조)

  ㉦ 신변안전조치(제13조)

  ㉧ 구조금 지급(제14조)

  ㉨ 주요 변동상황 통지(제15조)

  ㉩ 범죄신고자 등에 대한 형의 감면(제16조)

 * 배상명령×, 사생활노출차단×

9 **핵심풀이 ▶**

㉠㉥ 형법범, 군형법범은 죄명 다음에 미수, 예비, 음모, 교사, 방조를 붙여 기재한다.

㉣ 도로교통법위반의 경우 죄명구분 표시를 하는 도로교통법위반(음주운전), 도로교통법위반(무면허운전), 도로교통법위반(음주측정거부) 등이 있고, 죄명구분 표시를 하지 않는 경우(예 차량손괴)도 있다.

ⓛ 미수를 붙이지 않는다. '식품위생법위반'으로 기재

ⓒ 미수를 붙이지 않는다. 폭력행위등처벌에관한법률위반(공동상해)

ⓜ 폭력행위등처벌에관한법률위반의 경우 (   )하고 죄명구분표시를 한다.

ⓢ 죄명란에 '폭행'을 기재하고 비고란에 가정폭력사건이라고 표시한다.

ⓞ 공직선거법위반의 경우 죄명구분 표시를 하지 않는다. '공직선거법위반'으로 기재

※ **죄명표시** … 대검예규(죄명표)에 따라 하며, 죄명은 띄어쓰기를 하지 않는다.

   ⓞ **법정형이 중한 것**(또는 공소시효 장기순)부터 가, 나, 다, 로 기재

   ⓛ **형법범**(군형법범) : 미수, 예비, 음모, 교사, 방조 표시

   ⓒ **특별법** : 교사 · 방조 표시. 미수, 예비(음모)인 경우 'ㅇㅇㅇ위반'으로 기재 예 도로교통법위반미수×

   ⓔ **대검예규별표상 (   )하고 죄명구분표시하는 특별법**

- 국가보안법
- 유해화학물질관리법
- 특정범죄 가중처벌 등에 관한 법률
- 성폭력범죄의 처벌 등에 관한 특례법
- 공연법
- 성매매알선 등 행위의 처벌에 관한법률
- 정보통신망이용촉진 및 정보보호 등 관한 법률
- 보건범죄단속에 관한 특별조치법
- 부정경쟁방지법
- 아동 · 청소년의 성보호에 관한 법률
- 수산업법
- 특정경제범죄 가중처벌 등에 관한 법률
- 폭력행위 등 처벌에 관한 법률
- 도로교통법
- 마약류 관리에 관한 법률 등

   ⓜ **대검예규별표상 죄명구분표시하지 않는 특별법** : 공직선거법, 영화 및 비디오물의 진흥에 관한 법률, 음악산업진흥에 관한 법률, 게임산업진흥에 관한 법률, 향군법, 식품위생법, 부정수표단속법, 군형법, 교통사고처리특례법, 통신비밀보호법 등

   ⓑ **폭력행위 등 처벌에 관한 법률위반** : 모두 죄명표시를 한다. 예 폭력행위등처벌에관한법률위반(상습폭력)

   ⓢ 도로교통법위반(음주운전), 도로교통법위반(무면허운전), 도로교통법위반(음주측정거부), 도로교통법위반(공동위험행위), 도로교통법위반(사고후미조치), 그외(교통사고로 차량손괴한 경우 등)는 도로교통법위반으로 표시

   ⓞ **군형법위반** 사건인 경우는 (   )하고 죄명구분표시하지 않고 군형법 죄명표에 의해 범죄별로 표시한다. 예 군형법위반(초병살해)×, 군형법위반×

   ⓩ 가정폭력사건 송치시 죄명란에 해당 죄명을 기재하고 비고란에 가정폭력사건이라고 표시한다. 예 가정폭력범죄의처벌등에관한특례법위반×

10 핵심풀이 ▶

③ 피부밑출혈은 1~2일 후에 암홍색·갈색, 5~6일 후에 황록색, 7~8일 후에 황색으로 바뀌었다가 약 2주 후 소멸한다.

오답풀이 ▶

구분	시체얼룩	피부밑출혈
발생부위	• 사후현상 • 하체의 하방부, 즉 사체의 저부위의 압박되지 않은 부분에 발생	• 활력반응(생존현상) • 일정하지 않음. 즉 신체의 고·저부위에 관계없이 둔기에 의한 타격을 받은 부분이라면 어디에서나 발생
지압시의 퇴색	사후 초기(5~10시간정도 이내)에는 지압을 하면 일시적으로 퇴색되나 약 10시간이 이상이 경과하면 지압을 가해도 퇴색되지 않는다.	지압을 해도 퇴색하지 않는다.
응혈(굳은피)의 유·무	혈액이 응고하지 않으므로 닦으면 닦여진다(흐르는피).	혈액이 응고되어 있어서 닦아지지 않는다(굳은피).
조직학적 검사 (혈구 등의 존재)	모세혈관이 파괴되지 않아서 혈구나 파괴물이 없다.	모세혈관이 파괴되어 혈구나 파괴물이 있다.

11 핵심풀이 ▶

특정강력범죄의 처벌 등에 관한 특례법 제8조의 2(피의자의 얼굴 등 공개)

㉠ 검사와 사법경찰관은 다음의 요건을 모두 갖춘 특정강력범죄사건의 피의자의 얼굴, 성명 및 나이 등 신상에 관한 정보를 공개할 수 있다.

• 범행수단이 잔인하고 중대한 피해가 발생한 특정강력범죄사건일 것(㉠)
• 피의자가 그 죄를 범하였다고 믿을 만한 충분한 증거가 있을 것(㉡)
• 국민의 알권리 보장, 피의자의 재범방지 및 범죄예방 등 오로지 공공의 이익을 위하여 필요할 것(㉢)
• 피의자가 청소년보호법 제2조 제1호의 청소년의 청소년에 해당하지 아니할 것

㉡ ㉠에 따라 공개를 할 때에는 피의자의 인권을 고려하여 신중하게 결정하고 이를 남용하여서는 아니 된다.

12 핵심풀이 ▶

① 질식사의 3대징후는 점출혈(일혈점), 암적색 유동성, 내장의 울혈이다.

오답풀이 ▶

② 시체얼룩이 뚜렷하다. 기타 징후로 현저한 시체얼룩, 안면의 울혈팽창, 기도내 포말형성, 혀의 돌출, 대·소변 누출, 정액의 누출 등이 나타난다.
③ 법의학에서는 외질식에 의한 사망만 질식사이다.
④ 무증상기 → 호흡곤란기 → 경련기 → 무호흡기 → 종말호흡기

13 핵심풀이 ▶

③ 외교부장관이 외교경로(상대국주재 한국대사관)를 통하여 상대국에 공조요청을 한다.

14 핵심풀이 ▶

㉠ 대마초의 종자, 뿌리 및 성숙한 대마초의 줄기와 그 제품은 「마약류 관리에 관한 법률」상 처벌대상이 아니다.

㉣ 대마소지 및 흡연사범 단속은 식별이 용이한 생육기간인 5월~7월에 집중 실시해야 한다.

㉥ 뇨를 채취할 경우 72시간 내에 30㎖이상 채취하고, 혈액을 채취할 경우 플라스틱 용액에 담아서는 안되고 초자용기를 사용하여야 한다.

15 핵심풀이 ▶

④ 공정수사위원회는 교체결정만 하고, 교체될 수사관은 해당 부서의 장이 결정한다.

※ 수사관교체요청제도

 ㉠ 대상사건 : 경찰관서에 직접 접수되어 수사 중인 고소, 고발, 진정, 탄원사건 및 교통사고 처리사건 – 뺑소니는 제외

 ㉡ 신청권자 : 대상사건의 고소, 고발인 등과 그 상대방 및 이들의 변호인, 법정대리인

 ㉢ 접수 : 청문감사실

 ㉣ 처리

  • 해당부서장이 자체적으로 결정함

  • 해당부서에서 교체결정을 한 때 : 청문감사관실에 이를 통보하고, 청문감사관실에서는 민원인에게 그 결과를 서면으로 통지한다.

  • 해당부서에서 교체결정을 하지 않은 경우 : 청문감사관실에서 공정수사위원회를 개최하여 교체여부를 결정하고 민원인에게 그 결과를 서면으로 통지한다.

  • 공정수사위원회는 청문감사관을 위원장으로 한다.

16 핵심풀이 ▶

㉥ 컴퓨터에 저장된 정보는 재물이 될 수 없다. 따라서 절도죄를 구성하지 않는다.

㉦ 정보통신망을 이용한 음란정보 유통을 규제하는 법령

 • 영화 및 비디오물의 진흥에 관한 법률, 음악산업 진흥에 관한 법률, 게임산업 진흥에 관한 법률(음란매체 제작 · 복제 · 판매행위처벌)

 • 정보통신망 이용촉진 및 정보보호 등에 관한 법률

 • 성폭력범죄의 처벌 등에 관한 특례법(통신매체이용음란, 카메라 등 이용촬영)

17 핵심풀이 ▶

③ 특허권, 실용신안권, 디자인권의 침해는 고소가 있어야 공소제기 할 수 있는 친고죄이나, 상 표권은 비친고죄이므로 고소 없이도 수사·소추할 수 있다.

18 핵심풀이 ▶

② 유전자변형 농수산물의 표시를 거짓으로 하는 행위는 농산물품질관리법위반이다.

오답풀이 ▶

① 수사상 필요할 경우 영업소, 창고, 저장소 등에서 식품위생감시원(경찰관×)으로 하여금 식품 을 수거하게 하여 식품의약품안전청에 검사를 의뢰하도록 조치한다.

③ 불공정거래행위의 죄는 공정거래위원회의 고발이 있어야 공소를 제기할 수 있다.

④ **판매형태** : 방문판매, 전화권유판매, 다단계판매, 계속거래 및 사업권유거래(* 가두판매×)

19 핵심풀이 ▶

여신전문금융업법의 적용대상 … 신용카드, 직불카드, 선불카드 (현금인출카드×)

20 핵심풀이 ▶

② 성폭력범죄로 징역형(*벌금형×)의 실형을 선고받은 사람이 그 집행을 종료한 후 또는 집행이 면제된 후 10년 이내에 성폭력범죄를 저지른 때

※ **특정 범죄자에 대한 보호관찰 및 전자장치 부착 등에 관한 법률 제5조**(전자장치 부착명령의 청구) 검사는 다음 각 호의 어느 하나에 해당하고, 성폭력범죄를 다시 범할 위험성이 있다고 인정되 는 사람에 대하여 전자장치 부착명령을 법원에 청구할 수 있다.

- 성폭력범죄로 징역형의 실형을 선고받은 사람이 그 집행을 종료한 후 또는 집행이 면제된 후 10년 이내에 성폭력범죄를 저지른 때
- 성폭력범죄로 이 법에 따른 전자장치를 부착받은 전력이 있는 사람이 다시 성폭력범죄를 저 지른 때
- 성폭력범죄를 2회 이상 범하여(유죄의 확정판결을 받은 경우를 포함한다) 그 습벽이 인정된 때
- 19세 미만의 사람에 대하여 성폭력범죄를 저지른 때
- 신체적 또는 정신적 장애가 있는 사람에 대하여 성폭력범죄를 저지른 때

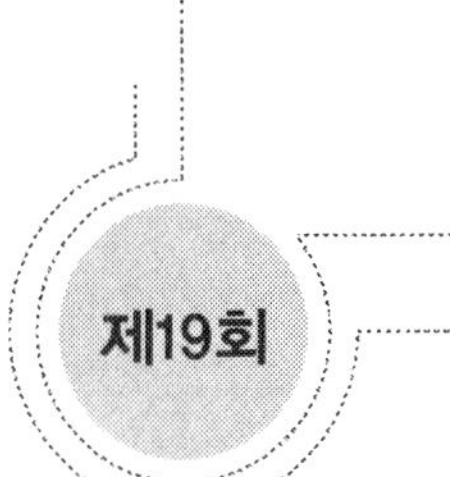

정답 및 해설

1 ④	2 ④	3 ④	4 ④	5 ②	6 ②	7 ②	8 ②	9 ④	10 ④
11 ②	12 ②	13 ②	14 ①	15 ②	16 ①	17 ④	18 ③	19 ①	20 ②

1 핵심풀이 ▶

사법경찰관의 구속기간은 10일이다. 사법경찰관은 피의자를 체포·구인한 날로부터 10일 이내에 수사를 종결하고 검찰로 송치하여야 한다. 그런데 법원이 수사관계서류와 증거물을 접수한 때(2.6)부터 구속 전 심사 후 영장이 발부되어 구속영장청구서류가 검찰청에 반환된 때(2.7)까지의 기간(2일)은 검사 및 사법경찰관의 구속기간에 산입하지 아니한다.

따라서 경찰에서의 구속기간(10일)은 체포시점(2015.2.2 23:30)부터 기산하는데, 초일은 산입(2015.2.2은 30분이 남았으나 1일로 계산)하고 2일(2.6~2.7)은 제외하므로 경찰의 구속만료일은 2015.2.13. 24:00이다.(2.11+2일 = 2.13)

※ 단, 사전영장인 경우는 구속전피의자심문을 위한 구인기간을 구속기간에 산입한다.

> ㉠ 2008.10.01 강도치상 피의자 C를 판사의 심문 이후 사전영장에 의해 구속한 박경위는 같은 해 10.11 송치하였다.(×)

> ㉡ 2008.10.01 강도치상 피의자 C를 판사의 심문 이후 사전영장에 의해 구속한 박경위는 같은 해 10.10 송치히였다.(○)

2 핵심풀이 ▶

㉡ 업무상저작물의 저작재산권은 공표한 때부터 70년간 존속한다.

㉣ 반도체집적회로의 배치설계권의 보호기간은 설정등록일로부터 10년간이며, 친고죄이다.

㉤ 비친고죄이다.

㉥ 특허품이라도 전혀 새로운 용도로 사용하는 것은 새로운 용도발명에 해당되며 기존의 특허권을 침해하는 행위로 볼 수 없다.

㉦ 저작권법은 문학·학술·예술, 컴퓨터프로그램(컴퓨터그래픽 및 소프트웨어)에 대한 창작물의 창작자를 보호하고, 반도체집적기술은 반도체집적회로의 배치설계에 관한 법률에 의해 보호된나.

3 핵심풀이 ▶

ⓛ 침입구에서 중심부로 향하여 관찰한다.

ⓒ 관찰기록은 관찰·조사의 시간적 순서에 따라 기록한다.

ⓔ 기점은 부동의 물체로, 2개 이상의 기점을 선정하도록 한다.

ⓜ 적극적으로 증적(證迹)을 인지하지 못한 경우에 소극적인 것도 기록한다. 예 '침입구로 생각되는 2층 베란다에는 흔적이 없다'

ⓑ '현장에 있는 칼은 30센티미터 정도 크기이다' 는 옳은 예문이 아니다. 실측을 해야 하고, 실측을 할 수 없을 때는 목측임을 명백히 해야 한다. 예컨대 '현장에 있는 칼은 30센티미터이다' '눈으로 보아서 30센티미터 정도 크기이다'

ⓢ 명칭을 알 수 없을 때에는 그 자리에서 참여인, 가족들에게 물어서 명확히 기록한다.

오답풀이 ▶

ⓙ 일반적인 현장 관찰의 순서는 현장위치 및 부근상황의 관찰→가옥 주변의 관찰→가옥 외부의 관찰→현장내부의 관찰이다.

※ 일반적 순서

　　ⓙ 전체로부터 부분으로

　　ⓛ 외부로부터 내부로

　　ⓒ 좌(우)에서 우(좌)로

　　ⓔ 위에서부터 아래로

　　ⓜ 동종에서 이종으로

　　ⓑ 상태에서 변태로

　　ⓢ 침입구에서 중심부로

　　ⓞ 약소부(적게 탄 곳)에서 강소부(많이 탄 곳)로

4 핵심풀이 ▶

내사의 대상과 분류〈경찰 내사 처리규칙 제3조〉

내사의 대상		내사는 범죄첩보 및 진정·탄원과 범죄에 관한 언론·출판물·인터넷 등의 정보, 신고 또는 풍문 중에서 출처·사회적 영향 등을 고려하여 그 진상을 확인할 가치가 있는 사안을 그 대상으로 한다.
내사의 분류	진정내사	진정·탄원·투서 등 서면으로 접수된 신고에 대한 내사
	신고내사	진정내사를 제외한 112신고·방문신고 등 서면이 아닌 방법으로 접수된 각종 신고에 대한 내사
	첩보내사	경찰관이 서면으로 작성한 범죄첩보에 대한 내사
	비신고내사	진정내사·신고내사·첩보내사를 제외한 범죄에 관한 정보·풍문 등 진상을 확인할 가치가 있는 사안에 대한 내사

5 핵심풀이 ▷

② 체포통지는 지체없이 서면으로 해야 한다(형사소송법). 실무에서는 체포시점부터 24시간내에 서면(체포통지서)으로 해야 한다. 긴급을 요하여 전화 또는 모사전송(FAX)으로 한 경우도 반드시 서면으로 다시 통지하여야 한다.

6 핵심풀이 ▷

ㄹ 도박 등 집합범은 "피의자들은 공모하여"라고 기재하지 않는다.

ㅁ 마지막에 "..한 것이다" 라고 끝 맺는다.

ㅂ "피의자들은 공모하여…"라고 기재한다.

※ 범죄사실 기재

원칙	6하원칙에 의하여 기재하고 가능하면 해당 법조문을 인용하여 범죄행위를 기재한다. '피의자는..'으로 시작하여 마지막에 '..한 것이다' 라고 끝 맺는다.
범죄주체	㉠ **피의자 1인** : '피의자'가 주어 ㉡ **공동정범·2인 이상** : '피의자 ○○○, 같은 ○○○'로 표현 • **고의범** : '피의자들은 공모하여 …'라고 기재 • **과실범** : '공동하여'라고 기재 • **합동범 등** : 합동범이거나 폭력행위 등 처벌에 관한 법률위반인 경우에는 법문상 '합동하여' 또는 '공동하여'라고 특히 규정되어 있는 경우에는 그 법문대로 기재 　예 특수절도의 경우 '피의자들은 합동하여…'라고 기재 • **도박, 집시법위반(집합범)** : 피의자들은 공모하여× '피의자들은~하여서 각 도박을 한 것이다'라고 기재 • **공범자 중 1인만을 기소의견으로 송치할 경우** : '피의자는 건 외 ○○○와 공모하여'라고 표현 ㉢ **교사범, 방조범** : 교사·방조의 구체적인 사실 이외에 정범의 범죄사실까지도 전부 구체적으로 기재 • 교사범이 경우는 교사범을 먼저 기재하고 나중에 정범을 기재 • 방조범의 경우는 정범을 먼저 기재하고 나중에 방조범을 기재 ㉣ **간접정범** : 정범의 처벌되지않는 행위·과실을 이용한 것이므로 그 취지를 기재 ㉤ **미수범** : 장애미수와 중지미수가 뚜렷이 구별되도록 기재
범죄객체	• **피해자의 성명을 기재, 괄호하여 성별·연령 기재** : 성명미상의 경우는 인상이나 체격, 추정연령 등으로 특정한다. • 미성년자의제강간죄와 같은 경우는 반드시 피해자의 연령표시를 하여야 한다. • **피해품가격** : 적당한 소매가격으로 표시. 알 수 없을시 피해당시의 신고가격으로 표시 *신고가격이 실제가격과 상당한 차이가 있다면 '피해자신고가격 ○○○'로 표시한다. • 피해품의 경우는 우선 소유자나 점유자를 표시하고 각 피해품목을 종류별로 특정하여 구체적으로 기재한다.
기타	• 구성요건 해당사실을 표현하는 상용어구를 사용한다. • 범행을 부인하는 경우 범행일시, 장소 등이 증거들에 의하여도 특정되지 않을 경우에는 추측하여 기재한다. × • 살인, 방화, 상해, 폭행, 협박 등 소위 "동기범죄"의 경우에는 범죄의 동기도 기재하는 것이 바람직하다.

7 **핵심풀이 ❭**

② 지방경찰청의 수사과장 또는 형사과장 및 경찰서의 수사(형사)과장은 피호송자의 호송업무에 관하여 호송주무관으로서 직접 지휘·감독하여야 하며 호송의 안전과 적정 여부를 확인하여야 한다.

오답풀이 ❭

① 호송관서의 장(경찰서장, 지방경찰청 형사·수사과장)은 피호송자의 호송업무에 관하여 전반적인 관리 및 지휘·감독을 하여야 한다.

③ 경찰서장은 호송주무관으로 하여금 호송 출발 직전에 호송경찰관에게 호송임무 수행에 필요한 전반적인 교양을 반드시 실시토록 하여야 한다.

④ 호송에 관하여 직접 지휘 감독하고 호송의 안전과 적정여부를 확인하는 것은 호송주무관의 임무이다.

※ **호송관의 임무**〈피의자 유치 및 호송 규칙 제63조〉

　㉠ 호송관서의 장 또는 호송주무관의 지휘·명령 수행

　㉡ 피호송자의 도주 및 증거인멸, 통모, 자상, 자살행위 등의 방지

　㉢ 피호송자의 건강과 신변 안전조치

8 **핵심풀이 ❭**

러미라 – ㉡㉢㉤

오답풀이 ❭

엑스터시(XTC) – ㉠

GHB – ㉣

펜플루라민 – ㉤

※ **러미라**(덱스트로메트로판)

　㉠ 진해거담제로서 의사의 처방전이 있으면 약국에서 구입 가능

　㉡ 강한 중추신경 억제성 진해작용이 있어 코데인 대용으로 널리 시판

　㉢ 청소년 사이에서 소주 등에 타서 마시는데, 이를 정글쥬스라고 함

　㉣ 도취감 혹은 환각작용을 맛보기 위해 사용량의 수십배에 해당하는 20~100정을 흔히 남용

9 **핵심풀이 ❭**

④ 병행각 내에 아무것도 없는 경우로서, 이때에는 병행각의 이등분되는 지점에 가상의 점을 찍고 내단과 연결하여 각 다음 첫 번째 용선의 접촉지점이 외단이다.

10 핵심풀이 ▶

④ 뒷면 오른쪽 액면숫자 '50000'에 특수잉크를 사용하여 기울기에 따라 색상이 자홍색(보라색)에서 녹색으로 변한다.

※ 5만원권 위조방지장치

㉠ **가로확대형 시리얼넘버**(기번호, 일련번호) : 문자와 숫자의 크기가 오른쪽으로 갈수록 점차 커진다.

㉡ **색변환 잉크** : 지폐를 약간 기울이면 '50000'이라는 숫자의 색상이 자홍색(보라색)에서 녹색으로 변한다.

㉢ **숨은 은선** : 빛에 비추어 보면 그 위에 문자와 숫자('한국은행 BANK OF KOREA 50000')가 보인다.

㉣ **볼록인쇄** : 신사임당 초상, 월매도, 문자와 숫자 등을 손으로 만져보면 오톨도톨한 감촉을 느낄 수 있다.

㉤ **띠형 홀로그램** : 보는 각도에 따라 태극, 우리나라 지도, 4괘의 3가지 무늬가 나타나며, 그 사이에 액면 숫자 50000이 보인다.

㉥ **요판잠상** : 특수 볼록인쇄 기법으로 숨어 있는 "5"라는 숫자가 확인된다.

㉦ **숨은 그림** : 빛에 비추면 숨겨있는 신사임당 초상이 보인다.

11 핵심풀이 ▷

② 피의사건명은 검증시에 추측되는 죄명으로 기재하여야 한다.

※ 검증조서

증거능력	검사 또는 사법경찰관이 검증의 결과를 기재한 조서는 적법한 절차와 방식에 따라 작성된 것으로서 공판준비 또는 공판기일에서의 작성자의 진술에 따라 그 성립의 진정함이 증명된 때에는 증거로 할 수 있다.
작성상 유의사항	• 사실 그대로 기재해야 한다. • 누구나 이해할 수 있도록 분명하고 조리있게 기재하여야 한다. • 주관적인 의견이나 추측을 기재해서는 안된다. • 작위를 가하지 말아야 한다. 검증조서 작성 당시에 촬영하지 못한 사진을 후일에 비공식으로 촬영하여, 당초에 검증한 내용에 첨부하든지 해서는 안된다. • 소극적 사항도 기재해야 한다. 범행에 직접 관계가 없다고 여겨지는 현장주변의 물건의 상태 등도 사실대로 기재하여, 후일에 있을지도 모를 피의자 등의 진술번복 등에 대비한다.
작성요령	• 피의자명은 검증시를 표준으로 한다. 검증시에는 피의자가 불명이었으나, 그 후 성명을 알게 된 경우에는 소급하여 기재하지 말고 '성명 불상자'라고 기재한다. • 피의사건명은 검증시에 추측되는 죄명을 기재하면 된다. 그러나 죄명은 생략해서는 안된다. 예컨대 '폭력행위등피의사건'으로 기재하지 않고 '폭력행위등처벌에관한법률위반 및 방화피의사건'이라고 명확하게 기재한다. • 그의 작성연월일, 조서작성자의 서명·날인. 검증의 일시, 검증의 장소, 검증의 목적, 검증의 참여인 등도 형식적 기재사항이다. | 형식적(기재)사항	실질적(기재)사항 | |---|---| | • 피의자 성명과 피의 사건명 • 작성연월일 • 조서작성시의 서명날인 • 검증의 일시 • 검증의 장소(대상) • 검증의 목적 • 검증의 참여인 | • 검증의 조건 • 현장의 위치 • 현장부근의 상황 • 현장의 모양 • 피해상황 • 증거자료 • 참고인의 지시설명 • 도면 및 사진 |

12 핵심풀이 〉

ⓛ 컴퓨터 조회시 지문가치 다음의 10개 번호 중 맨 끝의 번호가 주민등록증에 날인된 지문의 분류번호이다.

ⓒ 형사입건되어 주민등록증을 소지하고 경찰서에 출두한 강간피의자는 수사자료표를 작성하고 지문을 채취한다.

ⓔ 피채취자의 손을 쭉 펴서 힘을 **빼도록** 한 후 지문을 채취하되, 평면압날은 손가락을 회전 시키지 않고 4개의 손가락을 붙여서 채취한다.

오답풀이 〉

ⓞ 고량부분이 착색되는 지문은 역지문이다.

ⓜ 필적, 공구흔, 흉기흔, 충격흔은 동적 흔적이고, 인영, 윤적, 지문, 족적, 총기발사흔, 치흔은 정적 흔적이다.

13 핵심풀이 〉

② 검거관서의 관할구역 안에서 수배를 받은 범죄와 죄종 및 죄질이 동등한 다른 범죄를 범한 경우에는 검거관서에게 인수하여야 한다.

※ 지명수배자 인수·인계

지명수배자 인계순서	수배관서에서 지명수배자를 인수하지 않는 경우 (검거관서에서 인수하는 경우)
• 공소시효만료 3개월 이내이거나 공범에 대한 수사·재판이 진행중인 수배관서 • 법정형이 중한 죄명으로 지명수배한 수배관서 • 검거관서와 동일한 경찰관서의 관할구역에 있는 수배관서 • 검거관서와 거리 또는 교통상 가장 인접한 수배관서	• 검거관서의 관할구역 안에서 수배를 받은 범죄의 죄종 및 죄질이 동등 또는 그 이상의 다른 범죄를 범한 경우 • 검거관서에서 지명수배자와 관련된 범죄로 이미 정범이나 공동정범인 피의자의 일부를 검거하고 있는 때 • 지명수배자가 단일 사건으로 수배되고 불구속 수사대상자로서 검거관서로 출장하여 조사한 후 신속히 석방함이 타당한 경우

14 핵심풀이 〉

① 무소속후보자는 정당의 당원 경력 표시와 해당 선거구에 후보자를 추천하지 아니한 정당이 무소속후보자를 지지하거나 지원하는 경우 그 사실을 표방하는 행위는 할 수 있다.

※ 공직선거법 제84조(무소속후보자의 정당표방제한) … 무소속후보자는 특정 정당으로부터의 지지 또는 추천받음을 표방할 수 없다. 다만, 정당의 당원 경력을 표시하는 행위, 해당 선거구에 후보자를 추천하지 아니한 정당이 무소속후보자를 지지하거나 지원하는 경우 그 사실을 표방하는 행위는 할 수 있다.

15 **핵심풀이 〉**

② 공소시효는 당해 선거일 후 6개월(선거일 후에 행하여진 범죄는 그 행위가 있는 날부터 6월)을 경과함으로써 완성한다. 다만, 범인이 도피한 때나 범인이 공범 또는 범죄의 증명에 필요한 참고인을 도피시킨 때에는 3년이다.

오답풀이 〉

① 범죄수사를 위한 당원명부의 조사에는 법관이 발부하는 영장이 있어야 한다. 이 경우 조사에 관여한 관계 공무원은 당원명부에 관하여 지득한 사실을 누설하지 못한다〈정당법 제24조 제3항〉.

③ 공직선거법이 적용된다.

　※ **공직선거법의 적용범위**(제2조) … 대통령선거 · 국회의원선거 · 지방의회의원 및 지방자치단체의 장의 선거에만 적용된다.

④ 총 5회 이내 게재할 수 있다.

- 대통령선거 : 총 70회 이내
- 비례대표국회의원선거 : 총 20회 이내
- 시 · 도지사선거 : 총 5회 이내(다만, 인구 300만을 넘는 시 · 도에 있어서는 300만을 넘는 매 100만까지 1회를 더함)

16 **핵심풀이 〉**

① 현행 여신전문금융업법은 신용카드 위 · 변조행위 또는 위 · 변조된 신용카드 판매 · 사용행위에 대해서만 미수범처벌 규정을 두고 있다.

※ **신용카드 관련범죄**

　㉠ 절취한 신용카드를 이용하여 술값을 결제 : 절도, 사기, 여신전문금융업법위반

　㉡ 습득한 신용카드로 물건을 구입 : 점유이탈물횡령, 사기, 여신전문금융업법위반

　㉢ 사취(詐取)한 타인의 신용카드를 이용 물건을 구입 : 사기, 여신전문금융업법위반

　㉣ 습득한 신용카드로 물건을 구입코자 제시했으나 발각되어 미수에 그친 경우 : 점유이탈물횡령과 사기미수죄만 적용

　㉤ 남편의 승락없이 발급받은 남편명의의 크레디트 카드를 사용하여 물품을 구입하였을 경우

- 사기의 피해자는 남편이 아닌 물품의 소유자로 친족상도례는 적용의 여지가 없음. 사기죄 성립
- 타인명의로 신용카드 발급신청서를 작성 제출하여 신용카드를 발급받은 사안에 대해서는 사문서위조, 행사죄 성립

　㉥ **신용카드범죄의 기본법** : 여신전문금융업법

　㉦ **실무상 신용카드 대금 미변제사건** : 개개사건마다 다를 수 있으나 일반적으로 거래실적이 있는 경우 단순 민사사안이 많으므로 전형적인 신용카드범죄 유형이 아님

17 핵심풀이 〉

방음시설 ⋯ 소음·진동배출시설이 아닌 물체로부터 발생하는 소음을 없애거나 줄이는 시설로서 환경부령으로 정하는 것

※ 소음·진동관리법상 용어

    ㉠ 소음(騷音) : 기계·기구·시설, 그 밖의 물체의 사용 또는 공동주택 등 환경부령으로 정하는 장소에서 사람의 활동으로 인하여 발생하는 강한 소리

    ㉡ 진동(振動) : 기계·기구·시설, 그 밖의 물체의 사용으로 인하여 발생하는 강한 흔들림

    ㉢ 소음·진동배출시설 : 소음·진동을 발생시키는 공장의 기계·기구·시설, 그 밖의 물체로서 환경부령으로 정하는 것

    ㉣ 소음·진동방지시설 : 소음·진동배출시설로부터 배출되는 소음·진동을 없애거나 줄이는 시설로서 환경부령으로 정하는 것

    ㉤ 방음시설(防音施設) : 소음·진동배출시설이 아닌 물체로부터 발생하는 소음을 없애거나 줄이는 시설로서 환경부령으로 정하는 것

    ㉥ 방진시설 : 소음·진동배출시설이 아닌 물체로부터 발생하는 진동을 없애거나 줄이는 시설로서 환경부령으로 정하는 것

18 핵심풀이 〉

    ㉠ 초범자 : 이론적인 추궁을 하지 않는다.

    ㉡ 진술내용에 모순이 있다고 심증을 얻은 경우 : 힌트를 준다.

    ㉣ 전과자 : 경험이 많은 조사관을 선정한다.

    오답풀이 〉

    ㉢ 사건이 단순·경미하고 명백한 증거가 있고 여죄가 없는 피의자를 조사할 때는 급소를 찌르는 조사가 효과적이다.

19 핵심풀이 〉

「특정범죄 가중처벌 등에 관한 법률」상 특수직무유기이다.

※ 참고

    ㉠ 경찰관이 허위내용의 진술조서를 작성하는 경우 : 허위공문서작성

    ㉡ 경찰관이 절도범을 체포하려던 중 절도범으로부터 10만원을 받고 도주를 묵인한 경우 : 수뢰후부정처사죄와 직무유기죄

20 핵심풀이 〉

다중범죄수사의 중점 ⋯ 실행행위자＋주모자, 모의참여자 기타 배후에 있는 공범관계자를 정확히 탐색하는 것이다.

정답 및 해설

1 ③	2 ③	3 ④	4 ②	5 ④	6 ③	7 ③	8 ②	9 ②	10 ③
11 ②	12 ③	13 ④	14 ③	15 ②	16 ④	17 ①	18 ④	19 ②	20 ②

1 핵심풀이 ▶

㉠ 경찰서장은 변사체가 범죄에 기인하지 않은 사실이 명백히 인정될 때에는 지구대장·파출소장에게 행정검시를 명한다.

㉡ 지구대장·파출소장은 행정검시조서를 작성하여야 한다.

㉢ 검사의 지휘를 받지 않는다.

오답풀이 ▶

㉣ 사법경찰관리는 검시에 특별한 지장이 없다고 인정하면 변사자의 가족·친족·이웃사람·친구, 시·군·구·읍·면·동의 공무원이나 그 밖에 필요하다고 인정하는 자를 참여시켜야 한다.

㉤ 수사상 필요할 때에는 압수수색검증영장을 받아 검증을 하되 긴급을 요할 때에는 영장 없이 검증할 수 있으나 이 경우 사후에 지체없이 영장의 발부를 받아야 한다.

2 핵심풀이 ▶

③ 피의자가 증거를 인멸할 우려가 있을 때

※ 긴급체포의 요건

㉠ 범죄의 중대성(피의자가 사형·무기 또는 장기 3년 이상의 징역이나 금고에 해당하는 죄를 범하였다고 의심할 만한 상당한 이유가 있을 때)

㉡ 체포의 필요성(피의자가 증거를 인멸할 우려가 있거나 또는 도망하거나 도망할 우려가 있을 때)

㉢ 체포의 긴급성(긴급을 요하여 판사의 체포영장을 받을 수 없을 때)

3 핵심풀이 ▶

④ 관할을 불문하고 신고를 접수한다.

4 핵심풀이 ▶

② 현행범인은 누구든지 영장 없이 체포할 수 있다〈형소법 제212조〉.

오답풀이 ▶

① 검문검색에 불응하는 자는 현행범인 체포의 대상이 아니다.

③ 「경범죄처벌법」을 위반한 자는 주거불명일 때 한하여 현행범인 체포가 가능하다.

④ 현행범인으로 체포된 자를 석방할 경우 검사의 지휘를 요하지 않는다.

5 핵심풀이 ▶

④ 미군·군속의 배우자 및 21세 미만의 자녀 또는 부모 및 21세 이상의 자녀 또는 기타 친척으로서 그 생계비의 반액 이상을 미합중국군대의 구성원 또는 군속에게 의존하고 있는자

※ SOFA(한미 행정협정, 주한미군지위협정) 적용대상자

미합중국군대의 구성원	• 대한민국의 영역 안에 주둔하고 있는 미합중국의 육·해·공군에 속하는 현역군인 • 다만, 주한 미대사관에 근무하는 무관 및 군인은 외교관계에관한비엔나협약, 주한 미군사고문단은 외교특권이 부여되므로 SOFA의 적용을 받지 않음
군속	• 미합중국의 국적을 가진 민간인으로서 대한민국에 주둔하고 있는 미국군대에 고용되어 근무하거나 또는 동반하는 자 • 대한민국 및 미국의 이중국적자와 제3국의 국민이라도 미국정부에 고용되어 한국에 파견된 자는 본 협정에 의한 군속으로 간주
가족	• 합중국군대의 구성원 또는 군속의 가족 중 미군·군속의 배우자 및 21세 미만의 자녀, 부모 및 21세 이상의 자녀 또는 기타 친척으로서 그 생계비의 반액 이상을 미합중국군대의 구성원 또는 군속에게 의존하고 있는자
초청계약자	• 미합중국법에 의하여 설립된 법인 • 미합중국 내에 통상적으로 거주하는 그의 고용원 및 그의 가족 • 합중국군대 또는 동 군대로부터 군수지원을 받는 통합사령부 산하 주한외국군대를 위한 합중국과의 계약이행만을 위하여 대한민국에 체류하고 또한 미합중국 정부의 지정에 의한 수의계약을 맺고 한국에서 근무하는 자

6 핵심풀이 ▶

③ 출입국관리법 제4조의6 제4항

오답풀이 ▶

① 수사기관은 범죄 피의자로서 사형·무기 또는 장기 3년 이상의 징역이나 금고에 해당하는 죄를 범하였다고 의심할 만한 상당한 이유가 있고, 피의자가 증거를 인멸할 염려가 있거나 도망하거나 도망할 우려가 있어 긴급한 필요가 있는 때에는 출입국관리공무원에게 출국금지를 요청할 수 있다.

② 수사기관은 긴급출국금지를 요청한 때로부터 6시간 이내에 법무부장관에게 긴급출국금지 승인을 요청하여야 한다.

④ 외국인에 대하여는 출국정지를 요청한다. 외국인에 대하여 출국정지기간을 초과하여 계속 출국을 정지할 필요가 있을 때에는 출국정지기간이 끝나기 3일 전까지 법무부장관에게 출국정지기간을 연장하여 줄 것을 요청하여야 한다.

※ 출입국관리법

㉠ 제4조의2(출국금지기간의 연장)

- 법무부장관은 출국금지기간을 초과하여 계속 출국을 금지할 필요가 있다고 인정하는 경우에는 그 기간을 연장할 수 있다.
- 출국금지를 요청한 기관의 장은 출국금지기간을 초과하여 계속 출국을 금지할 필요가 있을 때에는 출국금지기간이 끝나기 3일 전까지 법무부장관에게 출국금지기간을 연장하여 줄 것을 요청하여야 한다.

㉡ 제4조의6(긴급출국금지)

- 수사기관은 범죄 피의자로서 사형·무기 또는 장기 3년 이상의 징역이나 금고에 해당하는 죄를 범하였다고 의심할 만한 상당한 이유가 있고, 다음 각 호의 어느 하나에 해당하는 사유가 있으며, 긴급한 필요가 있는 때에는 법무부장관이 아닌 출국심사를 하는 출입국관리공무원에게 출국금지를 요청할 수 있다.
  - 피의자가 증거를 인멸할 염려가 있는 때
  - 피의자가 도망하거나 도망할 우려가 있는 때
- 요청을 받은 출입국관리공무원은 출국심사를 할 때에 출국금지가 요청된 사람을 출국시켜서는 아니 된다.
- 수사기관은 긴급출국금지를 요청한 때로부터 6시간 이내에 법무부장관에게 긴급출국금지 승인을 요청하여야 한다. 이 경우 검사의 수사지휘서 및 범죄사실의 요지, 긴급출국금지의 사유 등을 기재한 긴급출국금지보고서를 첨부하여야 한다.
- 법무부장관은 수사기관이 긴급출국금지 승인 요청을 하지 아니한 때에는 수사기관 요청에 따른 출국금지를 해제하여야 한다. 수사기관이 긴급출국금지 승인을 요청한 때로부터 12시간 이내에 법무부장관으로부터 긴급출국금지 승인을 받지 못한 경우에도 또한 같다.
- 출국금지가 해제된 경우에 수사기관은 동일한 범죄사실에 관하여 다시 긴급출국금지 요청을 할 수 없다.

㉢ 제29조(외국인 출국의 정지)

- 법무부장관은 제4조 제1항 또는 제2항 각 호의 어느 하나에 해당하는 외국인에 대하여는 출국을 정지할 수 있다.
- 제1항의 경우에 제4조의2의 규정을 준용한다.

7 핵심풀이 〉

③ 아큐사인 감정시 비교띠(C)와 시험띠(T) 모두에 붉은띠가 나타나면 음성으로 판독하고, 비교띠(C)에만 붉은 띠가 나타나면 양성으로 판독한다.

8 핵심풀이 〉

② 소변감정은 필로폰을 포함하여 대부분의 주요 마약류 투약 혐의자에 대해서 행해질 수 있으나 모발감정의 경우는 기술상의 문제로 필로폰 투약 및 MDMA 투약 혐의자에 대해서만 가능하다.

오답풀이 〉

① 마약류 감정에 이용되는 생체시료는 소변, 혈액, 모발뿐만 아니라 손톱, 발톱, 땀, 타액 등이 있으며 그중 소변은 시료채취가 용이하고 감정기법의 신뢰도가 높아 현재 투약여부 감정에 주로 이용되는 시료이다.
③ 필로폰의 뇨중 배설은 복용량, 복용방법, 복용 후 뇨채취시기, 남용정도, 뇨의 액성 및 개체차 등에 따라 차이가 있으므로 뇨중 필로폰 검출만으로 약물의 투약시기를 추정하기는 곤란하다.
④ 필로폰 투약자에 대해서 소변 채취 전 아무 음식이든 차단하는 것이 아니라 맥주, 콜라, 커피 같은 이뇨작용이 있는 음료수의 복용을 차단해야 한다.

9 핵심풀이 〉

㉠ 수사보고서는 증거능력이 없다.
㉢ 수사를 할 때마다 작성 보고한다.
※ 수사보고서

기능 (중요성)	• 조직적 수사를 가능하게 한다. • 수사서류간의 연결을 명확히 한다. • 수사간부 등이 사건의 전모를 파악할 수 있게 한다. • 수사의 합리성을 증명하는 기능을 한다. • 영장신청의 유력한 소명자료 역할을 한다.
작성상 유의사항	• 직접수사에 종사한 자가 작성한다. • 사실을 그대로 기재(진실성)한다. • 수사를 할 때마다 작성한다. • 내용이 빠짐 없는지 검토한다. • 정해진 양식이 있다.

10 핵심풀이 〉

③ 현주건조물방화죄는 화력이 매개물을 떠나 스스로 연소할 수 있는 상태에 이르렸을 때 기수가 된다(독립연소설 : 판례).

11 핵심풀이 ▶

② 그늘에서 건조시킨 후 포장하여 보관한다.

※ 정액(정자) 채취요령과 검사방법

　　㉠ 유동성정액 : 깨끗한 유리병(얼음상자) – 부패방지 가제에 묻혀 그늘 건조

　　㉡ 부착정액(정액반) : 정액이 묻은 의류 · 헝겊 · 휴지 등 – 서로 접촉 × (종이 끼워 포장)

　　㉢ 질액과 혼합된 정액 : 피해자(여자)의 혈액(항응혈제 첨가) 약 1~2㎖(cc) 채취

　　㉣ 정액(정액반) 검사의 방법 : 자외선검사 → 정액확인시험〈정자검출, SM시험법〉 → 사람정액증
　　　명시험 → 혈액형 검사

　　㉤ 성범죄사건에서 감정의뢰하는 증거물은 정액과 질액이 혼합된 혼합반 : 정액의 혈액형만 선택적
　　　판정곤란

　　㉥ 피해자 질액의 혈액형을 알아야 하며, 판정된 피해자의 혈액형과 비교 정액의 혈액형 추정

12 핵심풀이 ▶

③ 피해자대책관(지방청 · 경찰서 수사지원팀장)의 역할

　• 관련 기관 · 단체와의 네트워크 구축, 협조체제 유지

　• 각 수사부서 피해자 지원업무를 종합 · 조정

　• 피해자보호 관련 교양실시 및 이행상태를 점검 · 지도

　• 피해자에 대한 각종 정보제공 및 상담체제 구축

※ 피해자서포터의 역할

　　㉠ 평상시 형사활동 또는 지역경찰 활동 등 기본업무 수행

　　㉡ 살인 · 강도 · 강간 등 대상사건발생시 일반인 · 타(他) 경찰관의 무분별한 접근 및 중복된
　　　질문을 차단 · 피해자 창구 일원화

　　㉢ 피해자에게 명함 및 피해자안내서 등을 교부하고 상담기관 · 의료기관 · 형사절차 등 각종
　　　정보제공

　　㉣ 피의자검거 여부 등 수사진행상황을 통지하고, 피해자에 대한 보복가능성 등 발견시 지구
　　　대와 협조 신변보호 조치

13 핵심풀이 ▶

④ 주민등록법 개정으로 인해 단순 주민등록번호의 부정사용도 형사처벌 대상이 된다. 그러나 직
계혈족, 배우자, 동거친족, 또는 그 배우자간의 행위는 반의사불벌죄로 규정하고 있다.

14 핵심풀이 ❯

지문번호(10개번호 : ○○○○○ – ○○○○○) … '(좌수시지)(좌수중지)(좌수환지)(좌수소지)(좌수무지) – (우수시지)(우수중지)(우수환지)(우수소지)(우수무지)'

- 피의자의 좌수시지 : 와상문(7~9)
- 피의자의 좌수중지 : 을종제상문(3~6)
- 피의자의 좌수환지 : 와상문(7~9)

③ 피의자의 주민등록상 지문번호 : 8(와상문) 4(을종제상문) 7(와상문)

오답풀이 ❯

① 2(갑종제상문) 4(을종제상문) 5(을종제상문)
② 1(궁상문) 2(갑종제상문) 8(와상문)
④ 8(와상문) 3(을종제상문) 6(을종제상문)

15 핵심풀이 ❯

② 인터넷 광고에는 광고근거와 광고주명을 표시하여야 한다.

※ 공직선거법 제82조의7(인터넷광고)

　㉠ 후보자는 인터넷 언론사의 인터넷 홈페이지에 선거운동을 위한 광고(인터넷광고)를 할 수 있다.

　㉡ ㉠의 인터넷광고에는 광고근거와 광고주명을 표시하여야 한다.

　㉢ 같은 정당의 추천을 받은 2인 이상의 후보자는 합동으로 ㉠에 따른 인터넷광고를 할 수 있다. 이 경우 그 비용은 당해 후보자간의 약정에 따라 분담하되, 그 분담내역을 광고계약서에 명시하여야 한다.

　㉣ 누구든지 ㉠의 경우를 제외하고는 선거운동을 위하여 인터넷광고를 할 수 없다.

16 핵심풀이 ❯

④ 피의자를 분산 구속하는 등 통모 · 탈환 등을 방지하기 위한 적절한 조치를 취하여야 한다.

17 핵심풀이 ❯

컴퓨터 등 사용사기 – 컴퓨터부정조작

18 핵심풀이 ▶

④ 수법원지를 토대로 범인 발견(동일수법 전과자 검색)은 수사종합검색시스템(CRIFISS)을 통해서 가능하고, 과학적범죄분석시스템(SCAS)에서는 할 수 없는 사항이다.

※ 정리

    ㉠ **수사종합검색시스템(CRIFISS)** : 수법원지를 토대로 범인 발견(동일수법 전과자를 검색)

    ㉡ **과학적범죄분석시스템(SCAS)** : 범죄유형을 분류해놓고 범인을 과학적으로 추리해나가는 과학수사기법

    ㉢ **족윤적검색시스템(FTIS)** : 신발, 타이어 검색

    ㉣ **지문자동검색시스템(AFIS)** : 지문검색

19 핵심풀이 ▶

㉠ **유독물질** : 유해성이 있는 화학물질로서 대통령령으로 정하는 기준에 따라 환경부장관이 정하여 고시한 것

㉤ **위해성** : 유해성이 있는 화학물질이 노출되는 경우 사람의 건강이나 환경에 피해를 줄 수 있는 정도

유해성 : 화학물질의 독성 등 사람의 건강이나 환경에 좋지 아니한 영향을 미치는 화학물질 고유의 성질

※ **유해화학물질관리법상 용어(구분방법)**

    ㉠ **화학물질** : 원소·화합물 및 그에 인위적인 반응을 일으켜 얻어진 물질과 자연 상태에서 존재하는 물질을 화학적으로 변형시키거나 추출 또는 정제한 것

    ㉡ **유독물질** : 유해성(有害性)이 있는 화학물질

    ㉢ **허가물질** : 위해성(危害性)이 있다고 우려되는 화학물질

    ㉣ **제한물질** : 특정 용도로 사용되는 경우 위해성이 크다고 인정되는 화학물질로서 그 용도로의 사용을 금지하기 위하여 고시한 것

    ㉤ **금지물질** : 위해성이 크다고 인정되는 화학물질로서 모든 용도로의 사용을 금지하기 위하여 고시한 것

    ㉥ **사고대비물질** : 화학물질 중에서 급성독성(急性毒性)·폭발성 등이 강하여 화학사고의 발생 가능성이 높거나 화학사고가 발생한 경우에 그 피해 규모가 클 것으로 우려되는 화학물질로서 화학사고 대비가 필요하다고 인정하여 환경부장관이 지정·고시한 화학물질

    ㉦ **유해화학물질** : 유독물질, 허가물질, 제한물질 또는 금지물질, 사고대비물질, 그 밖에 유해성 또는 위해성이 있거나 그러할 우려가 있는 화학물질

    ㉧ **유해화학물질 영업** : 유해화학물질 중 허가물질 및 금지물질을 제외한 나머지 물질에 대한 영업

    ㉨ **유해성** : 화학물질 고유의 성질

    ㉩ **위해성** : 피해를 줄 수 있는 정도

ⓔ 해당 교원의 임면권자에게 그 사실을 통보하여야 한다.

ⓜ 관행적으로 해오던 공무원범죄 개시 통보를 '공무원 범죄 통보체계 개선(경찰청 형사과 − 22904)'에 따라 법적 근거를 가진 경우에만 통보를 하도록 개선하였다.

※ **국가공무원법 제83조(감사원의 조사와의 관계 등)**

ⓐ 감사원에서 조사 중인 사건에 대하여는 ⓒ에 따른 조사개시 통보를 받은 날부터 징계 의결의 요구나 그 밖의 징계 절차를 진행하지 못한다.

ⓑ 검찰·경찰, 그 밖의 수사기관에서 수사 중인 사건에 대하여는 ⓒ에 따른 수사개시 통보를 받은 날부터 징계 의결의 요구나 그 밖의 징계 절차를 진행하지 아니할 수 있다.

ⓒ 감사원과 검찰·경찰, 그 밖의 수사기관은 조사나 수사를 시작한 때와 이를 마친 때에는 10일 내에 소속기관의 장에게 그 사실을 통보하여야 한다.

※ **사립학교법 제66조의2(감사원 조사와의 관계 등)** … 감사원, 검찰·경찰, 그 밖의 수사기관은 사립학교 교원에 대한 조사나 수사를 시작한 때와 이를 마친 때에는 10일 이내에 해당 교원의 임면권자에게 그 사실을 통보하여야 한다.

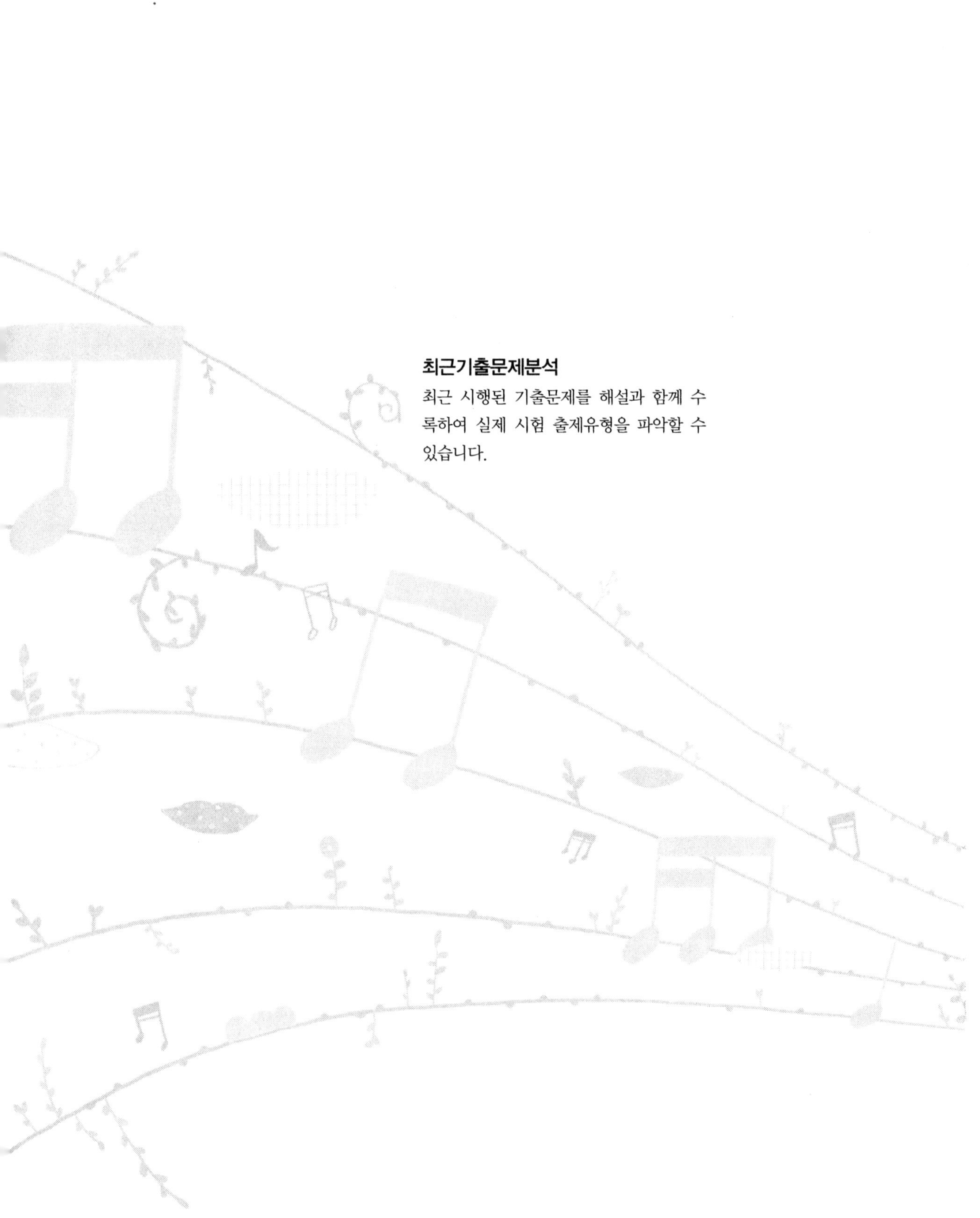

최근기출문제분석

최근 시행된 기출문제를 해설과 함께 수록하여 실제 시험 출제유형을 파악할 수 있습니다.

03 최근기출문제분석

2015년 제1차 경찰공무원 채용
2015년 제3차 경찰공무원 채용

2015년 제1차 경찰공무원 채용

-경찰행정학과 특채-

1 다음은 「수사본부 설치 및 운영규칙」상 수사본부에 대해 설명한 것이다. 이에 대한 설명으로 가장 적절하지 않은 것은?

① 약취·유인, 방화 사건은 수사본부 설치대상에 포함된다.
② 수사본부는 사건 발생지를 관할하는 지방경찰청에 설치하는 것이 원칙이다.
③ 범인을 검거하지 못한 사건인 경우에 수사본부 사건기록 사본의 보존기간은 공소시효 완성 후 1년이다.
④ 지방경찰청장은 오랜 기간 수사하였으나 사건해결의 전망이 없는 경우 수사본부를 해산할 수 있다.

> **핵심풀이 ▶** ② 수사본부는 사건 발생지를 관할하는 경찰서 또는 지구대·파출소 등 지역경찰관서에 설치하는 것을 원칙으로 한다.
>
> ※ 「수사본부 설치 및 운영규칙」 제6조(수사본부의 설치장소) … 수사본부는 사건 발생지를 관할하는 경찰서 또는 지구대·파출소 등 지역경찰관서에 설치하는 것을 원칙으로 한다. 다만, 지방경찰청장은 관계기관과의 협조 등을 위해 필요하거나 사건의 내용 및 성격을 고려하여 다른 곳에 설치하는 것이 적당하다고 인정될 때에는 다른 장소에 설치할 수 있다.

2 다음은 「수사첩보 수집 및 처리 규칙」상 범죄첩보의 성적 평가에 대해 설명한 것이다. 이에 대한 설명으로 가장 적절한 것은?

① 특보 : 전국단위 기획수사에 활용될 수 있는 첩보
② 중보 : 2개 이상의 지방경찰청과 연관된 중요 사건 첩보 등 경찰청에서 처리해야 할 첩보
③ 기록 : 경찰서 단위에서 내사할 가치가 있는 첩보
④ 통보 : 내사할 정도는 아니나 추후 활용할 가치가 있는 첩보

> **핵심풀이 ▶** ② 특보 : 2개 이상의 지방경찰청과 연관된 중요 사건 첩보 등 경찰청에서 처리해야 할 첩보
> ③ 통보 : 경찰서 단위에서 내사할 가치가 있는 첩보
> ④ 기록 : 내사할 정도는 아니나 추후 활용할 가치가 있는 첩보

※「수사첩보 수집 및 처리 규칙」제11조(평가) … 범죄첩보의 성적 평가를 위한 1건당 배점은 다음과 같다.
  ㉠ 특보 : 10점
    • 전국단위 기획수사에 활용될 수 있는 첩보
    • 2개 이상의 지방청과 연관된 중요 사건 첩보 등 경찰청에서 처리해야 할 첩보
  ㉡ 중보 : 5점
    • 2개 이상 경찰서와 연관된 중요 사건 첩보 등 지방청 단위에서 처리해야 할 첩보
  ㉢ 통보 : 2점
    • 경찰서 단위에서 내사할 가치가 있는 첩보
  ㉣ 기록 : 1점
    • 내사할 정도는 아니나 추후 활용할 가치가 있는 첩보
  ㉤ 참고
    • 단순히 수사업무에 참고가 될 뿐 사용가치가 적은 첩보

3 다음은 압수와 수색에 대해 설명한 것이다. 이에 대한 설명으로 가장 적절한 것은?

① 환부하여야 할 압수물 중 환부를 받을 자가 누구인지 알 수 없거나 그 소재가 불명한 경우로서 그 압수물의 멸실·파손·부패 또는 현저한 가치 감소의 염려가 있거나 보관하기 어려운 압수물은 폐기할 수 있다.

② 검사는 압수를 계속할 필요가 없다고 인정되는 압수물 및 증거에 사용할 압수물에 대하여 공소제기 전이라도 소유자, 소지자, 보관자 또는 제출인의 청구가 있는 때에는 환부 또는 가환부하여야 한다. 검사가 이를 거부하는 경우에는 신청인은 해당 검사의 소속 검찰청에 압수물의 환부 또는 가환부 결정을 청구할 수 있다.

③ 사법경찰관은 검사의 지휘 없이 대가보관을 할 수 있다.

④ 군사상비밀을 요하는 장소는 그 책임자의 승낙 없이는 압수 또는 수색할 수 없다. 단, 책임자는 국가의 중대한 이익을 해하는 경우를 제외하고는 승낙을 거부하지 못한다.

핵심풀이▶ ① 환부하여야 할 압수물 중 환부를 받을 자가 누구인지 알 수 없거나 그 소재가 불명한 경우로서 그 압수물의 멸실·파손·부패 또는 현저한 가치 감소의 염려가 있거나 보관하기 어려운 압수물은 매각하여 대가를 보관할 수 있다.
② 압수를 계속할 필요가 없다고 인정되는 압수물은 피고사건 종결 전이라도 결정으로 환부하여야 하고 증거에 공할 압수물은 소유자, 소지자, 보관자 또는 제출인의 청구에 의하여 가환부할 수 있다.
③ 검사의 지휘를 받아야 한다.

Q ANSWER   1.② 2.① 3.④

4 다음은 「통신비밀보호법」상 통신수사에 대해 설명한 것이다. 이에 대한 설명으로 가장 적절한 것은?

① 사법경찰관은 통신제한조치를 집행한 사건에 관해 검사로부터 공소를 제기하거나 기소중지 처분의 통보를 받은 날로부터 30일 이내에 대상자에게 서면 또는 전화로 통지하여야 한다.

② 사법경찰관에게 통신사실확인자료를 제공한 전기통신사업자는 당해 통신사실확인자료 제공 사실 등 필요한 사항을 기재한 대장과 통신사실확인자료 제공요청서 등 관련 자료를 통신사 실확인자료를 제공한 날부터 5년간 비치하여야 한다.

③ 우편물에 대하여 당사자의 동의 없이 이를 개봉하거나 기타의 방법으로 그 내용을 지득 또 는 채록하거나 유치하는 것을 '감청'이라 한다.

④ 전기통신개시·종료시간, 사용도수는 통신사실확인자료에 해당한다.

핵심풀이 ▶① 사법경찰관은 통신제한조치를 집행한 사건에 관하여 검사로부터 공소를 제기하거나 제기하지 아니하는 처분(기소중지 결정은 제외)의 통보를 받거나 내사사건에 관하여 입건하지 아니하는 처분을 한 때에는 그 날부터 30일 이내에 우편물 검열의 경우에는 그 대상자에게, 감청의 경우 에는 그 대상이 된 전기통신의 가입자에게 서면(전화×)으로 통지하여야 한다.

② 전기통신사업자는 검사, 사법경찰관 또는 정보수사기관의 장에게 통신사실확인자료를 제공한 때 에는 자료제공현황 등을 연 2회 미래창조과학부장관에게 보고하고, 당해 통신사실확인자료 제 공사실 등 필요한 사항을 기재한 대장과 통신사실확인자료제공요청서 등 관련자료를 통신사실 확인자료를 제공한 날부터 7년간 비치하여야 한다.

③ 검열이라 함은 우편물에 대하여 당사자의 동의없이 이를 개봉하거나 기타의 방법으로 그 내용 을 지득 또는 채록하거나 유치하는 것을 말한다.

※ 감청… 전기통신에 대하여 당사자의 동의 없이 전자장치·기계장치 등을 사용하여 통신의 음 향·문언·부호·영상을 청취·공독하여 그 내용을 지득 또는 채록하거나 전기통신의 송·수신 을 방해하는 것을 말한다〈통신비밀보호법 제2조 제7호〉.

5 다음은 지문채취법에 대해 설명한 것이다. 이에 대한 설명으로 가장 적절하지 않은 것은?

① 닌히드린용액법, 초산은용액법은 잠재지문 채취방법 중 액체법에 해당된다.

② 옥도가스법은 옥도가스를 사용하여 분비물의 지방분을 다갈색으로 착색시켜 지문을 검출하 는 방법이다.

③ 분사법은 물체 위에 분말을 뿌린 후 물체를 기울이거나 돌리거나하는 방법으로 분말을 물체 전면에 닿게 하여 잠재지문을 채취하는 방법이다.

④ 오스믹산용액법은 습기 있는 지류에서 지문현출이 가능하다.

핵심풀이 ▶③ 물체 위에 분말을 뿌린 후 물체를 기울이거나 돌리거나하는 방법으로 분말을 물체 전면에 닿게 하여 잠재지문을 채취하는 방법은 롤법이다.

6 다음은 범죄수법자료에 대해 설명한 것이다. 이에 대한 설명으로 가장 적절한 것은?

① 수법원지에 수록·전산입력한 피해품은 장물수배로 본다.

② 수법범죄 피의자가 여죄가 있고 그것이 범죄수법 소분류가 각각 상이한 유형의 수법일 때에는 가장 중한 죄의 수법에 대하여만 수법원지를 작성한다.

③ 범행수법이 동일한 피해통보표를 2건 이상 작성하였을 때에는 동일범에 의한 범죄여부, 재범 우려 등을 종합 분석하여 수사자료로 활용한다.

④ 수법원지 작성 후 10년이 경과하였을 때에는 수법원지를 폐기하고 전산입력 자료는 삭제한다.

> **핵심풀이 ▶** ① 피해통보표에 수록·전산입력한 피해품은 장물수배로 본다.
> ② 수법범죄 피의자가 여죄가 있고 그것이 범죄수법 소분류가 각각 상이한 유형의 수법일 때에는 그 수법마다 수법원지를 작성하여야 한다.
> ④ 수법원지 작성 후 10년이 경과하였을 때에는 수법원지를 폐기하나, 전산입력 자료는 삭제하지 않는다.

7 다음은 「사건의 관할 및 관할사건수사에 관한 규칙」상 수사촉탁 처리기한에 대해 설명한 것이다. (　)안에 들어갈 숫자의 합은 얼마인가?

> ㉠ 피의자 조사 (　)일
> ㉡ 소재수사, 사건기록 사본 송부 (　)일
> ㉢ 고소인, 고발인, 참고인 등 조사 (　)일

① 35

② 40

③ 45

④ 50

> **핵심풀이 ▶** 「사건의 관할 및 관할사건수사에 관한 규칙」 제13조(수사촉탁 처리기한 등) … 수사촉탁의 처리기한은 다음과 같다.
> ㉠ 피의자 조사 20일
> ㉡ 소재수사, 사건기록 사본 송부 10일
> ㉢ 고소인, 고발인, 참고인 등 조사 15일

Q ANSWER　　4.④ 5.③ 6.③ 7.③

8 다음은 「피의자 유치 및 호송규칙」에 대해 설명한 것이다. 이에 대한 설명으로 가장 적절한 것은?

① 유치인의 평일 접견시간은 09:00~20:00까지로 한다. 다만, 원거리에서 온 접견 희망자 등 특별한 경우에는 경찰서장의 허가를 받아 21:00까지 연장할 수 있다.

② 호송관서의 장은 호송관이 11인 이상일 때에는 경사 1인을 지휘감독관으로 지정하여야 한다.

③ 외표검사란 일반적으로 유치인에 대하여는 탈의막 안에서 속옷은 벗지 않고 신체검사의를 착용(유치인의 의사에 따른다)하도록 한 상태에서 위험물 등의 은닉여부를 검사하는 것을 말한다.

④ 경찰서장은 풍수해, 화재 기타 비상재해를 당하여 유치장 내에서 피난시킬 다른 방도가 없다고 인정될 때에는 지방검찰청 검사장의 지휘를 받아 다른 장소에 호송하여 피난시키거나 또는 일시 석방할 수 있다.

핵심풀이▶ ① 평일에는 09:00~21:00까지로 한다. 다만, 원거리에서 온 접견 희망자 등 특별한 경우에는 경찰서장의 허가를 받아 22:00까지 연장할 수 있다. 토요일 및 일요일과 공휴일은 09:00~20:00까지로 한다.

② 호송관서의 장은 호송관 5인 이상 10인 이내일 때에는 경사 1인, 호송관이 11인 이상일 때에는 경위 1인을 지휘감독관으로 지정하여야 한다.

③ 외표검사란 죄질이 경미하고 동작과 언행에 특이사항이 없으며 위험물 등을 은닉하고 있지 않다고 판단되는 유치인에 대하여는 신체 등의 외부를 눈으로 확인하고 손으로 가볍게 두드려 만져 검사하는 것을 말한다.

9 다음은 「우범자 첩보수집 등에 관한 규칙」에 대해 설명한 것이다. 이에 대한 설명으로 옳은 것은 모두 몇 개인가?

> ㉠ 자료보관 대상자는 우범자로 편입 후, 자료를 전산에 입력하고 2년간 범죄관련성 여부에 대해 첩보를 입수한다.
> ㉡ 우범자 심사위원회는 3명 이상 5명 이내의 위원으로 구성하고, 경찰서장을 위원장으로 하며, 간사 1인을 둔다.
> ㉢ 지구대·파출소장은 직원 중 우범자 담당자를 지정한다.
> ㉣ 우범자 편입 대상자가 소재불명일 경우 먼저 우범자로 편입한 후 행방불명 처리하여야 한다.

① 0개　　　　　　　　　② 1개
③ 2개　　　　　　　　　④ 3개

핵심풀이 ▶ ㉠ (×) 첩보수집 대상자는 우범자로 편입 후, 자료를 전산에 입력하고 2년간 범죄관련성 여부에 대해 첩보를 입수한다. 자료보관 대상자는 우범자로 편입 후 해당자료를 전산에 입력하여 범죄 발생 시 수사자료로 활용한다.

㉡ (×) 심사위원회의는 3명 이상 5명 이내의 위원으로 구성하고, 경찰서 형사(수사)과장을 위원장으로 하며, 간사 1인을 둔다.

㉢ (×) 경찰서장은 수사(형사)과 직원 중 우범자 담당자를 지정하고, 지구대(파출소장)는 중점관리 대상자 및 첩보수집 대상자별 담당자를 지정하여야 한다.

㉣ (○) 우범자 편입 대상자가 소재불명일 경우 먼저 우범자로 편입한 후 행방불명 처리하여야 한다.

10 다음은 수배에 대해 설명한 것이다. 이에 대한 설명으로 가장 적절한 것은?

① 사법경찰관은 긴급사건 수배에 있어서 피의자의 성명 등을 명백히 하여 그 체포를 의뢰한 경우에는 지명수배를 할 수 있다.

② 법정형이 단기 3년 이상의 징역이나 금고에 해당하는 죄를 범하였다고 의심되더라도 사안이 경미하거나 기록상 혐의를 인정키 어려운 자로서 출석요구에 불응하고 소재가 불명인 자는 지명통보를 할 수 있다.

③ 지명수배자를 수배관서가 위치하는 특별시, 광역시, 도 이외의 지역에서 검거한 경우에는 수배관서의 사법경찰관이 체포 또는 구속의 통지를 하여야 한다.

④ 소재발견한 지명통보자에 대하여 지명통보가 여러 건인 경우에는 각 건마다 지명통보자 소재발견보고서를 작성하여야 한다.

핵심풀이 ▶ ① 사법경찰관은 긴급사건 수배에 있어서 피의자의 성명 등을 명백히 하여 그 체포를 의뢰한 경우에는 지명수배를 하여야 한다.

② 법정형이 단기 3년 이상의 징역이나 금고에 해당하는 죄를 범하였다고 의심되더라도 사안이 경미하거나 기록상 혐의를 인정키 어려운 자로서 출석요구에 불응하고 소재가 불명인 자는 지명통보를 하여야 한다.

③ 지명수배자를 수배관서가 위치하는 특별시, 광역시, 도 이외의 지역에서 검거한 경우에는 검거관서의 사법경찰관이 체포 또는 구속의 통지를 하여야 한다.

11 다음은 「성폭력범죄의 처벌 등에 관한 특례법」에 대해 설명한 것이다. 이에 대한 설명으로 가장 적절하지 않은 것은?

① 성폭력범죄의 피해자가 19세 미만이거나 신체적인 또는 정신적인 장애로 사물을 변별하거나 의사를 결정할 능력이 미약한 경우에는 피해자의 진술 내용과 조사 과정을 비디오녹화기 등 영상물 녹화장치로 촬영·보존하여야 한다. 단, 피해자 또는 법정대리인이 이를 원하지 아니하는 의사를 표시한 경우에는 촬영을 하여서는 아니 된다.

② 16세 미만의 사람에 대하여 「형법」 제297조(강간)의 죄를 범한 경우에는 「형사소송법」 및 「군사법원법」에 규정된 공소시효를 적용하지 아니한다.

③ 미성년자에 대한 성폭력범죄의 공소시효는 해당 성폭력범죄로 피해를 당한 미성년자가 성년에 달한 날부터 진행한다.

④ 성폭력범죄에 대한 심리는 그 피해자의 사생활을 보호하기 위하여 결정으로써 공개하지 아니할 수 있다.

> **핵심풀이 ▶** ② 13세 미만의 사람 및 신체적인 또는 정신적인 장애가 있는 사람에 대하여에 대하여 「형법」 제297조(강간)의 죄를 범한 경우에는 「형사소송법」 및 「군사법원법」에 규정된 공소시효를 적용하지 아니한다.

12 다음은 「가정폭력범죄의 처벌 등에 관한 특례법」상 가정폭력에 대해 설명한 것이다. 이에 대한 설명으로 가장 적절하지 않은 것은?

① 가정폭력은 가정구성원 간의 신체적, 정신적 또는 재산상 피해를 수반하는 행위이다.

② 배우자(사실상 혼인관계에 있는 자 제외) 또는 배우자 관계였던 사람도 가정구성원에 포함된다.

③ 누구든지 가정폭력범죄를 알았을 때는 수사기관에 신고할 수 있다.

④ 피해자는 「형사소송법」 제224조에도 불구하고 가정폭력행위자가 자기 또는 배우자의 직계존속인 경우에도 고소할 수 있다.

> **핵심풀이 ▶** ② 배우자(사실상 혼인관계에 있는 자 포함) 또는 배우자 관계였던 사람도 가정구성원에 포함된다.

13 다음 중 「마약류 관리에 관한 법률」상 마약으로 규정되어 있지 않은 것은?

① 양귀비

② 아편

③ 코카 잎(葉)

④ 대마

핵심풀이▶ ④ 대마는 마약에 해당되지 않는다.

※ 마약의 종류

향정신성의약품	• **각성제** : 메스암페타민(필로폰, 히로뽕), 암페타민류 등 • **환각제** : LSD, 페이요트(메스칼린), 사일로사이빈 등 • **억제제**(안정제) : 바르비탈염제류 등
마약	• 양귀비 · 아편 · 코카잎 • 양귀비 · 아편 · 코카잎에서 추출되는 알칼로이드 및 그와 동일한 화학적 합성품으로서 대통령령이 정하는 것 : 모르핀, 코데인, 헤로인, 데바인, 코카인 등
대마	대마초(마리화나), 대마수지(해쉬쉬), 대마수지기름(해쉬쉬 오일)

14 다음은 「국제형사사법 공조법」상 외국에 대한 수사에 관한 공조요청 절차이다. (   ) 안에 들어갈 말로 가장 적절한 것은?

> 경찰서 → 검사 → 대검찰청 → (   ) → 외교부장관 → 상대국 주재 한국대사관 → 상대국 외무부장관 → 상대국 경찰기관

① 법무부장관　　　　　　　　　② 출입국관리소장
③ 주한 상대국대사관　　　　　　④ 국방부장관

핵심풀이▶ 검사는 외국에 수사에 관한 공조요청을 하려면 법무부장관에게 공조요청서를 송부하여야 하고, 사법경찰관은 검사에게 신청하여 법무부장관에게 공조요청서를 송부하여야 한다.

15 다음은 「공직선거법」상 예비후보자가 둘 수 있는 선거사무원 수에 대해 설명한 것이다. 이에 대한 설명으로 가장 적절하지 않은 것은?

① 대통령선거 - 10인 이내
② 시 · 도지사선거 - 5인 이내
③ 지역구국회의원선거 및 자치구 · 시 · 군의 장 선거 - 5인 이내
④ 지역구지방의회의원선거 - 2인 이내

핵심풀이▶ ③ 지역구국회의원선거 및 자치구 · 시 · 군의 장 선거 - 3인 이내

※ 선거사무원 수〈공직선거법 제62조(선거사무관계자의 선임) 제3항〉
　㉠ 대통령선거 : 10인 이내
　㉡ 시 · 도지사선거 : 5인 이내
　㉢ 지역구국회의원선거 및 자치구 · 시 · 군의 장 선거 : 3인 이내
　㉣ 지역구지방의회의원선거 : 2인 이내

Q ANSWER　　11.② 12.② 13.④ 14.① 15.③

16 다음은 「대기환경보전법」상 용어에 대해 설명한 것이다. 이에 대한 설명으로 가장 적절하지 않은 것은?

① 먼지 – 대기 중에 떠다니거나 흩날려 내려오는 입자상물질을 말한다.
② 매연 – 연소할 때에 생기는 유리탄소가 주가 되는 미세한 입자상물질을 말한다.
③ 대기오염물질 배출시설 – 대기오염물질을 대기에 배출하는 시설물, 기계, 기구, 그 밖의 물체로서 환경부령으로 정하는 것을 말한다.
④ 입자상물질 – 물질이 연소·합성·분해될 때에 발생하거나 물리적 성질로 인하여 발생하는 기체상물질을 말한다.

핵심풀이 ▶ ④ 입자상물질 : 물질이 파쇄·선별·퇴적·이적(移積)될 때, 그 밖에 기계적으로 처리되거나 연소·합성·분해될 때에 발생하는 고체상(固體狀) 또는 액체상(液體狀)의 미세한 물질을 말한다.

17 다음 보기 중 경찰에 독자적 수사권을 부여하자는 입장이 아닌 것은 모두 몇 개인가?

㉠ 국민의 편익저해	㉡ 현실과 법규범의 괴리
㉢ 명령통일 원리위배	㉣ 법집행의 왜곡방지

① 1개　　　　　　　　　　　　　② 2개
③ 3개　　　　　　　　　　　　　④ 4개

핵심풀이 ▶ ㉣ 법집행의 왜곡방지는 수사권독립을 반대하는 논거이다.

수사권독립 찬성 논거	수사권독립 반대 논거
• 국민의 편익저해(편익도모) • 현실과 법규범과의 괴리 • 행정조직의 원리(명령·통일의 원리)에 위배 • 권한과 책임의 불일치 • 경찰업무의 과중화 • 수사요원의 책임감, 윤리의식 약화, 사기 저하 • 권력의 집중현상 해소 • 공소권의 순수성 보장, 수사의 능률성 보장	• 검사의 공소제기와 수사는 상호불가분의 관계(수사는 공소제기를 위한 준비행위) • 경찰, 검찰에서 반복된 조사에 따른 새로운 실체적 진실발견 가능 • 경찰에의 권력집중(경찰국가화) 방지 • 적정절차와 인권존중의 요청 • 법집행의 왜곡방지

18 다음 중 「방문판매 등에 관한 법률」상 규정하고 있는 판매형태에 해당하지 않은 것은?

① 가두판매　　　　　　　　　　② 전화권유판매
③ 다단계판매　　　　　　　　　④ 후원방문판매

핵심풀이 ▶ 「방문판매 등에 관한 법률」상 규정하고 있는 판매형태에는 방문판매, 전화권유판매, 다단계판매, 후원방문판매 등이 있다.

19 다음 중 「학교폭력 예방 및 대책에 관한 법률」상 학교폭력의 정의에 해당하는 범죄로 가장 적절하지 않은 것은?

① 약취 · 유인
② 협박
③ 절도
④ 모욕

핵심풀이▶ ③ 절도는 해당되지 않는다.

※ "학교폭력"이란 학교 내외에서 학생을 대상으로 발생한 상해, 폭행, 감금, 협박, 약취 · 유인, 명예훼손 · 모욕, 공갈, 강요 · 강제적인 심부름 및 성폭력, 따돌림, 사이버 따돌림, 정보통신망을 이용한 음란 · 폭력 정보 등에 의하여 신체 · 정신 또는 재산상의 피해를 수반하는 행위를 말한다〈학교폭력 예방 및 대책에 관한 법률 제2조〉.

20 다음 중 「청소년보호법」상 청소년의 출입이 가능한 업소로 가장 적절한 것은?

① 「사행행위 등 규제 및 처벌 특례법」에 따른 사행행위영업
② 「영화 및 비디오물의 진흥에 관한 법률」에 따른 비디오물소극장업
③ 「영화 및 비디오물의 진흥에 관한 법률」 제2조 제16호에 따른 비디오물감상실업
④ 「체육시설의 설치 · 이용에 관한 법률」에 따른 무도학원업 및 무도장업

핵심풀이▶ ②는 청소년의 출입이 가능한 장소이다.

※ 청소년 출입 · 고용금지업소〈청소년보호법 제2조〉

ㄱ 「게임산업진흥에 관한 법률」에 따른 일반게임제공업 및 복합유통게임제공업 중 대통령령으로 정하는 것
ㄴ 「사행행위 등 규제 및 처벌 특례법」에 따른 사행행위영업
ㄷ 「식품위생법」에 따른 식품접객업 중 대통령령으로 정하는 것
ㄹ 「영화 및 비디오물의 진흥에 관한 법률」 제2조 제16호에 따른 비디오물감상실업 · 제한관람가비디오물소극장업 및 복합영상물제공업
ㅁ 「음악산업진흥에 관한 법률」에 따른 노래연습장업 중 대통령령으로 정하는 것
ㅂ 「체육시설의 설치 · 이용에 관한 법률」에 따른 무도학원업 및 무도장업
ㅅ 전기통신설비를 갖추고 불특정한 사람들 사이의 음성대화 또는 화상대화를 매개하는 것을 주된 목적으로 하는 영업. 다만, 「전기통신사업법」 등 다른 법률에 따라 통신을 매개하는 영업은 제외한다.
ㅇ 불특정한 사람 사이의 신체적인 접촉 또는 은밀한 부분의 노출 등 성적 행위가 이루어지거나 이와 유사한 행위가 이루어질 우려가 있는 서비스를 제공하는 영업으로서 청소년보호위원회가 결정하고 여성가족부장관이 고시한 것
ㅈ 청소년유해매체물 및 청소년유해약물등을 제작 · 생산 · 유통하는 영업 등 청소년의 출입과 고용이 청소년에게 유해하다고 인정되는 영업으로서 대통령령으로 정하는 기준에 따라 청소년보호위원회가 결정하고 여성가족부장관이 고시한 것
ㅊ 「한국마사회법」 제6조 제2항에 따른 장외발매소(경마가 개최되는 날에 한정한다)
ㅋ 「경륜 · 경정법」 제9조 제2항에 따른 장외매장(경륜 · 경정이 개최되는 날에 한정한다)

1 수사실행의 5대 원칙에 대한 설명으로 가장 적절하지 않은 것은?

① 검증적 수사의 원칙 – 여러 가지 추측 중에서 과연 어떤 추측이 정당한 것인가를 가리기 위해서는 그들 추측 하나하나를 모든 각도에서 검토해야 한다.

② 수사자료 완전수집의 원칙 – 문제해결의 관건이 되는 자료를 누락하거나 멸실시키는 일이 없도록 전력을 다하여 자료를 수집해야 한다.

③ 적절한 추리의 원칙 – 수집된 자료를 기초로 하여 합리적인 판단을 해야 한다.

④ 사실판단 증명의 원칙 – 수사는 단순한 수사관의 검토나 판단에만 그칠 것이 아니라 과학적 지식 또는 그 시설·장비를 유용하게 이용해야 한다.

> **핵심풀이 ▶** ④ 수사자료 감식·검토의 원칙 – 수사는 단순한 수사관의 검토나 판단에만 그칠 것이 아니라 과학적 지식 또는 그 시설·장비를 유용하게 이용해야 한다.
>
> ※ **수사실행의 5원칙(범죄수사의 기본원칙)**
> ㉠ 수사자료 완전수집의 원칙(제1단계)
> ㉡ 수사자료 감식·검토의 원칙(제2단계) : 과학적 지식·시설 활용
> ㉢ 적정(적절) 추리의 원칙(제3단계) : 가상의 추측·판단→직감·상상·경험·실례 등
> ㉣ 검증(험증)적 수사의 원칙(제4단계) : 추리 하나하나 검토
> • 수사사항의 결정
> • 수사방법의 검토
> • 수사의 실행
> ㉤ 사실판단 증명의 원칙(제5단계)
> • 일정형식
> • 이유와 근거

2 「경찰내사처리규칙」상 진정내사 사건 처리 시 공람종결 할 수 있는 사유에 해당하지 않은 것은?

① 무기명 또는 가명으로 한 경우

② 단순한 풍문이나 인신공격적인 내용인 경우

③ 3회 이상 반복 진정하여 2회 이상 그 처리결과를 통지한 것과 같은 내용인 경우

④ 민사소송 또는 형사소송에 관한 사항인 경우

핵심풀이 ▶ ④ 민사소송 또는 행정소송(*형사소송×)에 관한 사항인 경우

※ 진정내사 사건 공람종결 사유〈경찰 내사 처리규칙 제11조의2〉

㉠ 3회 이상 반복 진정하여 2회 이상 그 처리결과를 통지한 것과 같은 내용인 경우

㉡ 무기명 또는 가명으로 한 경우

㉢ 단순한 풍문이나 인신공격적인 내용인 경우

㉣ 완결된 사건 또는 재판에 불복하는 내용인 경우

㉤ 민사소송 또는 행정소송에 관한 사항인 경우

3 「통신비밀보호법」에서 규정하고 있는 '통신사실확인자료'에 해당하지 않은 것은?

① 컴퓨터통신 또는 인터넷의 사용자가 전기통신역무를 이용한 사실에 관한 컴퓨터통신 또는 인터넷의 로그기록자료

② 발·착신 통신번호 등 상대방의 가입자번호

③ 인터넷 통신의 송·수신방해

④ 정보통신망에 접속된 정보통신기기의 위치를 확인할 수 있는 발신기지국의 위치추적자료

핵심풀이 ▶ ③ 인터넷 통신의 송·수신방해는 통신제한조치(감청)에 해당한다.

※ 통신사실확인자료〈통신비밀보호법 제2조 제11호〉

㉠ 가입자의 전기통신일시

㉡ 전기통신개시·종료시간

㉢ 발·착신 통신번호 등 상대방의 가입자번호

㉣ 사용도수

㉤ 컴퓨터통신 또는 인터넷의 사용자가 전기통신역무를 이용한 사실에 관한 컴퓨터통신 또는 인터넷의 로그기록자료

㉥ 정보통신망에 접속된 정보통신기기의 위치를 확인할 수 있는 발신기지국의 위치추적자료

㉦ 컴퓨터통신 또는 인터넷의 사용자가 정보통신망에 접속하기 위하여 사용하는 정보통신기기의 위치를 확인할 수 있는 접속지의 추적자료

4 「인권보호를 위한 경찰관 직무규칙」에는 심야 조사가 원칙적으로 금지되어 있다. 여기서 말하는 '심야 시간은 언제부터 언제까지인가?

① 자정부터 오전 9시까지

② 자정부터 오전 6시까지

③ 오후 9시부터 오전 9시까지

④ 오후 10시부터 오전 6시까지

핵심풀이 ▶ 경찰관은 원칙적으로 심야 조사를 하여서는 아니 된다. 심야라 함은 자정부터 오전 6시까지를 말한다〈인권보호를 위한 경찰관 직무규칙 제64조 제1항〉.

Q ANSWER   1.④ 2.④ 3.③ 4.②

5 「범죄수법공조자료관리규칙」상 수법원지에 대한 설명으로 가장 적절하지 않은 것은?

① 수사 주무과장은 사건송치기록 검토 후 수법원지 작성누락 여부 및 작성된 수법원지 내용의 오기나 기재누락사항 유무를 검토하여 교정하고, 작성 책임자인을 직접 날인하여야 한다.

② 해당 범인을 수사하거나 조사·송치하는 경찰공무원이 직접 작성하고, 작성자가 날인하여야 하며 범죄사건부 해당란에 수법원지 작성 여부를 표시하여야 한다.

③ 피의자가 검거되었을 때는 수법원지를 폐기하여야 한다.

④ 강도, 절도, 사기, 공갈, 방화, 강간은 수법원지 작성대상 범죄에 해당한다.

> **핵심풀이▶** ③ 피의자가 검거되었을 때는 수법원지를 작성한다.
>
> ※ 수법원지와 피해통보표의 폐기사유〈범죄수법공조자료관리규칙 제12조〉

수법원지 전산자료 삭제 및 폐기	피해통보표 전산자료 삭제
• 피작성자가 사망하였을 때 • 피작성자가 80세 이상이 되었을 때 • 원지작성후 10년이 경과하였을 때(단, 수법원지만 폐기하고 전산입력 자료는 삭제하지 않음) • 작성자의 수법분류번호가 동일한 원지가 2매이상 중복될 때 1매를 제외한 자료	• 피의자가 검거되었을 때 • 피의자가 사망하였을 때 • 피해통보표 전산입력 후 10년이 경과하였을 때

6 「범죄수사규칙」상 지명통보대상자에 대한 설명으로 가장 적절하지 않은 것은?

① 법정형이 장기 3년 미만의 징역 또는 금고, 벌금에 해당하는 죄를 범하였다고 의심할 만한 상당한 이유가 있고, 수사기관의 출석요구에 응하지 않고 소재수사결과 소재불명인 자

② 법정형이 장기 3년 이상의 징역이나 금고에 해당하는 죄를 범하였다고 의심되더라도, 사안이 경미하거나 기록상 혐의를 인정키 어려운 자로서 출석요구에 불응하고 소재가 불명인 자

③ 구속영장을 청구하지 않거나 발부받지 못하여 긴급체포되었다가 석방된 지명수배자

④ 사기·횡령·배임죄 및 「부정수표단속법」 제2조에 정한 죄의 혐의를 받는 자로서, 초범이고 그 피해액이 500만원 초과에 해당하는 자

> **핵심풀이▶** ④ 사기·횡령·배임죄 및 「부정수표단속법」 제2조에 정한 죄의 혐의를 받는 자로서, 초범이고 그 피해액이 500만원 이하(*초과×)에 해당하는 자는 지명통보대상자이다.

7 「수사긴급배치규칙」상 수사긴급배치에 대한 설명으로 가장 적절하지 않은 것은?

① 인질강도 사건은 을호 긴급배치에 해당하는 사건이다.

② 긴급배치를 사건발생지 지방경찰청의 전 경찰관서 또는 인접지방경찰청에 시행할 경우는 발생지 지방경찰청장이 발령한다.

③ 긴급배치를 사건발생지 관할경찰서 또는 인접경찰서에 시행할 경우는 발생지 관할경찰서장이 발령한다. 인접경찰서가 타 시·도 지방경찰청 관할인 경우도 같다.

④ 전국적인 긴급배치는 경찰청장이 발령한다.

핵심풀이 ▶ ① 인질강도 사건은 갑호 긴급배치에 해당하는 사건이다.

※ 수사긴급배치 종별·경력동원기준

구분	갑호	을호
대상범죄	㉠ 살인사건 • 강도·강간·약취·유인·방화살인 • 2명 이상 집단살인 및 연쇄살인 ㉡ 강도사건 • 인질강도 및 해상강도 • 금융기관 및 5천만 원 이상 다액강도 • 총기·폭발물소지강도 • 연쇄강도 및 해상강도 ㉢ 방화사건 • 관공서·산업시설·시장·열차·항공기·대형선박 등의 방화 • 연쇄방화·중요한 범죄은닉목적 방화 • 보험금 취득목적 등 계획적인 방화 ㉣ 기타 중요사건 • 총기·대량의 탄약 및 폭발물 절도 • 조직폭력사건 • 약취유인 또는 인질강도 • 구인 또는 구속피의자 도주	㉠ 다음사건 중 갑호이외의 사건 • 살인·강도·방화 • 중요상해치사 • 1억원 이상 다액절도 • 관공서 및 중요시설절도 • 국보급 문화재 절도 ㉡ 기타 경찰서장이 중요하다고 판단하여 긴급배치가 필요하다고 인정하는 사건
경력동원 기준	형사(수사)요원·지구대·파출소·검문소의 가동경력 : 100%	㉠ 형사(수사)요원의 가동경력 : 100% ㉡ 지구대·파출소·검문소요원은 가동경력 : 50%

8 알리바이 수사에 대한 설명으로 가장 적절하지 않은 것은?

① '위장 알리바이'의 경우 알리바이를 위장하기 위한 교묘한 행위가 행해질수록 진실의 발견은 쉽다.

② 알리바이 수사 시 착안점으로 기억의 문제, 기회의 문제, 시간과 장소의 문제가 있다.

③ 사전에 계획적으로 자기의 존재를 확실히 인상 깊게 해놓고 그 사이 극히 단시간 내에 범행을 감행하는 것을 '위장 알리바이'라고 한다.

④ 범죄 실행 후 자기의 범행사실을 은폐하기 위하여 가족, 동료, 친지에게 시간과 장소를 약속 또는 부탁해 놓은 경우를 '상대적 알리바이'라고 한다.

> **핵심풀이▶** ④ 범죄 실행 후 자기의 범행사실을 은폐하기 위하여 가족, 동료, 친지에게 시간과 장소를 약속 또는 부탁해 놓은 경우를 '청탁 알리바이'라고 한다.
>
> ※ 알리바이 태양
>
> | | |
> |---|---|
> | 절대적 알리바이 | 범행시각에 범죄현장 이외 다른 장소에 있었다는 사실이 증명되는 경우 |
> | 상대적 알리바이 | 범행전후시각에 범행현장 이외 다른 장소에 있던 것이 증명되는 경우 그 시간까지는 도저히 범행현장에는 도달하지 못할 것이라고 인정되는 경우 |
> | 위장 알리바이 | 사전에 계획적으로 자기의 존재를 확실히 인상깊게 해놓고 그 사이에 극히 단시간 내에 범죄를 감행하는 경우 |
> | 청탁 알리바이 | 범행사실을 은폐하기 위하여 가족, 동료, 친지에게 시간과 장소를 약속 또는 청탁해 놓는 경우 |

9 「범죄수사규칙」상 송치서류 편철에 대한 설명으로 가장 적절하지 않은 것은?

① 모든 송치서류에는 각 장마다 면수를 기입해야 한다.

② 그 밖의 서류는 접수 또는 작성순서에 따라 편철한다.

③ 송치서류는 사건송치서, 압수물 총목록, 기록목록, 의견서, 그 밖의 서류 순으로 편철한다.

④ 의견서가 2장 이상으로 이루어진 때는 1-1, 1-2, 1-3의 방법으로 한다.

> **핵심풀이▶** ① 의견서와 그 밖의 서류(기타서류)는 각 장마다 면수를 기입해야 한다.
>
> ※ 「범죄수사규칙」 제192조(송치서류)
>
> ㉠ 송치서류는 다음 순서에 따라 편철하여야 한다.
> - 사건송치서
> - 압수물 총목록
> - 기록목록
> - 의견서
> - 그 밖의 서류(기타 서류)
>
> ㉡ 제5호의 서류(기타 서류)는 접수 또는 작성순서에 따라 편철하고 제4호와 제5호의 서류(의견서, 그 밖의 서류)는 각 장마다 면수를 기입하고 제2호부터 제4호(압수물 총목록, 기록목록, 의견서)까지의 서류에는 송치인이 직접 간인하여야 한다.
>
> ㉢ 제4호의 서류(의견서)에는 각 장마다 면수를 기입하되, 1장으로 이루어진 때에는 1로 표시하고, 2장 이상으로 이루어진 때에는 1-1, 1-2, 1-3의 방법으로 하여야 한다.
>
> ㉣ 경찰관은 사건을 송치할 때에는 소속관서의 장인 사법경찰관의 명의로 하여야 한다. 다만, 소속관서장이 사법경찰관이 아닌 경우에는 수사주무과장인 사법경찰관 명의로 하여야 한다.
>
> ㉤ 의견서는 사법경찰관이 작성하여야 한다.

10 「우범자 첩보수집 등에 관한 규칙」에 대한 설명으로 가장 적절하지 않은 것은?

① 우범자 편입 대상자가 소재불명일 경우 먼저 우범자로 편입한 후 행방불명 처리하여야 한다.

② 우범자 편입 대상자가 관내 거주하지 않고 소재가 확인되었을 경우 관할 경찰서로 통보하고, 전입 통보를 받은 경찰서장은 지체 없이 소재를 확인하여 우범자로 편입하여야 한다.

③ 우범자 담당자는 첩보를 수집하는 과정에서 우범자의 인권을 최대한 배려하여 적절한 방법을 사용하고, 우범자의 명예나 신용을 부당하게 훼손하는 일이 없도록 각별히 주의하여야 한다.

④ 우범자 심사위원회는 5명 이상 10명 이내의 위원으로 구성하고, 경찰서 형사(수사)과장을 위원장으로 하며, 간사 1인을 둔다.

> **핵심풀이 ▶** ④ 우범자 심사위원회의는 3명 이상 5명 이내의 위원으로 구성하고, 경찰서 형사(수사)과장을 위원장으로 하며, 간사 1인을 둔다〈우범자 첩보수집 등에 관한 규칙 제5조〉.

11 지문의 종류에 대한 설명으로 가장 적절하지 않은 것은?

① 현장지문 또는 준현장지문 중에서 피의자지문이 아닌 지문을 관계자지문이라 한다.

② 손끝에 묻은 혈액·잉크·먼지 등이 손가락에 묻은 후 피사체에 인상된 지문으로, 무인했을 때의 지문과 동일한 지문을 역지문이라 한다.

③ 현장지문 또는 준현장지문 중에서 관계자지문에 해당하지 아니하는 것으로 피의자가 유류하였다고 인정되는 지문을 유류지문이라 한다.

④ 피의자 검거를 위하여 범죄현장 이외의 장소에서 채취한 지문을 준현장지문이라 한다.

> **핵심풀이 ▶** ② 손끝에 묻은 혈액·잉크·먼지 등이 손가락에 묻은 후 피사체에 인상된 지문으로, 무인했을 때의 지문과 동일한 지문을 정상지문이라 한다. 역지문은 먼지 쌓인 물체, 연한 점토, 마르지 않은 도장면 등을 만졌을 때 인상되는 지문으로, 정상지문과는 달리 고랑과 이랑이 반대로 현출된다.

12 시체의 현상에 대한 설명으로 가장 적절하지 않은 것은?

① 부패는 공기 유통이 좋고, 온도는 20~30℃, 습도는 60~66%일 때 가장 활발하게 이루어진다.

② 시체의 굳음은 일반적으로 손가락, 발가락→팔, 다리→어깨관절→턱관절 순으로 진행한다.

③ 미라화는 고온·건조지대에서 시체의 건조가 부패·분해보다 빠를 때 생기는 현상을 말한다.

④ 백골화란 뼈만 남는 상태를 말하며 통상적으로 소아의 경우 사후 4~5년, 성인은 7~10년 후 완전 백골화 된다.

> **핵심풀이 ▶** ② 시체의 굳음은 일반적으로 턱→어깨→팔·다리→손가락·발가락 순으로 진행한다(Nysten의 법칙).

Q ANSWER   8.④ 9.① 10.④ 11.② 12.②

13 다음 중 경찰에 독자적 수사권을 부여하자는 입장으로 가장 적절한 것은?

① 범죄수사는 공소제기를 결정하기 위한 준비행위이기 때문에 소추권을 가진 검사가 수사의 주체가 되어야 한다.

② 형사소송법상 피의자신문조서의 증거능력 차이로 인하여 사건이 송치된 후 피의자에 대한 검찰의 불필요한 중복조사가 이루어지고 있다.

③ 사법경찰관이 독자적으로 수사를 하게 될 경우 수사의 합목적성만을 추구한 나머지 적정절차와 인권존중의 요청을 외면하기 쉽다.

④ 법률전문가인 검사가 수사의 전 과정을 지휘함으로써 법률지식 미흡으로 인한 법집행의 왜곡을 막을 수 있다.

핵심풀이 ▶ ②는 수사권독립 찬성론의 입장이다.

①③④는 수사권독립 찬성론의 입장이다.

수사권독립 찬성 논거	수사권독립 반대 논거
• 중복조사로 국민의 편익저해(편익도모) • 현실과 법규범과의 괴리 • 행정조직의 원리(명령·통일의 원리)에 위배 • 권한과 책임의 불일치 • 경찰업무의 과중화 • 수사요원의 책임감, 윤리의식 약화, 사기 저하 • 검찰로의 권력의 집중현상 해소 • 공소권의 순수성 보장, 수사의 능률성 보장	• 검사의 공소제기와 수사는 상호불가분의 관계(수사는 공소제기를 위한 준비행위) • 경찰, 검찰에서 반복된 조사에 따른 새로운 실체적 진실발견 가능 • 경찰로의 권력집중(경찰국가화) 방지 • 적정절차와 인권존중의 요청 • 법집행의 왜곡방지

14 「특정 범죄자에 대한 보호관찰 및 전자장치 부착 등에 관한 법률」상 검사가 법원에 전자장치 부착명령을 청구할 수 있는 사유에 해당하지 않은 것은? (단, 성폭력범죄를 다시 범할 위험성이 있다고 전제함)

① 신체적 또는 정신적 장애가 있는 사람에 대하여 성폭력범죄를 저지른 때

② 19세 미만의 사람에 대하여 성폭력범죄를 저지른 때

③ 성폭력범죄로 벌금형을 선고받은 사람이 그 집행을 종료한 후 또는 집행이 면제된 후 10년 이내에 성폭력범죄를 저지른 때

④ 성폭력범죄로 이 법에 따른 전자장치를 부착받은 전력이 있는 사람이 다시 성폭력범죄를 저지른 때

핵심풀이 ▶ ③ 성폭력범죄로 징역형(*벌금형×)의 실형을 선고받은 사람이 그 집행을 종료한 후 또는 집행이 면제된 후 10년 이내에 성폭력범죄를 저지른 때

※ 특정 범죄자에 대한 **보호관찰 및 전자장치 부착 등에 관한 법률 제5조**(전자장치 부착명령의 청구) … 검사는 다음의 어느 하나에 해당하고, 성폭력범죄를 다시 범할 위험성이 있다고 인정되는 사람에 대하여 전자장치 부착명령을 법원에 청구할 수 있다.

    ㉠ 성폭력범죄로 징역형의 실형을 선고받은 사람이 그 집행을 종료한 후 또는 집행이 면제된 후 10년 이내에 성폭력범죄를 저지른 때

    ㉡ 성폭력범죄로 이 법에 따른 전자장치를 부착받은 전력이 있는 사람이 다시 성폭력범죄를 저지른 때

    ㉢ 성폭력범죄를 2회 이상 범하여(유죄의 확정판결을 받은 경우를 포함한다) 그 습벽이 인정된 때

    ㉣ 19세 미만의 사람에 대하여 성폭력범죄를 저지른 때

    ㉤ 신체적 또는 정신적 장애가 있는 사람에 대하여 성폭력범죄를 저지른 때

15 「성폭력범죄자의 성충동 약물치료에 관한 법률」에 대한 설명으로 가장 적절하지 않은 것은?

① 검사는 사람에 대하여 성폭력범죄를 저지른 성도착증 환자로서, 성폭력범죄를 다시 범할 위험성이 있다고 인정되는 19세 이상의 사람에 대하여 약물치료명령을 법원에 청구할 수 있다.

② 치료명령을 받은 사람은 그 판결이 확정된 후 집행을 받지 아니하고 함께 선고된 피고사건의 형의 시효 또는 치료감호의 시효가 완성되면 그 집행이 면제된다.

③ 법원은 치료명령 청구가 이유 있다고 인정하는 때에는 15년의 범위에서 치료기간을 정하여 판결로 치료명령을 선고하여야 한다.

④ 약물치료는 '비정상적 성적 충동이나 욕구를 억제하거나 완화하기 위한 것으로서 의학적으로 알려진 것일 것', '과도한 신체적 부작용을 초래하지 아니할 것', '의학적으로 알려진 방법대로 시행될 것', 이 세 가지 중 어느 하나만 갖추면 된다.

핵심풀이 ▶ ④ 세 가지 요건을 모두 갖추어야 한다.

※ **성폭력범죄자의 성충동 약물치료에 관한 법률 제3조**(약물치료의 요건) … 약물치료는 다음의 요건을 모두 갖추어야 한다.

    ㉠ 비정상적 성적 충동이나 욕구를 억제하거나 완화하기 위한 것으로서 의학적으로 알려진 것일 것

    ㉡ 과도한 신체적 부작용을 초래하지 아니할 것

    ㉢ 의학적으로 알려진 방법대로 시행될 것

Q ANSWER   13.② 14.③ 15.④

16 「학교폭력 예방 및 대책에 관한 법률」 제2조에서 규정하고 있는 용어에 대한 정의로 가장 적절하지 않은 것은?

① '따돌림'이란 학교 내외에서 최소 5명 이상의 학생들이 특정인이나 특정집단의 학생들을 대상으로 지속적이거나 반복적으로 신체적 또는 심리적 공격을 가하여 상대방이 고통을 느끼도록 하는 일체의 행위를 말한다.

② '사이버 따돌림'이란 인터넷, 휴대전화 등 정보통신기기를 이용하여 학생들이 특정 학생들을 대상으로 지속적, 반복적으로 심리적 공격을 가하거나, 특정 학생과 관련된 개인정보 또는 허위사실을 유포하여 상대방이 고통을 느끼도록 하는 일체의 행위를 말한다.

③ '가해학생'이란 가해자 중에서 학교폭력을 행사하거나 그 행위에 가담한 학생을 말한다.

④ '학교폭력'이란 학교 내외에서 학생을 대상으로 발생한 상해, 폭행, 감금, 협박, 약취·유인, 명예훼손·모욕, 공갈, 강요·강제적인 심부름 및 성폭력, 따돌림, 사이버 따돌림, 정보통신망을 이용한 음란·폭력 정보 등에 의하여 신체·정신 또는 재산상의 피해를 수반하는 행위를 말한다.

> **핵심풀이▶** ① '따돌림'이란 학교 내외에서 2명 이상(*최소 5명 이상×)의 학생들이 특정인이나 특정집단의 학생들을 대상으로 지속적이거나 반복적으로 신체적 또는 심리적 공격을 가하여 상대방이 고통을 느끼도록 하는 일체의 행위를 말한다.

17 「마약류 관리에 관한 법률」에서 규정하고 있는 마약류 중 '마약'에 해당하지 않은 것은?

① 코카 잎

② 양귀비

③ 대마초

④ 아편

> **핵심풀이▶** ③ 대마초는 「마약류 관리에 관한 법률」에서 규정하고 있는 마약류 중 '대마'에 해당한다.
>
> ※ 마약류 관리에 관한 법률 제2조(정의)
>
> ㉠ "마약류"란 마약·향정신성의약품 및 대마를 말한다.
>
> ㉡ "마약"이란 다음 각 목의 어느 하나에 해당하는 것을 말한다.
>
> • 양귀비 : 양귀비과(科)의 파파베르 솜니페룸 엘(Papaver somniferum L) 또는 파파베르 세티게룸 디·시(Papaver setigerum D·C)
>
> • 아편 : 양귀비의 액즙(液汁)이 응결(凝結)된 것과 이를 가공한 것. 다만, 의약품으로 가공한 것은 제외한다.
>
> • 코카 잎[엽] : 코카 관목[(灌木): 에리드록시론속(屬)의 모든 식물을 말한다]의 잎. 다만, 엑고닌·코카인 및 엑고닌 알칼로이드 성분이 모두 제거된 잎은 제외한다.
>
> • 양귀비, 아편 또는 코카 잎에서 추출되는 모든 알카로이드로서 대통령령으로 정하는 것
>
> • 위에 열거된 것과 동일하게 남용되거나 해독(害毒) 작용을 일으킬 우려가 있는 화학적 합성품으로서 대통령령으로 정하는 것
>
> • 위에 열거된 것을 함유하는 혼합물질 또는 혼합제제. 다만, 다른 약물이나 물질과 혼합되어 위에 열거된 것으로 다시 제조하거나 제제(製劑)할 수 없고, 그것에 의하여 신체적 또는 정신적 의존성을 일으키지 아니하는 것으로서 총리령으로 정하는 것[이하 "한외마약"(限外麻藥)이라 한다]은 제외한다.

18 「가정폭력범죄의 처벌 등에 관한 특례법」 제8조의2에 따라 사법경찰관이 할 수 있는 긴급임시조치에 해당하지 않은 것은?

① 피해자 또는 가정구성원의 주거, 직장 등에서 100미터 이내의 접근금지
② 의료기관이나 그 밖의 요양소에의 위탁
③ 피해자 또는 가정구성원의 주거 또는 점유하는 방실로부터의 퇴거 등 격리
④ 피해자 또는 가정구성원에 대한 「전기통신기본법」 제2조 제1호의 전기통신을 이용한 접근금지

핵심풀이 ▶ ②는 긴급임시조치에 해당하지 않는다.

임시조치	긴급임시조치
• 피해자 또는 가정구성원의 주거 또는 점유하는 방실(房室)로부터의 퇴거 등 격리 • 피해자 또는 가정구성원의 주거, 직장 등에서 100미터 이내의 접근 금지 • 피해자 또는 가정구성원에 대한 「전기통신기본법」 제2조 제1호의 전기통신을 이용한 접근 금지 • 의료기관이나 그 밖의 요양소에의 위탁 • 국가경찰관서의 유치장 또는 구치소에의 유치	• 피해자 또는 가정구성원의 주거 또는 점유하는 방실(房室)로부터의 퇴거 등 격리 • 피해자 또는 가정구성원의 주거, 직장 등에서 100미터 이내의 접근 금지 • 피해자 또는 가정구성원에 대한 「전기통신기본법」 제2조 제1호의 전기통신을 이용한 접근 금지

19 「게임산업진흥에 관한 법률」에서 규정하고 있는 게임물의 등급분류에 해당하지 않은 것은?

① 전체이용가
② 청소년이용불가
③ 15세이용가
④ 13세이용가

핵심풀이 ▶ ④ '13세이용가'는 등급분류에 해당하지 않는다.

※ 게임산업진흥에 관한 법률 제21조(등급분류)
　㉠ 전체이용가 : 누구나 이용할 수 있는 게임물
　㉡ 12세이용가 : 12세 미만은 이용할 수 없는 게임물
　㉢ 15세이용가 : 15세 미만은 이용할 수 없는 게임물
　㉣ 청소년이용불가 : 청소년은 이용할 수 없는 게임물

20 「범죄수사규칙」상 다중범죄 수사 시 유의사항에 대한 설명으로 가장 적절하지 않은 것은?

① 경찰관은 다중범죄의 수사에 있어서는 실행행위자에만 그치지 말고 주모자, 모의 참여자 그 밖의 사건의 배후에 있는 공범관계자를 정확하게 탐색, 파악하도록 노력하여야 한다.

② 경찰관은 다중범죄의 피의자를 다수 동시에 체포한 경우에 있어서 반드시 피의자를 집중 관리하여 구금하는 등 통모, 탈환 등을 방지하기 위한 적절한 조치를 취하여야 한다.

③ 경찰관은 다중범죄가 발생한 경우에는 그 실행상황 그 밖의 현장의 상황을 명백히 하고 피의자의 범행을 확인하는 등 증거의 수집 보존에 노력하여야 한다.

④ 경찰관은 다중범죄의 현장에서 그 피의자를 체포함에 있어서는 상대편의 세력, 정세의 추이 등을 신중히 고려하여 체포의 시기, 방법과 범위를 그르치는 일이 없도록 현장지휘관의 통제하에 행하여야 한다.

핵심풀이▶ ② 경찰관은 다중범죄의 피의자를 다수 동시에 체포한 경우에 있어서 반드시 피의자를 분산(*집중 관리×)하여 구금하는 등 통모, 탈환 등을 방지하기 위한 적절한 조치를 취하여야 한다.

Q ANSWER   20.②

취업준비하기

서원각과 함께 확실하게 취업 대비하자!

서원각
한국사능력검정시험

1단계 한국사능력검정시험(중·고급)　[무료동영상강의]
시대·주제별로 모은 실전 연습문제로 기초실력 다지기

2단계 한국사능력검정시험 실력평가모의고사(중·고급)　[무료동영상강의]
출제가 예상되는 주요 문제들만을 모은 실전 모의고사로 실력 점검

3단계 기쎈 한국사능력검정시험 30일 벼락치기
30일만에 중요 핵심이론만 공부하여 최종마무리로 합격

1단계
한국사능력검정시험(중·고급)

2단계
한국사능력검정시험
실력평가모의고사(중·고급)

3단계
기쎈 한국사능력검정시험
30일 벼락치기

도도하고, 시원하고, (樂)즐거운 개념서
한국사능력검정시험 중급

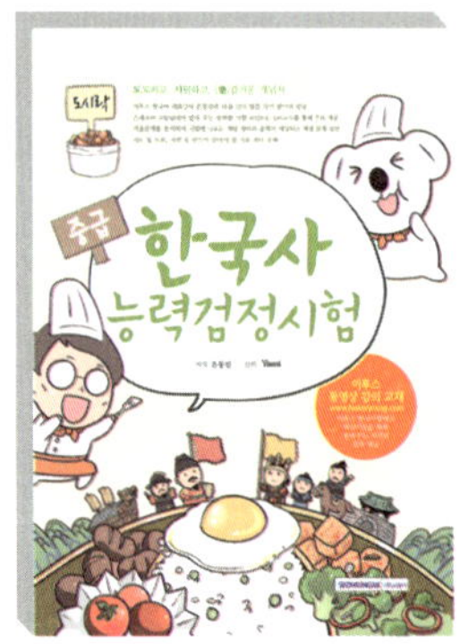

이투스동영상 강의 교재 www.historyrang.com
이투스 한국사랑에서 핵심이론을 쏙쏙 골라주는
저자의 강좌 제공

이투스 한국사 대표강사 은동진과 다음 인기 웹툰 작가 Yami가
만났다! 은셰프와 코알랄라가 알려 주는 완벽한 시험 포인트는
QR코드를 통해 무료 제공으로 알아볼 수 있다. 또한 기출문제를
분석하여 시험에 나오는 개념 정리와 출제가 예상되는 핵심
문제를 엄선하였고 지도 및 도표, 사진 등 반드시 알아야 할
사료를 최다 수록하였다.